특별부록
국민건강보험공단

NCS+법률
과년도 기출복원 모의고사

〈문항 및 시험시간〉

평가영역	문항 수	시험시간	모바일 OMR 답안채점 / 성적분석 서비스	
[공통] 의사소통+수리+문제해결 [행정직·건강직] 국민건강보험법 [요양직] 노인장기요양보험법	80문항	80분	행정직·건강직	요양직

과년도 기출복원 모의고사

문항 수 : 80문항
시험시간 : 80분

| 01 | 직업기초능력(공통)

| 의사소통능력

01 다음 글의 내용으로 적절하지 않은 것은?

> K공단은 의사와 약사가 협력하여 지역주민의 안전한 약물 사용을 돕는 의·약사 협업 다제약물 관리사업을 6월 26일부터 서울 도봉구에서 시작했다고 밝혔다.
> 지난 2018년부터 K공단이 진행 중인 다제약물 관리사업은 10종 이상의 약을 복용하는 만성질환자를 대상으로 약물의 중복 복용과 부작용 등을 예방하기 위해 의약전문가가 약물관리 서비스를 제공하는 사업이다. 지역사회에서는 K공단에서 위촉한 자문 약사가 가정을 방문하여 대상자가 먹고 있는 일반 약을 포함한 전체 약을 대상으로 약물의 복용상태, 부작용, 중복 등을 종합적으로 검토하고 그 결과를 바탕으로 상담, 교육 및 처방조정 안내를 실시함으로써 약물관리가 이루어진다. 병원에서는 입원 및 외래환자를 대상으로 의사, 약사 등으로 구성된 다학제팀(전인적인 돌봄을 위해 의사, 간호사, 약사, 사회복지사 등 다양한 전문가들로 이루어진 팀)이 약물관리 서비스를 제공한다.
> 다제약물 관리사업 효과를 평가한 결과, 약물관리를 받은 사람의 복약순응도가 56.3% 개선되었고, 효능이 유사한 약물을 중복해서 복용하는 환자가 40.2% 감소되었다. 또한, 병원에서 제공된 다제약물 관리사업으로 응급실 방문 위험이 47%, 재입원 위험이 18% 감소되는 등의 효과를 확인하였다.
> 다만, 지역사회에서는 약사의 약물 상담결과가 의사의 처방조정에까지 반영되는 다학제 협업 시스템이 미흡하다는 의견이 제기되었다. 이러한 문제점의 개선을 위해 K공단은 도봉구 의사회와 약사회, 전문가로 구성된 지역협의체를 구성하고, 지난 4월부터 3회에 걸친 논의를 통해 의·약사 협업 모형을 개발하였으며, 사업 참여 의·약사 선정, 서비스 제공 대상자 모집 및 정보공유 방법 등의 현장 적용방안을 마련했다. 의사나 K공단이 선정한 약물관리 대상자는 자문 약사의 약물점검(필요시 의사 동행)을 받게 되며, 그 결과가 K공단의 정보 시스템을 통해 대상자의 단골 병원 의사에게 전달되어 처방 시 반영될 수 있도록 하는 것이 주요 골자이다. 지역 의·약사 협업 모형은 2023년 12월까지 도봉구지역의 일차의료 만성질환관리 시범사업에 참여하는 의원과 자문약사를 중심으로 우선 실시한다. 이후 사업의 효과성을 평가하고 부족한 점은 보완하여 다른 지역에도 확대 적용할 예정이다.

① K공단에서 위촉한 자문 약사는 환자가 먹는 약물을 조사하여 직접 처방할 수 있다.
② 다제약물 관리사업으로 인해 환자는 복용하는 약물의 수를 줄일 수 있다.
③ 다제약물 관리사업의 주요 대상자는 10종 이상의 약을 복용하는 만성질환자이다.
④ 다제약물 관리사업은 지역사회보다 병원에서 더욱 활발히 이루어지고 있다.

02 다음 중 첫 문단 뒤에 이어질 내용을 논리적 순서대로 바르게 나열한 것은?

아토피 피부염은 만성적으로 재발하는 양상을 보이며 심한 가려움증을 동반하는 염증성 피부 질환으로, 연령에 따라 특징적인 병변의 분포와 양상을 보인다.

(가) 이와 같이 아토피 피부염은 원인을 정확히 파악할 수 없기 때문에 아토피 피부염의 진단을 위한 특이한 검사소견은 없으며, 임상 증상을 종합하여 진단한다. 기존에 몇 가지 국외의 진단기준이 있었으며, 2005년 대한아토피피부염학회에서는 한국인 아토피 피부염에서 특징적으로 관찰되는 세 가지 주진단 기준과 14가지 보조진단 기준으로 구성된 한국인 아토피 피부염 진단 기준을 정하였다.

(나) 아토피 피부염 환자는 정상 피부에 비해 민감한 피부를 가지고 있으며 다양한 자극원에 의해 악화될 수 있으므로 앞의 약물치료와 더불어 일상생활에서도 이를 피할 수 있도록 노력해야 한다. 비누와 세제, 화학약품, 모직과 나일론 의류, 비정상적인 기온이나 습도에 대한 노출 등이 대표적인 피부 자극 요인들이다. 면제품 속옷을 입도록 하고, 세탁 후 세제가 남지 않도록 물로 여러 번 헹구도록 한다. 또한 평소 실내 온도, 습도를 쾌적하게 유지하는 것도 중요하다. 땀이나 자극성 물질을 제거하는 목적으로 미지근한 물에 샤워를 하는 것이 좋으며, 샤워 후에는 3분 이내에 보습제를 바르는 것이 좋다.

(다) 아토피 피부염을 진단받아 치료하기 위해서는 보습이 가장 중요하고, 피부 증상을 악화시킬 수 있는 자극원, 알레르겐 등을 피하는 것이 필요하다. 국소 치료제로는 국소 스테로이드제가 가장 기본적이다. 국소 칼시뉴린 억제제도 효과적으로 사용되는 약제이며, 국소 스테로이드제 사용으로 발생 가능한 피부 위축 등의 부작용이 없다. 아직 국내에 들어오지는 않았으나 국소 포스포디에스테라제 억제제도 있다. 이 외에는 전신치료로 가려움증 완화를 위해 사용할 수 있는 항히스타민제가 있고, 필요시 경구 스테로이드제를 사용할 수 있다. 심한 아토피 피부염 환자에서는 면역 억제제가 사용된다. 광선치료(자외선치료)도 아토피 피부염 치료로 이용된다. 최근에는 아토피 피부염을 유발하는 특정한 사이토카인 신호 전달을 차단할 수 있는 생물학적제제인 두필루맙(Dupilumab)이 만성 중증 아토피 피부염 환자를 대상으로 사용되고 있으며, 치료 효과가 뛰어나다고 알려져 있다.

(라) 많은 연구에도 불구하고 아토피 피부염의 정확한 원인은 아직 밝혀지지 않았다. 현재까지는 피부 보호막 역할을 하는 피부장벽 기능의 이상, 면역체계의 이상, 유전적 및 환경적 요인 등이 복합적으로 상호작용한 결과 발생하는 것으로 보고 있다.

① (다) – (가) – (라) – (나)
② (다) – (나) – (라) – (가)
③ (라) – (가) – (나) – (다)
④ (라) – (가) – (다) – (나)

03 다음 글의 주제로 가장 적절한 것은?

> 한국인의 주요 사망 원인 중 하나인 뇌경색은 뇌혈관이 갑자기 폐쇄됨으로써 뇌가 손상되어 신경학적 이상이 발생하는 질병이다.
>
> 뇌경색의 발생 원인은 크게 2가지로 분류할 수 있는데, 그중 첫 번째는 동맥경화증이다. 동맥경화증은 혈관의 중간층에 퇴행성 변화가 일어나서 섬유화가 진행되고 혈관의 탄성이 줄어드는 노화현상의 일종으로, 뇌로 혈류를 공급하는 큰 혈관이 폐쇄되거나 뇌 안의 작은 혈관이 폐쇄되어 발생하는 것이다. 두 번째는 심인성 색전으로, 심장에서 형성된 혈전이 혈관을 타고 흐르다 갑자기 뇌혈관을 폐쇄시켜 발생하는 것이다.
>
> 뇌경색이 발생하여 환자가 응급실에 내원한 경우, 폐쇄된 뇌혈관을 확인하기 위한 뇌혈관 조영 CT를 촬영하거나 손상된 뇌경색 부위를 좀 더 정확하게 확인해야 하는 경우에는 뇌 자기공명 영상(Brain MRI) 검사를 한다. 이렇게 시행한 검사에서 큰 혈관의 폐쇄가 확인되면 정맥 내에 혈전용해제를 투여하거나 동맥 내부의 혈전제거술을 시행하게 된다. 시술이 필요하지 않은 경우라면, 뇌경색의 악화를 방지하기 위하여 뇌경색 기전에 따라 항혈소판제나 항응고제 약물 치료를 하게 된다.
>
> 뇌경색의 원인 중 동맥경화증의 경우 여러 가지 위험 요인에 의하여 장시간 동안 서서히 진행된다. 고혈압, 당뇨, 이상지질혈증, 흡연, 과도한 음주, 비만 등이 위험 요인이며, 평소 이러한 원인이 있는 사람은 약물 치료 및 생활 습관 개선으로 위험 요인을 줄여야 한다. 특히 뇌경색이 한번 발병했던 사람은 재발 방지를 위한 약물을 지속적으로 복용하는 것이 필요하다.

① 뇌경색의 주요 증상
② 뇌경색 환자의 약물치료 방법
③ 뇌경색의 발병 원인과 치료 방법
④ 뇌경색이 발생했을 때의 조치사항

04 다음 문단을 논리적 순서대로 바르게 나열한 것은?

(가) 주장애관리는 장애정도가 심한 장애인이 의원뿐만 아니라 병원 및 종합병원급에서 장애 유형별 전문의에게 전문적인 장애관리를 받을 수 있는 서비스이다. 이전에는 대상 관리 유형이 지체장애, 시각장애, 뇌병변장애로 제한되어 있었으나, 3단계부터는 지적장애, 정신장애, 자폐성 장애까지 확대되어 더 많은 중증장애인들이 장애관리를 받을 수 있게 되었다.

(나) 이와 같이 3단계 장애인 건강주치의 시범사업은 기존 1・2단계 시범사업보다 더욱 확대되어 많은 중증장애인들의 참여를 예상하고 있다. 장애인 건강주치의 시범사업에 신청하기 위해서는 국민건강보험공단 홈페이지의 건강IN에서 장애인 건강주치의 의료기관을 찾은 후 해당 의료기관에 방문하여 장애인 건강주치의 이용 신청사실 통지서를 작성하면 신청할 수 있다.

(다) 장애인 건강주치의 제도가 제공하는 서비스는 일반건강관리, 주(主)장애관리, 통합관리로 나누어진다. 일반건강관리 서비스는 모든 유형의 중증장애인이 만성질환 등 전반적인 건강관리를 받을 수 있는 서비스로, 의원급에서 원하는 의사를 선택하여 참여할 수 있다. 1・2단계까지의 사업에서는 만성질환관리를 위해 장애인 본인이 검사비용의 30%를 부담해야 했지만, 3단계부터는 본인부담금 없이 질병별 검사바우처로 제공한다.

(라) 마지막으로 통합관리는 일반건강관리와 주장애관리를 동시에 받을 수 있는 서비스로, 동네에 있는 의원급 의료기관에 속한 지체・뇌병변・시각・지적・정신・자폐성 장애를 진단하는 전문의가 주장애관리와 만성질환관리를 모두 제공한다. 이 3가지 서비스들은 거동이 불편한 환자를 위해 의사나 간호사가 직접 집으로 방문하는 방문 서비스를 제공하고 있으며 기존까지는 연 12회였으나, 3단계 시범사업부터 연 18회로 증대되었다.

(마) 보건복지부와 국민건강보험공단은 2021년 9월부터 3단계 장애인 건강주치의 시범사업을 진행하였다. 장애인 건강주치의 제도는 중증장애인이 인근 지역에서 주치의로 등록 신청한 의사 중 원하는 의사를 선택하여 장애로 인한 건강문제, 만성질환 등 건강상태를 포괄적이고 지속적으로 관리 받을 수 있는 제도로, 2018년 5월 1단계 시범사업을 시작으로 2단계 시범사업까지 완료되었다.

---

① (다) – (가) – (라) – (마) – (나)

② (다) – (마) – (가) – (나) – (라)

③ (마) – (가) – (라) – (나) – (다)

④ (마) – (다) – (가) – (라) – (나)

척추는 신체를 지탱하고, 뇌로부터 이어지는 중추신경인 척수를 보호하는 중요한 뼈 구조물이다. 보통 사람들은 허리에 심한 통증이 느껴지면 허리디스크(추간판탈출증)를 떠올리는데, 디스크 이외에도 통증을 유발하는 척추 질환은 다양하다. 특히 노인 인구가 증가하면서 척추관협착증(요추관협착증)의 발병 또한 늘어나고 있다. 허리디스크와 척추관협착증은 사람들이 혼동하기 쉬운 척추 질환으로, 발병 원인과 치료법이 다르기 때문에 두 질환의 차이를 이해하고 통증 발생 시 질환에 맞춰 적절하게 대응할 필요가 있다.

허리디스크는 척추 뼈 사이에 쿠션처럼 완충 역할을 해주는 디스크(추간판)에 문제가 생겨 발생한다. 디스크는 찐득찐득한 수핵과 이를 둘러싸는 섬유륜으로 구성되는데, 나이가 들어 탄력이 떨어지거나, 젊은 나이에도 급격한 충격에 의해서 섬유륜에 균열이 생기면 속의 수핵이 빠져나오면서 주변 신경을 압박하거나 염증을 유발한다. 허리디스크가 발병하면 초기에는 허리 통증으로 시작되어 점차 허벅지에서 발까지 찌릿하게 저리는 방사통을 유발하고, 디스크에서 수핵이 흘러나오는 상황이기 때문에 허리를 굽히거나 앉아 있으면 디스크에 가해지는 압력이 높아져 통증이 더욱 심해진다. 허리디스크는 통증이 심한 질환이지만, 흘러나온 수핵은 대부분 대식세포에 의해 제거되고, 자연치유가 가능하기 때문에 병원에서는 주로 통증을 줄이고, 안정을 취하는 방법으로 보존치료를 진행한다. 하지만 염증이 심해져 중앙 척수를 건드리게 되면 하반신 마비 등의 증세가 나타날 수 있는데, 이러한 경우에는 탈출된 디스크 조각을 물리적으로 제거하는 수술이 필요하다.

반면, 척추관협착증은 대표적인 척추 퇴행성 질환으로 주변 인대(황색 인대)가 척추관을 압박하여 발생한다. 척추관은 척추 가운데 신경 다발이 지나갈 수 있도록 속이 빈 공간인데, 나이가 들면서 척추가 흔들리게 되면 흔들리는 척추를 붙들기 위해 인대가 점차 두꺼워지고, 척추 뼈에 변형이 생겨 결과적으로 척추관이 좁아지게 된다. 이렇게 오랜 기간 동안 변형된 척추 뼈와 인대가 척추관 속의 신경을 눌러 발생하는 것이 척추관협착증이다. 척추관 속의 신경이 눌리게 되면 통증과 함께 저리거나 당기게 되어 보행이 힘들어지며, 지속적으로 압박받을 경우 척추 신경이 경색되어 하반신 마비 증세로 악화될 수 있다. 일반적으로 서 있을 경우보다 허리를 구부렸을 때 척추관이 더 넓어지므로 허리디스크 환자와 달리 앉아 있을 때 통증이 완화된다. 척추관협착증은 자연치유가 되지 않고 척추관이 다시 넓어지지 않으므로 발병 초기를 제외하면 일반적으로 변형된 부분을 제거하는 수술을 하게 된다.

이와 같이 허리디스크와 척추관협착증은 똑같이 허리 통증을 유발하지만 원인과 증상, 치료법이 상이하다. 비교적 고령인 60대 이상의 사람이 만성적으로 서 있을 때 통증이 나타난다면 　　㉠　　을/를 의심해야 하며, 비교적 젊은 20~50대의 사람이 앉아 있을 때 통증이 급작스럽게 나타날 때는 　　㉡　　을/를 의심해야 한다. 척추는 우리의 몸을 지탱하는 중요한 골격이며, 신경계와 밀접한 관련이 있으므로 통증이 발생한다면 자신의 몸 상태를 잘 파악하고, 초기에 치료를 받는 것이 중요하다.

05 다음 중 윗글의 내용으로 적절하지 않은 것은?

① 일반적으로 허리디스크는 척추관협착증에 비해 급작스럽게 증상이 나타난다.

② 허리디스크는 서 있을 때 통증이 더 심해진다.

③ 허리디스크에 비해 척추관협착증은 외과적 수술 빈도가 높다.

④ 허리디스크와 척추관협착증 모두 증세가 심해지면 하반신 마비의 가능성이 있다.

06 다음 중 빈칸 ㉠과 ㉡에 들어갈 단어가 바르게 연결된 것은?

	㉠	㉡
①	허리디스크	추간판탈출증
②	허리디스크	척추관협착증
③	척추관협착증	요추관협착증
④	척추관협착증	허리디스크

07 다음은 국민건강보험법의 일부 내용이다. 이에 대한 설명으로 적절하지 않은 것은?

급여의 제한(제53조)

① 공단은 보험급여를 받을 수 있는 사람이 다음 각 호의 어느 하나에 해당하면 보험급여를 하지 아니한다.

　1. 고의 또는 중대한 과실로 인한 범죄행위에 그 원인이 있거나 고의로 사고를 일으킨 경우

　2. 고의 또는 중대한 과실로 공단이나 요양기관의 요양에 관한 지시에 따르지 아니한 경우

　3. 고의 또는 중대한 과실로 제55조에 따른 문서와 그 밖의 물건의 제출을 거부하거나 질문 또는 진단을 기피한 경우

　4. 업무 또는 공무로 생긴 질병·부상·재해로 다른 법령에 따른 보험급여나 보상(報償) 또는 보상(補償)을 받게 되는 경우

② 공단은 보험급여를 받을 수 있는 사람이 다른 법령에 따라 국가나 지방자치단체로부터 보험급여에 상당하는 급여를 받거나 보험급여에 상당하는 비용을 지급받게 되는 경우에는 그 한도에서 보험급여를 하지 아니한다.

③ 공단은 가입자가 대통령령으로 정하는 기간 이상 다음 각 호의 보험료를 체납한 경우 그 체납한 보험료를 완납할 때까지 그 가입자 및 피부양자에 대하여 보험급여를 실시하지 아니할 수 있다. 다만, 월별 보험료의 총체납횟수(이미 납부된 체납보험료는 총체납횟수에서 제외하며, 보험료의 체납기간은 고려하지 아니한다)가 대통령령으로 정하는 횟수 미만이거나 가입자 및 피부양자의 소득·재산 등이 대통령령으로 정하는 기준 미만인 경우에는 그러하지 아니하다.

　1. 제69조 제4항 제2호에 따른 소득월액보험료

　2. 제69조 제5항에 따른 세대단위의 보험료

④ 공단은 제77조 제1항 제1호에 따라 납부의무를 부담하는 사용자가 제69조 제4항 제1호에 따른 보수월액보험료를 체납한 경우에는 그 체납에 대하여 직장가입자 본인에게 귀책사유가 있는 경우에 한하여 제3항의 규정을 적용한다. 이 경우 해당 직장가입자의 피부양자에게도 제3항의 규정을 적용한다.

⑤ 제3항 및 제4항에도 불구하고 제82조에 따라 공단으로부터 분할납부 승인을 받고 그 승인된 보험료를 1회 이상 낸 경우에는 보험급여를 할 수 있다. 다만, 제82조에 따른 분할납부 승인을 받은 사람이 정당한 사유 없이 5회(같은 조 제1항에 따라 승인받은 분할납부 횟수가 5회 미만인 경우에는 해당 분할납부 횟수를 말한다) 이상 그 승인된 보험료를 내지 아니한 경우에는 그러하지 아니하다.

---

① 공단의 요양에 관한 지시를 고의로 따르지 아니할 경우 보험급여가 제한된다.

② 지방자치단체로부터 보험급여에 해당하는 급여를 받으면 그 한도에서 보험급여를 하지 않는다.

③ 관련 법조항에 따라 분할납부가 승인되면 분할납부가 완료될 때까지 보험급여가 제한될 수 있다.

④ 승인받은 분할납부 횟수가 4회일 경우 정당한 사유 없이 4회 이상 보험료를 내지 않으면 보험급여가 제한된다.

보건복지부는 독거노인·장애인 응급안전안심서비스 3차 장비 확산에 맞춰 2월 21일(화)부터 3월 10일(금)까지 대상자 10만 가구 발굴을 위한 집중신청기간을 운영한다고 밝혔다. 독거노인·장애인 응급안전안심서비스는 독거노인과 장애인 가정에 정보통신기술(ICT) 기반의 장비*를 설치해 화재, 낙상 등의 응급상황 발생 시 119에 신속한 연결을 도와 구급·구조를 지원하는 사업이다. 그간 1·2차 장비 설치로 2022년 말 기준 서비스 대상자는 전국 약 20만 가구이며, 올해 10만 가구분의 3차 장비를 추가 설치해 총 30만 가구까지 서비스 대상을 확대할 예정이다. 응급안전안심서비스를 이용하는 경우 가정 내 화재, 화장실 내 실신 또는 침대에서 낙상 등의 응급상황을 화재·활동량 감지기가 자동으로 119와 응급관리요원에 알리거나, 응급호출기로 간편하게 119에 신고할 수 있다. 해당 서비스를 통해, 2022년 한 해 동안 독거노인과 장애인 가정에서 발생한 총 2만 4천여 건의 응급상황을 119와 응급관리요원이 신속하게 파악하여 추가 피해를 최소화할 수 있었다.

이번 독거노인·장애인 응급안전안심서비스 집중신청기간 동안 독거노인·장애인 등 서비스 대상자나 그 보호자는 행정복지센터(동사무소)나 시·군·구 지역 센터(노인복지관, 사회복지관 등)에 방문하거나 전화 등으로 서비스를 신청할 수 있다. 만 65세 이상이면서 혼자 생활하는 기초생활수급자·차상위계층·기초연금수급자 또는 기초지자체장이 생활 여건 및 건강 상태 등을 고려해 상시 보호가 필요하다고 인정하는 노인은 응급안전안심서비스를 신청·이용할 수 있으며, 장애인 중 활동지원등급 13구간 이상이면서 독거 또는 취약가구**이거나 그렇지 않더라도 기초지자체장이 생활여건 등을 고려해 상시 보호가 필요하다고 인정하는 경우 응급안전안심서비스를 신청하여 이용할 수 있다.

보건복지부 노인정책과장은 "독거노인·장애인 응급안전안심서비스는 정보통신기술(ICT)을 이용해 지역사회 내 안전한 생활을 효율적이며 실시간으로 지원하고 있다."라며 "집중신청기간을 통해 상시 보호가 필요한 많은 분이 신청하도록 관계기관의 적극적인 안내를 부탁드리며, 집중신청기간 이후에도 계속해서 신청 창구는 열려있으니 많은 신청 바란다."라고 말했다.

*게이트웨이(태블릿PC, 레이더센서), 화재·활동량·출입문 감지기, 응급호출기
**세대별 주민등록표에 등재된 수급자 외 가구 구성원 모두가 장애인이거나 만 18세 이하 또는 만 65세 이상인 경우

┃ 의사소통능력

08 다음 중 제시된 기사의 주제로 가장 적절한 것은?

① 독거노인·장애인 응급안전안심서비스 성과 보고
② 독거노인·장애인 응급안전안심서비스 정책과 집중신청기간 안내
③ 응급안전안심서비스 신청 시 지원되는 장비 목록
④ 보건복지부의 응급안전안심서비스 대상자 현장조사

┃ 의사소통능력

09 다음 중 제시된 기사의 내용으로 적절하지 않은 것은?

① 독거노인이나 장애인이 아니더라도 응급안전안심서비스를 신청하여 이용할 수 있다.
② 서비스 이용을 통해 가정 내 응급상황을 빠르게 파악하여 대처할 수 있다.
③ 독거노인·장애인 응급안전안심서비스는 3월 10일 이후로는 신청할 수 없다.
④ 집중신청기간 동안 서비스 신청은 관련 기관에 방문 및 전화로 할 수 있다.

10 다음 글의 제목으로 가장 적절한 것은?

> 국민건강보험공단은 8월 16일부터 19일까지 4일간 아시아개발은행연구소(ADBI* : Asian Development Bank Institute)와 공동으로 아시아 5개국 보건부 고위관계자들을 초청해 전국민건강보장(Universal Health Coverage)을 주제로 국제 워크숍을 실시한다고 밝혔다.
>
> 워크숍은 공단과 ADBI가 공동주최하고 태국, 인도네시아, 베트남, 네팔, 방글라데시 등 아시아 5개국의 보건부 고위관료들이 참가한다. 이번 행사는 한국 건강보험의 UHC** 달성 경험을 공유하고, 아시아 5개국의 건강보험제도 운영 현황 및 정책 공유를 통해 미래의 전략 방향을 모색하기 위해 기획됐다.
>
> 8월 16일부터 4일간 진행되는 워크숍 기간 동안 참가자들은 한국건강보험제도 및 장기요양보험 관련 강의, 현장방문, 토론 등을 통해 필요한 지식과 정보를 습득하고, 자국의 건강보험 관련 현안을 공유할 예정이다.
>
> 공단 강상백 글로벌협력실장은 "이번 워크숍은 아시아 개도국의 건강보험 관련 이슈를 공유하는 자리로서, 서로 다른 문화적·사회적 환경에 놓여있는 각 국이 '전 국민 건강보장'이라는 보편적 목표 달성을 위해 어떻게 협력할 수 있는지 모색하고 미래에 함께할 수 있는 방안을 논의하는 의미 있는 자리가 될 것"이라고 밝혔다.
>
> *아시아개발은행연구소(Asian Development Bank Institute) : 아시아개발은행의 산하 연구기관으로서 연구보고서, 워크숍, 컨퍼런스 등을 통해 아시아 회원국들의 주요 현안과 당면과제에 관한 해법과 전망을 내놓고 있다.
> **보편적 건강보장(Universal Health Coverage) : 모든 사람들이 재정적 곤란함 없이 양질의 필수 의료서비스를 필요한 때에 차별 없이 받을 수 있도록 보장하고자 하는 개념(2013, WHO)이다.

① 국민건강보험공단, 아시아개발은행연구소와 보편적 건강보장 국제 워크숍 개최
② 아시아 회원국의 주요 현안과 당면과제에 대한 해법과 전망
③ 아시아 5개국과 함께하는 한국 건강보험의 UHC 달성 경험
④ 국제 워크숍을 통한 전 국민 건강보장 보편적 목표 달성

11 다음 글의 내용으로 적절하지 않은 것은?

2020년 통계청 자료에 따르면 국내 미숙아(임신 37주 미만에 태어난 신생아)는 전체 출생의 8.3%에 이르며, 해마다 증가하고 있다. 태아의 폐 성숙은 임신 35주 전후에 이루어지므로 미숙아로 태어나면 신생아 호흡곤란 증후군 등 호흡기 질환이 발생하기 쉽다.

모든 신생아는 출생 직후 첫 호흡을 시작하고 태아와 태반을 연결하는 제대가 막히면서 폐를 사용해 호흡하게 된다. 이때 미숙아는 폐의 지속적인 팽창을 유지하는 물질인 폐 표면 활성제가 부족해 폐가 쪼그라드는 무기폐가 발생하기 쉽다. 이로 인해 진행성 호흡부전을 일으키는 것을 신생아 호흡곤란 증후군이라 부른다.

신생아 호흡곤란 증후군의 대표 증상은 출생 직후 또는 수 분 이내에 나타나는 호흡곤란과 청색증이다. 시간이 지나면서 빠른 호흡, 함몰 호흡, 숨을 내쉴 때 신음, 지속 무호흡증, 청색증 등이 더 심해진다. 제대로 치료하지 못하면 호흡부전과 함께 혈압이 낮아지고, 체외 공기 누출, 폐출혈, 동맥관 개존증(태아기에 대동맥과 폐동맥을 연결하는 동맥관이 출생 후에도 열려있는 질환) 악화, 뇌실내출혈 등 다른 장기들도 제 기능을 하지 못해 사망에 이를 수 있다.

치료는 '산전 치료'와 '산후 치료'로 나뉜다. 가장 중요한 산전 치료 방법은 산전 스테로이드 투여다. 산후 치료로 가장 보편적인 것은 폐 표면 활성제 투여다. 아기의 호흡곤란 증상이 뚜렷하고 흉부 방사선 검사에서 호흡곤란증후군 소견이 발견돼 고농도의 흡입 산소가 필요하다고 판단되면 폐 표면 활성제를 투여한다. 이는 신생아 호흡곤란 증후군뿐만 아니라 각종 합병증의 중증도 및 빈도를 감소시켜 미숙아의 생존율을 높이는 것으로 알려졌다.

임신 28주 미만으로 출생한 미숙아 중 60%에서 신생아 호흡곤란 증후군 호전 이후에도 기관지폐이형성증과 같은 만성 폐 질환이 발생한다. 이 경우 소아기 초기에 감기 등 호흡기 바이러스에 감염되면 쌕쌕거림(천명)과 기침이 발생하고, 급격한 호흡부전과 폐고혈압을 유발할 수 있다. 따라서 출생 후 3년 동안은 손 씻기 등 위생 수칙을 철저히 지키고, 이상 증상이 있으면 즉시 적절한 진단과 치료를 받아야 한다.

박가영 교수는 "폐 발달이 미숙한 미숙아는 자발 호흡 노력 부족으로 출생 시 소생술이 필요한 경우가 많다. 따라서 조산 위험 인자가 있는 산모라면 신생아 소생술을 즉각적으로 시행할 수 있는 병원에서 분만하는 것이 좋다. 또 무호흡, 헐떡호흡, 심박수 저하 등을 관찰해 양압 환기, 기관 내 삽관, 약물 치료 등 증상에 따른 적절한 치료를 신속하게 시행해야 한다."라고 당부했다.

① 모든 신생아는 출생 직후 첫 호흡을 시작하고 태아와 태반을 연결하는 제대가 막히면서 폐를 사용해 호흡하게 된다.

② 소아가 초기에 감기 등 호흡기 바이러스에 감염되면 천명과 기침이 발생한다.

③ 폐 발달이 미숙한 미숙아는 자발 호흡 노력 부족으로 출생 시 소생술이 필요한 경우가 많다.

④ 아기에게 고농도의 흡입 산소가 필요하다고 판단되면 폐 전면 활성제를 투여한다.

12 다음 중 첫 문단 뒤에 이어질 내용을 논리적 순서대로 바르게 나열한 것은?

> 국민건강보험공단은 생활 속 친환경정책을 실천하고 자원선순환 문화를 확산하고자 강원지역 공공기관 최초 '투명페트병 자원순환 프로젝트' 기념행사를 7월 12일에 개최했다고 밝혔다.
>
> ㉠ '자원순환 프로젝트'의 일환인 '투명페트병 무인회수기'는 지역주민의 이용 편의성을 고려하여 7월 말 원주 관내 행정복지센터 등 공공시설 4곳에 배치될 예정이다.
>
> ㉡ 공단 본부에서 진행된 이번 행사는 공단 임직원, 원주시장 및 관계자, 미래세대 주역인 학생, 어린이 등이 참석한 가운데 자원순환 프로젝트에 동참하는 공단, 원주시, 원주시사회복지협의회, 환경전문기업 2개사 등 총 5개 기관의 업무협약과 함께 페트병 무인회수기 투입을 통한 플레이크화 작업 및 유가보상 시연, 플레이크, 고품질 섬유, 새(新)활용품 전시 등으로 다채롭게 펼쳐졌다.
>
> ㉢ 이를 통해 국민건강보험공단 이사장은 "공단은 지속가능한 미래를 위한 자원순환 프로젝트, 탄소 절감 캠페인 등의 활동으로 ESG경영을 적극 실천하고 있다."라며 "앞으로도 자원순환 활성화를 위해 지역주민과 임직원의 환경보호 활동을 아낌없이 지원하겠다."라고 밝혔다.
>
> ㉣ 공공시설에 배치된 무인회수기에 투입된 페트병은 자동 파쇄를 거쳐 파쇄된 플라스틱(일명 플레이크)으로 재탄생 되며, 이는 섬유, 시트 등의 재생원료로 생산 가능하다. 공단은 이 플레이크를 세제용기, 키링, 인형 등의 생활용품, 잡화로 새롭게 제작하여 연말 지역 사회복지시설에 후원할 예정이다.

① ㉠ - ㉡ - ㉢ - ㉣

② ㉠ - ㉡ - ㉣ - ㉢

③ ㉡ - ㉠ - ㉢ - ㉣

④ ㉡ - ㉠ - ㉣ - ㉢

13 다음 글의 주제로 가장 적절한 것은?

> 정부는 국민 건강 증진을 목적으로 담뱃값 인상을 실시했다. 이 때문에 2015년 1월 1일, 모든 담배 가격이 2,000원씩 올랐다. 적응기도 없이 제 몸값의 갑절로 올라버린 것이다. 충분한 논의 없는 정부의 정책은 흡연자의 반발심을 샀다. 연말부터 사재기라는 기이한 소비가 촉진되었고, 연초부터 면세점에서 담배를 사기 시작했다. 현재 정부는 면세점에서의 담뱃값 인상도 재추진 중이다.
>
> 그러나 담뱃값 인상은 국민 건강 증진의 근본적인 해결책이 될 수 없다. 흡연자들의 동의 없는 강경책을 일관할수록 암시장이 활성화될 것이다. 실제 10년 전 담뱃값이 500원 인상되었을 때 밀수한 담배 액수만 150억 원에 달했다. 밀수 담배의 대부분은 베트남·중국 쪽에서 제조된다. 이들은 제대로 된 정제 과정 없이 온갖 독성을 함유하고 있고 규제할 길도 묘연하다. 흡연자들이 밀수 담배에까지 손을 뻗는다면 오히려 국민 건강을 해치는 일이 아닌가? 더불어 밀수로 인해 증세 효과도 없어질 것이다.

① 흡연자의 권리가 침해되고 있다.

② 담배의 기형적 소비 형태가 만연하다.

③ 정부의 담뱃값 인상 규제 완화가 필요하다.

④ 밀수 담배는 국민 건강에 악영향을 미친다.

국민건강보험공단은 2017년 1월 16일부터 공단 홈페이지에서 임신·출산 진료비(국민행복카드)를 신청할 수 있는 온라인 서비스를 제공한다고 밝혔다.

(가) <u>아울러</u>, 요양기관의 입력정보가 없는 경우에는 본인의 임신정보를 입력 후 임신확인서 원본을 첨부하면 공단 담당자의 확인과정(3 ~ 7일 소요)을 거쳐 바우처 등록 및 카드 발급이 될 수 있도록 구축하였다.

(나) 국민건강보험 가입자(피부양자) 중 임신 중인 자가 임신·출산 진료비 지원을 받으려면 요양 기관에서 임신확인서를 <u>발급받아</u> 은행이나 공단 지사를 <u>방문해야</u> 하는 불편이 있었다.

(다) 공단 관계자는 "정부와 공단이 임신·출산 친화적인 환경 조성을 위하여 2008년 12월부터 시행한 임신·출산 진료비 지원제도(국민행복카드)를 적극 홍보하여 모든 임신부가 혜택을 받도록 노력하겠으며, 금번 온라인 서비스 오픈으로 지원신청이 보다 간편해짐에 따라 이용자(임신부) 편익이 한층 증대되었다."라고 밝혔다.

(라) 공단은 이러한 임신부의 불편을 해소하기 위해 공단 홈페이지에서 공인인증서 본인인증 후 '임신정보 불러오기'로 요양기관의 입력내용을 조회하여 바우처 및 국민행복카드를 신청할 수 있도록 <u>개선하였다</u>.

┃ 의사소통능력

14 다음 중 첫 문단 뒤에 이어질 내용을 순서대로 바르게 나열한 것은?

① (나) – (다) – (가) – (라)

② (나) – (라) – (가) – (다)

③ (라) – (가) – (나) – (다)

④ (라) – (나) – (가) – (다)

┃ 의사소통능력

15 다음 중 밑줄 친 어휘를 대체할 수 없는 것은?

① 아울러 – 동시에 함께

② 발급받아 – 발부받아

③ 방문해야 – 찾아가야

④ 개선하였다 – 개악하였다

※ 다음 기사를 읽고 이어지는 질문에 답하시오. [16~17]

국민건강보험공단은 전 국민의 인구·사회학적 정보, 의료이용 및 약물처방 정보, 건강검진 정보 등 빅데이터를 활용하여 의약품 안전사용 모니터링 체계를 구축하였다. (가) 그동안 약물 부작용 사례는 주로 제약사, 의약품 복용자, 의료인 등에 의한 자발적 신고로 수집되어 약물 부작용의 규모 및 원인 파악이 어려웠으나 공단 빅데이터를 활용한 약물 부작용 모니터링으로 이를 최소화할 수 있는 기반을 마련하였다. (나) 공단은 빅데이터를 활용한 의약품 부작용 분석이 가능한지에 대해 보건의료연구원, 의약품안전관리원과 공동연구를 실시함으로써 공단 빅데이터의 대표성과 타당성, 신뢰성을 검증하였고, 이 연구는 2016년 기획재정부 협업과제로 선정되었다. (다) 이번 공동연구는 전 국민의 의료이용 자료를 분석하여 국내 최초로 의약품 부작용으로 인한 피해규모를 산출하여 부작용의 심각성 및 사전관리 필요성에 대한 객관적 근거를 제시한 것이다. (라) 이와 같은 협업사업 추진으로 공단 빅데이터는 분석자료로써의 가치가 검증되었고 이를 통해 우리나라에 적합한 빅데이터 기반의 의약품 안전사용 모니터링 검증모델을 구축하게 되었다. 표본 100만 명 환자에 대한 시범구축이 성공적으로 완료됨에 따라 향후에는 검증모델을 다양하게 활용하여 단계적으로 모니터링 시스템을 고도화함으로써 완성도 높은 대국민 의약품 안전사용 서비스를 제공할 예정이다.

16 다음 (가) ~ (라) 중 〈보기〉가 들어갈 위치로 가장 적절한 곳은?

─〈보기〉─

국민들이 의약품을 안전하게 복용할 수 있도록 보건의료연구원, 의약품안전관리원과 협업을 통해 그동안 사각지대였던 의약품 사용단계에서의 부작용 발생을 모니터링하는 시스템을 구축한 것이다.

① (가)
② (나)
③ (다)
④ (라)

17 다음 중 제시된 기사의 제목으로 가장 적절한 것은?

① 빅데이터, 국민건강에 큰 영향을 줘
② 국민건강보험공단, 약물 오남용 심각한 수준
③ 건강보험 빅데이터로 약물 부작용 줄이고, 국민 안전 올리고
④ 국민건강보험공단, 보건의료연구원·의약품안전관리원의 빅데이터 활용

※ 다음은 청년내일저축계좌에 대한 기사이다. 이어지는 질문에 답하시오. [18~19]

보건복지부가 청년을 위해 내놓은 적립식 금융상품인 '청년내일저축계좌'가 H은행을 통해 단독 판매된다. 이번 사업은 월 10만 원씩 3년 저축하면 정부가 지원금 월 10만 원씩 추가 적립하는 방식으로 진행된다. 3년 만기 시 본인 납입액 360만 원을 포함해 720만 원의 지원과 적금이자를 합쳐 최대 1,440만 원까지 받을 수 있다.

보건복지부에 따르면 기존 자산형성지원사업은 당초 기초생활수급자·차상위 청년만을 대상으로 했으나 올해부터 가입 대상을 일정 기준을 충족하는 저소득 청년으로 확대됐다. 이에 따라 가입대상은 지난해 1만 8천 명에서 올해 10만 4천 명으로 대폭 늘어났다. 청년내일저축계좌의 가입·신청 대상은 신청 당시 만 19 ~ 34세의 근로·사업소득이 있는 수급자·차상위가구 및 가구중위소득 100% 이하의 청년이다.

이 상품은 청년 대상자가 매월 납입하는 금액 10만 원에 대해 정부가 동일 금액의 적립금을 추가 지원한다. 이 중 수급자·차상위가구 청년의 경우 30만 원의 적립금을 추가 지원한다. 청년내일저축계좌의 가입금액은 10만 원 이상 50만 원 이하(만 원 단위)까지 가능하며, 가입기간은 3년이다. 금리는 기본금리 연 2.0%에 최대 연 3.0%p의 우대금리를 더해 최대 연 5.0%까지 적용 가능하다. 우대금리 혜택은 급여 및 주거래 이체 연 1.2%, 주택청약종합저축 신규·보유 시 연 1.0%, 마케팅 동의 연 0.5%, 'H합' 서비스 등록 연 0.3% 등 조건에 부합하면 받을 수 있다.

청년들은 오는 18일부터 8월 5일까지 보건복지부 복지포털 사이트인 '복지로'를 통해 청년내일저축계좌 가입 신청을 하고, 10월 중 대상자가 확정되면 H은행 영업점과 모바일 애플리케이션(앱) 'H원큐' 등을 통해 상품 가입을 할 수 있다. 12일 H은행은 자격 대상 여부를 빠르게 확인할 수 있도록 H원큐를 통해 '간편자격조회 서비스'를 시행한다고 밝혔다. 이어 "만약 가입 대상이 아니라도 자격 요건에 따라 H은행의 '급여H 월복리적금' 상품에 대한 금리우대 쿠폰을 받을 수 있다."라고 덧붙였다.

_____ 유사한 사업에 앞서 신청한 경우, 중복 신청이 가능한지에 대한 여부도 관심이 높아지고 있다. 금융위원회에서 시행한 청년희망적금에 가입한 경우에는 중복 가입할 수 있다. 다만, 서울시 희망두배 청년통장과 고용노동부 청년내일채움공제 등에 가입한 이들은 중복 신청이 불가하다.

┃ 의사소통능력

18 다음 중 빈칸에 들어갈 접속어로 가장 적절한 것은?

① 그러나   ② 그러므로
③ 하지만   ④ 한편

┃ 의사소통능력

19 다음 중 제시된 기사에 대한 내용으로 적절하지 않은 것은?

① 청년내일저축계좌의 신청 대상자는 신청 당시 만 19 ~ 34세의 근로·사업소득이 있는 수급자·차상위가구 및 가구중위소득 100% 이하의 청년들이다.
② 청년내일저축계좌의 가입금액은 10만 원 이상 최대 100만 원 이하(만 원 단위)까지 가능하다.
③ 청년들은 8월 5일까지 보건복지부 복지포털 사이트인 '복지로'를 통해 가입 신청을 할 수 있다.
④ 금융위원회에서 시행한 청년희망적금에 가입한 경우에는 청년내일저축계좌를 중복 가입할 수 있다.

20 다음은 국민건강보험공단의 재난적 의료비 지원사업에 대한 자료이다. 이에 대해 바르게 알고 있는 사람을 〈보기〉에서 모두 고르면?

〈재난적 의료비 지원사업〉

• 개요

질병·부상 등으로 인한 치료·재활 과정에서 소득·재산 수준 등에 비추어 과도한 의료비가 발생해 경제적 어려움을 겪게 되는 상황으로 의료비 지원이 필요하다고 인정된 사람에게 지원합니다.

• 대상질환

1. 모든 질환으로 인한 입원환자
2. 중증질환으로 외래진료를 받은 환자
※ 중증질환 : 암, 뇌혈관, 심장, 희귀, 중증난치, 중증화상질환

• 소득기준

– 기준중위소득 100% 이하 지원 원칙(건보료 기준)
– 기준중위소득 100 ~ 200% 이하 연소득 대비 의료비부담비율을 고려해 개별심사 지원
※ 재산 과표 5.4억 원 초과 고액재산보유자는 지원 제외

• 의료비기준

1회 입원에 따른 가구의 연소득 대비 의료비 발생액[법정본인부담, 비급여 및 예비(선별)급여 본인부담]기준금액 초과 시 지원
– 기초생활수급자, 차상위계층 : 80만 원 초과 시 지원
– 기준중위소득 50% 이하 : 160만 원 초과 시 지원
– 기준중위소득 100% 이하 : 연소득의 15% 초과 시 지원

〈보기〉

가 : 18세로 뇌혈관 치료 때문에 외래진료를 받은 학생에게 이 사업에 대해 알려주었어. 학생의 집은 기준중위소득 100%에 해당되기 때문에 지원을 받을 수 있을 거야.

나 : 이번에 개인 질환으로 입원했는데, 200만 원이 나왔어. 기준중위소득 50%에 해당되는데 지원금을 받을 수 있어 다행이야.

다 : 어머니가 심장이 안 좋으셔서 외래진료를 받고 있는데 돈이 많이 들어. 기준중위소득 200%에 속하는데 현금은 없지만 재산이 5.4억 원이어서 공단에서 지원하는 의료비 사업에 지원도 못하고 요즘 힘드네.

라 : 요즘 열이 많이 나서 근처 병원으로 통원 치료를 하고 있어. 기초생활수급자인 내 형편으로 볼 때, 지원금을 받는데 문제없겠지?

① 가, 나
② 가, 다
③ 나, 다
④ 다, 라

21 다음은 2019 ~ 2023년 건강보험료 부과 금액 및 1인당 건강보험 급여비에 대한 자료이다. 이에 대한 설명으로 옳지 않은 것은?

〈건강보험료 부과 금액 및 1인당 건강보험 급여비〉

구분	2019년	2020년	2021년	2022년	2023년
건강보험료 부과 금액(십억 원)	59,130	63,120	69,480	76,775	82,840
1인당 건강보험 급여비(원)	1,300,000	1,400,000	1,550,000	1,700,000	1,900,000

① 건강보험료 부과 금액과 1인당 건강보험 급여비는 모두 매년 증가하였다.
② 2020 ~ 2023년 동안 전년 대비 1인당 건강보험 급여비가 가장 크게 증가한 해는 2023년이다.
③ 2020 ~ 2023년 동안 전년 대비 건강보험료 부과 금액의 증가율은 항상 10% 미만이었다.
④ 2019년 대비 2023년의 1인당 건강보험 급여비는 40% 이상 증가하였다.

22 다음은 분기별 상급병원, 종합병원, 요양병원의 보건인력 현황에 대한 자료이다. 분기별 전체 보건인력 중 전체 사회복지사 인력의 비율로 옳지 않은 것은?

〈상급병원, 종합병원, 요양병원의 보건인력 현황〉

(단위 : 명)

구분		2022년 3분기	2022년 4분기	2023년 1분기	2023년 2분기
상급병원	의사	20,002	21,073	22,735	24,871
	약사	2,351	2,468	2,526	2,280
	사회복지사	391	385	370	375
종합병원	의사	32,765	33,084	34,778	33,071
	약사	1,941	1,988	2,001	2,006
	사회복지사	670	695	700	720
요양병원	의사	19,382	19,503	19,761	19,982
	약사	1,439	1,484	1,501	1,540
	사회복지사	1,887	1,902	1,864	1,862
계		80,828	82,582	86,236	86,707

※ 보건인력은 의사, 약사, 사회복지사 인력 모두를 포함한다.

① 2022년 3분기 : 약 3.65%　　② 2022년 4분기 : 약 3.61%
③ 2023년 1분기 : 약 3.88%　　④ 2023년 2분기 : 약 3.41%

23 다음은 K지역의 연도별 건강보험금 부과액 및 징수액에 대한 자료이다. 직장가입자 건강보험금 징수율이 가장 높은 해와 지역가입자의 건강보험금 징수율이 가장 높은 해를 바르게 짝지은 것은?

〈건강보험금 부과액 및 징수액〉

(단위 : 백만 원)

구분		2019년	2020년	2021년	2022년
직장가입자	부과액	6,706,712	5,087,163	7,763,135	8,376,138
	징수액	6,698,187	4,898,775	7,536,187	8,368,972
지역가입자	부과액	923,663	1,003,637	1,256,137	1,178,572
	징수액	886,396	973,681	1,138,763	1,058,943

※ (징수율)=$\dfrac{(징수액)}{(부과액)} \times 100$

	직장가입자	지역가입자
①	2022년	2020년
②	2022년	2019년
③	2021년	2020년
④	2021년	2019년

24 다음은 시·도별 지역사회 정신건강 예산에 대한 자료이다. 2021년 대비 2022년 정신건강 예산의 증가액이 가장 큰 지역부터 순서대로 바르게 나열한 것은?

<시·도별 1인당 지역사회 정신건강 예산>

시·도	2022년		2021년	
	정신건강 예산(천 원)	인구 1인당 지역사회 정신건강 예산(원)	정신건강 예산(천 원)	인구 1인당 지역사회 정신건강 예산(원)
서울	58,981,416	6,208	53,647,039	5,587
부산	24,205,167	7,275	21,308,849	6,373
대구	12,256,595	5,133	10,602,255	4,382
인천	17,599,138	5,984	12,662,483	4,291
광주	13,479,092	9,397	12,369,203	8,314
대전	14,142,584	9,563	12,740,140	8,492
울산	6,497,177	5,782	5,321,968	4,669
세종	1,515,042	4,129	1,237,124	3,546
제주	5,600,120	8,319	4,062,551	6,062

① 서울 – 세종 – 인천 – 대구 – 제주 – 대전 – 울산 – 광주 – 부산
② 서울 – 인천 – 부산 – 대구 – 제주 – 대전 – 울산 – 광주 – 세종
③ 서울 – 대구 – 인천 – 대전 – 부산 – 세종 – 울산 – 광주 – 제주
④ 서울 – 인천 – 부산 – 세종 – 제주 – 대전 – 울산 – 광주 – 대구

25 다음은 2022년 시·도별 공공의료기관 인력 현황에 대한 자료이다. 전문의 의료 인력 대비 간호사 인력 비율이 가장 높은 지역은?

〈시·도별 공공의료기관 인력 현황〉

(단위 : 명)

시·도	일반의	전문의	레지던트	간호사
서울	35	1,905	872	8,286
부산	5	508	208	2,755
대구	7	546	229	2,602
인천	4	112	0	679
광주	4	371	182	2,007
대전	3	399	163	2,052
울산	0	2	0	8
세종	0	118	0	594
경기	14	1,516	275	6,706
강원	4	424	67	1,779
충북	5	308	89	1,496
충남	2	151	8	955
전북	2	358	137	1,963
전남	9	296	80	1,460
경북	7	235	0	1,158
경남	9	783	224	4,004
제주	0	229	51	1,212

① 서울

② 울산

③ 경기

④ 충남

26 다음은 2021년 정부지원금 수혜자 200명을 대상으로 조사한 자료이다. 이에 대한 설명으로 옳지 않은 것은?(단, 소수점 첫째 자리에서 버림한다)

※ 정부지원금 유형은 위에 제시된 것 이외엔 없다.

〈정부지원금〉

구분	100만 원	200만 원	300만 원
비율	36%	42%	22%

※ 정부지원금은 유형별 100만 원, 200만 원, 300만 원씩 지급되며 중복수혜는 불가능하다.
※ 제시된 자료는 한 사람당 정부지원금 수령 총금액이다.

① 정부지원금에 들어간 총비용은 37,000만 원 이상이다.
② 정부지원금 유형 A의 수령자가 모두 20대라고 할 때, 전체 20대 중 정부지원금 유형 A의 수령자가 차지하는 비율은 85%이다.
③ 모든 20대가 정부지원금을 200만 원 받았다고 할 때, 200만 원 수령자 중 20대가 차지하는 비율은 95% 이상이다.
④ 정부지원금 수혜자 수가 2배이고 수혜자 현황 비율이 동일하다면, 정부지원금에 들어간 비용도 2배이다.

27 다음 연도별·연령대별 흡연율 표를 그래프로 나타낼 때, 옳지 않은 것은?

〈연도별·연령대별 흡연율〉

(단위 : %)

구분	연령대				
	20대	30대	40대	50대	60대 이상
2012년	28.4	24.8	27.4	20.0	16.2
2013년	21.5	31.4	29.9	18.7	18.4
2014년	18.9	27.0	27.2	19.4	17.6
2015년	28.0	30.1	27.9	15.6	2.7
2016년	30.0	27.5	22.4	16.3	9.1
2017년	24.2	25.2	19.3	14.9	18.4
2018년	13.1	25.4	22.5	15.6	16.5
2019년	22.2	16.1	18.2	13.2	15.8
2020년	11.6	25.4	13.4	13.9	13.9
2021년	14.0	22.2	18.8	11.6	9.4

① 40대, 50대 연도별 흡연율

② 2018 ~ 2021년 연령대별 흡연율

③ 2016 ~ 2021년 60대 이상 연도별 흡연율

④ 20대, 30대 연도별 흡연율

※ 다음은 K공단 직원 250명을 대상으로 조사한 자료이다. 이어지는 질문에 답하시오. [28~29]

〈2020년 독감 예방접종 여부〉

■ 접종   ■ 접종 안 함

〈2021년 독감 예방접종 여부〉

■ 접종   ■ 접종 안 함

〈부서별 직원 현황〉

구분	총무부서	회계부서	영업부서	제조부서	합계
비율	16%	12%	28%	44%	100%

※ 제시된 것 외의 부서는 없다.
※ 2020년과 2021년 부서별 직원 현황은 변동이 없다.

┃ 수리능력

28 다음 중 자료에 대한 설명으로 옳은 것은?(단, 소수점 첫째 자리에서 버림한다)

① 2020년의 독감 예방접종자가 2021년에도 예방접종을 했다면, 2020년에는 예방접종을 하지 않았지만 2021년에 예방접종을 한 직원은 총 54명이다.

② 2020년 대비 2021년에 예방접종을 한 직원의 수는 49% 이상 증가했다.

③ 2020년의 예방접종을 하지 않은 직원들을 대상으로 2021년의 독감 예방접종 여부를 조사한 자료라고 한다면, 2020년과 2021년 모두 예방접종을 하지 않은 직원은 총 65명이다.

④ 2020년과 2021년의 독감 예방접종 여부가 총무부서에 대한 자료라고 할 때, 총무부서 직원 중 예방접종을 한 직원은 2020년 대비 2021년에 약 7명 증가했다.

┃ 수리능력

29 제조부서를 제외한 모든 부서 직원의 절반이 2020년 예방접종을 했다고 할 때, 제조부서 직원 중 2020년에 예방접종을 한 직원의 비율은?(단, 소수점 첫째 자리에서 버림한다)

① 18%

② 20%

③ 22%

④ 24%

※ 다음은 K기업이 1분기에 해외로부터 반도체를 수입한 거래내역과 거래일의 환율이다. 이어지는 질문에 답하시오. [30~31]

날짜	수입	환율
1월	4달러	1,000원/달러
2월	3달러	1,120원/달러
3월	2달러	1,180원/달러

※ (평균환율) = $\dfrac{(총원화금액)}{(환전된 총달러금액)}$

30 다음 중 1분기 평균환율은 얼마인가?

① 1,180원/달러 ② 1,120원/달러
③ 1,100원/달러 ④ 1,080원/달러

31 현재 창고에 K기업이 수입한 반도체 재고가 200달러만큼 존재할 때, **30번** 문제에서 구한 평균환율로 환산한 창고재고 금액은 얼마인가?

① 200,000원 ② 216,000원
③ 245,000원 ④ 268,000원

32 둘레길이가 456m인 호수 둘레를 따라 가로수가 4m 간격으로 일정하게 심어져 있다. 출입구에 심어져 있는 가로수를 기준으로 6m 간격으로 가로수를 옮겨 심으려고 할 때, 새롭게 옮겨 심어야 하는 가로수는 최소 몇 그루인가?(단, 불필요한 가로수는 제거한다)

① 38그루 ② 37그루
③ 36그루 ④ 35그루

※ 다음은 2018 ~ 2019년의 문화예술행사 관람률에 대한 자료이다. 이어지는 질문에 답하시오. **[33~34]**

〈문화예술행사 관람률〉

(단위 : 명, %)

구분		2018년			2019년		
		표본 수	관람	미관람	표본 수	관람	미관람
연령별	15 ~ 19세	754	3.9	96.1	677	96	4
	20대	1,505	2.9	97.1	1,573	97.4	2.6
	30대	1,570	8.4	91.6	1,640	91.5	8.5
	40대	1,964	11	89	1,894	89.1	10.9
	50대	2,077	20.6	79.4	1,925	80.8	19.2
	60대	1,409	35.3	64.7	1,335	64.9	35.1
	70대 이상	1,279	53.1	46.9	1,058	49.9	50.1
가구소득별	100만 원 미만	869	57.5	42.5	1,019	51.7	48.3
	100만 원 이상 200만 원 미만	1,204	41.6	58.4	1,001	60.4	39.6
	200만 원 이상 300만 원 미만	1,803	24.1	75.9	1,722	76.5	23.5
	300만 원 이상 400만 원 미만	2,152	18.6	81.4	2,098	82.5	17.5
	400만 원 이상 500만 원 미만	2,228	11.9	88.1	1,725	89.3	10.7
	500만 원 이상 600만 원 미만	1,278	8.4	91.6	1,344	92.1	7.9
	600만 원 이상	1,024	8.1	91.9	1,193	92.5	7.5
권역별	수도권	3,206	14.1	85.9	3,247	86	14
	강원 / 제주권	783	14.2	85.8	740	79.3	20.7
	충청 / 세종권	(가)	14.3	85.7	1,655	81.2	18.8
	호남권	1,584	34	66	(나)	73.9	26.1
	대경권	1,307	28.3	71.7	1,891	76.8	23.2
	동남권	1,910	20.4	79.6	1,119	78.2	21.8

33 다음 중 자료에서 (가)+(나)의 값을 구하면 얼마인가?

① 2,765

② 3,012

③ 3,218

④ 3,308

34 다음 〈보기〉 중 자료에 대한 설명으로 옳은 것을 모두 고르면?

―〈보기〉―

ㄱ. 2018년에 문화예술행사를 관람한 사람의 수는 가구소득이 100만 원 미만인 사람이 가구소득이 100만 원 이상 200만 원 미만인 사람보다 많다.

ㄴ. 문화예술행사를 관람한 70대 이상의 사람의 수는 2018년이 2019년보다 더 많다.

ㄷ. 2018년에 소득이 100만 원 이상 300만 원 미만인 사람들 중 문화예술행사를 관람한 사람의 비율은 2019년 소득이 100만 원 이상 200만 원 미만인 사람들 중 문화예술행사를 관람하지 않은 사람의 비율보다 작다.

ㄹ. 2019년에 문화예술행사를 관람한 사람의 수는 40대가 50대보다 더 적다.

① ㄱ, ㄴ

② ㄴ, ㄷ

③ ㄱ, ㄴ, ㄷ

④ ㄱ, ㄷ, ㄹ

※ 다음은 2020년도의 시·도별 질병 환자 현황이다. 이어지는 질문에 답하시오. [35~36]

〈시·도별 질병 환자 현황〉

(단위 : 명, 개)

구분	질병 환자 수	감기 환자 수	발열 환자 수	한 명당 가입한 의료보험의 수
서울특별시	246,867	96,928	129,568	1.3
부산광역시	77,755	37,101	33,632	1.3
대구광역시	56,985	27,711	23,766	1.2
인천광역시	80,023	36,879	33,962	1.3
광주광역시	35,659	19,159	16,530	1.2
대전광역시	37,736	15,797	17,166	1.3
울산광역시	32,861	18,252	12,505	1.2
세종특별자치시	12,432	5,611	6,351	1.3
경기도	366,403	154,420	166,778	1.3
강원도	35,685	15,334	15,516	1.3
충청북도	40,021	18,556	17,662	1.3
충청남도	56,829	27,757	23,201	1.3
전라북도	38,328	18,922	16,191	1.3
전라남도	40,173	19,691	15,614	1.3
경상북도	61,237	30,963	24,054	1.3
경상남도	85,031	43,694	33,622	1.3
제주특별자치도	18,387	7,950	8,294	1.4
전국	1,322,406	594,721	594,409	1.3

┃ 수리능력

35 다음 중 자료를 그래프로 나타낸 내용으로 옳지 않은 것은?(단, 소수점 셋째 자리에서 반올림한다)

① 시·도별 질병 환자 수

② 시·도별 감기 환자 수

③ 한 명당 가입한 의료보험의 수

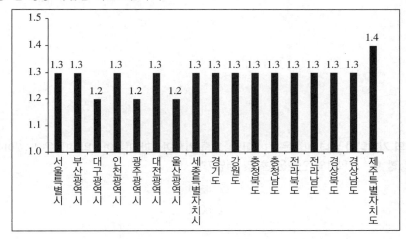

④ 질병 환자 한 명당 발열 환자 비율

특별부록 모의고사

36 다음 〈보기〉 중 자료에 대한 설명으로 옳은 것을 모두 고르면?

━━━━〈보기〉━━━━
ㄱ. 부산광역시는 경상남도보다 감기 환자의 수가 적다.
ㄴ. 대구광역시의 질병 환자가 가입한 의료보험의 수는 6만 5천 개 이상이다.
ㄷ. 질병 환자 한 명당 발열 환자 수는 강원도가 제일 적다.
ㄹ. 질병 환자 한 명당 발열 환자 수는 서울특별시가 제일 크다.

① ㄱ, ㄴ   ② ㄴ, ㄷ
③ ㄱ, ㄴ, ㄹ   ④ ㄱ, ㄷ, ㄹ

37 국민건강보험공단의 기획팀의 남녀 비율은 3 : 2이고, 그중 기혼여성과 미혼여성의 비율은 1 : 2이다. 기혼 여성이 6명이라고 할 때, 기획팀의 인원은 총 몇 명인가?

① 42명   ② 45명
③ 48명   ④ 50명

38 국민건강보험공단에 재직 중인 A사원이 혼자 보험 안내자료를 정리하는 데 15일이 걸리고 B사원과 같이 하면 6일 만에 끝낼 수 있다. 이때, B사원 혼자 정리하는 데 걸리는 시간은 며칠인가?

① 8일   ② 9일
③ 10일   ④ 11일

39 국민건강보험공단에서 올해 하반기 신입사원 공고문을 발표했다. 서류 지원자 중 필기시험에 응시할 수 있는 인원은 면접을 볼 수 있는 인원의 4.5배수이고, 필기시험을 통과한 최종 합격 인원의 2배수가 면접을 볼 수 있다. 면접시험에서 신입사원 250명이 최종 합격자가 될 때, 서류 지원자는 최소 몇 명인가?(단, 서류 지원자는 필기시험에 응시할 수 있는 인원 이상이다)

① 2,550명

② 2,250명

③ 2,050명

④ 1,850명

40 다음은 K병원의 하루 평균 이뇨제, 지사제, 진통제 사용량에 대한 자료이다. 이에 대한 설명으로 옳지 않은 것은?

〈하루 평균 이뇨제, 지사제, 진통제 사용량〉

구분	2018년	2019년	2020년	2021년	2022년	1인 1일 투여량
이뇨제	3,000mL	3,480mL	3,360mL	4,200mL	3,720mL	60mL/일
지사제	30정	42정	48정	40정	44정	2정/일
진통제	6,720mg	6,960mg	6,840mg	7,200mg	7,080mg	60mg/일

※ 모든 의약품은 1인 1일 투여량을 준수하여 투여했다.

① 전년 대비 2022년 사용량 감소율이 가장 큰 의약품은 이뇨제이다.

② 5년 동안 지사제를 투여한 환자 수의 평균은 18명 이상이다.

③ 이뇨제 사용량은 증가와 감소를 반복하였다.

④ 매년 진통제를 투여한 환자 수는 이뇨제를 투여한 환자 수의 2배 이하이다.

| 문제해결능력

41

- 잎이 넓은 나무는 키가 크다.
- 잎이 넓지 않은 나무는 덥지 않은 지방에서 자란다.
- _____
- 따라서 더운 지방에서 자라는 나무는 열매가 많이 맺힌다.

① 잎이 넓지 않은 나무는 열매가 많이 맺힌다.
② 열매가 많이 맺히지 않는 나무는 키가 작다.
③ 벌레가 많은 지역은 열매가 많이 맺히지 않는다.
④ 키가 작은 나무는 덥지 않은 지방에서 자란다.

| 문제해결능력

42

- 풀을 먹는 동물은 몸집이 크다.
- 사막에서 사는 동물은 물속에서 살지 않는다.
- _____
- 따라서 물속에서 사는 동물은 몸집이 크다.

① 몸집이 큰 동물은 물속에서 산다.
② 물이 있으면 사막이 아니다.
③ 사막에 사는 동물은 몸집이 크다.
④ 풀을 먹지 않는 동물은 사막에 산다.

| 문제해결능력

43

- 모든 1과 사원은 가장 실적이 많은 2과 사원보다 실적이 많다.
- 가장 실적이 많은 4과 사원은 모든 3과 사원보다 실적이 적다.
- 3과 사원 중 일부는 가장 실적이 많은 2과 사원보다 실적이 적다.
- 따라서 _____

① 모든 2과 사원은 4과 사원 중 일부보다 실적이 적다.
② 어떤 1과 사원은 가장 실적이 많은 3과 사원보다 실적이 적다.
③ 어떤 3과 사원은 가장 실적이 적은 1과 사원보다 실적이 적다.
④ 1과 사원 중 가장 적은 실적을 올린 사원과 같은 실적을 올린 사원이 4과에 있다.

44 다음은 대한민국 입국 목적별 비자 종류의 일부이다. 외국인 A ~ D씨가 피초청자로서 입국할 때, 발급받아야 하는 비자의 종류를 바르게 짝지은 것은?(단, 비자면제 협정은 없는 것으로 가정한다)

〈대한민국 입국 목적별 비자 종류〉

- 외교·공무
  - 외교(A-1) : 대한민국 정부가 접수한 외국 정부의 외교사절단이나 영사기관의 구성원, 조약 또는 국제관행에 따라 외교사절과 동등한 특권과 면제를 받는 사람과 그 가족
  - 공무(A-2) : 대한민국 정부가 승인한 외국 정부 또는 국제기구의 공무를 수행하는 사람과 그 가족
- 유학·어학연수
  - 학사유학(D-2-2) : (전문)대학, 대학원 또는 특별법의 규정에 의하여 설립된 전문대학 이상의 학술기관에서 정규과정(학사)의 교육을 받고자 하는 자
  - 교환학생(D-2-6) : 대학 간 학사교류 협정에 의해 정규과정 중 일정 기간 동안 교육을 받고자 하는 교환학생
- 비전문직 취업
  - 제조업(E-9-1) : 외국인근로자의 고용에 관한 법률의 규정에 의한 국내 취업요건을 갖추어 제조업체에 취업하고자 하는 자
  - 농업(E-9-3) : 외국인근로자의 고용에 관한 법률의 규정에 의한 국내 취업요건을 갖추어 농업, 축산업 등에 취업하고자 하는 자
- 결혼이민
  - 결혼이민(F-6-1) : 한국에서 혼인이 유효하게 성립되어 있고, 우리 국민과 결혼생활을 지속하기 위해 국내 체류를 하고자 하는 외국인
  - 자녀양육(F-6-2) : 국민의 배우자(F-6-1) 자격에 해당하지 않으나 출생한 미성년 자녀(사실혼 관계 포함)를 국내에서 양육하거나 양육하려는 부 또는 모
- 치료 요양
  - 의료관광(C-3-3) : 국내 의료기관에서 진료 또는 요양할 목적으로 입국하는 외국인 환자와 간병 등을 위해 동반입국이 필요한 동반가족 및 간병인(90일 이내)
  - 치료요양(G-1-10) : 국내 의료기관에서 진료 또는 요양할 목적으로 입국하는 외국인 환자와 간병 등을 위해 동반입국이 필요한 동반가족 및 간병인(1년 이내)

〈피초청자 초청 목적〉

피초청자	국적	초청 목적
A	말레이시아	부산에서 6개월가량 입원 치료가 필요한 아들의 간병(아들의 국적 또한 같음)
B	베트남	경기도 소재 O제조공장 취업(국내 취업 요건을 모두 갖춤)
C	사우디아라비아	서울 소재 K대학교 교환학생
D	인도네시아	대한민국 개최 APEC 국제기구 정상회의 참석

	A	B	C	D
①	C-3-3	D-2-2	F-6-1	A-2
②	G-1-10	E-9-1	D-2-6	A-2
③	G-1-10	D-2-2	F-6-1	A-1
④	C-3-3	E-9-1	D-2-6	A-1

45 다음은 건강생활실천지원금제에 대한 자료이다. 〈보기〉의 신청자 중 예방형과 관리형에 해당하는 사람을 바르게 분류한 것은?

〈건강생활실천지원금제〉

- 사업설명 : 참여자 스스로 실천한 건강생활 노력 및 건강개선 결과에 따라 지원금을 지급하는 제도
- 시범지역

지역	예방형	관리형
서울	노원구	중랑구
경기 · 인천	안산시, 부천시	인천 부평구, 남양주시, 고양일산(동구, 서구)
충청권	대전 대덕구, 충주시, 충남 청양군(부여군)	대전 동구
전라권	광주 광산구, 전남 완도군, 전주시(완주군)	광주 서구, 순천시
경상권	부산 중구, 대구 남구, 김해시, 대구 달성군	대구 동구, 부산 북구
강원 · 제주권	원주시, 제주시	원주시

- 참여대상 : 주민등록상 주소지가 시범지역에 해당되는 사람 중 아래에 해당하는 사람

구분	조건
예방형	만 20 ~ 64세인 건강보험 가입자(피부양자 포함) 중 국민건강보험공단에서 주관하는 일반건강검진 결과 건강관리가 필요한 사람*
관리형	고혈압 · 당뇨병 환자

*건강관리가 필요한 사람 : 다음에 모두 해당하거나 ①, ② 또는 ①, ③에 해당하는 사람

① 체질량지수(BMI) 25kg/m² 이상
② 수축기 혈압 120mmHg 이상 또는 이완기 혈압 80mmHg 이상
③ 공복혈당 100mg/dL 이상

〈보기〉

신청자	주민등록상 주소지	체질량지수	수축기 혈압 / 이완기 혈압	공복혈당	기저질환
A	서울 강북구	22kg/m²	117mmHg / 78mmHg	128mg/dL	–
B	서울 중랑구	28kg/m²	125mmHg / 85mmHg	95mg/dL	–
C	경기 안산시	26kg/m²	142mmHg / 92mmHg	99mg/dL	고혈압
D	인천 부평구	23kg/m²	145mmHg / 95mmHg	107mg/dL	고혈압
E	광주 광산구	28kg/m²	119mmHg / 78mmHg	135mg/dL	당뇨병
F	광주 북구	26kg/m²	116mmHg / 89mmHg	144mg/dL	당뇨병
G	부산 북구	27kg/m²	118mmHg / 75mmHg	132mg/dL	당뇨병
H	강원 철원군	28kg/m²	143mmHg / 96mmHg	115mg/dL	고혈압
I	제주 제주시	24kg/m²	129mmHg / 83mmHg	108mg/dL	–

※ 단, 모든 신청자는 만 20 ~ 64세이며, 건강보험에 가입하였다.

	예방형	관리형		예방형	관리형
①	A, E	C, D	②	B, E	F, I
③	C, E	D, G	④	F, I	C, H

46 K동에서는 임신한 주민에게 출산장려금을 지원하고자 한다. 출산장려금 지급 기준 및 K동에 거주하는 임산부에 대한 정보가 다음과 같을 때, 출산장려금을 가장 먼저 받을 수 있는 사람은?

〈K동 출산장려금 지급 기준〉

- 출산장려금 지급액은 모두 같으나, 지급 시기는 모두 다르다.
- 지급 순서 기준은 임신일, 자녀 수, 소득 수준 순서이다.
- 임신일이 길수록, 자녀가 많을수록, 소득 수준이 낮을수록 먼저 받는다(단, 자녀는 만 19세 미만의 아동 및 청소년으로 제한한다).
- 임신일, 자녀 수, 소득 수준이 모두 같으면 같은 날에 지급한다.

〈K동 거주 임산부 정보〉

임산부	임신일	자녀	소득 수준
A	150일	만 1세	하
B	200일	만 3세	상
C	200일	만 7세, 만 5세, 만 3세	중
D	200일	만 20세, 만 16세, 만 14세, 만 10세	상

---

① A임산부　　　　　　　　　② B임산부
③ C임산부　　　　　　　　　④ D임산부

※ 다음은 노인맞춤돌봄서비스 홍보를 위한 안내문이다. 이어지는 질문에 답하시오. [47~48]

〈노인맞춤돌봄서비스 지금 신청하세요!〉

- 노인맞춤돌봄서비스 소개
  일상생활 영위가 어려운 취약노인에게 적절한 돌봄서비스를 제공하여 안정적인 노후생활 보장 및 노인의 기능, 건강 유지를 통해 기능 약화를 예방하는 서비스

- 서비스 내용
  - 안전지원서비스 : 이용자의 전반적인 삶의 안전 여부를 전화, ICT 기기를 통해 확인하는 서비스
  - 사회참여서비스 : 집단프로그램 등을 통해 사회적 참여의 기회를 지원하는 서비스
  - 생활교육서비스 : 다양한 프로그램으로 신체적, 정신적 기능을 유지·강화하는 서비스
  - 일상생활지원서비스 : 이동 동행, 식사준비, 청소 등 일상생활을 지원하는 서비스
  - 연계서비스 : 민간 후원, 자원봉사 등을 이용자에게 연계하는 서비스
  - 특화서비스 : 은둔형·우울형 집단을 분리하여 상담 및 진료를 지원하는 서비스

- 선정 기준
  만 65세 이상 국민기초생활수급자, 차상위계층, 또는 기초연금수급자로서 유사 중복사업 자격에 해당하지 않는 자
  ※ 유사 중복사업
    1. 노인장기요양보험 등급자
    2. 가사 간병방문 지원 사업 대상자
    3. 국가보훈처 보훈재가복지서비스 이용자
    4. 장애인 활동지원 사업 이용자
    5. 기타 지방자치단체에서 시행하는 서비스 중 노인맞춤돌봄서비스와 유사한 재가서비스

- 특화서비스 선정 기준
  - 은둔형 집단 : 가족, 이웃 등과 관계가 단절된 노인으로서 민·관의 복지지원 및 사회안전망과 연결되지 않은 노인
  - 우울형 집단 : 정신건강 문제로 인해 일상생활 수행의 어려움을 겪거나 가족·이웃 등과의 관계 축소 등으로 자살, 고독사 위험이 높은 노인
    ※ 고독사 및 자살 위험이 높다고 판단되는 경우 만 60세 이상으로 하향 조정 가능

| 문제해결능력

47 다음 중 윗글에 대한 설명으로 적절하지 않은 것은?

① 노인맞춤돌봄서비스를 받기 위해서는 만 65세 이상의 노인이어야 한다.
② 노인맞춤돌봄서비스는 노인의 정신적 기능 계발을 위한 서비스를 제공한다.
③ 은둔형 집단, 우울형 집단의 노인은 특화서비스를 통해 상담 및 진료를 받을 수 있다.
④ 노인맞춤돌봄서비스를 통해 노인의 현재 안전상황을 모니터링할 수 있다.

48 다음은 K동 독거노인의 방문조사 결과이다. 조사한 인원 중 노인맞춤돌봄서비스 신청이 불가능한 사람은 모두 몇 명인가?

〈K동 독거노인 방문조사 결과〉

이름	성별	나이	소득수준	행정서비스 현황	특이사항
A	여	만 62세	차상위계층	–	우울형 집단
B	남	만 78세	기초생활수급자	국가유공자	–
C	남	만 81세	차상위계층	–	–
D	여	만 76세	기초연금수급자	–	–
E	여	만 68세	기초연금수급자	장애인 활동지원	–
F	여	만 69세	–	–	–
G	남	만 75세	기초연금수급자	가사 간병방문	–
H	여	만 84세	–	–	–
I	여	만 63세	차상위계층	–	우울형 집단
J	남	만 64세	차상위계층	–	–
K	여	만 84세	기초연금수급자	보훈재가복지	–

① 4명　　　　　　　　　　　　　② 5명
③ 6명　　　　　　　　　　　　　④ 7명

49 지난 5년간 소득액수가 동일한 A씨의 2023년 장기요양보험료가 2만 원일 때, 2021년의 장기요양보험료는?(단, 모든 계산은 소수점 첫째 자리에서 반올림한다)

〈2023년도 장기요양보험료율 결정〉

2023년도 소득 대비 장기요양보험료율은 2022년 0.86% 대비 0.05%p 인상된 0.91%로 결정되었다.
장기요양보험료는 건강보험료에 장기요양보험료율을 곱하여 산정되는데, 건강보험료 대비 장기요양보험료율은 2023년 12.81%로 2022년 12.27% 대비 4.40%가 인상된다.
이번 장기요양보험료율은 초고령사회를 대비하여 장기요양보험의 수입과 지출의 균형 원칙을 지키면서 국민들의 부담 최소화와 제도의 안정적 운영 측면을 함께 고려하여 논의·결정하였다.
특히, 빠른 고령화에 따라 장기요양 인정자 수의 증가로 지출 소요가 늘어나는 상황이나, 어려운 경제여건을 고려하여 2018년도 이후 최저 수준으로 보험료율이 결정되었다.

*장기요양보험료율(소득 대비) 추이 : (2018년) 0.46% → (2019년) 0.55% → (2020년) 0.68% → (2021년) 0.79% → (2022년) 0.86% → (2023년) 0.91%

① 16,972원　　　　　　　　　　② 17,121원
③ 17,363원　　　　　　　　　　④ 18,112원

50 다음은 국민건강보험공단에서 진행하는 건강보험 임신·출산 진료비 지원제도에 대한 자료이다. 이를 통해 A~D 중 지원제도를 신청할 수 있는 사람은?

〈임신·출산 진료비 지원제도〉

• 임신·출산 진료비 지원제도란?
건강한 태아의 분만과 산모의 건강관리, 출산친화적 환경 조성을 위해 임신 및 출산과 관련된 진료비를 전자바우처(국민행복카드)로 일부 지원하는 제도

• 지원 대상
임신확인서로 임신이 확진된 건강보험 가입자 또는 피부양자 중 임신·출산 진료비 지원 신청자

• 신청인
임신부 본인 또는 그 가족

• 제외 대상자
– 의료급여법에 따라 의료급여를 받는 자(수급권자)
– 유공자 등 의료보호 대상자로서 건강보험의 적용 배제 신청을 한 자
– 주민등록말소자, 급여정지자(특수시설수용자, 출국자)

• 제출 서류
1. 임신·출산 진료비 지원 신청서 및 임신확인서
2. 가족이 신청하는 경우 임산부와의 관계를 입증할 수 있는 서류
   (대리인 신분증, 주민등록등본, 가족관계증명서 등)

---

① 출산한 친구를 대신하여 임신확인서와 대리인 신분증을 가지고 지원 신청서를 작성한 A
② 출산한 딸을 대신하여 임신확인서와 주민등록등본을 가지고 지원 신청서를 작성한 B
③ 직접 임신확인서를 가지고 지원 신청서를 작성한 의료급여를 받고 있는 C
④ 출산 후 출국한 딸을 대신하여 임신확인서와 가족관계증명서를 가지고 지원 신청서를 작성한 D

※ 다음은 K공단에서 시니어 인턴십에 참여하고 있는 인턴들에 대한 성과평가 결과이다. K공단은 이를 바탕으로 근로장려금을 차등 지급하려고 한다. 이어지는 질문에 답하시오. [51~52]

<장려금 지급 기준>

• 직원들의 장려금은 성과점수에 따라 지급한다.
• 성과점수는 각 인턴들의 업무 평가 결과에 해당하는 기준점수의 합으로 계산한다.
• 평가결과는 탁월 – 우수 – 보통 3단계로 구분한다.

<업무 평가 결과>

인턴	업무량	업무 효율성	업무 협조성	업무 정확성	근무태도
A인턴	우수	탁월	보통	보통	우수
B인턴	보통	보통	우수	우수	보통
C인턴	탁월	보통	탁월	탁월	보통
D인턴	보통	우수	탁월	탁월	우수

<기준 점수>

평가	업무량	업무 효율성	업무 협조성	업무 정확성	근무태도
탁월	10	20	30	20	20
우수	8	16	20	16	10
보통	6	10	16	10	8

<성과점수별 장려금>

구분	50 ~ 60점	61 ~ 70점	71 ~ 80점	81 ~ 90점	91 ~ 100점
지급금액	10만 원	20만 원	30만 원	40만 원	50만 원

┃ 문제해결능력

51 시니어 인턴십에 참여한 A ~ D인턴 중 장려금을 가장 많이 받는 사람은?

① A인턴   ② B인턴
③ C인턴   ④ D인턴

┃ 문제해결능력

52 인턴들의 업무 평가 결과가 다음 〈조건〉과 같이 변경되었을 때, 장려금을 가장 많이 받는 사람은?

───〈조건〉───

• A인턴의 업무 정확성 평가 : 보통 → 우수
• B인턴의 근무태도 평가 : 보통 → 우수
• C인턴의 업무 효율성 평가 : 보통 → 탁월
• D인턴의 업무 협조성 평가 : 탁월 → 우수

① A인턴   ② B인턴
③ C인턴   ④ D인턴

53 올해 목표를 금연으로 정한 K공단의 S대리는 금연치료지원 프로그램에 참여했다. 그러나 S대리는 개인 사정으로 프로그램 참여 시작 후 7주(49일) 만에 그만두게 되었다. 금연치료지원 프로그램 안내문과 S대리의 참여내역이 다음과 같을 때, S대리가 7주(49일)까지 냈던 본인부담금은?(단, 부가세는 고려하지 않는다)

〈금연치료지원 프로그램 안내문〉

1. 프로그램의 개요

[8 ~ 12주 기간]

요양기관 : 금연진료상담 + 금연치료의약품 또는 금연보조제 처방 및 조제

공단

- 금연참여자 등록 (연 3회 허용)
- 진료상담 6회 이내
  - 1 ~ 2회 : 본인부담 20%
  - 3 ~ 6회 : 본인부담 없음
- 1회 최대 4주 이내 처방
  - 1 ~ 2회 : 본인부담 20%
  - 3 ~ 6회 : 본인부담 없음
- 8주 이상 이수 시 인센티브 지급

※ 8 ~ 12주 기간 동안 6회 이내의 진료상담과 금연치료의약품 또는 금연보조제(니코틴패치, 껌, 정제) 구입비용 지원

2. 제공기관 및 지원대상

- 제공기관 : 공단에 금연치료 지원사업 참여 신청한 모든 병·의원, 보건소, 보건지소 등
- 지원대상 : 금연치료 참여 의료기관에 방문하여 등록한 금연치료를 희망하는 모든 흡연자에 대해 지원 (단, 1년에 3번까지 지원 가능하며, 예정된 차기 진료일로부터 1주 이상 의료기관을 방문하여 진료받지 않은 경우 프로그램 탈락으로 간주하여 1회차 지원을 종료함)

3. 지원내용

- 금연진료·상담료 : 최초상담료와 금연유지상담료로 구분하고, 공단에서 80% 지원(참여자 20% 부담)

구분	금연(단독)진료	금연(동시)진료	
최초상담	22,500원	금연(단독)진료와 전체 금액은 같으나 최초상담 시 1,500원, 유지상담 시 900원을 공단이 더 부담	
유지상담	13,500원		

※ 금연진료를 타 상병과 동시에 진료하는 경우 '금연(동시)진료'와 금연진료만 행하는 '금연(단독)진료'로 구분
※ 의료급여수급자 및 저소득층(건강보험료 하위 20% 이하)은 진료·상담료 전액 지원

- 약국금연 관리비용 : 금연치료의약품, 금연보조제 등 사용안내 및 복약지도 관련 비용 지원

금연치료의약품			금연보조제		
공단부담금	본인부담금	합계	공단부담금	본인부담금	합계
6,500원	1,600원	8,100원	1,600원	400원	2,000원

※ 의료급여수급자 및 저소득층(건강보험료 하위 20% 이하)은 진료·상담료 전액 지원

- 금연치료의약품·금연보조제 : 1회 처방당 4주 이내의 범위(총 12주)에서 금연치료의약품 및 금연보조제(니코틴패치, 껌, 정제) 구입비용 지원
  - 금연치료의약품

구분		부프로피온정	바레니클린정	챔픽스정
약가 상한액		정당 530원	정당 1,800원	정당 2,100원
본인부담금	건강보험	정당 100원	정당 360원	정당 400원
	의료급여 / 저소득층	없음		

  - 금연보조제

구분		금연보조제 (니코틴패치, 껌, 정제)	비고
지원액	건강보험	1일당 1,500원	지원액을 초과하는 비용은 본인이 부담
	의료급여 / 저소득층	1일당 2,940원	

〈S대리의 7주 차까지의 참여내역〉

- 의료급여·저소득층 여부 : 해당사항 없음
- 처방받은 금연치료의약품 : 챔픽스정(1일 2정 복용)
- 타 상병과 동시진료 여부 : 고혈압으로 인해 매 진료 시 같이 진료받았음
- 금연진료·상담 방문 횟수 : 4회
- 약국방문 횟수 : 2회[1회 차 : 4주치(28일치) 처방, 2회 차 : 3주치(21일치) 처방]

① 없음
② 43,500원
③ 47,200원
④ 50,700원

〈국내여비 정액표〉

구분		대상	가군	나군	다군
운임		항공운임	실비(1등석 / 비지니스)	실비(2등석 / 이코노미)	
		철도운임	실비(특실)		실비(일반실)
		선박운임	실비(1등급)	실비(2등급)	
	자동차운임	버스운임	실비		
		자가용승용차운임	실비		
일비(1일당)			2만 원		
식비(1일당)			2만 5천 원	2만 원	
숙박비(1박당)			실비	실비(상한액 : 서울특별시 7만 원, 광역시·제주도 6만 원, 그 밖의 지역 5만 원)	

〈실비 단가(1일당 상한액)〉

구분	가군	나군	다군
항공운임	100만 원	50만 원	
철도운임	7만 원		3만 원
선박운임	50만 원	20만 원	
버스운임	1,500원		
자가용승용차운임	20만 원		
숙박비	15만 원	–	–

54 지난 주 출장을 다녀온 A부장의 활동 내역이 다음과 같을 때, A부장이 받을 수 있는 여비의 총액은?

〈A부장 활동 내역〉

- 2박 3일 동안 가군으로 출장을 다녀왔다.
- 항공은 첫째 날과 셋째 날에 이용하였다.
- 철도는 첫째 날과 둘째 날에 이용하였다.
- 자가용은 출장 기간 동안 매일 이용하였다.

① 315만 5천 원   ② 317만 원
③ 317만 5천 원   ④ 318만 원

55 다음 중 영업팀 3명이 각각 다른 군으로 출장을 간다면, 영업팀이 받는 총여비는?

- 1박 2일 동안 출장을 간다.
- 비용은 최대로 받는다.
- 항공은 첫째 날에 이용한다.
- 선박은 둘째 날에 이용한다.
- 기차는 출장 기간 동안 매일 이용한다.
- 버스는 출장 기간 동안 매일 이용한다.
- 자가용은 출장 기간 동안 매일 이용한다.
- 나군은 서울에 해당한다.
- 다군은 제주도에 해당한다.

① 485만 9천 원   ② 488만 6천 원
③ 491만 6천 원   ④ 497만 9천 원

56 다음은 국민행복카드에 대한 자료이다. 〈보기〉 중 이에 대한 설명으로 옳지 않은 것을 모두 고르면?

- 국민행복카드
  '보육료', '유아학비', '건강보험 임신·출산 진료비 지원', '청소년산모 임신·출산 의료비 지원' 및 '사회서비스 전자바우처' 등 정부의 여러 바우처 지원을 공동으로 이용할 수 있는 통합카드입니다. 국민행복카드로 어린이집·유치원 어디서나 사용이 가능합니다.

- 발급방법
  〈온라인〉
  – 보조금 신청 : 정부 보조금을 신청하면 어린이집 보육료와 유치원 유아학비 인증이 가능합니다.
  – 보조금 신청서 작성 및 제출 : 복지로 홈페이지
  – 카드 발급 : 5개 카드사 중 원하시는 카드사를 선택해 발급받으시면 됩니다.
    * 연회비는 무료입니다.
  – 카드 발급처 : 복지로 홈페이지, 임신육아종합포털 아이사랑, 5개 제휴카드사 홈페이지
  〈오프라인〉
  – 보조금 신청 : 정부 보조금을 신청하면 어린이집 보육료와 유치원 유아학비 인증이 가능합니다.
  – 보조금 신청서 작성 및 제출 : 읍면동 주민센터
  – 카드 발급 : 5개 제휴카드사
    * 연회비는 무료입니다.
  – 카드 발급처 : 읍면동 주민센터, 전국 은행과 주요 카드사 지점
    * 어린이집 ↔ 유치원으로 기관 변경 시에는 복지로 또는 읍면동 주민센터에서 반드시 보육료·유아학비 자격변경 신청이 필요합니다.

─────────────〈보기〉─────────────

ㄱ. 국민행복카드 신청을 위한 보육료 및 학비 인증을 위해서는 별도 절차 없이 정부 보조금 신청을 하면 된다.
ㄴ. 온라인이나 오프라인 둘 중 어떤 발급경로를 선택하더라도 연회비는 무료이다.
ㄷ. 국민행복카드 신청을 위한 보조금 신청서는 읍면동 주민센터, 복지로 혹은 카드사의 홈페이지에서 작성할 수 있으며 작성처에 제출하면 된다.
ㄹ. 오프라인으로 신청한 경우 카드를 발급받기 위해서는 읍면동 주민센터 혹은 전국 은행 지점을 방문하여야 한다.

① ㄱ, ㄴ   ② ㄱ, ㄷ
③ ㄴ, ㄷ   ④ ㄷ, ㄹ

※ 다음은 국민건강보험공단의 조직도와 2022년도 개편기준이다. 이어지는 질문에 답하시오. **[57~58]**

〈2022년 조직 개편기준〉

- 급여상임이사 소속으로 의료기관지원실, 건강관리실, 보장지원실을 추가한다.
- 정보화 시대에 맞춰 빅데이터 전략본부를 조직한다.
- 이사장 직속인 기획조정실을 기획상임이사 소속으로 이동한다.
- 총무상임이사 소속인 안전관리실을 안전관리본부로 새롭게 개편한다.
- 인재개발원을 신설 부서로 만들어 이사장 직속 부서로 추가한다.
- 급여상임이사 소속인 급여보장실과 급여관리실은 하나의 부서인 급여지원실로 통합한다.

| 문제해결능력

57 다음 중 2021년 국민건강보험공단 조직도를 잘못 이해한 직원은?

① A사원 : 각 상임이사 소속으로는 3개의 부서가 있다.
② B사원 : 우리 공단 이사장 직속 부서로는 비서실, 기획조정실, 감사실이 있다.
③ C대리 : 급여보장실은 급여관리실과 같은 소속이다.
④ D대리 : 자격부과실과 고객지원실은 이사장에게 바로 보고하지 않는다.

| 문제해결능력

58 다음 중 2022년 조직 개편기준에 따라 개편한 내용으로 옳지 않은 것은?

① 급여상임이사 소속 부서는 5개가 될 것이다.
② 징수상임이사 소속 부서는 개편이 되어도 변하는 내용이 없을 것이다.
③ 기획상임이사 소속으로 기획조정실이 추가될 것이다.
④ 총무상임이사 소속 부서는 인력지원실, 경영지원실, 안전관리실이 될 것이다.

59 다음은 국민건강보험공단 홈페이지에 게시된 분리과세 주택임대소득 보험료 경감에 대한 자료이다. A의 상황이 다음과 같을 때, A에 대한 설명으로 옳지 않은 것은?(단, 현재는 2021년 1월이다)

〈분리과세 주택임대소득 보험료 경감〉

• 대상자

건강보험료 경감 적용 조건(공통조건과 가입자 유형별 충족조건 모두 충족해야 함)

- 공통(외국인 등 포함)

  1) 주택임대소득 총수입금액이 연간 합계액 2천만 원 이하일 것

  2) 주택임대소득에 대한 소득세가 소형주택 임대사업자에 대한 세액 감면 적용을 받은 대상으로서 등록을 한 날이 모두 2020년 12월 31일 이전일 것

     * 다만, 2020.7.11. 이후 단기(4년)주택등록 및 장기·공공지원(8년)으로 변경 신고한 주택은 제외

     * 주거전용면적이 1호당 85m²(수도권 외 100m²) 이하이며, 기준시가가 6억 원 이하

- 지역가입자 : 주택임대소득을 반영하여 산출한 보험료가 그 주택임대소득을 제외하고 산출한 보험료액보다 많을 것

- 피부양자에서 상실된 지역가입자 : 주택임대소득으로 피부양자에서 그 자격을 상실하여 지역가입자가되고, 그 주택임대소득을 제외하면 국민건강보험법상 요건을 충족할 것

• 적용방법

1. 경감률

구분	임대등록 구분		
	8년 이상	4년 이상	미등록
경감률	80%	40%	0%
경감기간	8년	4년	–
대상자	전체 가입자		–

다만, 2019년 귀속 분리과세 주택임대소득으로 피부양자에서 상실된 지역가입자 중 미등록자는 2019년 귀속 소득분이 반영되는 기간의 보험료는 한시적으로 30% 경감

2. 경감기간

임대개시일로부터 4년(장기 일반 민간임대주택 등은 8년)이 되는 날이 속하는 해의 소득을 반영하는 보험료까지 적용

〈A의 상황〉

• A는 2016년 4월 1일에 경주에 위치한 80m²의 소형주택에 대한 임대사업을 등록하였으며, 소형주택 임대사업자에 대한 소득세 감면을 적용받았다.

• A의 주택임대소득 총수입금액은 연간 총 800만 원이다.

• A는 건강보험 지역가입자이다.

• A는 기준시가 3억 원에 해당되는 소형주택에 대해 단기주택등록을 하였다.

• A는 2016년 4월 17일에 임대 개시를 하였다.

① A에게 적용되는 건강보험 경감률은 40%이다.

② 주택임대소득을 반영한 보험료가 주택임대소득을 반영하지 않은 경우의 보험료보다 많은 경우, 건강보험료 경감을 받을 수 없다.

③ A가 등록한 소형 임대주택의 기준시가가 50% 상승하더라도 경감 여부에는 변화가 없다.

④ A의 소형 임대주택이 서울에 위치한 주택이었더라도 A는 보험료 경감을 받을 수 있다.

60 다음은 국민건강보험공단 홈페이지에 게시된 민원요기요의 서비스 항목 중 일부이다. 〈보기〉의 설명 중 옳은 것을 모두 고르면?

대분류	세부업무	
증명서 발급 및 확인	• 자격확인서 • 자격득실확인서 • 보험료 완납증명서 • 보험료 납부확인서	• 건강보험증 발급 신청 • 증명서 진위 확인 • 차상위본인부담경감증명서 • 기타징수금 납부확인서
보험료 조회	• 지역보험료 조회 • 직장보험료 조회 • 홈페이지 납부 보험료 • 사회보험료 완납 조회	• 4대보험료 계산 • 고지내역 조회 • 연말정산내역
보험료 납부	• 보험료 납부 • 자동이체 신청 • 보험료 대납	
보험료 고지서	• 고지서 신청 • 고지서 송달지 변경 신청	• 보험료 고지서 재발급 • 홈페이지 고지내역 조회

〈보기〉

ㄱ. 보험료 납부확인서 발급 및 4대보험료 계산도 민원요기요에서 가능하다.
ㄴ. 보험료 고지서를 재발급받기 위해서는 국민건강보험공단 홈페이지의 민원요기요가 아니라 지자체에서 발급받아야 한다.
ㄷ. 민원요기요를 통해 고지서 송달지 변경과 증명서의 진위 확인도 가능하다.

① ㄱ
② ㄷ
③ ㄱ, ㄷ
④ ㄴ, ㄷ

61 다음 중 국민건강보험법상 과태료 부과대상이 아닌 것은?

① 요양급여비용에 관한 서류를 보존하지 않은 경우

② 사업장 신고를 하지 않거나 거짓으로 신고한 경우

③ 요양비 명세서나 요양 명세를 적은 영수증을 내주지 않은 경우

④ 행정처분절차가 진행 중인 사실을 지체 없이 알리지 않은 경우

62 다음 중 국민건강보험법상 직장가입자에 해당하는 사람은?

① 교도소에 수감된 자

② 병역법에 따른 현역병

③ 고용기간이 1개월 미만인 일용근로자

④ 선거에 당선되어 취임한 공무원으로서 급료를 받는 자

63 다음 중 국민건강보험법상 과태료 100만 원에 해당하는 부과대상은?

① 건강보험에 관한 서류를 3년간 보존하지 않은 사용자

② 자신이 고용한 근로자가 직장가입자가 되는 것을 방해한 자

③ 정당한 사유 없이 가입자의 거주지 변경 신고·서류 제출을 하지 아니한 자

④ 업무를 수행하면서 알게 된 정보를 누설한 자

64 다음 중 국민건강보험법상 실업자에 대한 특례의 내용으로 옳지 않은 것은?

① 사용관계가 끝난 직장가입자가 최초로 지역가입자로 보험료 고지를 받은 날부터 납부기한이 2개월이 지나기 이전까지 공단에 직장가입자로서의 자격을 유지할 것을 신청할 수 있다.

② 임의계속가입자는 자격의 변동 시기 등에도 불구하고 최초로 내야 할 보험료를 3개월 이상 미납하였더라도 직장가입자의 자격을 유지한다.

③ 임의계속가입자의 보수월액은 보수월액보험료가 산정된 최근 12개월간의 보수월액을 평균한 금액으로 한다.

④ 임의계속가입자의 보험료는 보건복지부장관이 정하여 고시하는 바에 따라 그 일부를 경감할 수 있다.

65 다음 중 국민건강보험법상 국민건강보험공단의 업무가 아닌 것은?

① 의료시설의 운영
② 요양급여비용의 심사
③ 가입자 및 피부양자의 자격 관리
④ 자산의 관리·운영 및 증식사업

66 다음 중 국민건강보험법상 국민건강보험료보다 우선 징수 대상으로 옳은 것은?

① 질권
② 저당권
③ 일반채권
④ 국세·지방세

67 다음 중 국민건강보험법상 임의계속가입자에 대한 내용으로 옳은 것은?

① 사용관계가 끝난 직장가입자 중 해당 사업장에서 대통령령으로 정하는 기간 동안 통산 1년 이상 직장가입자의 자격을 유지한 경우 임의계속가입자로 신청할 수 있다.
② 임의계속가입자의 신청 절차에 필요한 사항은 대통령령으로 정한다.
③ 임의계속가입자 신청 후 최초로 내야 할 직장가입자 보험료를 그 납부기한부터 3개월이 지난날까지 내지 아니한 경우에는 그 자격을 유지할 수 없다.
④ 임의계속가입자의 보험료는 그 일부를 경감할 수 있고, 보수월액보험료는 그 임의계속가입자가 전액을 부담하고 납부한다.

68 월 300만 원(보수월액)을 받고 있는 직장가입자 A는 피부양자인 아내와 아이를 국내에 두고 2023년 4월에 업무 목적으로 6개월 동안 해외출장을 갈 예정이다. A가 해외에 체류하는 동안 실제 납부할 월 보험료는? (단, 2023년 직장가입자의 보험율은 1만 분의 709로 한다)

① 0원
② 53,175원
③ 106,355원
④ 212,700원

69 다음 중 국민건강보험법상 임의계속가입자에 대한 설명으로 옳지 않은 것은?

① 임의계속가입자가 보수월액보험료의 전액을 부담하고 납부한다.
② 보수월액은 보수월액보험료가 산정된 최근 6개월간의 보수월액을 평균한 금액으로 한다.
③ 임의계속가입자는 자격의 변동 시기에도 불구하고 대통령령으로 정하는 기간 동안 직장가입자의 자격을 유지한다.
④ 임의계속가입자의 보험료는 보건복지부장관이 정하여 고시하는 바에 따라 그 일부를 경감할 수 있다.

70 다음 중 건강보험정책심의위원회에 대한 설명으로 옳지 않은 것은?

① 위원의 임기는 3년으로 한다.
② 위원장 1명을 제외한 25명의 위원으로 구성한다.
③ 요양급여의 기준에 대한 사항을 심의·의결한다.
④ 보건복지부장관이 임명하는 위원 중에는 시민단체에서 추천하는 1명도 포함된다.

71 다음 중 요양급여비용의 청구 및 통보 순서로 옳은 것은?

① 요양기관 → 심사평가원 → 공단
② 심사평가원 → 공단 → 요양기관
③ 공단 → 요양기관 → 심사평가원
④ 심사평가원 → 요양기관 → 공단

72 다음 중 빈칸에 들어갈 날짜로 옳은 것은?

국내체류 외국인 등에 해당하는 지역가입자의 보험료는 그 직전 월 _____까지 납부하여야 한다.

① 7일   ② 15일
③ 20일   ④ 25일

73 다음 중 국민건강보험공단의 설립등기에 포함되는 항목으로 옳은 것을 〈보기〉에서 모두 고르면?

―――――――――――――〈보기〉―――――――――――――
㉠ 목적	㉡ 명칭
㉢ 임직원의 주소	㉣ 분사무소의 소재지
㉤ 정관	

① ㉠, ㉡, ㉢   ② ㉠, ㉡, ㉣
③ ㉠, ㉢, ㉣   ④ ㉡, ㉣, ㉤

74 다음 중 빈칸 ㉠, ㉡에 들어갈 내용이 바르게 연결된 것은?

보험료의 경감 등(법 제75조 제1항)
다음 각 호의 어느 하나에 해당하는 가입자 중 ___㉠___ 으로 정하는 가입자에 대하여는 그 가입자 또는 그 가입자가 속한 세대의 보험료의 일부를 경감할 수 있다.
1. 섬·벽지(僻地)·농어촌 등 ___㉡___ 으로 정하는 지역에 거주하는 사람
2. 65세 이상인 사람
3. 장애인복지법에 따라 등록한 장애인
4. 국가유공자 등 예우 및 지원에 관한 법률에 따른 국가유공자
5. 휴직자
6. 그 밖에 생활이 어렵거나 천재지변 등의 사유로 보험료를 경감할 필요가 있다고 보건복지부장관이 정하여 고시하는 사람

	㉠	㉡
①	보건복지부령	보건복지부령
②	대통령령	보건복지부령
③	보건복지부령	대통령령
④	대통령령	대통령령

75 다음 중 국민건강보험법령 위반으로 가장 많은 벌금을 부과받는 사람은?(단, 법령에 명시된 최대한의 벌금을 부과받는다고 가정한다)
① 가입자 및 피부양자의 개인정보를 누설한 A
② 업무를 수행하면서 알게 된 정보를 누설한 B
③ 거짓이나 그 밖의 부정한 방법으로 보험급여를 받은 C
④ 요양비 명세서나 요양 명세를 적은 영수증을 내주지 않은 D

76 다음 〈조건〉의 A와 B의 보험료를 합산한 금액으로 옳은 것은?(단, A와 B의 보수외소득 및 수당은 없으며, 2023년 직장가입자의 보험률은 1만 분의 709로 한다)

┌─────────────────────〈조건〉─────────────────────┐
│ • 직장가입자 A는 국내 K기업에서 월 220만 원을 받는 근로자이다. │
│ • 직장가입자 B는 월 280만 원을 받고 K기업의 해외지사에서 2019년부터 근무하고 있으며, 국내에 거주하 │
│   는 아내와 자녀가 있다. │
└──┘

① 77,990원
② 99,260원
③ 127,620원
④ 155,980원

77 다음 중 건강보험공단의 임원 수와 임명에 대한 설명으로 옳은 것은?

① 공단은 임원을 둘 때, 이사 중 5명 및 감사는 비상임으로 한다.
② 공단은 이사장 1명, 이사 10명, 감사 1명을 둔다.
③ 상임이사는 상임이사추천위원회의 추천 절차를 거쳐 이사장이 임명한다.
④ 이사장의 임기는 5년으로 하고 이사(공무원인 이사 포함)와 감사의 임기는 각각 3년으로 한다.

78 다음 〈보기〉의 외국인 중 직장가입자의 자격이 있는 사람을 모두 고르면?

┌─────────────────────〈보기〉─────────────────────┐
│ ㉠ K회사에서 1개월 이상 근무한 사람으로 주민등록법에 따라 등록한 외국인 │
│ ㉡ 국내 귀화 후 선거에 당선되어 보수를 받지 않는 명예직 공무원이 된 외국인 │
│ ㉢ K고등학교에서 영어 선생님으로 근무하고 있으며 국내거소신고를 한 외국인 │
│ ㉣ 단기비자로 입국하여 외국인등록의 의무가 없는 외국인 │
└──┘

① ㉠, ㉡
② ㉠, ㉢
③ ㉡, ㉢, ㉣
④ ㉠, ㉡, ㉢, ㉣

79 다음 공단의 임원 중 보건복지부장관이 임명하는 비상임이사가 아닌 사람은?

① 노동조합에서 추천하는 1명
② 농어업인단체가 추천하는 1명
③ 노인단체가 추천하는 1명
④ 건강보험심사평가원장이 추천하는 기관장 1명

80 직장가입자 A의 보수월액보험료는 392,000원이고, 보험료율을 7%라고 가정할 때, 직장가입자의 A의 국민건강보험법상 국내 및 국외 보수월액이 바르게 연결된 것은?

	국내	국외
①	480만 원	1,360만 원
②	1,360만 원	480만 원
③	560만 원	1,120만 원
④	1,120만 원	560만 원

특별부록 모의고사

61 다음 중 노인장기요양보험법상 부당이득에 해당되지 않는 것은?

① 월 한도액 범위에서 장기요양급여를 받은 경우
② 장기요양급여의 제한 등을 받을 자가 장기요양급여를 받은 경우
③ 노인장기요양보험법상의 원인 없이 공단으로부터 장기요양급여를 받은 경우
④ 거짓이나 그 밖의 부정한 방법으로 의사소견서 등 발급비용을 청구하여 지급받은 경우

62 다음 중 노인장기요양보험법상 등급판정위원회에 대한 설명으로 옳은 것은?

① 공단은 등급판정위원회가 등급판정의 심의를 완료한 경우 30일 안에 장기요양인정서를 작성하여 수급자에게 송부하여야 한다.
② 등급판정위원회는 수급자로 심의·판정을 하는 때 신청인과 그 가족, 의사소견서를 발급한 의사 등 관계인의 의견을 들을 수 있다.
③ 등급판정위원회는 신청인이 신청서를 제출한 날부터 60일 이내에 장기요양등급판정을 완료하여야 한다.
④ 등급판정위원회는 장기요양인정 신청조사가 완료된 때 조사결과서, 신청서, 의사소견서, 그 밖에 심의에 필요한 자료를 공단에 제출하여야 한다.

63 다음 중 노인장기요양보험법상 장기요양기관을 지정할 때 고려할 사항으로 옳은 것은?

① 노인성질환예방사업 추진 계획
② 장기요양급여의 수준 향상 방안
③ 노인 등의 장기요양급여의 실시에 필요한 사항
④ 장기요양기관을 운영하려는 자의 장기요양급여 제공 이력

64 다음 중 노인장기요양보험법상 장기요양기관의 CCTV(폐쇄회로 텔레비전) 설치의무에 대한 내용으로 옳지 않은 것은?

① 장기요양기관을 운영하는 자는 폐쇄회로 텔레비전에 기록된 영상정보를 60일 이상 보관하여야 한다.
② 국가 또는 지방자치단체는 폐쇄회로 텔레비전 설치비의 전부를 지원하여야 한다.
③ 재가급여만을 제공하는 경우에는 폐쇄회로 텔레비전의 설치·관리 대상이 아니다.
④ 장기요양기관을 운영하는 자는 노인학대 방지 등을 위하여 폐쇄회로 텔레비전을 설치·관리해야 한다.

65 다음 〈보기〉의 장기요양급여 중 특별현금급여를 모두 고르면?

┌─────────────────────〈보기〉─────────────────────┐
│ ㉠ 가족요양비   ㉡ 방문간호   │
│ ㉢ 특례요양비   ㉣ 요양병원간병비   │
│ ㉤ 단기보호   │
└──┘

① ㉠, ㉡, ㉢   ② ㉠, ㉡, ㉣

③ ㉠, ㉢, ㉣   ④ ㉡, ㉣, ㉤

66 다음 〈보기〉 중 국가와 지방자치단체가 공단이 부담하여야 할 비용의 전액을 지원하는 것을 모두 고르면?

┌─────────────────────〈보기〉─────────────────────┐
│ ㄱ. 관리운영비   ㄴ. 장기요양급여비용   │
│ ㄷ. 의사소견서 발급비용   ㄹ. 방문간호비용   │
└──┘

① ㄱ, ㄴ   ② ㄱ, ㄴ, ㄷ

③ ㄴ, ㄷ, ㄹ   ④ ㄱ, ㄴ, ㄷ, ㄹ

67 다음 중 노인장기요양보험법령상 등급판정위원회 위원이 될 수 없는 사람은?

① 의료법에 따른 의료인

② 국민건강보험공단의 임원

③ 사회복지사업법에 따른 사회복지사

④ 시·군·구 소속 공무원

68 다음 중 노인장기요양법령상 장기요양기관의 지정 및 취소에 대한 설명으로 옳은 것은?

① 특별자치시장·특별자치도지사·시장·군수·구청장은 장기요양기관을 지정한 때 3일 이내에 지정 명세를 공단에 통보하여야 한다.

② 재가급여를 제공하는 장기요양기관이 방문간호를 제공할 경우 모두 방문간호 관리책임자인 요양보호사를 두어야 한다.

③ 장기요양기관이 거짓이나 그 밖의 부정한 방법으로 지정을 받은 경우 시장·군수·구청장은 6개월의 범위에서 업무정지를 명할 수 있다.

④ 지정취소를 받은 후 3년이 지나지 아니한 자(법인인 경우 그 대표자 포함)는 장기요양기관으로 지정받을 수 없다.

69 다음 중 빈칸 ㉠, ㉡에 들어갈 내용이 바르게 연결된 것은?

장기요양보험사업의 보험자는 공단으로 하고, 장기요양보험가입자는 국민건강보험법 제5조 및 제109조에 따른 가입자로 한다. 그럼에도 불구하고 공단은 외국인근로자의 고용 등에 관한 법률에 따른 외국인 근로자 등 ___㉠___ 으로 정하는 외국인이 신청하는 경우 ___㉡___ 으로 정하는 바에 따라 장기요양보험가입자에서 제외할 수 있다.

	㉠	㉡
①	대통령령	보건복지부령
②	보건복지부령	대통령령
③	보건복지부령	보건복지부령
④	대통령령	대통령령

70 다음 〈보기〉의 사례에서 업무정지에 갈음한 과징금의 최대 금액은?

─────〈보기〉─────
- 처분 근거 : 노인장기요양보험법 제37조 제1항 제4호
- 위반 내용 : 서비스 시간 늘려 청구, 인력배치기준 위반 청구, 기록관리 거짓 작성
- 부당 청구액 : 12,844천 원
- 행정 처분 예정 내용 : 업무정지 69일, 과태료 50만 원

① 25,688천 원
② 38,532천 원
③ 51,376천 원
④ 64,220천 원

71 다음 장기요양급여의 종류 중 성격이 다른 하나는?

① 도서·벽지 등 장기요양기관이 현저히 부족한 지역으로서 보건복지부장관이 정하여 고시하는 지역에 거주하는 수급자에게 지급하는 장기요양급여

② 천재지변이나 그 밖에 이와 유사한 사유로 인하여 장기요양기관이 제공하는 장기요양급여를 이용하기가 어렵다고 보건복지부장관이 인정하는 수급자에게 지급하는 장기요양급여

③ 요양병원에 입원한 때 대통령령으로 정하는 기준에 따라 장기요양에 사용되는 비용의 일부를 지급하는 장기요양급여

④ 신체·정신 또는 성격 등 대통령령으로 정하는 사유로 인하여 가족 등으로부터 장기요양을 받아야 하는 수급자에게 지급하는 장기요양급여

72 다음과 같이 국민건강보험법의 적용을 받는 건강보험가입자 B의 장기요양보험료는?(단, 1원 단위 이하는 절사한다)

> 2023년도 건강보험가입자 B의 월 건강보험료액은 70,000원이다.

① 6,340원   ② 7,650원
③ 8,960원   ④ 10,340원

73 다음 중 장기요양급여의 제공에 대한 설명으로 옳은 것은?

① 수급자는 장기요양인정서와 개인별장기요양이용계획서가 도달한 다음 날부터 장기요양급여를 받을 수 있다.

② 장기요양급여를 받으려는 수급자는 장기요양기관에 장기요양인정서와 개인별장기요양이용계획서를 제시한 후 공단에 전화나 인터넷 등을 통하여 그 자격을 확인하여야 한다.

③ 돌볼 가족이 없는 수급자는 장기요양인정신청서를 제출한 날부터 장기요양급여를 받을 수 있다.

④ 공단이 자료 제출을 요구했을 때 수급자가 자료를 제출하지 않았더라도 공단은 장기요양급여를 제공할 수 있다.

74 다음 중 장기요양심사청구 및 재심사청구에 대한 내용으로 옳은 것은?

① 심사청구는 그 처분이 있음을 안 날부터 180일 이내에 문서로 하여야 한다.

② 정당한 사유로 그 기간에 심사청구를 할 수 없었음을 증명하더라도 심사청구를 할 수 없다.

③ 재심사위원회의 재심사에 관한 절차에 관하여는 행정심판법을 준용한다.

④ 재심사위원회는 국민건강보험공단 소속으로 두고, 위원장 1인을 제외한 20인 이내의 위원으로 구성한다.

75 다음 중 장기요양기관으로 지정받을 수 없는 결격사유에 해당하는 것을 〈보기〉에서 모두 고르면?

─────〈보기〉─────

ⓐ 전문의가 장기요양기관 운영 종사자로 적합하다고 인정한 정신질환자
ⓑ 파산선고를 받고 복권되지 아니한 사람
ⓒ 금고 이상의 형의 집행유예를 선고받고 그 유예기간 중에 있는 사람
ⓓ 금고 이상의 실형을 선고 받고 집행이 면제된 날부터 5년이 경과된 사람
ⓔ 마약류에 중독된 사람

① ⓐ, ⓑ, ⓒ   ② ⓐ, ⓑ, ⓓ
③ ⓑ, ⓒ, ⓔ   ④ ⓑ, ⓓ, ⓔ

76 지정 취소, 업무정지 등 행정제재처분의 효과는 그 처분을 한 날부터 몇 년 동안 승계되는가?

① 2년   ② 3년
③ 4년   ④ 5년

77 다음 중 빈칸에 들어갈 기간으로 옳은 것은?

특별자치시장・특별자치도지사・시장・군수・구청장은 장기요양기관의 종사자가 거짓으로 시설급여비용을 청구하는 행위에 가담하면 해당 종사자가 장기요양급여를 제공하는 것을 _____의 범위에서 제한할 수 있다.

① 5년   ② 3년
③ 2년   ④ 1년

※ 다음 〈보기〉에서 장기요양기관이 지정 취소 또는 6개월의 범위에서 업무정지 처분을 받을 수 있는 위반행위를 모두 고르시오. [78~79]

78

――――――――〈보기〉――――――――

㉠ 거짓이나 그 밖의 부정한 방법으로 재가 및 시설 급여비용을 청구한 경우

㉡ 특별자치시장·특별자치도지사·시장·군수·구청장의 시정명령을 이행하지 않은 경우

㉢ 영리를 목적으로 금전, 물품을 제공하며 수급자를 소개, 알선 또는 유인하는 행위를 한 경우

㉣ 급여외행위를 제공했으나 장기요양기관의 장이 그 급여외행위를 제공을 방지하기 위해 주의와 감독을 성실히 한 경우

㉤ 장기요양기관의 장이 수급자가 부담해야 할 본인부담금의 전부 또는 일부를 부담할 것을 장기요양요원에게 요구한 경우

㉥ 법규에 따라 본인부담금을 면제 또는 감경받는 금액 외에 영리를 목적으로 수급자가 부담하는 본인부담금을 면제하거나 감경하는 행위를 한 경우

① ㉠, ㉡, ㉢, ㉤, ㉥

② ㉠, ㉢, ㉣, ㉤, ㉥

③ ㉡, ㉢, ㉣, ㉤, ㉥

④ ㉠, ㉡, ㉢, ㉣, ㉤, ㉥

79

――――――――〈보기〉――――――――

㉠ 보건복지부장관의 자료제출 명령에 따르지 아니하거나 거짓으로 자료제출을 한 경우

㉡ 정당한 사유 없이 국민건강보험공단의 장기요양급여의 관리·평가를 거부·방해·기피한 경우

㉢ 장기요양기관의 종사자가 수급자를 위해 급여된 금품을 그 목적 외의 용도에 사용하는 행위를 했으며 장기요양기관의 장이 그 행위를 방지하기 위해 주의와 감독을 게을리한 경우

㉣ 장기요양기관의 종사자가 폭언, 협박, 위협 등으로 수급자의 정신건강에 해를 끼치는 정서적 학대행위를 했으며 장기요양기관의 장이 그 행위를 방지하기 위해 주의와 감독을 게을리한 경우

㉤ 장기요양기관의 종사자가 자신의 보호·감독을 받는 수급자에게 의식주를 포함한 기본적 보호 및 치료를 소홀히 하는 방임행위를 했으나 장기요양기관의 장이 그 행위를 방지하기 위해 주의와 감독을 성실히 한 경우

① ㉠, ㉡, ㉢, ㉣

② ㉠, ㉢, ㉣, ㉤

③ ㉡, ㉢, ㉣, ㉤

④ ㉠, ㉡, ㉢, ㉣, ㉤

80 다음 중 빈칸에 들어갈 내용으로 옳은 것은?

> 특별자치시장·특별자치도지사·시장·군수·구청장은 거짓으로 재가·시설 급여비용을 청구한 장기요양기관에 대한 지정 취소 처분이 확정되었고 거짓으로 청구한 금액이 장기요양급여비용 총액의 _____ 이상인 경우에는 위반사실 등과 다른 장기요양기관과의 구별에 필요한 사항을 공표해야 한다.

① 100분의 70

② 100분의 50

③ 100분의 30

④ 100분의 10

2권

제1회 국민건강보험공단

NCS 직업기초능력 + 직무시험

〈문항 및 시험시간〉

평가영역	문항 수	시험시간	모바일 OMR 답안채점 / 성적분석 서비스	
[공통] 의사소통＋수리＋문제해결 [행정직・건강직] 국민건강보험법 [요양직] 노인장기요양보험법	80문항	80분	행정직・건강직	요양직

다음 개정 법령을 기준으로 수록하였습니다.
- 국민건강보험법 [법률 제20324호, 시행 2024. 8. 21]
- 노인장기요양보험법 [법률 제20213호, 시행 2025. 2. 7]

제1회 직업기초능력

01 다음 기사의 내용으로 적절하지 않은 것은?

이번 요양급여비(수가) 협상은 많은 기록을 경신했다. 법적 협상 기한 마지막 날인 5월 31일을 넘겨 이튿날 오전 8시 30분까지 17시간이 넘는 최장 시간 협상이 진행됐다. 또 수가 인상에 필요한 추가소요재정이 처음으로 1조 원을 넘었다.

이는 추가소요재정 증액에 부정적인 가입자단체 측과 관련되어 있다. 가입자단체로 구성된 국민건강보험공단 재정운영위원회 소위원회가 건강보험 재정 악화 등을 우려해 추가소요재정을 너무 적게 책정하면서 1일 오전까지 줄다리기가 이어진 것이다.

공단의 수가협상단은 수가협상 마지막 날 가입자단체를 설득하는 데 많은 시간을 할애했다. 그 결과 역대 가장 늦게 끝난 협상이 되었지만, 5,000억 원이었던 추가소요재정은 1조 478억 원으로 증액됐다.

공단의 수가협상단장인 급여상임이사는 공급자단체와의 협상을 잠시 중단한 채 1일 오전 5시까지 재정운영 위원회 소위원회 설득에 집중했던 이유를 건강보험 보장성 강화 정책 때문이라고 밝혔다. 이번 수가협상 결과가 보장성 강화 정책 추진에도 영향을 미칠 수밖에 없다고 본 것이다. 급여상임이사는 "이번 수가협상에서 가입자단체와 공급자단체 간 시각차를 다시 한번 느꼈다."라고 밝히며, "가입자단체와 공급자단체를 오가며 간극을 줄이는 데 걸린 시간이 '17시간 30분'인 셈"이라고 전했다. 또한 이번 수가협상을 통해 가입자단체와 공급자단체 모두 보장성 강화를 위해서는 '적정부담, 적정수가, 적정의료'가 필요하다는 인식을 가지길 바란다고 강조하며, 공급자단체들이 수가협상을 정치적으로 이용하지 않아야 한다고 밝혔다.

① 17시간 이상 진행된 이번 수가협상은 최장 협상 시간으로 기록됐다.
② 이번 수가협상은 최종적으로 6월 1일에 종료되었다.
③ 이번 수가협상 결과 추가소요재정은 5,000억 원 이상 증가하였다.
④ 공단의 수가협상단은 공급자단체 설득에 많은 시간을 사용하였다.

02 다음 글의 논증을 약화하는 것을 〈보기〉에서 모두 고르면?

나는 계통수 가설을 지지한다. 계통수 가설은 모든 유기체들이 같은 기원을 갖는다고 말한다. 지구상의 식물과 동물이 공통의 조상을 갖는다고 생각하는 이유는 무엇일까?

이 물음에 답을 하는 데 사용되는 표준 증거는 유전 암호가 보편적이라는 점이다. DNA 암호를 전사받은 메신저 RNA는 뉴클레오타이드 3개가 코돈을 이루고 하나의 코돈이 하나의 아미노산의 유전 정보를 지정한다. 예를 들어 코돈 UUU는 페닐알라닌의 정보를, 코돈 AUA는 아이소류신의 정보를, 코돈 GCU는 알라닌의 정보를 지정한다. 각각의 아미노산의 정보를 지정하기 위해 사용되는 암호는 모든 생명체에서 동일하다. 이것은 모든 지상의 생명체가 연결되어 있다는 증거이다.

생물학자들은 유전 암호가 임의적이어서 어떤 코돈이 특정한 아미노산의 정보를 지정해야 할 기능적인 이유가 없다고 한다. 우리가 관찰하는 유전 암호가 기능적으로 가장 우수한 물리적 가능성을 갖는다면 모든 생물 종들이 각각 별도의 기원들은 갖고 있다고 하더라도 그 암호를 사용했으리라고 기대할 것이다. 그러나 유전 암호가 임의적인데도 그것이 보편적이라는 사실은 모든 생명이 공통의 기원을 갖는다는 가설을 옹호한다. 왜 언어학자들은 상이한 인간 언어들이 서로 이어져 있다고 믿는지 생각해 보자. 모든 언어가 수에 해당하는 단어를 포함한다는 사실은 그 언어들이 공통의 기원을 갖는다는 증거가 될 수 없다. 숫자는 명백한 기능적 효용성을 갖기 때문이다. 반면에 몇 종류의 언어들이 수에 비슷한 이름을 부여하고 있다는 사실은 놀라운 증거가 된다. 가령, 2를 의미하는 프랑스어 단어는 'deux', 이탈리아어 단어는 'due', 스페인어 단어는 'dos'로 유사하다. 수에 대한 이름들은 임의적으로 선택되기 때문에 이런 단어들의 유사성은 이 언어들이 공통의 기원을 갖는다는 강력한 증거가 된다. 이렇게 적응으로 생겨난 유사성과 달리 임의적 유사성은 생명체가 공통의 조상을 가지고 있다는 뚜렷한 증거이기도 하다.

〈보기〉

ㄱ. UUU가 페닐알라닌이 아닌 다른 아미노산의 정보를 지정하는 것이 기능적으로 불가능한 이유가 있다.
ㄴ. 사람은 유아기에 엄마가 꼭 필요하기 때문에 엄마를 의미하는 유아어가 모든 언어에서 발견된다.
ㄷ. 코돈을 이루는 뉴클레오타이드가 4개인 것이 3개인 것보다 기능이 우수하다.

① ㄱ
② ㄴ
③ ㄱ, ㄷ
④ ㄴ, ㄷ

1. **간호·간병통합서비스 개념**

   간호·간병통합서비스는 적정 간호인력 배치를 통한 팀 간호체계의 총체적인 전문 간호 제공과 병동 환경개선 및 환자 안전관리 등 간호·간병통합서비스 제공에 필요한 여건을 갖춘 병동에서 제공하는 입원서비스를 의미한다.

2. **목적 및 기대효과**

   가. 목적

   1) 간호인력에 의한 간호·간병통합서비스 제공으로 입원서비스의 질적 향상을 도모한다.
   2) 가족 간병으로 인한 사회적 부담 및 개인 간병인 고용에 따른 경제적 부담을 경감시킨다.

   나. 기대효과

   1) 입원서비스의 질적 향상
       가) 환자에 대한 총체적 간호를 지속적으로 제공한다.
       나) 환자 간호에 대한 간호사의 책임 강화로 간호의 전문성을 제고한다.
       다) 병실 환경개선으로 환자의 안전관리를 강화한다(안전사고 발생 방지, 응급 상황 대응, 모니터링 강화).
   2) 병동 내 보호자나 간병인이 상주하지 않으므로 쾌적한 병동 환경을 유지할 수 있다.
   3) 환자 간병으로 인한 사회적·경제적 부담 경감
       간병인을 사적으로 고용함으로써 발생하는 경제적 부담과 가족 간병으로 인한 사회적 비용을 경감시킨다.
   4) 환자의 자가간호 능력 향상으로 조기회복 촉진
       교육과 상담을 통해 환자의 자가간호 능력을 향상시켜 질병으로부터의 조기회복을 도모한다.

3. **간호·간병통합서비스 모형**

   가. 원 칙

   1) 간호·간병통합서비스는 별도 병동운영을 전제로 하여 병동 단위로 제공하며 환자 입원에 따르는 모든 간호·간병서비스를 병원이 책임지고 제공한다.
   2) 간호·간병통합서비스는 병동에는 사적 고용 간병인이나 보호자가 상주하지 않도록 제한하고, 병문안 기준을 마련하여 운영하는 등 쾌적한 입원 환경이 제공되도록 한다.

   나. 인력 구성 및 업무분담

   1) 간호인력은 '간호사'와 간호업무를 보조하는 '간호조무사'로 구성한다.
   2) 간호사와 간호조무사 간 업무분담은 '팀 간호체계'의 특성을 감안하여 간호·간병통합서비스 제공기관에서 다음을 참고하여 자율적으로 결정한다.
       가) '간호사'는 환자 안전과 직접 연관이 있고, 의학적 지식 요구도가 높은 전문 영역의 간호 행위를 수행한다.
       나) '간호조무사'는 간호사의 지도·감독하에 간호 보조, 환자의 기본적인 일상생활(위생, 식사, 체위변경 등)을 보조하는 업무를 수행한다.
   3) 간호인력이 간호·간병통합서비스에 전념할 수 있도록 병동의 행정 업무보조, 검체의 이송, 환자 이송, 환경정리 등을 담당하는 간병지원인력을 배치한다.

다. 보호자 및 병문안객 관리방안 마련

간호·간병통합서비스 병동의 감염관리 및 안정적인 병실환경 유지를 위해 보호자 및 병문안객 관리방안에는 '의료기관 입원환자 병문안 기준'을 적용하여 다음의 내용을 포함한다.

1) 입원환자의 병문안 자제를 기본 원칙으로 한다. 다만, 의료인과의 환자 진료상담 등을 위한 직계가족의 방문은 환자 병문안에 포함하지 않는다.

2) 예외적으로 병문안을 허용하고자 할 때는 평일(18:00 ~ 20:00), 주말·공휴일(10:00 ~ 12:00, 18:00 ~ 20:00) 내에서 면회시간을 설정한다.

3) 병원은 '병문안객 기록지'를 비치하여 환자별 병문안객 성명, 방문날짜 등을 기록하여 관리한다.

03 다음 중 윗글의 내용으로 적절하지 않은 것은?

① 간호·간병통합서비스는 간호사와 간호조무사가 팀을 이루어 환자에게 제공하는 입원서비스이다.

② 간호·간병통합서비스 시행으로 입원환자 가족의 간병비가 줄어드는 효과를 기대할 수 있다.

③ 환자의 자가간호 능력 향상을 위해 교육과 상담을 제공한다.

④ 병동 내 전문 간병인이 상주하여 보호자가 본인의 생활을 유지할 수 있도록 한다.

04 국민건강보험공단에 근무 중인 A씨는 간호·간병서비스를 자세히 설명해 달라는 요청을 받았다. 다음 중 윗글을 바탕으로 한 A씨의 설명으로 적절하지 않은 것은?

① 간호·간병통합서비스는 별도의 병동을 운영하여 제공하는 서비스입니다.

② 간병지원인력인 간호조무사는 간호사가 업무에 집중할 수 있도록 보조하는 역할을 합니다.

③ 간호·간병통합서비스 병동은 감염 예방과 쾌적한 병실환경을 위해 자유로운 병문안이 불가합니다.

④ 다만, 입원환자의 진료상담을 위한 직계가족의 방문은 병문안에 포함되지 않으므로 걱정하지 않으셔도 됩니다.

05 다음 문단을 논리적 순서대로 바르게 나열한 것은?

> (가) 다만, 기존의 조합별로 분리 운영되던 의료보험 부과체계는 정액 기본보험료 적용에 따른 저소득층 부담 과중, 조합별 보험료 부담의 불공평, 조합 간 재정격차 심화 등의 문제를 안고 있었다. 부과체계 통합의 필요성이 꾸준히 제기됨에 따라 1990년 말부터 단계적 통합과 함께 부과체계 측면의 변화도 시작됐다.
>
> (나) 우리나라 건강보험제도가 입법화된 것은 지난 1963년이다. 그러나 당시는 경제여건이 갖추어지지 않아 1977년 500인 이상 사업자 근로자를 대상으로 시작한 것이 시초이다. 이후 1979년 1월부터 '공무원 및 사립학교 교직원 의료보험'이 실시됐고, 직장건강보험 적용대상 사업장 범위 확대로 대상자가 늘어났다.
>
> (다) 그러나 직장인이 아닌 지역주민의 경우 혜택에서 제외된다는 문제점이 대두됨에 따라 1981년부터 농어촌지역을 중심으로 '1차 지역의료보험의 시범사업'이, 다음 해에는 도시지역을 포함한 '2차 지역의료보험 시범사업'이 실시됐으며, 1988년에는 지역의료보험이 농어촌지역을 시작으로 이듬해 도시지역 주민까지 확대됐다. 바야흐로 '전 국민 건강보험 시대'가 된 것이다.

① (가) – (나) – (다) ② (가) – (다) – (나)
③ (나) – (가) – (다) ④ (나) – (다) – (가)

06 다음 글의 빈칸에 들어갈 내용으로 가장 적절한 것은?

> 미세먼지와 황사는 여러모로 비슷하면서도 뚜렷한 차이점을 지니고 있다. 삼국사기에도 기록되어 있는 황사는 중국 내륙 내몽골 사막에 강풍이 불면서 날아오는 모래와 흙먼지를 일컫는데, 장단점이 존재했던 과거와 달리 중국 공업지대를 지난 황사에 미세먼지와 중금속 물질이 더해지며 심각한 환경문제로 대두되었다. 이와 다르게 미세먼지는 일반적으로는 대기오염물질이 공기 중에 반응하여 형성된 황산염이나 질산염 등 이온 성분, 석탄·석유 등에서 발생한 탄소화합물과 검댕, 흙먼지 등 금속화합물의 유해성분으로 구성된다.
> 미세먼지의 경우 통념적으로는 먼지를 미세먼지와 초미세먼지로 구분하고 있지만, 대기환경과 환경 보전을 목적으로 하는 환경정책기본법에서는 미세먼지를 PM(Particulate Matter)이라는 단위로 구분한다. 즉, 미세먼지(PM_{10})의 경우 입자의 크기가 $10\mu m$ 이하인 먼지이고, 미세먼지($PM_{2.5}$)는 입자의 크기가 $2.5\mu m$ 이하인 먼지로 정의하고 있다. 이에 비해 황사는 통념적으로는 입자 크기로 구분하지 않으나 주로 지름 $20\mu m$ 이하의 모래로 구분하고 있다. 때문에 _____

① 황사 문제를 해결하기 위해서는 근본적으로 황사의 발생 자체를 억제할 필요가 있다.
② 황사와 미세먼지의 차이를 입자의 크기만으로 구분짓긴 어렵다.
③ 미세먼지의 역할 또한 분명히 존재함을 기억해야 할 것이다.
④ 황사와 미세먼지의 근본적인 구별법은 그 역할에서 찾아야 할 것이다.

07 다음 중 A의 주장에 반박할 수 있는 진술로 가장 적절한 것은?

> A : 우리나라는 경제 성장과 국민 소득의 향상으로 매년 전력소비가 증가하고 있습니다. 이런 와중에 환경문제를 이유로 발전소를 없앤다는 것은 말도 안 되는 소리입니다. 반드시 발전소를 증설하여 경제 성장을 촉진해야 합니다.
>
> B : 하지만 최근 경제 성장 속도에 비해 전력소비량의 증가가 둔화되고 있는 것도 사실입니다. 더구나 전력소비에 대한 시민의식도 점차 바뀌어가고 있으므로 전력소비량 관련 캠페인을 실시하여 소비량을 줄인다면 발전소를 증설하지 않아도 됩니다.
>
> A : 의식의 문제는 결국 개인에게 기대하는 것이고, 희망적인 결과만을 생각한 것입니다. 확실한 것은 앞으로 우리나라 경제 성장에 있어 더욱더 많은 전력이 필요할 것이라는 겁니다.

① 친환경 발전으로 환경과 경제 문제를 동시에 해결할 수 있다.
② 경제 성장을 하면서도 전력소비량이 감소한 선진국의 사례도 있다.
③ 최근 국제 유가의 하락으로 발전비용이 저렴해졌다.
④ 발전소의 증설이 건설경제의 선순환 구조를 이룩할 수 있는 것은 아니다.

08 다음 제시된 문단에 이어질 내용을 논리적 순서대로 바르게 나열한 것은?

> PTSD(Post Traumatic Stress Disorder)는 '외상 후 스트레스 장애'로, 외부로부터 피해를 당한 사람에게서 나타나는 일종의 정신질환이다. 성폭행 피해자, 화재를 진압한 소방관, 참전 군인 등에게 상대적으로 많이 발생한다고 한다.

> (가) 현대에 와서야 PTSD를 겁쟁이로 보지 않고 일종의 정신질환으로 보기 시작했다. 가장 가까운 시기로는 이라크 전쟁에 파병되었다가 온 병사들의 사례가 있다. 이들은 PTSD 때문에 매일 약을 먹으며 살고 있다고 한다.
>
> (나) 사실 과거에 PTSD는 정신질환으로 인정되지 않았다. 잔혹한 임무수행을 해야 하는 군대에서 그러한 경우가 많이 나타나는데, PTSD에 걸린 병사를 정신질환자가 아니라 겁쟁이로 생각했다.
>
> (다) 이렇게 충동억제장애 등으로 나타나는 PTSD가 다른 정신질환보다 더 문제가 되는 것은 전쟁에 의한 PTSD 질환자들이 건장한 병사 출신으로, 정신이상 상태로 타인에게 큰 피해를 줄 수 있다는 점도 한몫을 할 것이다.
>
> (라) 전술한 것처럼 PTSD는 약을 먹어야만 하는 질환이다. PTSD가 발병하였을 때 적절한 치료가 이루어지지 않는다면, 일반적으로 생각되는 정신질환이 발생하게 되며 그 종류도 다양하다. 보통 PTSD는 분노조절장애, 충동억제장애 등의 양상을 보이며, 이외에 우울증이나 공황장애와 함께 발병한다.

① (가) - (나) - (다) - (라) 　　② (가) - (나) - (라) - (다)
③ (나) - (가) - (다) - (라) 　　④ (나) - (가) - (라) - (다)

사회 복지 제도란 국민의 안정적인 생활을 보장하기 위한 여러 사업을 조직적으로 행하는 제도를 말한다. 이는 사회 복지를 제도화하려는 것으로, 사회 정책적 차원에서 몇 가지 모델 유형으로 분류된다. 여기서 가장 널리 사용되는 방식은 윌렌스키와 르보가 제안한 '잔여적 복지 모델'과 '제도적 복지 모델'로 구분하는 방법이다.

㉠ 잔여적 복지 모델은 개인의 욕구를 충족시키고 자원을 배분하는 사회적 기능이 일차적으로 사적 영역인 가족이나 시장 등을 통해 이루어져야 한다고 본다. 다만, 이것이 제대로 이루어지지 않을 때 사회 복지 제도가 잠정적이고 일시적으로 그 기능을 대신할 수 있다는 점에서 잔여적 복지 모델은 구호적 성격의 사회 복지 모델이다. 잔여적 복지 모델은 자유주의 이념에 따라 사적 영역에 대한 국가의 관여를 최소 수준으로 제한해야 한다는 입장이며, 사회 복지의 대상도 노동시장에서 소득을 얻지 못하는 사람들과 같이 사적 영역에서 사회적 기능을 보장받지 못한 일부 사람들로 국한되어야 한다고 본다. 그래서 공공 부조와 같이 이 모델을 바탕으로 하여 국가가 제공하는 대부분의 사회 복지 서비스는 소득 조사나 자산 조사의 과정을 반드시 거쳐 제공된다. 또한, 국가의 역할이 최소화되면서 가족, 공동체, 민간 자원봉사, 시장 등 민간 부문이 개인 복지의 중요한 역할을 담당하게 된다.

㉡ 제도적 복지 모델은 각 개인의 욕구 충족과 자기 성취를 돕기 위해서 국가가 사회 제도를 통해 보편적 복지 서비스를 제공하는 것이 필요하다고 본다. 이는 개인들이 자신의 힘만으로는 일상적 위험과 불안에 충분히 대처하기 어려우며, 가족이나 직장도 개인들의 기본적인 필요와 욕구를 충족해 줄 수는 없다고 보기 때문이다. 제도적 복지 모델은 복지 국가의 이념에 따라 개인의 성별, 나이, 지위, 계층 등의 조건과 관계없이 국가가 모든 국민에게 복지 혜택을 제공함으로써 국민들의 기본적인 욕구를 해결하고 생존의 불안과 위험을 최소화해야 한다고 본다. 따라서 이 모델을 바탕으로 하는 복지 서비스는 '탈상품화'를 특징으로 한다. 탈상품화는 복지 서비스를 시장에서 돈으로 사고파는 상품이 아니라 소득이나 자산에 관계없이 누구나 제공받을 수 있게 하는 것을 말한다. 즉, 제도적 복지 모델에서는 국가가 사회 복지를 시장 논리에 내맡기지 않고 개인 또는 가족, 민간 부문에 그 책임을 전가하지 않는다.

오늘날 국가에서 이 두 가지 복지 모델 중 하나만을 택하여 모든 복지 제도에 적용하는 것은 현실적으로 불가능하다. 그래서 대부분의 국가에서는 두 복지 모델을 상호 보완적으로 운영하고 있다. 그리고 복지 모델을 바탕으로 사회 복지를 구현할 때는 운영 방식 차원에서 '보편적 복지'와 '선택적 복지'의 형태로 시행한다. 전자는 국민 모두를 수혜 대상으로 하는 것이고, 후자는 국민 중 일부에게만 복지 혜택을 제공하는 것이다. 우리나라의 경우, 건강보험 제도가 대표적인 보편적 복지라고 할 수 있는데, 국민은 누구나 의무적으로 건강보험에 가입하여 보험료를 납부해야 하고 국가는 건강보험료를 재원으로 모든 국민에게 기본적인 의료 혜택을 제공하고 있다. 그리고 일부 저소득층을 대상으로 최저 소득을 보장해 주는 생계 급여 제도는 선택적 복지의 형태로 제공되고 있다.

09 다음 중 윗글에서 알 수 있는 내용으로 적절하지 않은 것은?

① 복지 모델들은 상호 보완적으로 운영되는 경우가 많다.
② 복지 모델들은 공통적으로 사회 복지의 제도화를 추구한다.
③ 공공 부조는 국가가 국민에게 제공하는 사회 복지 서비스이다.
④ 국가에서 제공하는 복지 서비스는 반드시 자산 조사 과정을 거친다.

10 다음 사례에 대해 윗글의 밑줄 친 ㉠, ㉡의 입장에서 주장할 수 있는 복지 정책의 방향으로 적절하지 않은 것은?

> 민간 자선단체가 주로 빈민 구호 역할을 맡고 있는 K국가에서는 최근 경제 상황이 악화되어 빈민들이 크게 늘어났다. 그리고 국가의 의료 복지 제도가 미비하여 빈민들이 개인 비용으로 병원 시설을 이용할 수밖에 없어 상당한 경제적 부담을 느끼고 있는 상황이다. 이에 따라 K국가에서는 빈민들에 대한 사회 복지 제도의 운영 방향에 대한 사회적 논의가 활발하게 이루어지고 있다.

① ㉠ : 국가가 빈민 구호에 나설 수도 있습니다. 하지만 수혜자를 노동시장에서 소득을 얻지 못하는 사람들로 한정해야 합니다.

② ㉠ : 개인의 욕구 충족은 사적 영역에서 이루어져야 합니다. 먼저 현재처럼 민간 자선단체가 빈민 문제를 해결하도록 최대한 유도해야 합니다.

③ ㉡ : 국가에서 빈민 구호법을 제정해서 이 문제를 해결해야 합니다. 이제는 사회 복지의 책임을 민간에 맡겨서는 안 됩니다.

④ ㉡ : 국가가 재정을 확보하여 일시적으로 빈민들을 지원해야 합니다. 빈민들이 겪는 생존의 위험과 불안을 최소화하는 것은 사회 구성원 모두의 의무입니다.

11 윗글을 읽은 후의 반응이 다음과 같을 때, 빈칸 A와 B에 들어갈 내용으로 가장 적절한 것은?

> 글을 읽고 보니, 사회 정책적 차원의 두 복지 모델은 ___A___ 에 따라, 운영 방식 차원의 두 복지 제도는 ___B___ 에 따라 구분한 것으로 볼 수 있겠군.

	A	B
①	정부의 정책 방향	수혜자의 계층
②	정부의 개입 정도	수혜자의 범위
③	정부의 지원 여부	수혜자의 지위
④	정부의 운영 체제	수혜자의 능력

딸기에는 비타민 C가 귤의 1.6배, 레몬의 2배, 키위의 2.6배, 사과의 10배 정도 함유되어 있어 딸기 5~6개를 먹으면 하루에 필요한 비타민 C를 전부 섭취할 수 있다. 비타민 C는 신진대사 활성화에 도움을 줘 원기를 회복하고 체력을 증진시키며, 멜라닌 색소가 축적되는 것을 막아 기미, 주근깨를 예방해 준다. 멜라닌 색소가 많을수록 피부색이 검어지므로 미백 효과도 있는 셈이다. 또한 비타민 C는 피부 저항력을 높여줘 알레르기성 피부나 홍조가 짙은 피부에도 좋다. 비타민 C가 내는 신맛은 식욕 증진 효과와 스트레스 해소 효과가 있다.

한편, 딸기에 비타민 C만큼 풍부하게 함유된 성분이 항산화 물질인데, 이는 암세포 증식을 억제하는 동시에 콜레스테롤 수치를 낮춰주는 기능을 한다. 그래서 심혈관계 질환, 동맥경화 등에 좋고 눈의 피로를 덜어주며 시각기능을 개선해주는 효과도 있다.

딸기는 식물성 섬유질 함량도 높은 과일이다. 섬유질 성분은 콜레스테롤을 낮추고, 혈액을 깨끗하게 만들어 준다. 뿐만 아니라 소화 기능을 촉진하고 장운동을 활발히 해 변비를 예방한다. 딸기 속 철분은 빈혈 예방 효과가 있어 혈색이 좋아지게 한다. 더불어 모공을 축소시켜 피부 탄력도 증진시킨다. 딸기와 같은 붉은 과일에는 라이코펜이라는 성분이 들어있는데, 이 성분은 면역력을 높이고 혈관을 튼튼하게 해 노화 방지 효과를 낸다. 이처럼 딸기는 건강에 무척 좋지만 당도가 높으므로 하루에 5~10개 정도만 먹는 것이 적당하다. 물론 달달한 맛에 비해 칼로리는 100g당 27kcal로 높지 않아 다이어트 식품으로 선호도가 높다.

12 다음 중 윗글의 제목으로 가장 적절한 것은?

① 딸기 속 비타민 C를 찾아라
② 비타민 C의 신맛의 비밀
③ 제철과일, 딸기 맛있게 먹는 법
④ 다양한 효능을 가진 딸기

13 다음 중 윗글을 마케팅에 이용할 때, 마케팅 대상으로 적절하지 않은 사람은?

① 잦은 야외활동으로 주근깨가 걱정인 사람
② 스트레스로 입맛이 사라진 사람
③ 콜레스테롤 수치 조절이 필요한 사람
④ 당뇨병으로 혈당 조절을 해야 하는 사람

14 다음 중 빈칸 ㉠~㉢에 들어갈 접속어를 바르게 짝지은 것은?

다리 저림 증상이 나타나는 이유는 다양하다. 축구 선수들이 경기 중 다리 저림 증상으로 힘들어 하는 모습을 본 적이 있을 것이다. 축구나 수영처럼 하지 근육을 많이 사용하는 운동은 다리 저림 증상을 유발할 수 있다. 평소 운동을 잘 하지 않던 사람이 갑작스럽게 운동을 하면 근육 사용량이 갑자기 늘어나 다리 저림 증상이 나타날 수 있다. ___㉠___ 운동 전 충분한 준비 운동으로 몸과 근육의 긴장을 풀고, 운동 후에도 스트레칭을 통해 근육을 풀어주는 습관을 가지는 것이 좋다. ___㉡___ 피가 제대로 순환되지 않아도 다리 저림 증상이 발생할 수 있다. 혈액 순환이 잘 이루어지지 않으면 근육의 이완과 수축 운동에 문제가 생긴다. ___㉢___ 장시간 꽉 맞는 바지를 입거나 발이 꽉 끼는 신발을 신게 되면 다리 저림 증상이 나타날 수 있다. 이 밖에도 피로 누적이나 영양소 불균형으로 다리 저림 증상이 나타날 수 있다.

	㉠	㉡	㉢
①	그러나	마침내	그리고
②	그러나	따라서	그리고
③	그러므로	따라서	즉
④	그러므로	또한	따라서

15 다음 글에서 ㉠~㉣의 수정 방안으로 적절하지 않은 것은?

최근 비만에 해당되는 인구가 증가하고 있다. 비만은 다른 질병들을 ㉠ 유발할 수 있어 주의를 필요로 ㉡ 하는 데, 특히 학생들의 비만이 증가하여 제일 큰 문제가 되고 있다. 학생들의 비만 원인으로 교내 매점에서 판매되는 제품에 설탕이 많이 ㉢ 함유되어 있음이 거론되고 있다. 예를 들어 매점의 주요 판매 품목인 탄산음료, 빵 등은 다른 제품들에 비해 설탕 함유량이 높다. 학생들의 비만 문제를 해결하기 위한 방안으로 매점에서 판매되는 설탕 함유량이 높은 제품에 설탕세를 ㉣ 메겨서 학생들의 구매를 억제하자는 주장이 있다. 영국의 한 과학자는 생쥐에게 일정 기간 동안 설탕을 주입한 후 변화를 관찰하여 설탕이 비만에 상당한 영향력을 미치고 있으며, 운동 능력도 저하시킬 수 있다는 실험 결과를 발표하였다. 권장량 이상의 설탕은 비만의 주요한 요인이 될 수 있고, 이로 인해 다른 질병에 노출될 가능성도 높아지는 것이다. 이렇게 비만을 일으키는 주요한 성분 중 하나인 설탕이 들어간 제품에 대해 그 함유량에 따라 부과하는 세금을 '설탕세'라고 한다. 즉, 설탕세는 설탕 함유량이 높은 제품의 가격을 올려 소비를 억제하기 위한 방법이라고 할 수 있다.

① ㉠은 사동의 뜻을 가진 '유발시킬'로 수정해야 한다.
② ㉡의 '-ㄴ데'는 연결 어미로 '하는데'와 같이 붙여 써야 한다.
③ ㉢은 문맥상 같은 의미인 '포함되어'로 바꾸어 쓸 수 있다.
④ ㉣은 잘못된 표기이므로 '매겨서'로 수정해야 한다.

우리나라의 사회보장기본법에 따르면 ㉠ 사회보장이란 출산, 양육, 실업, 노령, 장애, 질병, 빈곤 및 사망 등의 사회적 위험으로부터 모든 국민을 보호하고 국민의 삶의 질을 향상시키는 데 필요한 소득과 서비스를 보장하는 사회보험, 공공부조, 사회서비스를 말한다.

㉡ 사회보험이란 국민에게 발생하는 사회적 위험을 보험의 방식으로 대처함으로써 국민의 건강과 소득을 보장하는 것으로, 기본적으로 미래에 직면할 수 있는 사회적 위험에 대비하여 평소 경제활동을 통하여 소득이 있을 때 그 소득의 일부를 강제로 갹출하여 사전에 대비하는 제도를 말한다. 사회보험은 민간보험과 마찬가지로 가입자의 기여금(보험료)을 재원으로 가입자에게 발생하는 위험(보험사고)을 분산하는 보험원리를 이용하고 있지만, 영리를 목적으로 하는 민간보험과는 다른 성격을 가지게 된다.

㉢ 공공부조는 사회보장제도 중 사회보험 다음으로 큰 비중을 차지하고 있는 비기여, 소득·자산조사 프로그램으로, 스스로 생활유지 능력이 없거나 생활이 어려운 사람들에게 국가가 인간다운 생활을 영위할 수 있도록 하는 제도이다. 기여금을 지불하지 않는다는 측면에서 가입자들이 지불한 기여금에 의한 소득과 서비스를 보장하는 제도인 사회보험과는 구별되며, 공공부조가 사후적으로 빈곤의 문제를 해결하는 사회안전망(Social Safety Net)인 반면, 사회보험은 사람들이 빈곤으로 떨어지지 않도록 미리 예방하는 제도이다.

㉣ 사회서비스는 국가·지방자치단체 및 민간부문의 도움이 필요한 모든 국민에게 복지, 보건의료, 교육, 고용, 주거, 문화, 환경 등의 분야에서 인간다운 생활을 보장하고 상담, 재활, 돌봄, 정보의 제공, 관련 시설의 이용, 역량개발, 사회참여 지원 등을 통하여 국민의 삶의 질이 향상되도록 지원하는 것이다. 사회서비스는 현금급여와 더불어 현물급여의 형태로 지급되며 개별차원의 서비스를 제공한다는 점에서 공공부조와 구분된다. 즉, 기여금을 지불하지 않았으나 일정한 소득 및 자산조사를 거쳐 그 조건에 해당하는 사람들에게 급여를 제공하거나, 일정한 인구학적 기준만 충족되면(아동, 장애인, 노인 등) 기여금은 물론 소득 및 자산 조사 없이도 급여를 제공하는 것이다. 사회서비스의 재원은 주로 국가의 일반조세에 의해 충당되나 일부는 본인부담에 의해 충당되는 경우도 있다.

16 다음 중 윗글의 밑줄 친 ㉠~㉣의 관계에 대한 설명으로 적절하지 않은 것은?

① ㉡~㉣은 ㉠의 하위 단계에 속한다.

② ㉡~㉣은 서로 동일한 층위에 있다.

③ ㉡~㉣은 ㉠을 의미적으로 함의한다.

④ ㉠은 ㉡~㉣과 유의 관계에 있다.

17 다음 표를 참고하여 윗글을 이해한 내용으로 적절하지 않은 것은?

구분	사회보험(공보험)	민간보험(사보험)
책임주체	국가	개인
법적 근거	사회보험법	상법(보험법)
가입	의무	임의
운영·관리체계	국가 또는 공법인(공단)	사기업(회사)
보험료의 부담	소득수준에 따른 능력비례부담	위험크기에 따른 부담
보험급여	균등급여	계약에 따라 급여
급여형태	현금 또는 현물	현금

① 사회보험은 사회보험법에 근거하고 있으나, 민간보험은 상법에 근거하고 있으므로 서로 다른 법적 근거를 갖는다.
② 사회보험과 민간보험 모두 가입자의 보험료를 재원으로 가입자에게 발생하는 위험을 분산하는 보험원리를 따른다.
③ 사회보험과 민간보험은 모두 영리를 목적으로 하나, 사회보험의 경우 소득수준에 따라 보험료를 다르게 부담한다.
④ 사회보험은 민간보험과 달리 의무적으로 가입해야 하며, 경제활동을 통해 소득이 발생하면 소득의 일부를 강제로 납부해야 한다.

18 다음 중 ㉠에 대해 제기할 수 있는 반론으로 가장 적절한 것은?

> 기업은 상품의 사회적 마모를 촉진시키는 주체이다. 생산과 소비가 지속되어야 이윤을 남길 수 있기 때문에, 하나의 상품을 생산해서 그 상품의 물리적 마모가 끝날 때까지를 기다렸다가는 그 기업은 망하기 십상이다. 이러한 상황에서 늘 수요에 비해서 과잉 생산을 하는 기업이 살아남을 수 있는 길은 상품의 사회적 마모를 짧게 해서 사람들로 하여금 계속 소비하게 만드는 것이다.
> 그래서 ㉠ 기업들은 더 많은 이익을 내기 위해서는 상품의 성능을 향상시키기보다는 디자인을 변화시키는 것이 더 바람직하다고 생각한다. 산업이 발달하여 상품의 성능이나 기능, 내구성이 이전보다 더욱 향상되었는데도 불구하고 상품의 수명이 이전보다 더 짧아지는 것은 어떻게 생각하면 자본주의 상품이 지닌 모순이라고 할 수 있다. 섬유의 질은 점점 좋아지지만 그 옷을 입는 기간은 이에 비해서 점점 짧아지게 되는 것이 바로 자본주의 상품이 지니고 있는 모순이다. 산업이 계속 발달하여 상품의 성능이 향상되는데도 상품의 사회적인 마모 기간이 누군가에 의해서 엄청나게 짧아지고 있다. 상품의 질은 향상되고 내가 버는 돈은 늘어가는 것 같은데 늘 무엇인가 부족한 듯한 느낌이 드는 것도 이것과 관련이 있다.

① 상품의 성능은 그대로 두어도 향상될 수 있는가?
② 디자인에 대한 소비자들의 취향이 바뀌는 것을 막을 방안은 있는가?
③ 상품의 성능 향상을 등한시하며 디자인만 바꾼다고 소비가 증가할 것인가?
④ 사회적 마모 기간이 점차 짧아지면 디자인을 개발하는 것이 기업에 도움이 되겠는가?

남극의 빙하는 과거 지구의 대기 성분과 기온 변화에 관한 기초 자료를 생생하게 보존하고 있다. 과학자들은 빙하를 분석함으로써 지구 온난화 등 지구가 겪고 있는 여러 문제에 대하여 중요한 정보를 얻고 있다.

남극의 표층에 쌓인 눈은 계속 내리는 눈에 덮이면서 점점 깊이 매몰되고 그에 따라 눈의 밀도는 점차 증가한다. 일정한 깊이에 이르면 상부에 쌓인 눈이 가하는 압력 때문에 하부의 눈은 얼음으로 변형된다. 이때 눈 입자들 사이에 들어 있는 공기가 얼음 속에 갇히게 되고, 얼음이 두꺼워지면서 상부의 얼음이 가하는 압력이 증가하게 되면 클라트레이트 수화물*이 형성된다. 이 속의 기포들은 당시 대기의 기체 성분을 그대로 가지게 된다. 기포가 포함된 얼음을 시추하여 녹이면 원래의 상태로 바뀌고, 이때 기체 크로마토그래피 같은 정밀 기기를 사용하여 그 속의 기체 성분을 분석한다. 이러한 과정을 통해 이산화탄소나 메탄 등 과거 지구의 대기 성분과 농도를 알아낼 수 있다.

그러나 빙하 속 기포 내의 대기 성분 정보를 통해 그 당시의 기온을 알아내는 데에는 한계가 있다. 과거의 기온을 조사하는 대표적인 방법은 빙하를 구성하는 물 분자의 산소나 수소의 동위원소비를 이용하는 것이다. 동위원소란 원자 번호는 같지만 원자량이 서로 다른 원소를 말하는데, 산소의 동위원소로는 원자량이 16인 산소(^{16}O)와 원자량이 18인 산소(^{18}O)가 있다. 남극 빙하를 구성하는 물 분자들의 산소 동위원소비(^{16}O/^{18}O)는 눈으로 내릴 당시의 기온 변화에 따라 증가하거나 감소하며 여름과 겨울 사이에 뚜렷한 차이를 보이는데, 그 증감은 1년의 주기를 이룬다. 오늘날의 실험 결과에 따르면 산소 동위원소비의 증감은 기온 변화와 거의 정비례 관계를 이루고 있다. 이러한 관계를 적용하여 빙하가 만들어진 당시의 기온을 알아낼 수 있는 것이다.

빙하에 대한 최근 연구는 산소의 동위원소비뿐만 아니라 이산화탄소나 메탄의 농도 변화도 기온 변화와 밀접한 관계가 있음을 보여준다. 이 기체들의 농도가 증가하면 기온이 올라가고 반대로 농도가 감소하면 기온이 내려간다는 사실이 밝혀진 것이다. 빙하로부터 알게 된 과거 이산화탄소와 메탄의 농도 변화 폭과 비교해 볼 때, 오늘날 이들의 농도는 우려할 만큼 급증하는 추세를 보이고 있다.

*클라트레이트 수화물 : 고압과 저온의 조건에서 물 분자가 결합하여 생성된 빈 공간에 메탄, 이산화탄소, 질소 등 분자량이 작은 기체가 들어 있는 결정체

19 다음 중 윗글의 내용을 가장 잘 반영한 표제와 부제는?

① 남극, 거대한 실험실 – 동위원소 연구의 현황
② 남극 빙하의 과거와 미래 – 새로운 자원의 보고
③ 남극 빙하의 가치 – 기후 변화의 기록 보관소
④ 빙하 연구의 현주소 – 과학적 연구 성과와 전망

20 다음 중 윗글을 바탕으로 과제를 수행할 때, 〈보기〉의 ㉠에 들어갈 말로 가장 적절한 것은?

---〈보기〉---
- 과제명 : 1만 년 전부터 현재까지의 이산화탄소 농도와 기온 변화 양상
- 조사 대상 : 남극에서 시추한 빙하
- 조사 방법 및 내용
  - 기체 크로마토그래피를 이용한 기체 성분 조사
  - 산소 동위원소비를 이용한 기온 측정
  - 산소 동위원소비 증감의 주기성을 이용한 ____㉠____ 조사

① 전체 부피
② 결정 구조
③ 오염 정도
④ 생성 연대

21 다음은 K회사 영업부의 분기별 영업 실적을 나타낸 그래프이다. 전체 실적에서 1 ~ 2분기와 3 ~ 4분기가 각각 차지하는 비중을 바르게 연결한 것은?(단, 비중은 소수점 둘째 자리에서 반올림한다)

	1 ~ 2분기	3 ~ 4분기
①	48.6%	51.4%
②	50.1%	46.8%
③	51.4%	48.6%
④	46.8%	50.1%

22 다음은 2023년 K시 가 ~ 다지역의 아파트 실거래 가격 지수를 나타낸 자료이다. 이에 대한 설명으로 옳은 것은?

〈2023년 K시 가 ~ 다지역의 아파트 실거래 가격 지수〉

월 \ 지역	가	나	다
1	100.0	100.0	100.0
2	101.1	101.6	99.9
3	101.9	103.2	100.0
4	102.6	104.5	99.8
5	103.0	105.5	99.6
6	103.8	106.1	100.6
7	104.0	106.6	100.4
8	105.1	108.3	101.3
9	106.3	110.7	101.9
10	110.0	116.9	102.4
11	113.7	123.2	103.0
12	114.8	126.3	102.6

※ (N월 아파트 실거래 가격 지수)$= \dfrac{(\text{해당 지역의 N월 아파트 실거래 가격})}{(\text{해당 지역의 1월 아파트 실거래 가격})} \times 100$

① 가지역의 12월 아파트 실거래 가격은 다지역의 12월 아파트 실거래 가격보다 높다.
② 나지역의 아파트 실거래 가격은 다른 두 지역의 아파트 실거래 가격보다 매월 높다.
③ 다지역의 1월 아파트 실거래 가격과 3월 아파트 실거래 가격은 같다.
④ 가지역의 1월 아파트 실거래 가격이 1억 원이면 가지역의 7월 아파트 실거래 가격은 1억 4천만 원이다.

23 다음은 중학생의 주당 운동시간 현황을 조사한 자료이다. 이에 대한 설명으로 옳은 것을 〈보기〉에서 모두 고르면?

〈중학생의 주당 운동시간 현황〉

(단위 : %, 명)

구분		남학생			여학생		
		1학년	2학년	3학년	1학년	2학년	3학년
1시간 미만	비율	10.0	5.7	7.6	18.8	19.2	25.1
	인원수	118	66	87	221	217	281
1시간 이상 2시간 미만	비율	22.2	20.4	19.7	26.6	31.3	29.3
	인원수	261	235	224	312	353	328
2시간 이상 3시간 미만	비율	21.8	20.9	24.1	20.7	18.0	21.6
	인원수	256	241	274	243	203	242
3시간 이상 4시간 미만	비율	34.8	34.0	23.4	30.0	27.3	14.0
	인원수	409	392	266	353	308	157
4시간 이상	비율	11.2	19.0	25.2	3.9	4.2	10.0
	인원수	132	219	287	46	47	112
합계	비율	100.0	100.0	100.0	100.0	100.0	100.0
	인원수	1,176	1,153	1,138	1,175	1,128	1,120

〈보기〉

㉠ 1시간 미만 운동하는 3학년 남학생 수는 4시간 이상 운동하는 1학년 여학생 수보다 많다.

㉡ 동일 학년의 남학생과 여학생을 비교하면, 남학생 중 1시간 미만 운동하는 남학생의 비율이 여학생 중 1시간 미만 운동하는 여학생의 비율보다 각 학년에서 모두 낮다.

㉢ 남학생과 여학생 각각 학년이 높아질수록 3시간 이상 운동하는 학생의 비율이 낮아진다.

㉣ 모든 학년별 남학생과 여학생 각각에서 3시간 이상 4시간 미만 운동하는 학생의 비율이 4시간 이상 운동하는 학생의 비율보다 높다.

① ㉠, ㉡

② ㉠, ㉣

③ ㉡, ㉢

④ ㉢, ㉣

24 다음은 K기업의 콘텐츠 유형별 매출액에 대한 자료이다. 이에 대한 설명으로 옳지 않은 것은?

〈콘텐츠 유형별 매출액〉

(단위 : 백만 원)

구분	게임	음원	영화	SNS	전체
2016년	235	108	371	30	744
2017년	144	175	355	45	719
2018년	178	186	391	42	797
2019년	269	184	508	59	1,020
2020년	485	199	758	58	1,500
2021년	470	302	1,031	308	2,111
2022년	603	411	1,148	104	2,266
2023년	689	419	1,510	341	2,959

① 2018년 이후 매출액이 매년 증가한 콘텐츠 유형은 영화뿐이다.
② 2023년에 전년 대비 매출액 증가율이 가장 큰 콘텐츠 유형은 SNS이다.
③ 영화 매출액은 매년 전체 매출액의 40% 이상이다.
④ 2020 ~ 2023년 동안 매년 게임 매출액은 음원 매출액의 2배 이상이다.

25 다음은 8개국의 수출수지에 대한 국제통계 자료이다. 이에 대한 설명으로 옳지 않은 것은?

〈2024년 상반기 8개국 수출수지〉

(단위 : 백만 US$)

구분	한국	그리스	노르웨이	뉴질랜드	대만	독일	러시아	미국
2024. 1	40,882	2,490	7,040	2,825	24,092	106,308	22,462	125,208
2024. 2	40,125	2,145	7,109	2,445	24,629	107,910	23,196	116,218
2024. 3	40,846	2,656	7,067	2,534	22,553	118,736	25,432	122,933
2024. 4	41,983	2,596	8,005	2,809	26,736	111,981	24,904	125,142
2024. 5	45,309	2,409	8,257	2,754	25,330	116,569	26,648	128,722
2024. 6	45,069	2,426	8,472	3,088	25,696	102,742	31,128	123,557

① 한국의 수출수지 중 전월 대비 수출수지 증가량이 가장 많았던 달은 5월이다.
② 뉴질랜드의 수출수지는 2월 이후 지속적으로 증가하였다.
③ 그리스의 6월 수출수지 증가율은 전월 대비 약 0.7%이다.
④ 4월부터 6월 사이 한국의 수출수지 변화 추이와 같은 양상을 보이는 나라는 2개국이다.

26 다음은 어느 해 개최된 올림픽에 참가한 6개국의 성적이다. 이에 대한 내용으로 옳지 않은 것은?

〈국가별 올림픽 성적〉

(단위 : 명, 개)

국가	참가선수	금메달	은메달	동메달	메달 합계
A	240	4	28	57	89
B	261	2	35	68	105
C	323	0	41	108	149
D	274	1	37	74	112
E	248	3	32	64	99
F	229	5	19	60	84

① 획득한 금메달 수가 많은 국가일수록 은메달 수는 적었다.
② 금메달을 획득하지 못한 국가가 가장 많은 메달을 획득했다.
③ 참가선수의 수가 많은 국가일수록 획득한 동메달 수도 많았다.
④ 획득한 메달의 합계가 큰 국가일수록 참가선수의 수도 많았다.

27 J사원은 각 생산부서의 사업평가 자료를 취합하였는데 커피를 흘려 자료의 일부가 훼손되었다. 다음 중 빈칸 (가) ~ (라)에 들어갈 수치로 옳은 것은?(단, 인건비와 재료비 이외의 투입요소는 없다)

〈사업평가 자료〉

구분	목표량	인건비	재료비	산출량	효과성 순위	효율성 순위
A부서	(가)	200	50	500	3	2
B부서	1,000	(나)	200	1,500	2	1
C부서	1,500	1,200	(다)	3,000	1	3
D부서	1,000	300	500	(라)	4	4

※ (효과성)=(산출량)÷(목표량)
※ (효율성)=(산출량)÷(투입량)

	(가)	(나)	(다)	(라)
①	300	500	800	800
②	500	800	300	800
③	800	500	300	300
④	500	300	800	800

※ 다음은 외국인 직접투자의 투자건수 비율과 투자금액 비율을 투자규모별로 나타낸 자료이다. 이어지는 질문에 답하시오. [28~29]

※ 투자규모는 외국인 직접투자의 건당 투자금액을 기준으로 구분한다.

$$※ \ [투자건수 \ 비율(\%)] = \frac{(투자규모별 \ 외국인 \ 직접투자 \ 건수)}{(전체 \ 외국인 \ 직접투자 \ 건수)} \times 100$$

$$※ \ [투자금액 \ 비율(\%)] = \frac{(투자규모별 \ 외국인 \ 직접투자 \ 금액 \ 합계)}{(전체 \ 외국인 \ 직접투자 \ 건수)} \times 100$$

28 다음 중 투자규모가 50만 달러 미만인 투자건수 비율은?

① 55.3% ② 62.8%

③ 68.6% ④ 74.9%

29 다음 중 100만 달러 이상의 투자건수 비율은?

① 16.4% ② 19.6%

③ 23.5% ④ 26.1%

30 다음은 데이트 폭력 신고건수에 대한 그래프이다. 이에 대한 설명으로 옳지 않은 것은?(단, 비율은 소수점 둘째 자리에서 반올림한다)

① 데이트 폭력 신고건수는 총 13,200건이다.

② 112 신고로 접수된 건수는 체포감금, 협박 피해자로 신고한 건수의 4배 이상이다.

③ 남성 피해자의 50%가 폭행, 상해로 신고했을 때, 폭행, 상해 전체 신고건수에서 남성의 비율은 약 7.1%이다.

④ 살인 신고건수에서 여성 피해자가 남성 피해자의 2배일 때, 전체 남성 피해자 신고건수 중 살인 신고건수는 3% 미만이다.

31 다음은 2015 ~ 2023년 매체별 광고비 현황에 대한 자료이다. 이를 변형한 그래프로 옳은 것은?

② (백만 원)

③ (백만 원)

④ (백만 원)

32 다음은 헌혈인구 및 개인헌혈 비율에 대한 자료이다. 이에 대한 〈보기〉의 설명 중 옳은 것을 모두 고르면?

〈헌혈인구 및 개인헌혈 비율〉

※ (헌혈률) = $\dfrac{(헌혈\ 인구수)}{(헌혈\ 가능\ 인구수)}$

※ 헌혈은 단체헌혈과 개인헌혈로만 구분된다.

───〈보기〉───
ⓒ 전체헌혈 중 단체헌혈이 차지하는 비율은 조사기간 동안 매년 20%를 초과한다.
ⓛ 2019년부터 2022년까지 전년 대비 단체헌혈 증감률의 절댓값이 가장 큰 해는 2020년이다.
ⓒ 2020년 대비 2021년 개인헌혈의 감소율은 25% 이상이다.
ⓔ 2021년부터 2023년까지 개인헌혈과 헌혈률은 전년 대비 증감 추이가 동일하다.

① ㉠, ㉡
② ㉠, ㉢
③ ㉡, ㉢
④ ㉡, ㉣

33 다음은 2023년 우리나라의 LPCD(Liter Per Capital Day)에 대한 자료이다. 1인 1일 사용량에서 영업용 사용량이 차지하는 비중과 1인 1일 가정용 사용량의 하위 두 항목이 차지하는 비중을 순서대로 바르게 나열한 것은?(단, 소수점 셋째 자리에서 반올림한다)

※ LPCD(Liter Per Capital Day) : 1인 1일 물 사용량으로 지역·국가 간 물 사용량을 비교할 수 있게 하고, 수자원을 효율적으로 활용할 수 있게 하는 지표

① 27.57%, 16.25% ② 27.57%, 19.24%

③ 28.37%, 18.33% ④ 28.37%, 19.24%

34 다음은 우리나라 국민들의 환경오염 방지 기여도에 대한 자료이다. 이에 대한 설명으로 옳은 것은?

<환경오염 방지 기여도>

(단위 : %)

구분		합계	매우 노력함	약간 노력함	별로 노력하지 않음	전혀 노력하지 않음
성별	남성	100	13.6	43.6	37.8	5.0
	여성	100	23.9	50.1	23.6	2.4
연령	10 ~ 19세	100	13.2	41.2	39.4	6.2
	20 ~ 29세	100	10.8	39.9	42.9	6.4
	30 ~ 39세	100	13.1	46.7	36.0	4.2
	40 ~ 49세	100	15.5	52.4	29.4	2.7
	50 ~ 59세	100	21.8	50.4	25.3	2.5
	60 ~ 69세	100	29.7	46.0	21.6	2.7
	70세 이상	100	31.3	44.8	20.9	3.0
경제활동	취업	100	16.5	47.0	32.7	3.8
	실업 및 비경제활동	100	22.0	46.6	27.7	3.7

① 10세 이상 국민들 중 환경오염 방지를 위해 별로 노력하지 않는 사람 비율의 합이 가장 높다.

② 10 ~ 69세까지 각 연령층에서 약간 노력하는 사람의 비중이 제일 높다.

③ 매우 노력함과 약간 노력함의 비율 합은 남성보다 여성이, 취업자보다 실업 및 비경제활동자가 더 높다.

④ 10세 이상 국민들 중 환경오염 방지를 위해 매우 노력하는 사람의 비율이 가장 높은 연령층은 60 ~ 69세 이다.

35 다음은 K학원의 강사별 시급과 수강생 만족도에 대한 자료이다. 이에 대한 설명으로 옳은 것은?

〈강사별 시급 및 수강생 만족도〉

(단위 : 원, 점)

구분	2022년		2023년	
	시급	수강생 만족도	시급	수강생 만족도
A강사	50,000	4.6	55,000	4.1
B강사	45,000	3.5	45,000	4.2
C강사	52,000	( )	54,600	4.8
D강사	54,000	4.9	59,400	4.4
E강사	48,000	3.2	( )	3.5

〈수강생 만족도 점수별 시급 인상률〉

수강생 만족도	인상률
4.5점 이상	10% 인상
4.0점 이상 4.5점 미만	5% 인상
3.0점 이상 4.0점 미만	동결
3.0점 미만	5% 인하

※ 다음 연도 시급의 인상률은 당해 연도 시급 대비 당해 연도 수강생 만족도에 따라 결정된다.
※ 강사가 받을 수 있는 시급은 최대 60,000원이다.

① E강사의 2023년 시급은 45,600원이다.
② 2024년 시급은 D강사가 C강사보다 높다.
③ 2023년과 2024년의 시급 차이가 가장 큰 강사는 C이다.
④ C강사의 2022년 수강생 만족도 점수는 4.5점 이상이다.

36 다음은 K국 국회의원의 SNS(소셜네트워크서비스) 이용자 수 현황에 대한 자료이다. 이를 이용하여 작성한 그래프로 옳지 않은 것은?(단, 소수점 둘째 자리에서 반올림한다)

〈K국 국회의원의 SNS 이용자 수 현황〉

(단위 : 명)

구분	정당	당선 횟수별				당선 유형별		성별	
		초선	2선	3선	4선 이상	지역구	비례대표	남자	여자
여당	A	82	29	22	12	126	19	123	22
야당	B	29	25	13	6	59	14	59	14
	C	7	3	1	1	7	5	10	2
합계		118	57	36	19	192	38	192	38

① 국회의원의 여야별 SNS 이용자 수

② 남녀 국회의원의 여야별 SNS 이용자 구성비

③ 야당 국회의원의 당선 횟수별 SNS 이용자 구성비

④ 2선 이상 국회의원의 정당별 SNS 이용자 수

37 다음은 2024년 3월에 가구주들이 노후 준비방법에 대해 응답한 자료를 반영한 그래프이다. 구성비가 가장 큰 항목의 구성비 대비 네 번째로 구성비가 큰 항목의 구성비의 비율로 옳은 것은?(단, 소수점 둘째 자리에서 반올림한다)

〈노후 준비방법〉

(단위 : 원)

- □ 국민연금
- ■ 기타 공적연금
- ■ 사적연금
- ■ 퇴직금
- ■ 예적금 저축성보험
- ■ 부동산운용
- ■ 기타

① 11.2%   ② 14.9%
③ 17.4%   ④ 19.1%

※ 다음은 2014 ~ 2023년 기초생활보장 수급자 현황에 대한 그래프이다. 이어지는 질문에 답하시오. **[38~39]**

38 다음 중 2016년 대비 2020년 수급자 수의 증가율로 옳은 것은?(단, 증가율은 소수점 둘째 자리에서 반올림한다)

① 4.5%
③ 12.0%

② 9.0%
④ 15.4%

39 다음 중 수급률 대비 수급자 수의 값이 가장 큰 연도는?

① 2015년
③ 2019년

② 2017년
④ 2020년

40 다음은 대형마트 이용자를 대상으로 소비자 만족도를 조사한 결과이다. 이에 대한 설명으로 옳은 것은?(단, 소수점 셋째 자리에서 반올림한다)

〈대형마트 업체별 소비자 만족도〉

(단위 : 점/5점 만점)

업체명	종합 만족도	서비스 품질					서비스 쇼핑 체험
		쇼핑 체험 편리성	상품 경쟁력	매장환경 / 시설	고객접점 직원	고객관리	
A마트	3.72	3.97	3.83	3.94	3.70	3.64	3.48
B마트	3.53	3.84	3.54	3.72	3.57	3.58	3.37
C마트	3.64	3.96	3.73	3.87	3.63	3.66	3.45
D마트	3.56	3.77	3.75	3.44	3.61	3.42	3.33

〈대형마트 인터넷·모바일쇼핑 소비자 만족도〉

(단위 : %, 점/5점 만점)

분야별 이용 만족도	이용률	A마트	B마트	C마트	D마트
인터넷쇼핑	65.4	3.88	3.80	3.88	3.64
모바일쇼핑	34.6	3.95	3.83	3.91	3.69

① 인터넷쇼핑과 모바일쇼핑의 소비자 만족도가 가장 큰 차이를 보이는 곳은 D마트이다.

② 종합만족도는 5점 만점에 평균 3.61점이며, 업체별로는 A마트가 가장 높고, C마트, B마트, D마트 순서로 나타났다.

③ 서비스 품질 부문에 있어 대형마트는 평균적으로 쇼핑 체험 편리성에 대한 만족도가 상대적으로 가장 높게 평가되었으며, 반대로 고객접점직원 서비스가 가장 낮게 평가되었다.

④ 대형마트를 이용하면서 느낀 감정이나 기분을 반영한 서비스 쇼핑 체험 부문의 만족도는 평균 3.41점으로 서비스 품질 부문들보다 낮았다.

41 K공사의 마케팅팀 직원 A ~ G 7명이 세 대의 승용차를 나누어 타고 다른 장소로 이동하려고 한다. 다음 〈조건〉을 모두 만족하도록 차량 배치를 할 때, 가장 적절한 것은?

─────〈조건〉─────

- 세 대의 승용차를 모두 이용한다.
- 3명, 2명, 2명으로 나누어 탑승해야 한다.
- B와 D는 한 차에 탑승할 수 없다.
- E는 세 명이 탄 차에 탑승해야 한다.
- E와 F가 한 차에 탔다면 A와 C도 한 차에 타야 한다.
- A는 D와 F 중에 한 사람과는 함께 타야 한다.

① (A, D, G), (B, F), (C, E)
② (A, B, E), (C, F), (D, G)
③ (C, E, G), (B, F), (A, D)
④ (B, C, G), (A, D), (E, F)

42 다음 글의 내용이 참일 때, 외부 인사의 성명이 될 수 있는 것은?

직원들은 지난 회의에서 만났던 외부 인사 세 사람에 대해 얘기하고 있다. 직원들은 외부 인사들의 이름은 모두 정확하게 기억하고 있다. 하지만 그들의 성(姓)에 대해서는 그렇지 않다.

혜민 : 김지후와 최준수와는 많은 대화를 나눴는데, 이진서와는 거의 함께 할 시간이 없었어.
민준 : 나도 이진서와 최준수와는 시간을 함께 보낼 수 없었어. 그런데 지후는 최씨였어.
서현 : 진서가 최씨였고, 다른 두 사람은 김준수와 이지후였지.

세 명의 직원들은 외부 인사에 대하여 각각 단 한 명씩의 성명만을 올바르게 기억하고 있으며, 외부 인사들의 성씨는 각각 김씨, 이씨, 최씨이다.

① 김진서, 이준수, 최지후 ② 최진서, 김준수, 이지후
③ 김진서, 최준수, 이지후 ④ 최진서, 이준수, 김지후

43 자동차 외판원인 A ~ F 6명의 판매실적에 대한 다음 〈조건〉을 토대로 바르게 추리한 것은?

---〈조건〉---

- A는 B보다 실적이 높다.
- C는 D보다 실적이 낮다.
- E는 F보다 실적이 낮지만, A보다는 높다.
- B는 D보다 실적이 높지만, E보다는 낮다.

① 실적이 가장 높은 외판원은 F이다.
② 외판원 C의 실적은 꼴찌가 아니다.
③ B의 실적보다 낮은 외판원은 3명이다.
④ 외판원 E의 실적이 가장 높다.

44 다음 〈조건〉에 따라 K대회 예선이 진행된다. 갑이 심사위원장을 알아내고자 할 때, 〈보기〉 중 옳은 것을 모두 고르면?

---〈조건〉---

- 예선의 심사위원은 심사위원장 1인을 포함하여 총 4인이며, 그중 누가 심사위원장인지 참가자에게 공개되지 않는다.
- 심사위원은 참가자의 노래를 들은 후 동시에 ○ 또는 ×의 결정을 내리며, 다수결에 의해 예선 통과 여부가 결정된다.
- 만약 ○와 ×를 결정한 심사위원의 수가 같다면, 심사위원장이 ○ 결정을 한 경우 통과, × 결정을 한 경우 탈락한다.
- 4명의 참가자들은 어떤 심사위원이 자신에게 ○ 또는 × 결정을 내렸는지와 통과 또는 탈락 여부를 정확히 기억하여 갑에게 알려주었다.

---〈보기〉---

ㄱ. 4명의 참가자가 모두 심사위원 3인의 ○ 결정으로 통과했다면, 갑은 심사위원장을 알아낼 수 없다.
ㄴ. 4명의 참가자가 모두 같은 2인의 심사위원에게만 ○ 결정을 받아 탈락했다면, 갑은 심사위원장을 알아낼 수 있다.
ㄷ. 4명의 참가자가 모두 2인의 심사위원에게만 ○ 결정을 받았고, ○ 결정을 한 심사위원의 구성이 모두 다르다면, 갑은 심사위원장을 알아낼 수 있다.

① ㄱ   ② ㄴ
③ ㄱ, ㄷ   ④ ㄴ, ㄷ

45 다음 글과 〈조건〉을 바탕으로 바르게 추론한 것을 〈보기〉에서 모두 고르면?

(가) ~ (마)팀이 현재 수행하고 있는 과제의 수는 다음과 같다.
- (가)팀 : 0
- (나)팀 : 1
- (다)팀 : 2
- (라)팀 : 2
- (마)팀 : 3

이 과제에 추가하여 8개의 새로운 과제 a, b, c, d, e, f, g, h를 다음 〈조건〉에 따라 (가) ~ (마)팀에 배정한다.

〈조건〉
- 어느 팀이든 새로운 과제를 적어도 하나는 맡아야 한다.
- 기존에 수행하던 과제를 포함해서 한 팀이 맡을 수 있는 과제는 최대 4개이다.
- 기존에 수행하던 과제를 포함해서 과제 4개를 맡는 팀은 둘이다.
- a, b는 한 팀이 맡아야 한다.
- c, d, e는 한 팀이 맡아야 한다.

〈보기〉
ㄱ. a를 (나)팀이 맡을 수 없다.
ㄴ. f를 (가)팀이 맡을 수 있다.
ㄷ. 기존에 수행하던 과제를 포함해서 과제 2개를 맡는 팀이 반드시 있다.

① ㄱ　　　　　　　　　　　　② ㄴ

③ ㄱ, ㄷ　　　　　　　　　　④ ㄴ, ㄷ

※ 다음은 A ~ D사원의 6월 근태 현황 중 일부를 나타낸 자료이다. 이어지는 질문에 답하시오. [46~47]

〈6월 근태 현황〉

(단위 : 회)

구분	A사원	B사원	C사원	D사원
지각	1			1
결근				
야근				2
근태 총점수(점)	0	−4	−2	0

〈6월 근태 정보〉

- 근태는 지각(−1), 결근(−1), 야근(+1)으로 이루어져 있다.
- A, B, C, D사원의 근태 총점수는 각각 0점, −4점, −2점이다.
- A, B, C사원은 지각, 결근, 야근을 각각 최소 1회, 최대 3회 하였고 각 근태 횟수는 모두 달랐다.
- A사원은 지각을 1회 하였다.
- 야근은 A사원이 가장 많이 했다.
- 지각은 B사원이 C사원보다 적게 했다.

46 다음 중 항상 옳은 것은?

① 지각을 제일 많이 한 사람은 C사원이다.
② B사원은 결근을 2회 했다.
③ C사원은 야근을 1회 했다.
④ A사원은 결근을 3회 했다.

47 다음 중 지각보다 결근을 많이 한 사람은?

① A사원, B사원　　　　　② A사원, C사원
③ B사원, C사원　　　　　④ C사원, D사원

48 다음은 A와 B의 시계조립 작업지시서이다. 〈조건〉에 따라 작업할 때, B의 최종 완성 시간과 유휴 시간은 각각 얼마인가?(단, 이동 시간은 고려하지 않는다)

〈작업지시서〉

• 각 공작 기계 및 소요 시간
 1. 앞면 가공용 A공작 기계 : 20분
 2. 뒷면 가공용 B공작 기계 : 15분
 3. 조립 : 5분

• 공작 순서
 시계는 각 1대씩 만들며 A는 앞면부터 가공하여 뒷면 가공 후 조립하고, B는 뒷면부터 가공하여 앞면 가공 후 조립하기로 하였다.

───〈조건〉───

• A, B공작 기계는 각 1대씩이며 모두 사용해야 하고, 두 명이 동시에 작업을 시작한다.
• 조립은 가공이 이루어진 후 즉시 실시한다.
• 완성된 시계는 작동하기 전에 조립에 걸리는 시간만큼 유휴 시간을 가진다.

    최종 완성 시간   유휴 시간
①   40분   5분
②   45분   5분
③   45분   10분
④   50분   5분

※ 유통업체인 K사는 유통대상의 정보에 따라 12자리로 구성된 분류코드를 부여하여 관리하고 있다. 다음 자료를 보고 이어지는 질문에 답하시오. [49~50]

〈분류코드 생성 방법〉

- 분류코드는 한 개 상품당 하나가 부과된다.
- 분류코드는 '발송코드 – 배송코드 – 보관코드 – 운송코드 – 서비스코드'가 순서대로 연속된 12자리 숫자로 구성되어 있다.
- 발송지역

발송지역	발송코드	발송지역	발송코드	발송지역	발송코드
수도권	a1	강원	a2	경상	b1
전라	b2	충청	c4	제주	t1
기타	k9	–	–	–	–

※ 수도권은 서울, 경기, 인천 지역이다.

- 배송지역

배송지역	배송코드	배송지역	배송코드	배송지역	배송코드
서울	011	인천	012	강원	021
경기	103	충남	022	충북	203
경남	240	경북	304	전남	350
전북	038	제주	040	광주	042
대구	051	부산	053	울산	062
대전	071	세종	708	기타	009

- 보관구분

보관품목	보관코드	보관품목	보관코드	보관품목	보관코드
냉동	FZ	냉장	RF	파손주의	FG
고가품	HP	일반	GN	–	–

- 운송수단

운송수단	운송코드	운송수단	운송코드	운송수단	운송코드
5톤 트럭	105	15톤 트럭	115	30톤 트럭	130
항공 운송	247	열차 수송	383	기타	473

- 서비스 종류

배송서비스	서비스코드	배송서비스	서비스코드	배송서비스	서비스코드
당일 배송	01	지정일 배송	02	일반 배송	10

49 다음 분류코드에서 확인할 수 있는 정보가 아닌 것은?

c4304HP11501

① 해당 제품은 충청지역에서 발송되어 경북지역으로 배송되는 제품이다.
② 냉장보관이 필요한 제품이다.
③ 15톤 트럭에 의해 배송될 제품이다.
④ 당일 배송 서비스가 적용된 제품이다.

50 다음 정보를 근거로 할 때, 제품 A에 적용될 분류코드는?

〈정보〉

· 제품 A는 K업체가 7월 5일에 경기도에서 울산지역에 위치한 구매자에게 발송한 제품이다.
· 수산품인 만큼 냉동 보관이 필요하며, 발송자는 택배 도착일을 7월 7일로 지정하였다.
· 제품 A는 5톤 트럭을 이용해 배송된다.

① k9062RF10510
② a1062FZ10502
③ a1062FZ11502
④ a1103FZ10501

※ 다음은 K아동병원의 8월 진료스케줄을 안내한 자료이다. 이어지는 질문에 답하시오. [51~52]

〈K아동병원 8월 진료스케줄〉

(◎ : 휴진, ● : 진료, ★ : 당직)

〈진료시간〉
평일 : 오전 9시 ~ 오후 8시
공휴일(토, 일) : 오전 9시 ~ 오후 5시
점심시간 : 오후 12시 30분 ~ 오후 2시

구분	일	월 오전	월 오후	월 야간	화 오전	화 오후	화 야간	수 오전	수 오후	수 야간	목 오전	목 오후	목 야간	금 오전	금 오후	금 야간	토 오전	토 오후
1주 차								1			2			3			4	
의사 A								●	●		●		●	●	●		●	●
의사 B								◎	◎	◎	◎	◎	◎	◎	◎	◎	◎	◎
의사 C								●	●		●	●			★		●	●
의사 D								●			◎	◎	◎	◎	◎	◎	◎	◎
의사 E									●	★		●	★	●	●		●	●
2주 차	5	6			7			8			9			10			11	
의사 A			●	★	●	●			●	★	●	●		●			●	●
의사 B	●	●	●			●	★	●			●	●		●	●		●	●
의사 C			●			●	●				◎	◎	◎	●	★		●	●
의사 D	◎	◎	◎	◎	◎	◎	◎	◎	◎	◎	◎	◎	◎	◎	◎	◎	◎	◎
의사 E			●			●		●	●			●	★	●	●		●	●
3주 차	12	13			14			15(광복절)			16			17			18	
의사 A	●		●	★	●			◎	◎	◎	●	●		●			●	●
의사 B			●		●	●		◎	◎	◎	●			●	●	★	●	●
의사 C			●		●	●		●	●	★	●							
의사 D			●	●		●	★					●	★	●	●		●	●
의사 E		◎	◎	◎	◎	◎	◎	◎	◎	◎	◎	◎	◎	◎	◎	◎	◎	◎

51 다음 중 자료를 이해한 내용으로 옳지 않은 것은?

① 2 ~ 3주 차에 당직을 가장 많이 하는 의사는 A이다.
② 의사 D는 8월 2일부터 11일까지 휴진이다.
③ 2주 차 월 ~ 토요일 오전에 근무하는 의사는 요일마다 3명 이상이다.
④ 1 ~ 3주 차 동안 가장 많은 의사가 휴진하는 날은 광복절이다.

52 직장인 S씨는 아들의 예방접종을 위해 진료를 예약하려고 한다. 오후에 출근하는 S씨는 8월 2 ~ 3주 차 중 평일 오전에 하루 시간을 내려고 하며, 아들이 평소에 좋아하는 의사 A에게 진료를 받고자 할 때, 예약날짜로 적절한 날짜는?

① 8월 3일
② 8월 8일
③ 8월 9일
④ 8월 13일

※ K공사 인사팀 팀원 6명이 회식을 하기 위해 이탈리안 레스토랑에 갔다. 다음 주문한 결과를 바탕으로 이어지는 질문에 답하시오. **[53~54]**

- 인사팀은 토마토 파스타 2개, 크림 파스타 1개, 토마토 리소토 1개, 크림 리소토 2개, 콜라 2잔, 사이다 2잔, 주스 2잔을 주문했다.
- 인사팀은 K팀장, L과장, M대리, S대리, H사원, J사원으로 구성되어 있는데, 같은 직급끼리는 같은 소스가 들어가는 요리를 주문하지 않았고, 같은 음료도 주문하지 않았다.
- 각자 좋아하는 요리가 있으면 그 요리를 주문하고, 싫어하는 요리나 재료가 있으면 주문하지 않았다.
- K팀장은 토마토 파스타를 좋아하고, S대리는 크림 리소토를 좋아한다.
- L과장과 H사원은 파스타면을 싫어한다.
- 대리들 중에 콜라를 주문한 사람은 없다.
- 크림 파스타를 주문한 사람은 사이다도 주문했다.
- 토마토 파스타나 토마토 리소토와 주스는 궁합이 안 맞는다고 하여 함께 주문하지 않았다.

53 다음 중 주문한 결과로 옳지 않은 것은?

① 사원들은 중 한 사람은 주스를 주문했다.
② L과장은 크림 리소토를 주문했다.
③ K팀장은 콜라를 주문했다.
④ 토마토 리소토를 주문한 사람은 콜라를 주문했다.

54 다음 중 같은 요리와 음료를 주문한 사람을 모두 고르면?

① J사원, S대리   ② H사원, L과장
③ S대리, L과장   ④ M대리, H사원

〈주택연금대출〉

■ **상품특징**
- 만 60세 이상의 고령자가 소유주택을 담보로 매월 연금방식으로 노후생활자금을 지급받는 국가 보증의 금융상품(역모기지론)
- 공사에서 연금 가입자를 위해 발급한 보증서를 통해 본 은행이 가입자에게 연금을 지급

■ **가입요건**
(1) 가입가능연령 : 주택소유자가 만 60세 이상
    부부 공동으로 주택 소유 시 연장자가 만 60세 이상
(2) 보유주택수 : 다음 중 하나에 해당(부부 기준)
    - 1주택을 소유하신 분
    - 보유주택 합산가격이 9억 원 이하인 다주택자인 분(상기 외 2주택자는 3년 이내 1주택 처분조건으로 가능)
    ※ 주택으로 보지 않는 주택
      − 문화재로 지정된 주택, 전용면적 $20m^2$ 이하의 주택(아파트 제외)은 주택으로 보지 않음
    ※ 보유주택수 판단 시 유의사항
      − 아파트분양권, 재건축 및 재개발 조합원 입주권은 1주택으로 보지 않음
      − 복합용도주택, 임대사업자가 임대 목적으로 보유한 주택은 보유주택수에 포함
      − 공동상속주택의 경우 지분이 가장 큰 상속인이 소유한 것으로 봄
      − 부부 공동소유주택은 각 지분에 관계없이 1주택으로 봄
(3) 대상주택 : 시가 9억 원 이하의 주택
    - 상가 등 복합 용도 주택은 전체 면적 중 주택이 차지하는 면적이 1/2 이상인 경우 가입가능
    - 권리침해(가압류 등) 사실이 없는 주택만 가능(이용 중 권리변경 불가)

■ **지급방법**
(1) 월지급금 지급방식 : 종신방식(월지급금을 종신토록 지급받는 방식)
    - 종신지급방식 : 인출한도 설정 없이 월지급금을 종신토록 받는 방식
    - 종신혼합방식 : 인출한도 설정 후 나머지 부분을 월지급금으로 종신토록 지급받는 방식
(2) 월지급금 지급유형
    - 정액형 : 월지급금을 평생 동안 일정한 금액으로 고정하는 방식
    - 증가형 : 처음에 적게 받다가 12개월마다 최초 지급금의 3%씩 증가하는 방식
    - 감소형 : 처음에 많이 받다가 12개월마다 최초 지급금의 3%씩 감소하는 방식
    - 전후후박형 : 초기 10년간은 정액형보다 많이 받다가 11년째부터는 초기 월지급금의 70% 수준으로 받는 방식
    ※ 이용기간 중 지급방식 변경 가능(3년 내 1회에 한하여 가능)

■ **대출금리**
본 상품은 『3개월 변동 시장금리 및 6개월 변동 신규취급액기준 COFIX』에 따라 적용금리가 변동됨

---

55 K은행에 근무 중인 귀하에게 고객 문의가 접수되었다. 다음 질문에 대한 답변으로 옳지 않은 것은?

> 고객 : 안녕하세요. 은퇴 후에 생활자금으로 주택연금대출을 이용해 볼까 고민하고 있어요. K은행 홈페이지에 가서 살펴봤는데도 이해가 잘 안 되네요. 주택연금대출에 대해서 설명해 주세요.

① 주택연금대출은 시가 9억 원 이하의 주택을 보유하고 있는 만 60세 이상의 고령자를 대상으로 하는 상품입니다.

② 주택소유자가 만 60세 이상이어야 하지만 부부 공동소유 시에는 부부 중 연장자가 만 60세 이상이면 가입 가능합니다.

③ 2주택의 합산가액이 9억 원 이하이더라도 3년 이내에 1주택을 처분하는 조건으로 했을 경우에만 가입이 가능합니다.

④ 연금지급방식은 종신방식으로 취급하고 있으며 평생 일정한 금액을 받는 정액형과, 초기 10년간은 정액형보다 많이 받다가 11년째부터는 적게 받는 전후후박형 등이 있습니다.

56 귀하는 5명의 고객으로부터 주택연금대출 가입신청 상담을 요청받았다. 다음 중 주택연금대출에 가입할 수 없는 고객은 모두 몇 명인가?

<주택연금대출 가입신청 고객 정보>

명단	신청자 연령 (배우자 연령)	주택소유형태 (신청자 기준)	보유주택수 (주택유형)	주택가액	기타
A	만 62세 (만 58세)	단독소유	1 (아파트)	3억 원	–
B	만 57세 (만 63세)	단독소유	1 (단독주택)	5억 원	–
C	만 59세 (만 62세)	부부공동소유	2 (아파트)	8억 원	1년 후 1주택 처분 예정
D	만 68세 (만 55세)	부부공동소유	1 (아파트)	4억 원	이외 임대사업으로 4주택 보유 (가액 : 10억 원)
E	만 67세 (만 64세)	단독소유	2 (전원주택, 아파트)	9억 원	이외 전용면적 18m² 아파트 보유 (가액 : 1억 원)

① 1명   ② 2명
③ 3명   ④ 4명

57 다음은 중국에 진출한 프랜차이즈 커피전문점에 대해 SWOT 분석을 한 결과이다. 〈보기〉의 빈칸 (가) ~ (라)에 들어갈 전략이 바르게 나열된 것은?

〈프랜차이즈 커피전문점 SWOT 분석 결과〉

S(강점)		W(약점)	
• 풍부한 원두커피의 맛 • 독특한 인테리어 • 브랜드 파워 • 높은 고객 충성도		• 낮은 중국 내 인지도 • 높은 시설비 • 비싼 임대료	
O(기회)		T(위협)	
• 중국 경제 급성장 • 서구문화에 대한 관심 • 외국인 집중 • 경쟁업체 진출 미비		• 중국의 차 문화 • 유명 상표 위조 • 커피 구매 인구의 감소	

〈보기〉

(가)		(나)	
• 브랜드가 가진 미국 고유문화 고수 • 독특하고 차별화된 인테리어 유지 • 공격적 점포 확장		• 외국인 많은 곳에 점포 개설 • 본사 직영으로 인테리어	
(다)		(라)	
• 고품질 커피로 상위 소수고객에 집중		• 녹차 향 커피 • 개발 상표 도용 감시	

	(가)	(나)	(다)	(라)
①	SO전략	ST전략	WO전략	WT전략
②	WT전략	ST전략	WO전략	SO전략
③	SO전략	WO전략	ST전략	WT전략
④	ST전략	WO전략	SO전략	WT전략

※ 귀하는 K외식업체에서 근무하고 있으며, 최근 개점한 한식 뷔페 ○○지점의 고객현황을 분석하여 다음과 같은 결과를 도출하였다. 이어지는 질문에 답하시오. [58~60]

<한식 뷔페 ○○지점 고객현황>

■ 일반현황
• 운영시간 : 런치 11:00 ~ 15:00, 디너 16:00 ~ 20:00
• 장소 : 서울 서초구 서초대로 ○○길
• 직원 수 : 30명
• 수용인원 : ___명

■ 주요 시간대별 고객출입현황
• 런치

11:00 ~ 11:30	11:30 ~ 12:30	12:30 ~ 13:30	13:30 ~ 14:30
20명	2분당 +3명, 5분당 −1명	1분당 +2명, 6분당 −5명	5분당 +6명, 3분당 −2명

• 디너

16:00 ~ 16:30	16:30 ~ 17:30	17:30 ~ 18:30	18:30 ~ 19:30
20명	2분당 +7명, 3분당 −7명	1분당 +3명, 5분당 −6명	5분당 +4명, 3분당 −3명

※ 주요 시간대별 개장 후 30분 동안은 고객의 추가 출입이 없음
※ 주요 시간대별 마감 전 30분 동안은 고객을 받지 않음

58 귀하가 12:00에 매장에서 식사하고 있는 고객 수를 세어 보았다면 총 몇 명인가?

① 58명
② 59명
③ 60명
④ 61명

59 런치가격이 10,000원이고, 디너가격이 15,000원이라면 하루 동안 벌어들이는 매출액은 얼마인가?

① 6,850,000원
② 7,700,000원
③ 9,210,000원
④ 9,890,000원

60 조사 당일에 만석이었던 적이 한 번 있었다고 한다면, 매장의 좌석은 모두 몇 석인가?

① 200석
② 208석
③ 220석
④ 236석

제1회 직무시험

| 01 | 국민건강보험법

61 다음 중 국민건강보험법상 가입자 또는 피부양자가 아닌 사람은?

① 직장가입자의 배우자 A

② 직장가입자의 형제 B

③ 국내에 거주하는 국민 C

④ 의료급여법에 따라 의료급여를 받는 D

62 국민건강보험공단은 가입자 및 피부양자의 자격관리, 보험료의 부과·징수, 보험급여의 관리 등 건강보험 사업의 수행을 위해서 자료를 제공하도록 요청할 수 있다. 다음 중 해당 자료로 옳지 않은 것은?

① 국세   ② 주민등록

③ 출입국관리   ④ 상속세

63 다음 〈보기〉 중 국민건강보험법상 요양급여를 받을 수 있는 경우를 모두 고르면?

─────────〈보기〉─────────
　ㄱ 진찰·검사　　　　　　　　　ㄴ 간호
　ㄷ 수술 및 그 밖의 치료　　　　ㄹ 장례
　ㅁ 재활

① ㄱ, ㄴ, ㄷ, ㄹ   ② ㄱ, ㄴ, ㄷ, ㅁ

③ ㄱ, ㄷ, ㄹ, ㅁ   ④ ㄴ, ㄷ, ㄹ, ㅁ

64 다음 〈보기〉 중 국민건강보험법상 건강보험 자격이 변동되는 경우로 옳은 것을 모두 고르면?

> ─────────〈보기〉─────────
> ⊙ 지역가입자가 적용대상사업장의 사용자가 된 날
> ⓒ 직장가입자인 근로자가 사용관계가 끝난 날
> ⓒ 지역가입자가 다른 세대로 전입한 날
> ② 직장가입자가 다른 적용대상사업장의 사용자나 근로자 등으로 사용된 다음 날

① ⊙, ⓒ   ② ⊙, ⓒ
③ ⓒ, ⓒ   ④ ⓒ, ②

65 다음 중 보험료 등의 충당, 환급 등에 대한 설명으로 옳지 않은 것은?

① 납부의무자가 보험료 등으로 낸 금액 중 과오납부한 금액이 있으면 그 과오납금을 보험료 등에 우선 충당한다.
② 납부의무자가 체납처분비로 낸 금액 중 과오납부한 금액이 있으면 그 과오납금을 연체금 또는 체납처분비에 우선 충당한다.
③ 충당하고 남은 금액이 있으면 납부의무자에게 환급하여야 한다.
④ 과오납급을 환급할 경우에는 이자를 가산하지 않는다.

66 다음 중 국민건강보험법상 보험료의 부담에 대한 설명으로 옳지 않은 것은?

① 직장가입자의 보수 외 소득월액보험료는 직장가입자가 부담한다.
② 지역가입자의 보험료는 그 가입자가 속한 세대의 지역가입자 전원이 연대하여 부담한다.
③ 직장가입자가 공무원인 경우 그 공무원이 소속되어 있는 국가는 보험료의 100분의 30을 부담한다.
④ 직장가입자가 교직원인 경우 사용자가 부담액 전부를 부담할 수 없으면 그 부족액을 학교에 속하는 회계에서 부담하게 할 수 있다.

67 다음은 국민건강보험법상 위반사실의 공표에 대한 설명이다. 빈칸 ㉠, ㉡에 들어갈 말로 옳은 것은?

> 보건복지부장관은 관련 서류의 위조·변조로 요양급여비용을 거짓으로 청구하여 업무정지 처분 또는 과징금 등 행정처분을 받은 요양기관에 대하여 위반사실을 공표할 수 있다. 요양기관이 거짓으로 청구한 금액이 _____㉠_____ 이상이거나 요양급여비용 총액 중 거짓으로 청구한 금액의 비율이 _____㉡_____ 이상인 경우에는 위반사실을 공표할 수 있다.

	㉠	㉡
①	1,000만 원	30%
②	1,500만 원	20%
③	1,500만 원	30%
④	2,500만 원	20%

68 다음 중 국민건강보험 가입자의 보험료의 일부를 경감받을 수 있는 자로 옳지 않은 것은?

① 휴직자
② 60세 이상인 사람
③ 장애인복지법에 따라 등록한 장애인
④ 국가유공자 등 예우 및 지원에 대한 법률에 따른 국가유공자

69 다음 중 국민건강보험법상 보험급여의 정지 기간에 해당하는 경우로 옳지 않은 것은?

① 국내에 여행 중인 경우
② 교도소에 수용되어 있는 경우
③ 국외에서 업무에 종사하고 있는 경우
④ 국외에 여행 중인 경우

70 다음 중 국민건강보험법상 보험료 경감대상자는?

① 65세 노인   ② 군인
③ 교도소 수용자   ④ 해외여행자

71 다음 중 빈칸 ㉠~㉢에 들어갈 말을 순서대로 바르게 나열한 것은?

> 국민건강보험법의 목적은 국민의 ___㉠___ ·부상에 대한 예방·진단·치료·재활과 출산· ___㉡___ 및 건강증진에 대하여 ___㉢___ 를 실시함으로써 국민보건 향상과 사회보장 증진에 이바지함을 목적으로 한다.

	㉠	㉡	㉢
①	질병	사망	의료서비스
②	건강	치료	의료서비스
③	질병	재활	의료행위
④	질병	사망	보험급여

72 국민건강보험법상 국내에 거주하는 모든 국민은 원칙적으로 건강보험의 가입자 또는 피부양자가 된다. 다음 중 건강보험 적용 대상 제외자로 볼 수 없는 것은?

① 의료급여법에 따라 의료급여를 받는 사람
② 건강보험을 적용받고 있던 사람이 유공자 등 의료보호대상자로 되었으나 건강보험의 적용배제신청을 보험자에게 하지 아니한 사람
③ 독립유공자예우에 대한 법률에 따라 의료보호를 받는 사람
④ 국가유공자 등 예우 및 지원에 대한 법률에 따라 의료보호를 받는 사람

73 다음 중 국민건강보험법상 가입자 자격의 변동 시기로 옳지 않은 것은?

① 지역가입자가 적용대상사업자의 근로자·공무원 또는 교직원으로 사용된 날
② 지역가입자가 다른 세대로 전입한 날의 다음 날
③ 직장가입자인 근로자·공무원 또는 교직원이 그 사용관계가 끝난 날의 다음 날
④ 직장가입자가 다른 적용대상사업자의 근로자·공무원 또는 교직원으로 사용된 날

74 의료보장의 적용자가 의료기관에 가서 진료를 받을 때 진료비 전액을 의료기관에 먼저 지불하고 난 후에 이를 보험조합이나 질병금고에 청구하여 진료비를 환불받는 제도는?

① 본인전액부담제   ② 의사 – 환자 직불제
③ 제3자 지불체계   ④ 상환제

75 다음 중 국민건강보험법상 2년 이하의 징역 또는 2,000만 원 이하의 벌금에 처하는 경우는?

① 대행청구단체의 종사자로서 거짓이나 그 밖의 부정한 방법으로 요양급여비용을 청구한 자

② 업무를 수행하면서 알게 된 정보를 누설하거나 직무상 목적 외의 용도로 이용 또는 제3자에게 제공한 자

③ 요양비 명세서나 요양 명세를 적은 영수증을 내주지 아니한 자

④ 거짓이나 그 밖의 부정한 방법으로 보험급여를 받거나 타인으로 하여금 보험급여를 받게 한 자

76 건강보험정책에 대한 사항을 심의·의결하기 위하여 보건복지부장관 소속으로 있는 건강보험정책심의위원회에 대한 설명으로 옳은 것은?

① 심의위원회 위원의 임기는 2년으로 한다.

② 심의위원회의 운영 등에 필요한 사항은 보건복지부령으로 정한다.

③ 심의위원회의 위원장은 보건복지부장관이다.

④ 위원장 1명과 부위원장 1명을 포함하여 25명의 위원으로 구성한다.

77 다음 중 국민건강보험법상 국민건강보험공단에 적용되는 사항으로 옳지 않은 것은?

① 국민건강보험법과 공공기관의 운영에 관한 법률에서 정한 사항 외에는 민법 중 재단법인에 관한 규정을 준용한다.

② 이사장의 권한 중 급여의 제한, 보험료의 납입고지 등은 위임할 수 없다.

③ 회계연도마다 결산보고서와 사업보고서를 작성하여 다음해 2월 말일까지 보건복지부장관에게 보고하여야 한다.

④ 조직·인사·보수 및 회계에 관한 규정은 이사회의 의결을 거쳐 보건복지부장관의 승인을 받아 정한다.

78 다음 중 국민건강보험법상 국민건강보험 자격에 대한 내용으로 옳지 않은 것은?

① 지역가입자가 적용대상사업장의 사용자로 되거나 근로자 · 공무원 또는 교직원으로 사용되어 국민건강보험 자격이 변동된 경우 직장가입자의 사용자가 보험자에게 그 명세를 신고하여야 한다.

② 지역가입자가 다른 세대로 전입하여 국민건강보험 자격이 변동된 경우 지역가입자의 세대주가 그 명세를 보험자에게 신고하여야 한다.

③ 직장가입자가 다른 적용대상사업장의 사용자로 되거나 근로자 등으로 사용되어 국민건강보험 자격이 변동된 경우 지역가입자의 세대주가 그 명세를 보험자에게 신고하여야 한다.

④ 직장가입자인 근로자 등이 그 사용관계가 끝나 국민건강보험 자격이 변동된 경우 지역가입자의 세대주가 그 명세를 보험자에게 신고하여야 한다.

79 다음 중 국민건강보험법상 보험료 납부의무에 대한 설명으로 옳지 않은 것은?

① 소득월액보험료는 직장가입자가 납부한다.

② 보수월액보험료는 사용자가 납부하며, 사업장의 사용자가 2명인 경우 정해진 1명의 사용자가 해당 직장가입자의 보험료를 납부한다.

③ 지역가입자의 보험료는 그 가입자가 속한 세대의 지역가입자 전원이 연대하여 납부한다.

④ 소득 및 재산이 없는 미성년자는 납부의무를 부담하지 않는다.

80 다음 중 국민건강보험법의 목적에서 보험급여의 범위가 아닌 것은?

① 건강증진

② 부상에 대한 예방 · 진단 · 치료 · 재활

③ 출산 및 사망

④ 고의사고

61 다음 〈보기〉 중 시장이 장기요양기관을 지정할 때에 검토하여야 할 내용을 모두 고르면?

---〈보기〉---

가. 장기요양기관을 운영하려는 자의 장기요양급여 제공 이력
나. 장기요양서비스와 안전확인 등의 보호조치 계획
다. 장기요양기관의 운영 계획
라. 노인에 대한 현황조사 및 관리 계획

① 가, 나   ② 가, 다
③ 가, 나, 다   ④ 가, 나, 라

62 다음 중 장기요양위원회의 구성에 대한 설명으로 옳지 않은 것은?

① 위원장은 1인, 부위원장은 1인이다.
② 16인 이상 22인 이하의 위원으로 구성한다.
③ 위원장은 보건복지부장관이 된다.
④ 부위원장은 위원 중에서 위원장이 지명한다.

63 다음 중 노인장기요양보험법상 장기요양기관의 의무로 옳지 않은 것은?

① 장기요양급여신청을 받은 때 장기요양급여의 제공을 거부하여서는 아니 된다.
② 수급자에게 장기요양급여비용에 대한 명세서를 교부하여야 한다.
③ 장기요양급여 제공에 대한 자료를 거짓으로 작성하여서는 아니 된다.
④ 영리를 목적으로 수급자가 부담하는 본인부담금을 감경할 수 있다.

64 다음 중 빈칸에 들어갈 말로 옳은 것은?

공단은 시설에서 재가급여 또는 시설급여에 상당한 장기요양급여를 받은 경우 해당 장기요양급여비용의 일부를 해당 수급자에게 _____로 지급할 수 있다.

① 가족요양비   ② 요양병원간병비
③ 시설급여비   ④ 특례요양비

65 다음 중 국가가 매년 예산의 범위에서 공단에 지원하는 금액은?

① 장기요양보험료 예상수입액의 100분의 5
② 장기요양보험료 예상수입액의 100분의 10
③ 장기요양보험료 예상수입액의 100분의 15
④ 장기요양보험료 예상수입액의 100분의 20

66 다음 〈보기〉 중 노인장기요양보험법상 장기요양기관 지정을 반드시 취소하여야 하는 경우로 옳은 것을 모두 고르면?

─────〈보기〉─────

ㄱ. 거짓이나 그 밖의 부정한 방법으로 지정을 받은 경우
ㄴ. 폐업 또는 휴업 신고를 하지 아니하고 1년 이상 장기요양급여를 제공하지 아니한 경우
ㄷ. 업무정지기간 중에 장기요양급여를 제공한 경우
ㄹ. 사업자등록이나 고유번호가 말소된 경우

① ㄱ, ㄴ
② ㄱ, ㄷ
③ ㄱ, ㄴ, ㄷ
④ ㄱ, ㄴ, ㄷ, ㄹ

67 다음 중 장기요양보험에 대한 설명으로 옳은 것은?

① 장기요양보험사업의 보험자는 보건복지부로 한다.
② 장기요양보험사업은 행정안전부장관이 관장한다.
③ 장기요양보험가입자는 국민연금법에 따른 가입자로 한다.
④ 공단은 장기요양보험료를 징수한다.

68 다음 〈보기〉 중 장기요양기관의 결격사유를 모두 고르면?

─────〈보기〉─────

ㄱ. 미성년자　　　　　　　　ㄴ. 피한정후견인
ㄷ. 정신질환자　　　　　　　ㄹ. 파산선고를 받고 복권이 된 사람
ㅁ. 마약류에 중독된 사람

① ㄱ, ㄴ, ㄷ, ㄹ
② ㄱ, ㄴ, ㄷ, ㅁ
③ ㄱ, ㄴ, ㄹ, ㅁ
④ ㄱ, ㄷ, ㄹ, ㅁ

69 다음 중 빈칸에 들어갈 수 없는 것은?

> 장기요양기관을 운영하려는 자는 소재지를 관할 구역으로 하는 _____(으)로부터 지정을 받아야 한다.

① 특별자치시장
② 특별자치도지사
③ 구청장
④ 국민건강보험공단

70 다음 중 공단이 장기요양급여를 받고 있거나 받을 수 있는 자에 대해 장기요양인정 신청의 조사를 할 수 있는 경우가 아닌 것은?

① 거짓으로 장기요양인정을 받은 경우
② 부정한 방법으로 장기요양인정을 받은 경우
③ 고의로 사고를 발생하도록 한 경우
④ 가족이 대신 신청하여 장기요양인정을 받은 경우

71 다음 중 대통령령으로 정하는 바에 따라 장기요양보험료의 전부 또는 일부를 감면받을 수 있는 자는?

① 기초생활수급자
② 부양해줄 자녀가 없는 자
③ 장애인 또는 이와 유사한 자
④ 독립유공자와 그 후손

72 다음 중 장기요양기관이 폐업하거나 휴업하고자 하는 경우 수급자의 권익을 보호하기 위하여 취하여야 할 조치가 아닌 것은?

① 해당 장기요양기관을 이용하는 수급자가 다른 장기요양기관을 선택하여 이용할 수 있도록 계획을 수립하는 조치
② 해당 장기요양기관에서 수급자가 부담한 비용 중 정산하여야 할 비용이 있는 경우 이를 정산하는 조치
③ 장기요양급여를 제공하였는지 평가를 실시하고 그 결과를 공단의 홈페이지 등에 공표하는 조치
④ 그 밖에 수급자의 권익 보호를 위하여 필요하다고 인정되는 조치로서 보건복지부령으로 정하는 조치

73 다음 중 장기요양사업의 정기적 실태조사 시기로 옳은 것은?

① 1년마다   ② 2년마다

③ 3년마다   ④ 5년마다

74 다음 중 노인장기요양보험법의 목적으로 옳은 것은?

① 노후의 건강증진 및 생활안정 도모

② 노인의 질환을 사전예방

③ 노인의 질환을 조기발견

④ 질환상태에 따른 적절한 치료

75 다음 중 공표 여부 등을 심의하기 위하여 설치 · 운영할 수 있는 것은?

① 공표심의위원회   ② 공표합의위원회

③ 등급판정위원회   ④ 장기요양위원회

76 다음은 장기요양기관 지정의 갱신에 대한 내용이다. 빈칸에 들어갈 말을 순서대로 바르게 나열한 것은?

> • 장기요양기관의 장은 지정의 유효기간이 끝난 후에도 계속하여 그 지정을 유지하려는 경우에는 지정 유효기간이 끝나기 _____ 전까지 지정 갱신을 신청하여야 한다.
> • 특별자치시장 · 특별자치도지사 · 시장 · 군수 · 구청장은 갱신 심사를 완료한 경우 그 결과를 지체 없이 해당 장기요양기관의 장에게 _____하여야 한다.

① 30일, 신고   ② 30일, 통보

③ 90일, 신고   ④ 90일, 통보

77 다음 중 노인장기요양보험법상 장기요양급여에 해당하지 않는 것은?

① 시설급여   ② 가족요양비

③ 특례요양비   ④ 장의비

78 다음 중 지정권자의 지정을 받지 않고 장기요양기관을 운영한 사람이 받게 되는 처벌은?

① 2년 이하의 징역 또는 2,000만 원 이하의 벌금
② 1년 이하의 징역 또는 1,000만 원 이하의 벌금
③ 500만 원 이하의 과태료
④ 300만 원 이하의 과태료

79 노인장기요양보험법에서 공무원이 아닌 사람으로 공무상 비밀 누설의 규정을 적용할 때 공무원으로 의제될 수 없는 사람은?

① 등급판정위원회 위원
② 장기요양위원회 위원
③ 보건복지위원회 위원
④ 심사위원회 위원

80 다음 중 장기요양급여에 대한 비용을 수급자 본인이 전부 부담하는 경우가 아닌 것은?

① 급여의 범위에 포함되지 아니하는 장기요양급여
② 급여의 대상에 포함되지 아니하는 장기요양급여
③ 장기요양인정서에 기재된 장기요양급여의 종류를 다르게 선택하여 장기요양급여를 받은 경우 그 차액
④ 장기요양급여의 월 한도액을 초과하지 않은 장기요양급여

3권

제2회
국민건강보험공단

NCS 직업기초능력 + 직무시험

www.sdedu.co.kr

〈문항 및 시험시간〉

평가영역	문항 수	시험시간	모바일 OMR 답안채점 / 성적분석 서비스	
[공통] 의사소통＋수리＋문제해결 [행정직·건강직] 국민건강보험법 [요양직] 노인장기요양보험법	80문항	80분	행정직·건강직	요양직

다음 개정 법령을 기준으로 수록하였습니다.
– 국민건강보험법 [법률 제20324호, 시행 2024. 8. 21]
– 노인장기요양보험법 [법률 제20213호, 시행 2025. 2. 7]

제2회 직업기초능력

문항 수 : 60문항
시험시간 : 60분

※ 다음 글을 읽고 이어지는 질문에 답하시오. [1~2]

나이가 들면서 크고 작은 신체 장애가 오는 것은 동서고금의 진리이고 어쩔 수 없는 사실이다. 노화로 인한 신체 장애는 사십 대 중반의 갱년기를 넘기면 누구에게나 나타날 수 있는 현상이다.

원시가 된다든가, 치아가 약해진다든가, 높은 계단을 빨리 오를 수 없다든가, 귀가 잘 안 들려서 자신도 모르게 큰 소리로 이야기한다든가, 기억력이 감퇴하는 것 등이 그 현상이다. 노인들에게 '당신들도 젊은이들처럼 할 수 있다.' 라고 헛된 자존심을 부추길 것이 아니라, _____ ㉠ _____ 우리가 장애인들에게 특별한 배려를 하는 것은 그들의 인권을 위해서이다. 그것은 건강한 사람과 동등하게 그들을 인간으로 대하는 태도이다. 늙음이라는 신체적 장애를 느끼는 노인들에 대한 배려도 그들의 인권을 보호하는 차원에서 이루어져야 할 것이다.

집안의 어르신을 잘 모시는 것을 효도의 관점에서만 볼 것이 아니라, 인권의 관점에서 볼 줄도 알아야 한다. 노부모에 대한 효도가 좀 더 보편적 차원의 성격을 갖지 못한다면, 앞으로의 세대에게 설득력을 얻기 어려울 것이다. 나는 장애인을 위한 자원 봉사에는 열심인 한 젊은이가 자립 능력이 없는 병약한 노부모 모시기를 거부하며, 효도의 ㉡ 시대착오적 측면을 적극 비판하는 경우를 보았다. 이렇게 인권의 사각지대는 가정 안에도 있을 수 있다. 보편적 관점에서 보면, 노부모를 잘 모시는 것은 효도의 차원을 넘어선 인권 존중이라고 할 수 있다. 인권 존중은 가까운 곳에서부터 시작되어야 하고, 인권은 그것이 누구의 인권이든, 언제 어디서든 존중되어야 한다.

---

01 다음 중 윗글의 빈칸 ㉠에 들어갈 말로 가장 적절한 것은?

① 모든 노인들을 가족처럼 공경해야 한다.
② 노인 스스로 그 문제를 해결할 수 있도록 한다.
③ 노인들의 장애로 인한 부담을 사회가 나누어 가져야 한다.
④ 노인성 질환 치료를 위해 노력해야 한다.

02 다음 중 윗글의 밑줄 친 ㉡의 사례로 적절하지 않은 것은?

① A씨는 투표할 때마다 반드시 입후보자들의 출신 고교를 확인한다.
② B씨는 직장에서 승진하였기에 자가용 자동차를 고급 차로 바꾸었다.
③ C씨는 학생들의 효율적인 생활지도를 위해 두발 규제를 제안했다.
④ D씨는 생활비를 아끼기 위해 직장에 도시락을 싸가기로 했다.

03 다음 문장을 논리적 순서대로 바르게 나열한 것은?

> (가) 여름에는 찬 음식을 많이 먹거나 냉방기를 과도하게 사용하는 경우가 많은데, 그렇게 되면 체온이 떨어져 면역력이 약해지기 때문이다.
> (나) 만약 감기에 걸렸다면 탈수로 인한 탈진을 방지하기 위해 수분을 충분히 섭취해야 한다.
> (다) 특히 감기로 인해 열이 나거나 기침을 할 때에는 따뜻한 물을 여러 번에 나누어 먹는 것이 좋다.
> (라) 여름철 감기를 예방하기 위해서는 찬 음식을 적당히 먹어야 하고 냉방기에 장시간 노출되는 것을 피해야 하며, 충분한 휴식을 취하고, 집에 돌아온 후에는 손발을 꼭 씻어야 한다.
> (마) 일반적으로 감기는 겨울에 걸린다고 생각하지만 의외로 여름에도 감기에 걸린다.

① (가) – (다) – (나) – (라) – (마)
② (가) – (라) – (다) – (마) – (나)
③ (라) – (마) – (다) – (나) – (가)
④ (마) – (가) – (라) – (나) – (다)

04 다음은 목 디스크와 관련된 칼럼이다. 이를 이해한 내용으로 가장 적절한 것은?

> 국민건강보험공단의 통계에 의하면 최근 5년간 목 디스크 환자가 인구 10만 명당을 기준으로 할 경우 연평균 7.3%씩 늘었다고 한다. 그런데 특이한 것은 20대 남성이 연평균 7.7%로 가장 많이 증가하였고, 그 뒤를 이어 20대 여성이 7.6%, 80세 이상 여성이 6.9%, 30대 남성은 6.8%가 증가하였다는 점이다.
> 젊은이의 목 디스크가 늘어나는 이유가 무엇일까? 2010년경부터 스마트폰이 보급되고 하루 중 많은 시간을 이것에 의지해서 보내는 인구가 늘고 있다. 특히 젊은 연령층일수록 더 많은 시간을 스마트폰에 사용하고 있다. 고개를 숙인 채 장시간 스마트폰에 몰두하고 있고, 심지어는 걸어다니면서도 열심히 스마트폰을 사용한다. 장시간 고개를 숙인 자세는 경추간판에 무리를 주어서 경추부 동통, 목 디스크를 일으키는 요소가 된다. 게다가 걸을 경우 하중이 수직으로 전달되는데 목을 숙인 상태로 걸으면 경추부에 전달되는 하중이 경추간판의 변성을 가속화시키게 된다.
> 목 디스크를 예방하기 위해서는 바른 자세가 가장 중요하다. 경추에 가장 바람직한 자세는 귀와 어깨선이 일직선이 되는 자세이다. 목이 너무 앞으로 나와서 거북목 자세인 경우, 목뿐만 아니라 흉추에도 영향을 미쳐 흉추 전만이 되기 쉽다. 좋은 자세는 근육, 관절, 인대의 긴장을 완화시키고 통증과 관절의 퇴행을 감소시킨다. 즉, 바른 자세는 어깨를 펴고, 턱을 뒤로 당겨 머리의 무게중심을 몸통 위로 두는 것이다. 이때 가장 쉬운 방법은 어깨의 중심선을 일치시키는 것이다.

① 스마트폰의 사용이 젊은이의 목 디스크 증가에 영향을 미쳤을 것이다.
② 바른 자세는 머리의 무게중심을 몸통 뒤로 두는 것이다.
③ 최근 5년간 목 디스크의 치료는 20대 여성이 제일 많이 증가하였다.
④ 좋은 자세는 근육, 관절, 인대를 긴장시켜 통증과 관절의 퇴행을 감소시킬 수 있다.

05 다음 글의 제목으로 가장 적절한 것은?

20세기 한국 사회는 내부 노동 시장에 의존한 평생직장 개념을 갖고 있었으나, 1997년 외환위기 이후 인력 관리의 유연성이 향상되면서 그것은 사라지기 시작하였다. 기업은 필요한 우수 인력을 외부 노동 시장에서 적기에 채용하고, 저숙련 인력은 주변화하여 비정규직을 계속 늘려간다는 전략을 구사하고 있다. 이러한 기업의 인력 관리 방식에 따라서 실업률이 계속 하락하는 동시에 주당 18시간 미만으로 일하는 불완전 취업자는 매우 증가하고 있다.

이러한 현상은 우리나라의 경제가 지식 기반 산업 위주로 점차 바뀌고 있음을 말해 준다. 지식 기반 산업이 주도하는 경제 체제에서는 고급 지식을 갖거나 숙련된 노동자는 더욱 높은 임금을 받게 된다. 다시 말해, 지식 기반 경제로의 이행은 지식 격차에 의한 소득 불평등의 심화를 의미한다. 우수한 기술과 능력을 가진 핵심 인력은 능력 개발 기회를 얻게 되어 '고급 기술 → 높은 임금 → 양질의 능력 개발 기회'의 선순환 구조를 가지지만, 비정규직·장기 실업자 등 주변 인력은 악순환을 겪을 수밖에 없다. 이러한 양극화 현상을 국가가 적절히 통제하지 못할 경우, 사회 계급 간의 간극은 더욱 넓어질 것이다. 결국 고도 기술 사회가 온다고 해도 자본주의 사회 체제가 지속되는 한, 사회 불평등 현상은 여전히 계급 간 균열선을 따라 존재하게 될 것이다. 국가가 포괄적 범위에서 강력하게 사회·정책적 개입을 추진하면 계급 간 차이를 현재보다는 축소시킬 수 있겠지만, 아주 없어지는 못할 것이다.

사회 불평등 현상은 국가 간에서도 발견된다. 각국 간 발전 격차가 지속·확대되면서 전 지구적 생산의 재배치는 이미 20세기 중엽부터 진행되어 왔다. 정보통신기술은 지구의 자전 주기와 공간적 거리를 장애물에서 이점으로 변모시켰다. 그 결과, 전 지구적 노동 시장이 탄생하였다. 기업을 비롯한 각 사회 조직은 국경을 넘어 인력을 충원하고, 재화와 용역을 구입하고 있다. 개인들도 인터넷을 통해 이러한 흐름에 동참하고 있다. 생산 기능은 저개발국으로 이전되고, 연구·개발·마케팅 기능은 선진국으로 모여드는 경향이 지속·강화되어 국가 간 정보 격차가 확대되고 있다. 유비쿼터스 컴퓨팅 기술에 의거하여 전 지구 사회를 잇는 지역 간 분업은 앞으로 더욱 활발해질 것이다. 국가 간의 경제적 불평등 현상은 국제 자본 이동과 국제 노동 이동으로 표출되고 있다. 노동 집약적 부문의 국내 기업이 해외로 생산 기지를 옮기는 현상에서 나아가 초국적 기업화 현상이 본격적으로 대두되고 있다. 이에 따라 전 지구에 걸친 외부 용역 대치가 이루어지고, 콜센터를 외국으로 옮기는 현상도 보편화될 것이다.

① 국가 간 노동 인력의 이동이 가져오는 폐해
② 사회 계급 간 불평등 심화 현상의 해소 방안
③ 지식 기반 산업 사회에서의 노동 시장 변화
④ 선진국과 저개발국 간의 격차 축소 정책의 필요성

06 다음 중 (가) ~ (다)에 들어갈 접속어가 바르게 연결된 것은?

무더운 여름 기차나 지하철을 타면 "실내가 춥다는 민원이 있어 냉방을 줄인다."라는 안내방송을 쉽게 들을 수 있을 정도로 우리는 쾌적한 기차와 지하철을 이용할 수 있는 시대에 살고 있다.

___(가)___ 이러한 쾌적한 환경을 누리기 시작하게 된 것은 그리 오래되지 않은 일이다. 1825년 세계 최초로 영국의 증기기관차가 시속 16km로 첫 주행을 시작하였고, 이 당시까지만 해도 열차 내의 유일한 냉방 수단은 창문뿐이었다. 열차에 에어컨이 설치되기 시작된 것은 100년이 더 지난 1930년대 초반 미국에서였고, 우리나라는 이보다 훨씬 후인 1969년 지금의 새마을호라 불리는 '관광호'에서였다. 이는 국내에 최초로 철도가 개통된 1899년 이후 70년 만으로 관광호 이후 국내에 도입된 특급열차들은 대부분 전기 냉난방시설을 갖추게 되었다.

___(나)___ 지하철의 에어컨 도입은 열차보다 훨씬 늦었는데, 이는 우리나라뿐만 아니라 해외도 마찬가지였으며, 실제로 영국의 경우 아직도 지하철에는 에어컨이 없는 상황이다.

우리나라는 1974년 서울 지하철이 개통되었는데, 이 당시 객실에는 천장의 달린 선풍기가 전부였기 때문에 한여름에는 땀 냄새가 가득한 찜통 지하철이 되었다. ___(다)___ 1983년이 되어서야 에어컨이 설치된 지하철이 등장하기 시작하였고, 기존에 에어컨이 설치되지 않았던 지하철들은 1989년이 되어서야 선풍기를 떼어내고 에어컨으로 교체하기 시작하였다.

	(가)	(나)	(다)
①	따라서	그래서	마침내
②	하지만	반면	마침내
③	하지만	왜냐하면	그래서
④	왜냐하면	반면	마침내

07 다음 글을 읽고 한국인의 수면 시간과 관련된 글을 쓴다고 할 때, 주제로 적절하지 않은 것은?

인간은 평생 3분의 1 정도를 잠으로 보낸다. 잠은 낮에 사용한 에너지를 보충하고, 피로를 회복하는 중요한 과정이다. 하지만 한국인은 잠이 부족하다. 한국인의 평균 수면 시간은 7시간 41분밖에 되지 않으며, 2016년 기준 경제협력개발기구(OECD) 회원국 가운데 꼴찌를 차지했다. 한 조사에 따르면, 전 국민의 17% 정도가 주 3회 이상 불면 증상을 갖고 있으며, 이는 연령이 높아짐에 따라 늘어났다.

이에 따라 불면증, 기면증, 수면무호흡증 등 수면장애로 병원을 찾는 사람은 2016년 기준 291만 8,976명으로 5년 사이 13%가 증가했다. 수면장애를 방치하면 삶의 질 저하는 물론 만성 두통, 심혈관계 질환 등이 발생할 수 있다. 불면증은 수면 질환의 대명사로, 가장 흔하고 복합적인 질환이다. 불면증은 면역기능 저하, 인지감퇴뿐만 아니라 일상생활에 장애를 초래할 수 있으며, 우울증, 인지장애 등을 유발할 수 있다.

또한, 코를 골며 자다가 몇 초에서 몇 분 동안 호흡을 멈추는 수면무호흡증도 있다. 이 역시 인지기능 저하와 심혈관계 질환 등 합병증을 일으킨다. 특히 수면무호흡증은 비만과 관계가 깊고, 졸음운전의 원인이 되기도 한다.

최근 고령 인구 증가로 뇌 퇴행성 질환인 렘수면 행동장애(RBD; Rem Sleep Behavior Disorder)도 늘고 있다. 이 병은 잠자는 동안 악몽을 꾸면서 소리를 지르고, 팔다리를 움직이고, 벽을 치고, 침대에서 뛰어내리는 등 난폭한 행동을 한다. 이 병을 앓는 상당수가 파킨슨병, 치매 환자로 이어진다. 또한, 잠들기 전에 다리에 이상 감각이나 통증이 생기는 하지불안증후군도 수면의 질을 떨어뜨리는 병이다. 낮 동안 졸리는 기면증(嗜眠症) 역시 일상생활에 심각한 장애를 초래한다.

한 정신건강의학과 교수는 "수면 문제는 결국 심혈관계 질환, 치매와 파킨슨병 등의 퇴행성 질환, 우울증, 졸음운전의 원인이 되므로 전문적인 치료를 받아야 한다."라고 했다.

① 한국인의 부족한 수면 시간
② 수면 마취제의 부작용
③ 수면장애의 종류
④ 수면장애의 심각성

08 A씨는 얼마 전 아들을 출산하였다. 집에서 육아를 하면서 아이의 배꼽 관리를 어떻게 해야 할지 고민이 생겨 국민건강보험공단 사이트에서 다음과 같은 글을 찾아 읽었다. 이에 대한 A씨의 반응으로 적절하지 않은 것은?

원래 배꼽은 아기와 엄마의 태반을 연결하던 제대 혈관이 떨어진 자리이다. 이때 너무 자주 소독하면 오히려 떨어져야 할 탯줄이 그대로 남는 경우도 있으므로 지나치게 철저한 소독은 바람직하지 않다.

떨어진 자리에 작은 흰 조직이 남고 진물이 흐르는 것을 '육아종'이라고 하는데 이 경우는 마른 면봉으로 수시로 닦아주거나 소아과에 가서 질산은 용액을 바르면 빨리 없어진다. 반면, 배꼽 주위 피부가 붉게 되며 부어오르는 것은 '제대염'과 같은 염증이 생긴 경우이니 신속히 병원에 가서 치료를 받아야 한다.

염증이 없는데 튀어나오는 경우를 '배꼽 탈장'이라고 한다. 누르면 장에서 꾸르륵거리는 소리가 나며 치료하지 않아도 기다리면 저절로 들어가기 때문에 걱정하지 않아도 된다.

1. **제대를 소독하는 방법**
   제대와 배꼽 주위를 알코올이나 베타딘 등을 묻힌 솜이나 면봉으로 소독하고 잘 건조시킨다. 이때 소독약으로는 알코올을 사용하는 것이 좋다. 보통 70% 이상의 알코올을 사용하는데 알코올은 소독 효과도 있지만 약을 바른 부위를 빨리 건조되게 하는 효과도 있다. 베타딘을 소독약으로 사용할 때는 소독을 한 후 알코올로 베타딘을 닦아내야 아기 피부에 자극을 적게 줄 수 있다.

2. **제대를 말리는 방법**
   소독 후 소독 거즈나 반창고를 붙일 필요가 없으며, 복대 같은 것으로 싸는 것보다 제대를 노출시켜 잘 말리는 것이 제일 중요하다. 하지만 염증이 생겨서 치료를 하는 경우에는 병원에서 덮어준 소독 거즈를 떼면 안 된다. 그래야만 세균이 더 들어가지 않기 때문이다.

3. **제대가 떨어진 후 배꼽을 소독하는 방법**
   제대가 떨어진 자리에는 약간의 상처가 있기 마련이다. 제대가 떨어져 나간 배꼽 안을 소독하여야 하므로 배꼽을 살짝 벌려 안쪽까지 소독을 해주어야 한다. 이때 배꼽 안쪽부터 먼저 소독을 하고 바깥쪽은 나중에 하는 것이 좋다.

4. **목욕 시 제대 관리**
   제대가 떨어질 때까지는 목욕시킬 때 제대에 물이 들어가지 않도록 조심하는 것이 좋다. 만약 제대에 물이 들어갔을 경우에는 말린 뒤 바로 소독을 하면 된다.

---

① 제대가 떨어지기 전까지는 목욕할 때 물이 들어가지 않도록 주의해야겠어.

② 지금까지 베타딘을 사용하고 있었는데, 건조를 위해서는 알코올을 사용하는 게 더 편하겠네.

③ 자주 소독하는 게 좋은 줄만 알았는데 오히려 아이에게 해가 될 수도 있구나.

④ 아이 배를 누르면 꾸르륵 소리가 나는 걸 보니 배꼽 탈장인 것 같은데, 병원을 빨리 가봐야겠어.

건강보험료 부과체계 개편 논의는 이미 몇 년 전부터 이어져 왔다. 건강보험 재정 통합에 따라 보험자가 단일화되었음에도 부과체계 개선을 위한 첫 걸음을 내딛었다. 그리고 마침내 2017년 1월 건강보험료를 '소득중심 부과체계'로 개편하는 방안을 발표했다. 정부는 3단계 7년 시행을 제시했는데, 국회 논의 과정에서 2단계 5년으로 단축되었고, 형제자매를 포함한 피부양자 기준 등 일부가 수정되었다.

주요 내용은 저소득자에 대한 평가소득 폐지, 지역가입자의 집·자동차 등 재산에 대한 보험료 부과 축소, 직장가입자의 피부양자 인정 기준 단계적 강화, 보수 외 소득이 있는 직장가입자에 대한 보험료 부과 강화 등이다. 저소득계층의 보험료가 인상되는 경우 보험료를 낮추는 방안도 추가되었다. 이 같은 개선안은 1단계로 2018년 7월 시행하고 2단계는 4년 후인 2022년 7월 시행할 예정이다. 국고 지원을 5년간 연장해 개편안에 대한 적정성을 평가하고, 보건복지부에 보험료부과제도개선위원회를 설치해 지속적으로 제도 개선을 추진할 수 있도록 한 것이다. 2018년 7월 개편안이 시행되면 전체 지역가입자의 약 78%인 593만 세대의 보험료가 인하되며, 직장가입자의 약 99%는 보험료 변동이 없지만 약 13만 세대는 보험료가 인상되게 된다. 상당한 소득이 있는데도 직장피부양자에 올려 무임승차했던 계층도 일정 부분 보험료를 부담해야 한다.

1. **지역가입자 저소득계층 건강보험료 부담 경감**

   지역가입자 세대별 보험료는 소득보험료, 자동차보험료, 재산보험료로 구성된다. 소득보험료에 대해서는 연간 소득 500만 원 이하 세대에 부과되던 평가소득보험료가 폐지되고, 연간 소득 100만 원 이하 세대는 최저 보험료인 13,100원이 부과된다. 2022년 7월부터는 연간 소득 336만 원 이하 세대는 소득 최저보험료 17,120원으로 변경될 예정이다. 자동차보험료는 단계적으로 축소해 자동차 배기량 1,600cc 초과 차량 중 9년 미만 자동차와 4,000만 원 이상의 고가 자동차에 대해 부과하고, 2022년 7월부터는 4,000만 원 이상 승용차만 자동차보험료를 부과한다. 재산보험료는 비중을 크게 줄이는 공제 방식으로 계산된다.

   1단계에서는 세대원의 총재산과표구간별 500 ~ 1,200만 원까지를, 2단계에서는 5,000만 원을 공제한다. 또한 미성년자의 체납보험료는 소급하여 면제하고, 저소득계층의 보험료가 인상되는 경우에는 보험료를 낮추는 방안도 마련했다. 다만, 최고 보험료가 227만 7천 원에서 301만 5천 원으로 올라 일부는 보험료가 상승하게 된다.

2. **직장가입자 건강보험료 일부 상승**

   대부분의 직장가입자는 보험료 변동이 없으며, 월급 외 소득이 있는 경우에만 약간 상승하게 된다. 예상 세대는 약 13만 세대 정도다. 보수 이외에 소득이 있을 경우 1단계에서는 3,400만 원 초과 시, 2단계에서는 2,000만 원 초과 시(현재 7,200만 원 초과) 소득원액보험료를 추가 부담한다. 연금소득과 근로소득이 보험료에 반영되는 평가율은 현행 20%에서 30%로 바뀌며, 2022년 7월부터는 50%로 조정된다. 보수월액보험료의 최고 보험료도 사용자 부담분을 제외한 본인 부담분 기준으로 238만 9천 원에서 301만 5천 원으로 상향 조정된다.

3. **피부양자제도 개편**

   피부양자제도는 유지되지만, 피부양자 인정 요건이 강화되어 약 36만 명가량이 지역가입자로 바뀌게 될 전망이다. 기존에는 이자소득과 배당소득을 합한 금액이나 근로소득과 기타소득을 합한 금액 또는 연금소득이 각각 연간 4,000만 원 이하인 경우에 피부양자로 인정했지만, 합산 종합과세소득이 3,400만 원을 초과할 때와 종합소득이 연 1,000만 원을 초과하면서 재산과표 5억 4,000만 원을 초과할 때는 지역가입자로 전환된다. 장애인과 국가유공자 및 보훈대상자 중 상이자도 재산요건을 충족해야 한다. 또한 형제자매도 피부양자에서 제외되지만 예외로 장애인, 30세 미만, 65세 이상의 경우는 소득과 재산 기준 충족 시 인정한다. 피부양자에서 지역가입자로 전환 시 2022년 6월까지 보험료를 한시적으로 30% 경감한다.

09 다음 중 개편된 건강보험료 부과체계를 이해한 내용으로 적절하지 않은 것은?

① 이번 개편은 소득을 중심으로 부과하기 위한 것이다.

② 연간 소득 100만 원 이하 세대는 평가소득보험료를 내지 않아도 된다.

③ 1단계 개편 시 직장가입자의 월급 외 소득이 3,400만 원을 초과하면 소득월액보험료를 추가 부담한다.

④ 피부양자에서 지역가입자로 전환 시 2022년 6월까지 보험료를 한시적으로 30% 경감한다.

10 국민건강보험공단에서 근무하는 A사원은 변경될 건강보험료로 인한 고객 문의에 답변을 해야 한다. 다음 중 적절하지 않은 것은?(단, 현재는 2017년이라고 가정한다)

① Q : 건강보험료 부과 체계가 바뀐다는 소식을 들었습니다. 언제부터 바뀌는 건가요?

　 A : 네, 2단계에 걸쳐 바뀌게 되는데 2018년 7월에 1단계 변경이 되고 2022년 7월에 2단계 변경이 될 예정입니다.

② Q : 직장가입자입니다. 건강보험료가 인상될 가능성이 있나요?

　 A : 대부분의 직장가입자는 변동이 없을 것입니다. 다만, 귀하께서 월급 외 소득이 있으시다면 소득에 따라 보험료가 인상될 수 있습니다.

③ Q : 저는 직장인인 언니의 피부양자로 가입되어 있는데, 어떤 변동이 있나요?

　 A : 피부양자 인정 요건이 완화되었기 때문에 소득에 큰 변동이 없으시다면 피부양자제도는 그대로 유지될 것입니다.

④ Q : 저소득계층의 지역가입자입니다. 혹시 이번 건강보험료 개편으로 저희 가족이 내야 할 보험료가 상승할 수 있나요?

　 A : 저소득계층의 건강보험료 부담을 경감하기 위해 개정하는 것이므로 소득이나 재산이 크게 늘지 않았다면 걱정하지 않으셔도 됩니다.

11 다음 글에서 〈보기〉가 들어갈 위치로 가장 적절한 곳은?

(가) 턱관절(악관절)이란 양쪽 손가락을 바깥귀길(외이도) 앞쪽에 대고 입을 벌릴 때 움직이는 것을 알 수 있는 얼굴 부위의 유일한 관절이다. 사람의 머리뼈는 여러 개의 뼈가 맞물려 뇌를 보호하도록 되어 있는 구조인데, 그중 머리 옆을 덮고 있는 좌우 관자뼈의 아래쪽에는 턱관절오목(하악와, 하악골과 접하기 때문에 붙여진 이름)이라 불리는 오목한 곳이 있다. (나) 국민건강보험공단이 2015년부터 2019년까지 건강보험 지급 자료를 분석한 내용에 따르면, 주 진단명으로 '턱관절 장애'를 진료받은 환자는 2015년 35만 명에서 2019년 41만 명으로 17% 증가하였으며, 여성이 남성보다 1.5배 정도 더 많은 것으로 나타났다. (다) 2019년 성별·연령대별 진료 현황을 살펴보면, 20대(11만 4천 명, 27.7%)가 가장 많았고, 30대(6만 6천 명, 16%), 10대(5만 7천 명, 13.9%) 순이었으며, 젊은 연령층의 여성 진료 인원이 많은 것으로 나타났다. 20대 여성이 6만 5천 명으로 같은 연령대 남성 4만 9천 명보다 1,500명 많았으며, 9세 이하를 제외한 전 연령대에서 여성 진료 인원이 많았다. (라) 2019년 연령대별 인구 10만 명당 진료 인원에서도 20대 여성이 1,992명으로 가장 많았고, 다음으로 30대 여성 1,152명, 40대 여성 867명 순으로 나타났다. 남성은 20대가 1,347명으로 가장 많았고, 80대 이상이 431명으로 가장 적었다. 같은 기간 턱관절장애 질환 총진료비도 2015년 311억 1000만 원에서 2019년 458억 3000만 원으로 47.3% 늘었다. 2019년 기준 턱관절장애 질환 건강보험 구성비를 연령대별로 살펴보면 20대가 28.3%(129억 8000만 원)으로 가장 많았고, 30대 16%(73억 4000만 원), 40대 13.1%(60억 1000만 원) 순이었다. 특히 여성이 전 연령층에서 남성보다 총진료비가 많았으며, 여성의 총진료비도 높게 나타나는 등 진료인원 구성비와 같은 양상을 보였다. 2019년 총진료비 중 여성은 전체의 65%인 296억 5000만 원을 차지했다.

〈보기〉

국민건강보험공단 일산병원 치과 김○○ 교수는 20대 여성 환자가 많은 이유에 대해 "턱관절 장애는 턱관절과 주위 저작근 등의 이상으로 나타나는 기질적 요인도 있으나, 정서적(또는 정신적) 기여 요인 또한 영향을 미치는 것으로 알려져 있다. 턱관절 장애는 스트레스, 불안감 또는 우울증 등이 요인으로 작용할 수 있다. 일반적으로 여성이 턱관절 이상 증상에 대해서 더 민감하게 받아들이는 것으로 알려져 있다. 한 가지 고려 사항으로는 아직 명확하게 밝혀진 것은 아니나, 최근 여성호르몬이 턱관절 장애의 병인에 영향을 줄 수 있는 것으로 보고된 바 있다."라고 설명하였다.

① (가)   ② (나)
③ (다)   ④ (라)

12

학교에 재학 중인 학생들이 다양한 분야에서 노동 활동, 즉 아르바이트에 참여하고 있는 것은 오늘날 그리 드문 현상이 아니다. 실제로 예상보다 많은 청소년이 아르바이트를 하고 있거나, 아르바이트를 했던 경험이 있다고 응답했다. ㉠ 청소년들이 가장 많은 아르바이트는 '광고 전단 돌리기'였다. 전단지 아르바이트는 ㉡ 시급이 너무 높지만 아르바이트 중에서도 가장 짧은 시간에 할 수 있는 대표적인 단기 아르바이트로 유명하다. 이러한 특징으로 인해 대부분의 사람들이 전단지 아르바이트를 꺼리게 되고, 돈은 필요하지만 학교에 다니면서 고정적으로 일하기는 어려운 청소년들이 주로 하게 된다고 한다. 전단지 아르바이트 다음으로는 음식점에서 아르바이트를 해보았다는 청소년들이 많았다. 음식점 중에서도 패스트푸드점에서 아르바이트를 하고 있거나 해보았다는 청소년들이 가장 많았는데, 패스트푸드점은 ㉢ 대체로 최저임금을 받지 않거나 대형 프랜차이즈가 아닌 경우에는 최저임금마저도 주지 않는다는 조사 결과가 나왔다. 또한 식대나 식사를 제공하지 않아서 몇 시간 동안 서서 일하면서도 ㉣ 끼니만도 제대로 해결하지 못했던 경험을 한 청소년이 많은 것으로 밝혀졌다. 근로자로서 당연히 보장받아야 할 권리를 청소년이라는 이유로 보호받지 못하는 것이다.

① ㉠ : 호응 관계를 고려하여 '청소년들이 가장 많이 경험해 본'으로 수정한다.
② ㉡ : 앞뒤 문맥을 고려하여 '시급이 너무 낮지만'으로 수정한다.
③ ㉢ : 호응 관계를 고려하여 '대체로 최저임금으로 받거나'로 수정한다.
④ ㉣ : 호응 관계를 고려하여 '끼니조차'로 수정한다.

13

수험생이 실제로 하고 있는 건강 관리는 전문가들이 추천하는 건강 관리 활동과 차이가 있다. 수험생들은 건강이 나빠지면 가장 먼저 보양 음식을 챙겨 먹는 것으로 ㉠ 건강을 되찾으려고 한다. ㉡ 수면 시간을 늘리는 것으로 건강 관리를 시도한다. 이러한 시도는 신체에 적신호가 켜졌을 때 컨디션 관리를 통해 그것을 해결하려고 하는 자연스러운 활동으로 볼 수 있다. ㉢ 그래서 수험생은 다른 사람들보다 학업에 대한 부담감과 미래에 대한 불안감, 시험에서 오는 스트레스가 높다는 점을 생각해 본다면 신체적 건강과 정신적 건강의 연결고리에 대해 생각해 봐야 한다. 실제로 ㉣ 전문가의 수험생 건강 관리를 위한 조언을 보면 정신적 스트레스를 다스리는 것이 중요하다는 점을 알 수 있다. 수험생의 건강에 가장 악영향을 끼치는 것은 자신감과 긍정적인 생각의 부족이다. 시험에 떨어지거나 낮은 성적을 받는 것에 대한 심리적 압박감이 건강을 크게 위협한다는 것이다. 전문가들은 수험생에게 명상을 하면서 마음을 진정하는 것과, 취미 활동을 통해 긴장을 완화하는 것이 스트레스의 해소에 도움이 된다고 조언한다.

① ㉠ : 의미를 분명히 하기 위해 '건강을 찾으려고 한다'로 수정한다.
② ㉡ : 자연스러운 연결을 위해 '또한'을 앞에 넣는다.
③ ㉢ : 앞뒤 내용이 전환되므로 '하지만'으로 바꾼다.
④ ㉣ : 호응 관계를 고려하여 '전문가들의 수험생 건강관리를 위한 조언'으로 수정한다.

(가) 따라서 급속하게 증가하는 고령화로 인한 국민의 노후에 대한 불안을 해소하고 치매·중풍 등으로 거동이 불편한 노인의 삶의 질 향상과 그 가족의 부양부담을 경감하기 위한 사회안전망으로써 사회보장이 필요하다.

(나) 결국 노인장기요양보험은 노인 요양문제에 따르는 젊은 층의 노인 부양비용을 사회적 연대원리에 의해 충당하는 제도로서, 젊은 층의 안정적 생활을 위해 반드시 마련되어야 하는 사회보험제도라는 인식 개선이 필요하다.

(다) 사람이라면 누구든지 치매·중풍 등의 노화 현상과 노인성질환 등으로 인한 장기요양의 필요성으로부터 자유로울 수 없으며, 노인장기요양보험제도는 이러한 장기요양의 문제를 사회적으로 공동 해결하기 위하여 노인 및 그 가족뿐만 아니라 국민 전체에 의한 사회적 부양이라는 측면에서 사회적 연대원리로 운영되는 사회보험제도이다.

(라) 우리 사회의 급격한 고령화에 따라 치매·중풍·파킨슨 등 노인성질병으로 일상생활을 혼자서 수행하기 어려운 노인들이 급속히 증가하고 있다. 요양이 필요한 노인은 증가하고 있지만 우리 사회의 핵가족화와 여성의 사회참여 증가로 가정에 의한 돌봄은 이미 한계에 도달하였고, 치매·중풍 등의 노인을 돌보는 가정에서는 비용부담, 부양문제로 인한 가족 간의 갈등이 빈번하게 발생하고 있는 실정이다.

14 다음 중 윗글을 논리적 순서대로 바르게 나열한 것은?

① (다) – (나) – (가) – (라)
② (다) – (라) – (가) – (나)
③ (라) – (가) – (다) – (나)
④ (라) – (나) – (가) – (다)

15 다음 중 윗글의 주제로 가장 적절한 것은?

① 사회보험의 현재와 미래
② 고령화의 원인과 해결방안
③ 고령화와 사회보장
④ 우리나라의 사회보험제도

16 다음 중 윗글이 어떤 질문에 대한 답이 된다면 그 질문으로 가장 적절한 것은?

① 사회보장이란 무엇인가요?
② 노인장기요양보험은 왜 필요한가요?
③ 고령화를 극복하기 위한 방법은 무엇이 있나요?
④ 다른 나라와 우리나라의 사회보험제도의 차이점은 무엇인가요?

17 다음 글의 빈칸 ㉠, ㉡에 들어갈 내용을 바르게 나열한 것은?

아담 스미스의 '보이지 않는 손'이라는 가정은 시장에서 개인의 이익 추구 활동을 제한하지 않는 것이 전체 이윤을 극대화하는 최선의 방책임을 보여주는 것으로 간주되었다. 그렇다면 다음의 경우는 어떠한가?

공동 소유의 목초지에 양을 치기에 알맞은 풀이 자라고 있다고 생각해 보자. 일정 넓이의 목초지에 방목할 수 있는 가축 두수에는 일정한 한계가 있기 마련이다. 즉, '수용 한계'가 존재하는 것이다. 그 목초지에 한 마리를 더 방목한다고 해서 다른 가축들이 갑자기 죽거나 병에 걸리는 것은 아니다. 하지만 목초지의 수용 한계를 넘어 양을 키울 경우, 목초가 줄어들어 그 목초지에서 양을 키워 얻을 수 있는 전체 생산량이 줄어든다. 나아가 수용 한계를 과도하게 초과할 정도로 사육 두수가 늘어날 경우 목초지 자체가 거의 황폐화된다.

예를 들어 수용 한계가 양 20마리인 공동 목초지에서 4명의 농부가 각각 5마리의 양을 키우고 있다고 해 보자. 그 목초지의 수용 한계에 이미 도달한 상태이지만, 그 중 한 농부가 자신의 이익을 늘리고자 방목하는 양의 두수를 늘리려 한다. 그러면 5마리를 키우고 있는 농부들은 목초지의 수용 한계로 인하여 기존보다 이익이 줄어들지만, 두수를 늘린 농부의 경우 그의 이익이 기존보다 조금 늘어난다. 손실을 만회하기 위해 다른 농부들도 사육 두수를 늘리고자 할 것이다. 이러한 상황이 장기화될 경우, _____㉠_____ 이와 같이 아담 스미스의 '보이지 않는 손'에 시장을 맡겨 둘 경우 _____㉡_____ 결과가 나타날 것이다.

① ㉠ : 농부들의 총이익은 기존보다 증가할 것이다.
　 ㉡ : 한 사회의 공공 영역이 확장되는
② ㉠ : 농부들의 총이익은 기존보다 감소할 것이다.
　 ㉡ : 한 사회의 전체 이윤이 감소하는
③ ㉠ : 농부들의 총이익은 기존보다 감소할 것이다.
　 ㉡ : 한 사회의 전체 이윤이 유지되는
④ ㉠ : 농부들의 총이익은 기존과 동일하게 될 것이다.
　 ㉡ : 한 사회의 전체 이윤이 감소되는

18 다음 글의 빈칸 (가) ~ (다)에 들어갈 내용을 〈보기〉에서 골라 순서대로 바르게 나열한 것은?

언젠가부터 우리 바다 속에 해파리나 불가사리와 같이 특정한 종들만이 크게 번창하고 있다는 우려의 말이 들린다. 한마디로 다양성이 크게 줄었다는 이야기다. 척박한 환경에서는 몇몇 특별한 종들만이 득세한다는 점에서 자연 생태계와 우리 사회는 닮은 것 같다. 어떤 특정 집단이나 개인들에게 앞으로 어려워질 경제 상황은 새로운 기회가 될지도 모른다.

_____(가)_____ 왜냐하면 자원과 에너지 측면에서 보더라도 이들 몇몇 집단들만 존재하는 세계에서는 이들이 쓰다 남은 물자와 이용하지 못한 에너지는 고스란히 버려질 수밖에 없고 따라서 효율성이 극히 낮기 때문이다.

다양성 확보는 사회 집단의 생존과도 무관하지 않다. 조류 독감이 발생할 때마다 해당 양계장은 물론 그 주변 양계장의 닭까지 모조리 폐사시켜야 하는 참혹한 현실을 본다. 단 한 마리의 닭이 조류 독감에 걸려도 그렇게 많은 닭들을 죽여야 하는 이유는 인공적인 교배로 인해 이들 모두가 똑같은 유전자를 가졌기 때문이다. _____(나)_____

이처럼 다양성의 확보는 자원의 효율적 사용과 사회 안정에 중요하지만 많은 비용이 들기도 한다. 예를 들어 출산 휴가를 주고, 노약자를 배려하고, 장애인에게 보조 공학 기기와 접근성을 제공하는 것을 비롯해 다문화 가정, 외국인 노동자를 위한 행정 제도 개선 등은 결코 공짜가 아니다. _____(다)_____

─────〈보기〉─────

㉠ 따라서 다양한 유전 형질을 확보하는 길만이 재앙의 확산을 막고 피해를 줄이는 길이다.
㉡ 하지만 이는 사회 전체로 볼 때 그다지 바람직한 현상이 아니다.
㉢ 그럼에도 불구하고 다양성 확보가 중요한 이유는 우리가 미처 깨닫고 있지 못하는 넓은 이해와 사랑에 대한 기회를 사회 구성원 모두에게 제공하기 때문이다.

	(가)	(나)	(다)
①	㉠	㉡	㉢
②	㉠	㉢	㉡
③	㉡	㉢	㉠
④	㉡	㉠	㉢

19 다음 글의 서술상 특징으로 가장 적절한 것은?

'디드로 효과'는 프랑스의 계몽주의 철학자인 드니 디드로의 이름을 따서 붙여진 것으로, 소비재가 어떤 공통성이나 통일성에 의해 연결되어 있음을 시사하는 개념이다. 디드로는 '나의 옛 실내복과 헤어진 것에 대한 유감'이라는 제목의 에세이에서 친구로부터 받은 실내복에 대한 이야기를 풀어 놓는다. 그는 '다 헤지고 시시하지만 편안했던 옛 실내복'을 버리고, 친구로부터 받은 새 실내복을 입었다. 그로 인해 또 다른 변화가 일어났다. 그는 한두 주 후 실내복에 어울리게끔 책상을 바꿨고, 이어 서재의 벽에 걸린 장식을 바꿨으며, 결국엔 모든 걸 바꾸고 말았다. 달라진 것은 그것뿐만이 아니었다. 전에는 서재가 초라했지만 사람들이 붐볐고, 그래서 혼잡했지만 잠시 행복함을 느끼기도 했다. 하지만 실내복을 바꾼 이후의 변화를 통해서 우아하고 질서정연하고 아름답게 꾸며졌지만, 결국 자신은 우울해졌다는 것이다.

① 묘사를 통해 대상을 구체적으로 드러내고 있다.
② 다양한 개념들을 분류의 방식으로 설명하고 있다.
③ 벌어진 일련의 일들을 인과관계에 따라 서술하고 있다.
④ 권위 있는 사람의 말을 인용하여 주장을 뒷받침하고 있다.

20 다음 글의 제목으로 가장 적절한 것은?

물은 너무 넘쳐도 문제고, 부족해도 문제이다. 무엇보다 충분한 양을 안전하게 저장하면서 효율적으로 관리하는 것이 중요하다. 하지만 예기치 못한 자연재해가 불러오는 또 다른 물의 재해도 우리를 위협한다. 지진의 여파로 지진해일(쓰나미)이 몰려오고 댐이 붕괴되면서 상상도 못한 피해를 불러올 수 있다. 이는 역사 속에서 실제로 반복되어 온 일이다.

1755년 11월 1일 아침, 15·16세기 대항해 시대를 거치며 해양 강국으로 자리매김한 포르투갈의 수도 리스본에 대지진이 발생했다. 도시 건물 중 85%가 파괴될 정도로 강력한 지진이었다. 하지만 지진은 재해의 전주곡에 불과했다.

지진이 덮치고 약 40분 후 지진해일(쓰나미)이 항구와 도심지로 쇄도했다. 해일은 리스본뿐 아니라 인근 알가르브 지역의 해안 요새 중 일부를 박살냈고, 숱한 가옥을 무너뜨렸다. 그리고 6~9만 명이 귀한 목숨을 잃었다. 이 대지진과 이후의 해일은 포르투갈 문명의 역사를 바꿔버렸다. 포르투갈은 이후 강대국 대열에서 밀려나 옛 영화를 찾지 못한 채 지금에 이르고 있다.

또한, 1985년 7월 19일 이탈리아의 스타바댐이 붕괴되면서 그 여파로 발생한 약 20만 톤의 진흙과 모래, 물이 테세로 마을을 덮쳐 268명이 사망하고 63개의 건물과 8개의 다리가 파괴되는 사고가 일어났다.

① 우리나라는 '물 스트레스 국가'
② 도를 지나치는 '물 부족'
③ 강력한 물의 재해 '지진해일'
④ 누구도 피해 갈 수 없는 '자연 재해'

21 금연프로그램을 신청한 흡연자 A씨는 국민건강보험공단에서 진료 및 상담비용과 금연보조제 비용의 일정 부분을 지원받고 있다. A씨는 의사와 상담을 6회 받았고, 금연보조제로 니코틴패치 3묶음을 구입했다고 할 때, 다음 지원 현황에 따라 흡연자 A씨가 지불하는 부담금은 얼마인가?

〈금연프로그램 지원 현황〉

구분	진료 및 상담	금연보조제(니코틴패치)
가격	30,000원/회	12,000원/묶음
지원금 비율	90%	75%

※ 진료 및 상담료 지원금은 6회까지 지원한다.

① 21,000원　　　　　　　② 23,000원
③ 25,000원　　　　　　　④ 27,000원

---

22 다음은 특정 기업 47개를 대상으로 제품전략, 기술개발 종류 및 기업형태별 기업 수에 대해 조사한 결과이다. 이에 대한 설명으로 옳은 것은?

〈제품전략, 기술개발 종류 및 기업형태별 기업 수〉

(단위 : 개)

제품전략	기술개발 종류	기업형태	
		벤처기업	대기업
시장견인	존속성 기술	3	9
	와해성 기술	7	8
기술추동	존속성 기술	5	7
	와해성 기술	5	3

※ 각 기업은 한 가지 제품전략을 취하고 한 가지 종류의 기술을 개발한다.

① 와해성 기술을 개발하는 기업 중에는 벤처기업의 비율이 대기업의 비율보다 낮다.
② 기술추동전략을 취하는 기업 중에는 존속성 기술을 개발하는 비율이 와해성 기술을 개발하는 비율보다 낮다.
③ 존속성 기술을 개발하는 기업의 비율이 와해성 기술을 개발하는 기업의 비율보다 높다.
④ 벤처기업 중에는 기술추동전략을 취하는 비율이 시장견인전략을 취하는 비율보다 높다.

23 다음은 천식 진단율을 나타낸 자료이다. 이에 대한 내용으로 옳은 것은?(단, 소수점 첫째 자리에서 절사한다)

<천식 진단율>

구분	남학생		여학생	
	분석대상자 수(명)	진단율(%)	분석대상자 수(명)	진단율(%)
중1	5,178	9.1	5,011	6.7
중2	5,272	10.8	5,105	7.6
중3	5,202	10.2	5,117	8.5
고1	5,069	10.4	5,096	7.6
고2	5,610	9.8	5,190	8.2
고3	5,293	8.7	5,133	7.6

① 분석대상자 수는 남학생과 여학생 모두 학년이 올라갈수록 증가한다.
② 중학교와 고등학교 모두 학년별 남학생의 수가 여학생의 수보다 많다.
③ 중학교 때는 각 학년 남학생의 천식 진단율이 여학생보다 높았지만 고등학교 때는 반대이다.
④ 천식 진단을 받은 여학생의 수는 중·고등학교 모두 남학생보다 적다.

24 컴퓨터 정보지수는 컴퓨터 이용지수, 활용지수, 접근지수의 합으로 구할 수 있다. 컴퓨터 정보지수는 500점 만점이고 하위 항목의 구성이 다음과 같을 때, 컴퓨터 정보지수 중 정보수집률은 몇 점인가?

- (컴퓨터 정보지수)=[컴퓨터 이용지수(40%)]+[컴퓨터 활용지수(20%)]+[컴퓨터 접근지수(40%)]
- (컴퓨터 이용지수)=[이용도(50%)]+[접근가능성(50%)]
- (컴퓨터 활용지수)=[컴퓨터활용능력(40%)]+[정보수집률(20%)]+[정보처리력(40%)]
- (컴퓨터 접근지수)=[기기보급률(50%)]+[기회제공률(50%)]

① 5점 ② 10점
③ 15점 ④ 20점

25 다음은 보험업계에 있는 업체들의 실적 지표에 대한 자료이다. 이에 대한 설명으로 옳지 않은 것은?

〈3사 간 시장 점유율 추이〉

(단위 : %)

구분	2021년	2022년	2023년	2024년 1분기
K그룹	15	14.9	14.7	14.7
H그룹	13.9	14	14	14.2
L그룹	13.3	13.5	13.7	14.3

〈3사의 2024년 1분기 각종 지표〉

(단위 : 억 원, %)

구분	매출액	성장률	순익	손해율
K그룹	7,663	8.3	177(500)	69.8(69.9)
H그룹	7,372	10.0	336(453)	77.8(71.0)
L그룹	7,464	12.3	116(414)	78.0(76.6)

※ ( )는 2023년이다.

① K그룹의 점유율이 제자리걸음하고 있는 사이에 H그룹과 L그룹이 점유율을 끌어 올려 K그룹을 압박하고 있다.
② 2024년 1분기에 점유율에서는 H그룹이 L그룹에 밀렸지만 순익 면에서는 H그룹이 알찬 성장을 하고 있다.
③ 세 기업 중 손해율이 가장 낮은 K그룹은 그만큼 안정성이 높다는 증거이다.
④ 2024년 한 해 동안 L그룹은 시장점유율 2위를 지킬 것이다.

26 다음은 K기업의 재화 생산량에 따른 총생산비용의 변화를 나타낸 자료이다. 기업의 생산 활동과 관련하여 옳은 것을 〈보기〉에서 모두 고르면?(단, 재화 1개당 가격은 7만 원이다)

생산량(개)	0	1	2	3	4	5
총생산비용(만 원)	5	9	12	17	24	33

─〈보기〉─

ㄱ. 2개와 5개를 생산할 때의 이윤은 동일하다.
ㄴ. 이윤을 극대화할 수 있는 최대 생산량은 4개이다.
ㄷ. 4개에서 5개로 생산량을 증가시킬 때 이윤은 증가한다.
ㄹ. 1개를 생산하는 것보다 생산을 하지 않는 것이 손해가 적다.

① ㄱ, ㄴ ② ㄱ, ㄷ
③ ㄴ, ㄷ ④ ㄷ, ㄹ

27 K회사에서는 올해 고객만족도 조사를 통해 갑 ~ 병 중 최고의 지점을 뽑으려고 한다. 인터넷 설문 응답자 5,500명 중 '잘 모르겠다.'를 제외한 응답자의 비율이 67%일 때, 갑을 택한 응답자는 몇 명인가?(단, 인원은 소수점 첫째 자리에서 반올림한다)

〈고객만족도 조사 현황〉

구분	갑	을	병	합계
응답률		23%	45%	100%

※ 응답률은 '잘 모르겠다.'를 제외한 응답자 안에서의 비율이다.

① 1,119명   ② 1,139명
③ 1,159명   ④ 1,179명

28 2024년 상반기 K기업 홍보팀 입사자는 2023년 하반기에 비해 20% 감소하였으며, 2024년 상반기 인사팀 입사자는 2023년 하반기 마케팅팀 입사자 수의 2배이고, 영업팀 입사자는 2023년 하반기보다 30명이 늘었다. 2024년 상반기 마케팅팀의 입사자는 2024년 상반기 인사팀의 입사자와 같다. 2024년 상반기 전체 입사자가 2023년 하반기 대비 25% 증가했을 때, 2023년 하반기 대비 2024년 상반기 인사팀 입사자의 증감률은?

〈K기업 입사자 수〉

(단위 : 명)

구분	마케팅	영업	홍보	인사	합계
2023년 하반기 입사자 수	50		100		320

① − 15%   ② 0%
③ 15%   ④ 25%

29 K공사에서는 서울 및 수도권 지역의 가구를 대상으로 난방방식 및 난방연료 현황에 대해 다음과 같이 조사하였다. 이에 대한 설명으로 옳은 것은?

〈난방방식 현황〉

(단위 : %)

종류	서울	인천	경기남부	경기북부	전국 평균
중앙난방	22.3	13.5	6.3	11.8	14.4
개별난방	64.3	78.7	26.2	60.8	58.2
지역난방	13.4	7.8	67.5	27.4	27.4

※ 경기지역은 남부와 북부로 나눠 조사함

〈난방연료 사용현황〉

(단위 : %)

종류	서울	인천	경기남부	경기북부	전국 평균
도시가스	84.5	91.8	33.5	66.1	69.5
LPG	0.1	0.1	0.4	3.2	1.4
등유	2.4	0.4	0.8	3.0	2.2
열병합	12.6	7.4	64.3	27.1	26.6
기타	0.4	0.3	1.0	0.6	0.3

① 경기북부지역의 경우 도시가스를 사용하는 가구 수가 등유를 사용하는 가구 수의 30배 이상이다.

② 다른 난방연료와 비교했을 때 서울과 인천지역에서는 등유를 사용하는 비율이 가장 낮다.

③ 지역난방을 사용하는 가구 수는 서울이 인천의 약 1.7배이다.

④ 경기남부의 가구 수가 경기북부의 가구 수의 2배라면 경기지역에서 개별난방을 사용하는 가구 수의 비율은 약 37.7%이다.

30 다음은 전국 주요 댐 저수 현황 자료이다. 이에 대한 설명으로 옳은 것은?

〈전국 주요 댐 저수 현황〉

구분	주의단계							경계단계	심각단계
	소양강댐	충주댐	횡성댐	안동댐	임하댐	용담댐	주암댐	대청댐	보령댐
현재 저수량 (백만 m³) 평년 대비 저수율	1,277.2 69%	1,144.9 68%	25.3 43%	413.2 56%	186.9 69%	233.1 64%	167.9 42%	547.8 57%	25.1 61%
현재 저수율(%)	44.0	41.6	29.1	33.1	31.4	28.6	36.7	36.8	21.5

※ 2024년 7월 10일 오전 7시 기준

① 저수 현황은 주의단계, 경계단계, 심각단계의 3단계로 나뉘며, 주의단계에 해당하는 댐은 소양강댐, 충주댐, 횡성댐, 안동댐, 임하댐, 용담댐, 대청댐이다.
② 현재 저수율이 가장 높은 곳은 소양강댐으로, 가장 낮은 댐과의 차이는 22.5%p이다.
③ 주요 댐들의 현재 저수율은 평년 대비 저수율에 다소 못 미치지만 심각한 수준은 아니다.
④ 댐의 크기와 저수 가능 용량은 횡성댐이 보령댐보다 크다.

31 K회사에서는 업무 효율을 높이기 위해 근무여건 개선방안에 대하여 논의하고자 한다. 인사부에서 근무하는 귀하는 해당 논의에 필요한 자료를 제공하기 위하여 전 직원의 야간근무 현황을 조사하였으며, 다음과 같은 결과를 얻었다. 이에 대한 설명으로 옳지 않은 것은?

〈야간근무 현황(주 단위)〉

(단위 : 일, 시간)

구분	주 평균 야근 빈도	주 평균 야근 시간
임원진	1.2	1.8
부장급	2.2	3.3
과장급	2.4	4.8
대리급	1.8	6.3
평사원	1.4	4.2

① 과장급은 한 주에 평균적으로 2.4일 정도 야간근무를 한다.
② 전 직원의 주 평균 야근 빈도는 1.8일이다.
③ 평사원은 한 주 동안 평균 4시간 12분 정도 야간근무를 하고 있다.
④ 1회 야간근무 시 평균적으로 가장 긴 시간 동안 일하는 사원은 대리급 사원이다.

32 다음은 한국인의 주요 사망원인에 대한 자료이다. 이를 참고하여 인구 10만 명 중 사망원인에 따른 인원수를 나타낸 그래프로 옳은 것은?(단, 모든 그래프의 단위는 '명'이다)

> 한국인 10만 명 중 무려 185명이나 암으로 사망한다는 통계를 바탕으로 암이 한국인 사망원인 1위로 알려진 가운데, 그 밖의 순위에 대한 관심도 뜨겁다. 2위와 3위는 각각 심장과 뇌관련 질환으로 알려졌고, 또한 1위와의 차이는 20명 미만일 정도로 크게 차이를 보이지 않아 한국인 주요 3대 사망원인으로 손꼽아진다. 특히 4위는 자살로 알려져 큰 충격을 더하고 있는데, 우리나라의 경우 20대·30대 사망원인 1위가 자살이며, 인구 10만 명당 50명이나 이로 인해 사망한다고 한다. 그 다음으로는 당뇨, 치매, 고혈압의 순서이다.

③

④

33 다음은 최근 5년 동안의 아동 비만율을 나타낸 표이다. 이에 대한 설명으로 옳은 것을 〈보기〉에서 모두 고르면?

〈연도별 아동 비만율〉

(단위 : %)

구분	2019년	2020년	2021년	2022년	2023년
유아(만 6세 미만)	11	10.8	10.2	7.4	5.8
어린이(만 6세 이상 만 13세 미만)	9.8	11.9	14.5	18.2	19.7
청소년(만 13세 이상 만 19세 미만)	18	19.2	21.5	24.7	26.1

〈보기〉

ㄱ. 모든 아동의 비만율은 전년 대비 증가하고 있다.
ㄴ. 어린이 비만율은 유아 비만율보다 크고, 청소년 비만율보다 작다.
ㄷ. 2019년 대비 2023년 청소년 비만율의 증가율은 45%이다.
ㄹ. 2023년과 2021년의 비만율 차이가 가장 큰 아동은 어린이이다.

① ㄱ, ㄷ　　　　　　　　　　　② ㄱ, ㄹ
③ ㄴ, ㄷ　　　　　　　　　　　④ ㄷ, ㄹ

34 다음은 K중학교 여름방학 방과 후 학교 신청 학생 중 과목별 학생 수를 비율로 나타낸 그래프이다. 방과 후 학교를 신청한 전체 학생이 200명일 때, 수학을 선택한 학생은 미술을 선택한 학생보다 몇 명이 더 적은가?

① 3명　　　　　　　　　　　② 4명
③ 5명　　　　　　　　　　　④ 6명

35 다음은 항목별 상위 7개 동의 자산규모를 나타낸 자료이다. 이에 대한 설명으로 옳은 것은?

<항목별 상위 7개 동의 자산규모>

구분 순위	총자산(조 원)		부동산자산(조 원)		예금자산(조 원)		가구당 총자산(억 원)	
	동명	규모	동명	규모	동명	규모	동명	규모
1	여의도동	24.9	대치동	17.7	여의도동	9.6	을지로동	51.2
2	대치동	23.0	서초동	16.8	태평로동	7.0	여의도동	26.7
3	서초동	22.6	압구정동	14.3	을지로동	4.5	압구정동	12.8
4	반포동	15.6	목동	13.7	서초동	4.3	도곡동	9.2
5	목동	15.5	신정동	13.6	역삼동	3.9	잠원동	8.7
6	도곡동	15.0	반포동	12.5	대치동	3.1	이촌동	7.4
7	압구정동	14.4	도곡동	12.3	반포동	2.5	서초동	6.4

※ (총자산)=(부동산자산)+(예금자산)+(증권자산)

※ (가구 수)= $\dfrac{(총자산)}{(가구당\ 총자산)}$

① 압구정동의 가구 수는 여의도동의 가구 수보다 적다.
② 이촌동의 가구 수는 2만 가구 이상이다.
③ 대치동의 증권자산은 서초동의 증권자산보다 많다.
④ 여의도동의 증권자산은 최소 4조 원 이상이다.

36 K회사에서는 추석을 맞이해 직원들에게 선물을 보내려고 한다. 선물은 비슷한 가격대의 상품으로 다음과 같이 준비하였으며, 전 직원들을 대상으로 투표를 실시하였다. 가장 많은 표를 얻은 상품 하나를 선정하여 선물을 보낸다면, 총 얼마의 비용이 드는가?

상품 내역		투표 결과					
상품명	가격	총무부	기획부	영업부	생산부	관리부	연구소
한우Set	80,000원	2	1	5	13	1	1
영광굴비	78,000원	0	3	3	15	3	0
장뇌삼	85,000원	1	0	1	21	2	2
화장품	75,000원	2	1	6	14	5	1
전복	70,000원	0	1	7	19	1	4

※ 투표에 대해 무응답 및 중복응답은 없다.

① 9,200,000원　　　　　　　　② 9,450,000원
③ 9,650,000원　　　　　　　　④ 9,800,000원

37 다음은 연도별 우리나라 부패인식지수(CPI) 변동 추이에 대한 자료이다. 이에 대한 설명으로 옳지 않은 것은?

〈연도별 우리나라 부패인식지수(CPI) 변동 추이〉

구분		2017년	2018년	2019년	2020년	2021년	2022년	2023년
CPI	점수	4.5	5.0	5.1	5.1	5.6	5.5	5.4
	조사대상국	146	159	163	180	180	180	178
	순위	47	40	42	43	40	39	39
	백분율	32.3	25.2	25.8	23.9	22.2	21.6	21.9
OECD	회원국	30	30	30	30	30	30	30
	순위	24	22	23	25	22	22	22

※ CPI 0 ~ 10점 : 점수가 높을수록 청렴

① CPI를 확인해 볼 때, 우리나라는 다른 해에 비해 2021년에 가장 청렴했다고 볼 수 있다.
② CPI 순위는 2022년에 처음으로 30위권에 진입했다.
③ 청렴도가 가장 낮은 해와 2023년의 청렴도 점수의 차이는 0.9점이다.
④ OECD 순위는 2017년부터 2023년까지 상위권이라 볼 수 있다.

38 다음은 1년 동안 K병원을 찾은 당뇨병 환자에 대한 자료이다. 이에 대한 해석으로 옳지 않은 것은?

〈당뇨병 환자 수〉

(단위 : 명)

나이 \ 당뇨병	경증		중증	
	여성	남성	여성	남성
50세 미만	9	13	8	10
50세 이상	10	18	8	24

① 여성 환자 중 중증 환자의 비율은 45% 이상이다.
② 경증 환자 중 남성 환자의 비율은 중증 환자 중 남자 환자의 비율보다 높다.
③ 50세 이상 환자 수는 50세 미만 환자 수의 1.5배이다.
④ 중증 여성 환자의 비율은 전체 당뇨병 환자의 16%이다.

〈우리나라의 예산분야별 재정지출 추이〉

(단위 : 조 원, %)

구분	2019년	2020년	2021년	2022년	2023년	연평균 증가율
예산	137.2	147.5	153.7	165.5	182.8	7.4
기금	59.0	61.2	70.4	72.9	74.5	6.0
교육	24.5	27.6	28.8	31.4	35.7	9.9
사회복지·보건	32.4	49.6	56.0	61.4	67.5	20.1
R&D	7.1	7.8	8.9	9.8	10.9	11.3
SOC	27.1	18.3	18.4	18.4	18.9	−8.6
농림·해양·수산	12.3	14.1	15.5	15.9	16.5	7.6
산업·중소기업	11.4	11.9	12.4	12.6	12.6	2.5
환경	3.5	3.6	3.8	4.0	4.4	5.9
국방비	18.1	21.1	22.5	24.5	26.7	10.2
통일·외교	1.4	2.0	2.6	2.4	2.6	16.7
문화·관광	2.3	2.6	2.8	2.9	3.1	7.7
공공질서·안전	7.6	9.4	11.0	10.9	11.6	11.2
균형발전	5.0	5.5	6.3	7.2	8.1	12.8
기타	43.5	35.2	35.1	37.0	38.7	−2.9
총지출	196.2	208.7	224.1	238.4	257.3	7.0

※ (총지출)=(예산)+(기금)

39 다음 중 자료를 해석한 내용으로 옳은 것은?(단, 비율은 소수점 첫째 자리에서 반올림한다)

① 교육 분야의 전년 대비 재정지출 증가율이 가장 높은 해는 2020년이다.
② 전년 대비 재정지출액이 증가하지 않은 해가 있는 분야는 5개이다.
③ 사회복지·보건 분야가 예산에서 차지하고 있는 비율은 언제나 가장 높다.
④ 기금의 연평균 증가율보다 낮은 연평균 증가율을 보이는 분야는 3개이다.

40 다음 중 2021년 대비 2022년 사회복지·보건 분야의 재정지출 증감률과 공공질서·안전 분야의 재정지출 증감률의 차이는 얼마인가?(단, 소수점 둘째 자리에서 반올림한다)

① 9.4%p
② 10.5%p
③ 11.2%p
④ 12.6%p

※ 다음은 코로나 확진자의 환자번호에 대한 자료이다. 이어지는 질문에 답하시오. [41~43]

- 환자번호의 주된 목적은 증상별 치료의 구분을 위한 것으로 환자번호가 중복하여 생성될 수 있다.
- 환자번호 구성(9자리)

감염 구분	확진 지역	바이러스 구분	환자 나이	증상 정도	증상 내용
A	BB	C	D	E	FFF

감염 구분	확진 지역		바이러스 구분
I : 국내발생 O : 해외유입	01 : 서울 02 : 인천 03 : 경기 04 : 세종 05 : 대전 06 : 강원 07 : 충청	08 : 경상 09 : 대구 10 : 전라 11 : 광주 12 : 부산 13 : 울산 14 : 제주	염기서열 기준 분류 1 : S그룹 2 : V그룹 3 : G그룹 4 : L그룹

환자 나이	증상 정도	증상 내용
B : 10대 미만 K : 10대 A : 20대 ~ 30대 F : 40대 ~ 50대 S : 60대 이상	N : 경증 D : 중등도 L : 중증 X : 최종증	000 : 기침 001 : 발열 010 : 기침·발열 011 : 기침·발열·호흡곤란 111 : 발열·폐렴

※ 폐렴은 최종증에만 나타난다.

41 환자번호가 다음과 같을 때, 환자번호에 대한 설명으로 옳은 것은?

> I023KN000

① 국내감염인지 해외감염인지의 여부는 위 정보로 알 수 없다.
② 서울에서 확진판정을 받았다.
③ 환자의 바이러스가 어떤 종류인지에 대한 검사결과는 나오지 않았다.
④ 경증환자로 아직까지는 생명에 위험이 없을 것으로 보인다.

42 다음 확진자 A에 대한 정보를 보고 기록해야 할 환자번호로 옳은 것은?

〈환자 내용〉

유학 중 코로나 위험으로 인해 해외에서 귀국해 온 27세 A씨는 비행 도중 기침과 발열 증상을 보였고, 국가 지침에 따라 주민등록상 거주지인 대구에서 코로나검사를 받았다. 검사결과 S그룹 감염으로 판정되었으며, 증상정도에 따라 중등도로 분류되었다.

---

① O091AD010   ② O091AD011
③ O091AL010   ④ I091AD010

43 다음 중 코로나 확진자 환자번호가 옳지 않은 것을 〈보기〉에서 모두 고르면?

〈보기〉

㉠ I002AN000   ㉡ O031AD010
㉢ O124FN111   ㉣ I143KL011

---

① ㉠, ㉡   ② ㉠, ㉢
③ ㉡, ㉢   ④ ㉡, ㉣

44 K씨는 자신에게 가장 적합한 신용카드를 발급받고자 한다. 다음에 제시된 4가지의 카드 중 무엇을 선택하겠는가?

〈K씨의 생활〉

K씨는 아침에 일어나 간단하게 끼니를 챙기고 출근을 한다. 자가용을 타고 가는 길은 항상 막혀 짜증이 날 법도 하지만, K씨는 라디오 뉴스로 주요 이슈를 확인하느라 정신이 없다. 출퇴근 중에는 차에서 보내는 시간이 많아 주유비가 상당히 나온다. 그나마 기름 값이 싸져서 부담은 덜하다. 보조석에는 공과금 용지가 펼쳐져 있다. 혼자 살기 때문에 많은 요금이 나오지 않아 납부하는 것을 신경쓰지 못하고 있다. 이제 곧 겨울이 올 것을 대비하여 오늘 오후에 차량 점검을 맡기려고 예약을 해두었다. 아직 사고는 난 적이 없지만 혹시나 하는 마음에 점검을 받으려고 한다.

〈신용카드 종류〉

A카드	B카드	C카드	D카드
• 놀이공원 할인 • 커피 할인 • 키즈카페 할인	• 포인트 두 배 적립 • 6개월간 무이자 할인	• 공과금 할인 • 온라인 쇼핑몰 할인 • 병원 / 약국 할인	• 주유비 할인 • 차량 소모품 할인 • 상해보험 무료 가입

① A카드　　　　　　　　　　　② B카드
③ C카드　　　　　　　　　　　④ D카드

45 A씨가 근무하는 회사는 출근을 할 때 카드 또는 비밀번호를 입력하여야 한다. 어느 날 A씨는 카드를 집에 두고 출근을 하여 비밀번호로 회사에 출입하고자 하였으나, 비밀번호가 잘 기억이 나지 않는다. 네 자리 숫자의 비밀번호에 대한 단서가 〈조건〉과 같을 때, A씨가 이해한 내용으로 옳지 않은 것은?

〈조건〉
- 비밀번호를 구성하고 있는 각 숫자는 소수가 아니다.
- 6과 8 중에서 단 하나만이 비밀번호에 들어간다.
- 비밀번호는 짝수로 시작한다.
- 비밀번호의 각 숫자는 큰 수부터 차례로 나열되어 있다.
- 같은 숫자는 두 번 이상 들어가지 않는다.

① 비밀번호는 짝수이다.
② 비밀번호의 앞에서 두 번째 숫자는 4이다.
③ 단서를 모두 만족하는 비밀번호는 모두 세 개이다.
④ 비밀번호는 1을 포함하지만 9는 포함하지 않는다.

46 K기업은 적합한 인재를 채용하기 위하여 NCS 기반 능력중심 공개채용을 시행하였고, 면접자들의 평가점수를 최종 합격자 선발기준에 따라 판단하여 상위자 2명을 최종 합격자로 선정하고자 한다. 다음 중 최종 합격자가 바르게 짝지어진 것은?

〈최종 합격자 선발기준〉

평가요소	의사소통능력	문제해결능력	조직이해능력	대인관계능력	합계
평가비중	40%	30%	20%	10%	100%

〈면접평가 결과〉

평가요소	A	B	C	D	E
의사소통능력	A^+	A^+	A^+	B^+	C
문제해결능력	B^+	B+5	A^+	B+5	A+5
조직이해능력	A+5	A	C^+	A^+	A
대인관계능력	C	A^+	B^+	C^+	B^++5

※ 등급별 변환 점수 : A^+=100, A=90, B^+=80, B=70, C^+=60, C=50
※ 면접관의 권한으로 등급별 점수에 +5점을 가점할 수 있음

① A, B
② B, C
③ C, D
④ D, E

47 다음 글의 내용이 참일 때, 반드시 참인 것은?

도덕성에 결함이 있는 어떤 사람도 공무원으로 채용되지 않는다. 업무 능력을 검증받았고 인사추천위원회의 추천을 받았으며 공직관이 투철한, 즉 이 세 조건을 모두 만족하는 지원자는 누구나 올해 공무원으로 채용된다. 올해 공무원으로 채용되는 사람들 중에 봉사정신이 없는 사람은 아무도 없다. 공직관이 투철한 철수는 올해 공무원 채용 시험에 지원하여 업무 능력을 검증받았다.

① 만일 철수가 도덕성에 결함이 없다면, 그는 올해 공무원으로 채용된다.
② 만일 철수가 봉사정신을 갖고 있다면, 그는 올해 공무원으로 채용된다.
③ 만일 철수가 도덕성에 결함이 있다면, 그는 인사추천위원회의 추천을 받지 않았다.
④ 만일 철수가 올해 공무원으로 채용된다면, 그는 인사추천위원회의 추천을 받았다.

48 K기업은 가전전시회에서 자사의 제품을 출품하기로 하였다. 제품을 보다 효과적으로 홍보하기 위하여 다음과 같이 행사장의 A ~ G 중 세 곳에서 홍보판촉물을 배부하기로 하였을 때, 가장 많은 사람들에게 홍보판촉물을 나눠 줄 수 있는 위치는 어디인가?

- 전시관은 제1전시관 → 제2전시관 → 제3전시관 → 제4전시관 순서로 배정되어 있다.
- 행사장 출입구는 한 곳이며, 다른 곳으로는 출입이 불가능하다.
- 방문객은 행사장 출입구로 들어와서 시계 반대 방향으로 돌며, 4개의 전시관 중 2개의 전시관을 골라 관람한다.
- 방문객은 자신이 원하는 2개의 전시관을 모두 관람하면 행사장 출입구를 통해 나가기 때문에 한 바퀴를 초과해서 도는 방문객은 없다.
- 방문객은 전시관 입구로 들어가면 출구로 나오기 때문에 전시관의 입구와 출구 사이에 있는 외부 통로를 동시에 지나치지 않는다.
- 행사장에는 시간당 평균 400명이 방문하며, 각 전시관의 시간당 평균 방문객 수는 다음과 같다.

제1전시관	제2전시관	제3전시관	제4전시관
100명	250명	150명	300명

행사장 출입구

① A, B, C
② A, D, G
③ B, C, E
④ B, D, F

49 K기업에서는 A제품을 개발하여 중국시장에 진출하고자 한다. K기업의 신입사원은 상사로부터 3C 분석 결과 자료와 함께, 사업 계획에 반영하고 향후 해결해야 할 회사의 전략 과제가 무엇인지 정리하여 보고하라는 지시를 받았다. 다음 중 회사에서 해결해야 할 전략 과제로 적절하지 않은 것은?

〈K기업의 3C 분석 결과〉

Customer	Competitor	Company
• 중국시장은 매년 10% 성장 중임 • 중국시장 내 제품의 규모는 급성장 중임 • 20~30대 젊은 층이 중심 • 온라인 구매가 약 80% 이상 • 인간공학 지향	• 중국기업들의 압도적인 시장점유 • 중국기업들 간의 치열한 가격경쟁 • A/S 및 사후관리 취약 • 생산 및 유통망 노하우 보유	• 국내시장 점유율 1위 • A/S 등 고객서비스 부문 우수 • 해외 판매망 취약 • 온라인 구매시스템 미흡(보안, 편의 등) • 높은 생산원가 구조 • 높은 기술개발력

① 중국시장의 판매유통망 구축
② 온라인 구매시스템 강화
③ 고객서비스 부문 강화
④ 원가 절감을 통한 가격경쟁력 강화

50 A빵집과 B빵집은 서로 마주보고 있는 경쟁업체이다. 인근상권에는 두 업체만 있으며, 각 매장에 하루 평균 100명의 고객이 방문한다. 고객은 가격변동에 따른 다른 매장으로의 이동은 있으나 이탈은 없다. 두 빵집이 서로 협상할 수 없는 조건이라면, 다음 중 적절하지 않은 것은?

A빵집 B빵집	인상	유지	인하
인상	(20%, 20%)	(30%, −20%)	(45%, −70%)
유지	(−20%, 30%)	(0%, 0%)	(10%, −30%)
인하	(−70%, 45%)	(−30%, 10%)	(−20%, −20%)

※ 괄호 안의 숫자는 A빵집과 B빵집의 매출증가율을 의미한다. (A빵집 매출증가율, B빵집 매출증가율)
※ 가격의 인상폭과 인하폭은 동일하다.

① A빵집과 B빵집 모두 가격을 유지할 가능성이 높다.
② A빵집이 가격을 인상할 때, B빵집이 가격을 유지한다면 A빵집은 손해를 입게 된다.
③ A빵집이 가격을 인상할 때, B빵집은 가격을 유지하는 것보다 인하하는 것이 더 큰 이익을 얻을 수 있다.
④ A빵집이 가격을 유지할 때, B빵집이 가격을 인상한다면 B빵집은 손해를 입게 된다.

51 다음은 아동수당에 대한 매뉴얼과 이동수단에 대한 상담의 일부이다. 제시된 상담에서 고객의 문의에 대한 처리로 적절한 것을 모두 고르면?

〈아동수당〉

- 아동수당은 만 6세 미만 아동의 보호자에게 월 10만 원의 수당을 지급하는 제도이다.
- 아동수당은 보육료나 양육수당과는 별개의 제도로서 다른 복지급여를 받고 있어도 수급이 가능하지만, 반드시 신청을 해야 혜택을 받을 수 있다.
- 6월 20일부터 사전 신청 접수가 시작되고, 9월 21일부터 수당이 지급된다.
- 아동수당 수급대상 아동을 보호하고 있는 보호자나 대리인은 20일부터 아동 주소지 읍·면·동 주민센터에서 방문 신청 또는 복지로 홈페이지 및 모바일 앱에서 신청할 수 있다.
- 아동수당 제도 첫 도입에 따라 초기에 아동수당 신청이 한꺼번에 몰릴 것으로 예상되어 연령별 신청기간을 운영한다(연령별 신청기간은 만 0 ~ 1세는 20 ~ 25일, 만 2 ~ 3세는 26 ~ 30일, 만 4 ~ 5세는 7월 1 ~ 5일, 전 연령은 7월 6일부터이다).
- 아동수당은 신청한 달의 급여분(사전신청은 제외)부터 지급한다. 따라서 9월분 아동수당을 받기 위해서는 9월 말까지 아동수당을 신청해야 한다(단, 소급 적용은 되지 않는다).
- 아동수당 관련 신청서 작성요령이나 수급 가능성 등 자세한 내용은 아동수당 홈페이지에서 확인 가능하다.

고객　：　저희 아이가 만 5세인데요. 아동수당을 지급받을 수 있나요?
상담원　：　(가) 네, 만 6세 미만의 아동이면 9월 21일부터 10만 원의 수당을 지급받을 수 있습니다.
고객　：　제가 보육료를 지원받고 있는데, 아동수당도 받을 수 있는 건가요?
상담원　：　(나) 아동수당은 보육료와는 별개의 제도로 신청만 하면 수당을 받을 수 있습니다.
고객　：　그럼 아동수당을 신청하려면 어떻게 해야 하나요?
상담원　：　(다) 아동 주소지의 주민센터를 방문하거나 복지로 홈페이지 또는 모바일 앱에서 신청하시면 됩니다.
고객　：　따로 정해진 신청기간은 없나요?
상담원　：　(라) 6월 20일부터 사전 신청 접수가 시작되고, 9월 말까지 아동수당을 신청하면 되지만 소급 적용이 되지 않습니다. 10월에 신청하시면 9월 아동수당은 지급받을 수 없으므로 9월 말까지 신청해 주시면 될 것 같습니다.
고객　：　네, 감사합니다.
상담원　：　(마) 아동수당 관련 신청서 작성요령이나 수급 가능성 등의 자세한 내용은 메일로 문의해 주세요.

① (가), (나)
② (가), (마)
③ (가), (나), (다)
④ (나), (다), (라)

52 K공사의 비품실에는 6개 층으로 된 선반이 있다. 다음 〈조건〉에 따라 선반의 정해진 층에 회사 비품을 정리하려고 할 때, 바르게 추론한 것은?

〈조건〉
- 선반의 홀수 층에는 두 개의 물품을 두고, 짝수 층에는 하나만 둔다.
- 간식은 2층 선반에 위치한다.
- 볼펜은 간식보다 아래층에 있다.
- 보드마카와 스테이플러보다 위층에 있는 물품은 한 개이다.
- 믹스커피와 종이컵은 같은 층에 있으며, 간식의 바로 위층이다.
- 화장지와 종이 사이에는 두 개의 물품이 위치하며, 화장지가 종이 위에 있다.
- 볼펜 옆에는 메모지가 위치한다.

① 종이 아래에 있는 물품은 5가지이며, 그중 하나는 종이컵이다.
② 보드마카 위에는 간식이 위치한다.
③ 간식과 종이컵 사이에는 메모지가 있다.
④ 화장지는 4층에, 종이는 3층에 있다.

53 K회사에서 옥상 정원을 조성하기 위해 나무들을 4줄로 심으려고 한다. 다음 〈조건〉에 따라 줄마다 두 종류의 나무를 심을 때, 바르게 추론한 것은?

〈조건〉
- 은행나무는 가장 앞줄에 있다.
- 소나무와 감나무는 같은 줄에 있고, 느티나무의 바로 앞줄이다.
- 밤나무는 가장 뒷줄에 있다.
- 플라타너스는 감나무와 벚나무의 사이에 있다.
- 단풍나무는 소나무보다는 앞줄에 있지만, 벚나무보다는 뒤에 있다.

① 은행나무는 느티나무와 같은 줄에 있다.
② 벚나무는 첫 번째 줄에 있다.
③ 단풍나무는 플라타너스 옆에 있으며 세 번째 줄이다.
④ 플라타너스보다 뒤에 심은 나무는 없다.

54 K스포츠용품 쇼핑몰을 운영하는 귀하는 최근 축구사랑재단으로부터 대량주문을 접수받았다. 다음 대화를 토대로 거래가 원활히 성사되었다면, 해당 거래에 의한 매출액은 총 얼마인가?

> 구매담당자 : 안녕하세요? 축구사랑재단 구매담당자입니다. 이번에 축구공 기부행사를 진행할 예정이어서 견적을 받아보았으면 합니다. 초등학교 2곳, 중학교 3곳, 고등학교 1곳에 각 용도에 맞는 축구공으로 300개씩 배송했으면 합니다. 그리고 견적서에 배송료 등 기타 비용이 있다면 함께 추가해서 보내주세요.
>
> 귀하 : 네, 저희 쇼핑몰을 이용해 주셔서 감사합니다. 5천만 원 이상의 대량구매 건에 대해서 전체 주문금액의 10% 할인과 무료 배송을 제공해 드리고 있습니다. 알려주신 정보로 견적서를 보내 드리겠습니다. 감사합니다.

〈쇼핑몰 취급 축구공 규격 및 가격〉

구분	3호	4호	5호
무게(g)	300 ~ 320	350 ~ 390	410 ~ 450
둘레(mm)	580	640	680
지름(mm)	180	200	220
용도	8세 이하 어린이용	8 ~ 13세 초등학생용	14세 이상 사용, 시합용
판매가격	25,000원	30,000원	35,000원

① 5,100만 원
② 5,400만 원
③ 5,670만 원
④ 6,000만 원

55 K조선소는 6척의 선박 건조를 수주하였다. 오늘을 포함하여 30일 이내에 모든 선박을 건조하여야 하나, 인력 부족으로 기간 내에 완료하지 못할 것으로 판단하였다. 완료하지 못할 선박은 다른 조선소에 하청을 줄 예정이다. K조선소의 하루 최대투입가능 근로자 수가 100명이라고 할 때, K조선소가 벌어들일 수 있는 최대 수익은?

상품(선박)	소요기간	1일 필요 근로자 수	수익(원)
A	5일	20명	15억
B	10일	30명	20억
C	10일	50명	40억
D	15일	40명	35억
E	15일	60명	45억
F	20일	70명	85억

※ 1일 필요 근로자 수 이상의 근로자가 투입되더라도 선박당 건조 소요기간은 변하지 않는다.
※ 각 근로자는 자신이 투입된 선박의 건조가 끝나야만 다른 선박의 건조에 투입될 수 있다.
※ 필요 근로자 수가 100% 충원되지 않는 경우 작업을 진행할 수가 없다.

① 135억 원
② 140억 원
③ 155억 원
④ 160억 원

56 다음 상황을 근거로 판단할 때, 〈보기〉 중 옳은 것을 모두 고르면?

K국 사람들은 아래와 같이 한 손으로 1부터 10까지의 숫자를 표현한다.

숫자	1	2	3	4	5
펼친 손가락 개수	1개	2개	3개	4개	5개
펼친 손가락 모양					
숫자	6	7	8	9	10
펼친 손가락 개수	2개	3개	2개	1개	2개
펼친 손가락 모양					

〈상황〉

K국에 출장을 간 갑은 K국의 언어를 하지 못하여 물건을 살 때 상인의 손가락을 보고 물건의 가격을 추측한다. K국 사람의 숫자 표현법을 제대로 이해하지 못한 갑은 상인이 금액을 표현하기 위해 펼친 손가락 1개당 1원씩 돈을 지불하려고 한다(단, 갑은 하나의 물건을 구매하며, 물건의 가격은 최소 1원부터 최대 10원까지라고 가정한다).

─〈보기〉─

ㄱ. 물건의 가격과 갑이 지불하려는 금액이 일치했다면, 물건의 가격은 5원 이하이다.
ㄴ. 상인이 손가락 3개를 펼쳤다면, 물건의 가격은 최대 7원이다.
ㄷ. 물건의 가격과 갑이 지불하려는 금액이 8원만큼 차이가 난다면, 물건의 가격은 9원이거나 10원이다.
ㄹ. 갑이 물건의 가격을 초과하는 금액을 지불하려는 경우가 발생할 수 있다.

① ㄱ, ㄴ
② ㄷ, ㄹ
③ ㄱ, ㄴ, ㄷ
④ ㄱ, ㄷ, ㄹ

57 K마트는 개업 5주년을 맞이하여 우수고객 1명에게 소정의 상품을 제공하는 이벤트를 실시하였다. 당첨자는 이벤트에 참여한 고객 중 총점이 가장 높은 고객으로 선정하고자 하였으나, 다음과 같이 동순위자가 발생하였다. 이를 해결하기 위해 가중치 부여 방법을 적용하였더니 C고객이 당첨자로 결정되었다. 이때, 평가항목 중 가장 높은 가중치가 적용된 것은 무엇인가?

〈고객평가표〉

평가항목 고객	방문횟수	구매횟수	구매금액	지인 소개	총점
A고객	상	상	하	최상	30점
B고객	최상	최상	중	하	30점
C고객	상	중	최상	중	30점

〈등급별 점수표〉

최상	상	중	하	최하
10	8	6	4	2

〈가중치 부여 방법〉

• 1단계 : 평가항목별 고객등급에 따라 점수표를 근거하여 점수를 매김
• 2단계 : 평가항목별 가중치를 고려하여 구한 가중평균값을 최종 평가점수로 함

평가항목	??	??	??	??
가중치	40%	20%	20%	20%

• 3단계 : 최종 평가점수 중 가장 높은 점수를 얻은 자를 당첨자로 함

① 방문횟수
② 구매횟수
③ 구매금액
④ 지인 소개

58 K외식업체는 고객전용주차장의 공간이 협소하여 외부 주차장을 활용하려고 한다. 외부 주차장을 이용하는 방식은 월 임대료를 내고 사용하는 방법과 주차권을 발행하여 계산하는 방법이 있다. 다음 중 어떠한 방법이 더 경제적이고, 그 차이는 얼마인가?(단, 1개월은 4주이다)

〈외부주차장 이용방법〉

- 월 임대료 납부 시 : 월 1,500만 원 1회 납부, 주차대수 무관
- 주차권 발행 시 : 1회 주차권 3시간 이용가능, 주차권 1장당 3,000원 납부

〈요일별 방문고객현황〉

구분	월요일	화요일	수요일	목요일	금요일	토요일	일요일
방문고객수(평균)	150명	180명	170명	175명	250명	400명	450명
차량보유비율(%)	62%	55%	50%	68%	80%	92%	88%

※ 차량보유고객 1명당 1장의 주차권을 제공함

	주차장 이용방법	차이
①	월 임대료 납부	920,000원
②	주차권 발행	920,000원
③	월 임대료 납부	1,320,000원
④	주차권 발행	1,320,000원

59 K회사 본사에서는 직원들의 단합을 위하여 체육대회를 진행할 예정이다. 총무팀, 영업팀, 연구팀, 전산팀 등 모두 4개 팀이 참석하며, 팀별로 구성원들의 복장을 통일하고자 한다. 팀 복장을 선정하기 위해 샘플로 모자, 티셔츠, 반바지를 빨간색, 파란색, 노란색, 검은색 색깔별로 총 12개의 물품을 구입하였다. 각 팀은 각각 다른 색의 모자, 티셔츠, 반바지를 착용하기로 했다. 예를 들어 어떤 팀이 빨간색 모자, 파란색 티셔츠를 착용한다면 반바지는 노란색 또는 검은색을 착용해야 한다. 〈조건〉이 다음과 같을 때, 반드시 참이 되는 것은?

〈조건〉

- 선호하는 것을 배정받고, 싫어하는 것은 배정받지 않는다.
- 총무팀은 빨간색 티셔츠를 선호하고, 파란색 반바지는 싫어한다.
- 영업팀은 노란색 티셔츠를 싫어하고, 검은색 반바지를 선호한다.
- 연구팀은 검은색 티셔츠를 싫어한다.
- 전산팀은 빨간색을 싫어한다.

---

① 총무팀은 검은색 모자를 배정받는다.
② 영업팀은 노란색 모자를 배정받는다.
③ 연구팀은 파란색 반바지를 배정받는다.
④ 전산팀은 검은색 티셔츠를 배정받는다.

60 K공사의 A사원은 동계 연수에 참가하고자 한다. A사원의 연수 프로그램에 대한 〈조건〉이 다음과 같을 때, 〈보기〉 중 옳은 것을 모두 고르면?

〈조건〉
- 전략기획연수는 반드시 참여해야 한다.
- 노후관리연수에 참여하면 직장문화연수도 참여한다.
- 자기관리연수가 참여하면 평생직장연수에는 참여하지 않는다.
- 직장문화연수에 참여하면 전략기획연수는 참여하지 않는다.
- 자기관리연수와 노후관리연수 중 한 가지 프로그램에는 꼭 참여한다.

〈보기〉
ㄱ. A사원은 노후관리연수에 참여한다.
ㄴ. A사원은 자기관리연수에 참여한다.
ㄷ. A사원은 직장문화연수에 참여하지 않는다.
ㄹ. A사원은 평생직장연수에 참여한다.

① ㄱ, ㄴ
② ㄱ, ㄷ
③ ㄴ, ㄷ
④ ㄴ, ㄹ

제2회 직무시험

문항 수 : 20문항
시험시간 : 20분

| 01 | 국민건강보험법

61 다음 중 국민건강보험법상 보건복지부장관이 임명 또는 위촉하는 건강보험정책심의위원회 위원으로 옳지 않은 사람은?

① 의료계를 대표하는 단체가 추천하는 자
② 보건복지부령으로 정하는 중앙행정기관 소속 공무원
③ 소비자단체가 추천하는 자
④ 근로자단체 및 사용자단체가 추천하는 자

62 다음은 보험급여의 징수에 관한 내용이다. 밑줄 친 ⊙~@ 중 옳지 않은 것은?

> **부당이득의 징수(제57조)**
> ① 공단은 속임수나 그 밖의 부당한 방법으로 보험급여를 받은 사람·준요양기관 및 보조기기 판매업자나 보험급여 비용을 받은 요양기관에 대하여 그 ⊙ <u>보험급여나 보험급여 비용에 상당하는 금액의 일부만을 징수할 수 있다.</u>
> ⋯ 중략 ⋯
> ③ ⓒ <u>사용자나 가입자의 거짓 보고나 거짓 증명,</u> 요양기관의 거짓 진단이나 거짓 확인 또는 준요양기관이나 보조기기를 판매한 자의 속임수 및 그 밖의 부당한 방법으로 보험급여가 실시된 경우 공단은 이들에게 보험급여를 받은 사람과 연대하여 제1항에 따른 징수금을 내게 할 수 있다.
> ④ 공단은 속임수나 그 밖의 부당한 방법으로 보험급여를 받은 사람과 ⓒ <u>같은 세대에 속한 가입자에게 속임수나 그 밖의 부당한 방법으로 보험급여를 받은 사람과 연대하여 제1항에 따른 징수금을 내게 할 수 있다.</u>
> ⑤ 요양기관이 가입자나 피부양자로부터 속임수나 그 밖의 부당한 방법으로 요양급여비용을 받은 경우 공단은 해당 요양기관으로부터 이를 징수하여 가입자나 피부양자에게 지체 없이 지급하여야 한다. 이 경우 @ <u>공단은 가입자나 피부양자에게 지급하여야 하는 금액을 그 가입자 및 피부양자가 내야 하는 보험료 등과 상계할 수 있다.</u>

① ⊙   ② ⓒ
③ ⓒ   ④ @

63 다음 중 국민건강보험법상 국민건강보험공단의 보험료에 대한 설명으로 옳지 않은 것은?

① 보험료는 가입자의 자격을 취득한 날이 속하는 달부터 자격을 잃는 날까지 징수할 수 있다.

② 보험료를 징수할 때 가입자의 자격이 변동된 경우, 변동된 날이 속하는 달의 보험료를 변동되기 전의 기준으로 징수한다.

③ 지역가입자의 월별 보험료액은 세대 단위로 산정한다.

④ 월별 보험료액은 가입자의 보험료 평균액의 일정비율 금액을 고려하여 상한 및 하한을 정한다.

64 다음 중 국민건강보험법상 보험급여에 대한 설명으로 옳지 않은 것은?

① 가입자는 본인일부부담금 외에 자신이 부담한 비용이 요양급여 대상에서 제외되는 비용인지 심사평가원에 확인을 요청할 수 있다.

② 부득이한 사유라도 요양기관이 아닌 장소에서 출산한 가입자는 요양비를 받을 수 없다.

③ 건강보험공단은 임신·출산 진료비, 장제비, 상병수당 등의 급여를 실시할 수 있다.

④ 건강보험공단은 장애인 가입자에게 보조기기에 대하여 보험급여를 실시할 수 있다.

65 다음 빈칸에 들어갈 날짜로 옳은 것은?

가입자가 자격을 잃은 경우 직장가입자의 사용자와 지역가입자의 세대주는 그 명세를 보건복지부령으로 정하는 바에 따라 자격을 잃은 날부터 _____ 이내에 보험자에게 신고하여야 한다.

① 7일　　　　　　　　　　　② 10일

③ 14일　　　　　　　　　　 ④ 21일

66 다음 중 국민건강보험법상 국민건강보험종합계획에서 국회 소관 상임위원회에 지체 없이 보고하여야 하는 경우로 옳지 않은 것은?

① 건강보험정책심의위원회의 심의를 거친 국민건강보험종합계획의 수립 및 변경
② 국민건강보험종합계획에 따라 건강보험정책심의위원회의 심의를 거친 시행계획의 수립
③ 국민건강보험종합계획 시행계획에 따른 추진실적 평가
④ 국민건강보험종합계획의 수립을 위하여 필요한 자료의 제출 요구

67 다음 중 국민건강보험법상 과징금에 대한 설명으로 옳지 않은 것은?

① 보건복지부장관이 정하는 특별한 사유가 있다고 인정되면 부당한 방법으로 부담하게 한 금액의 5배 이하의 금액을 과징금으로 부과·징수할 수 있다.
② 특별한 사유가 있다고 인정되는 때에는 해당 약제에 대한 요양급여비용 총액의 100분의 40을 넘지 아니하는 범위에서 과징금을 부과·징수할 수 있다.
③ 해당 약제에 대한 요양급여비용 총액을 정할 때에는 1년간의 요양급여 총액을 넘지 않는 범위에서 정하여야 한다.
④ 과징금을 납부하여야 할 자가 납부기한까지 이를 내지 아니하면 그 과징금 부과 처분을 취소하고 업무정지 처분을 하거나 국세 체납처분의 예에 따라 이를 징수한다.

68 다음 중 국민건강보험법상 임의계속가입자(실업자)에 대한 특례를 설명한 내용으로 옳지 않은 것은?

① 공단에 신청한 임의계속가입자는 대통령령으로 정하는 기간 동안 직장가입자의 자격을 유지한다.
② 임의계속가입자의 보수월액은 보수월액보험료가 산정된 최근 6개월간의 보수월액을 평균한 금액으로 한다.
③ 임의계속가입자의 보험료는 보건복지부장관이 정하여 고시하는 바에 따라 그 일부를 경감할 수 있다.
④ 임의계속가입자의 보수월액보험료는 임의계속가입자가 전액을 부담하고 납부한다.

69 다음 중 우리나라에서 의료보험이 처음으로 실시된 시기는?

① 1970년
② 1977년
③ 1979년
④ 1989년

70 다음 〈보기〉의 사례 중 건강보험의 피부양자가 될 수 있는 경우를 모두 고르면?

─────〈보기〉─────

㉠ 직장가입자인 A씨는 국민기초생활보장수급자로서 의료급여를 받고 있는 친동생을 자신의 피부양자로 등록하려고 한다.

㉡ 국가유공자의 유족인 B씨는 국민건강보험공단에 건강보험의 적용을 신청해 두었는데, 지난 달 결혼한 배우자의 건강보험에 피부양자로 등록되기를 희망한다.

㉢ C씨는 건강보험을 적용받던 도중 실직으로 인하여 생활이 어려워져 의료보호 대상자가 되었으나, 국민건강보험공단에 건강보험의 적용배제 신청을 하였다. 다음 달부터 아들과 함께 살게 되어 아들의 피부양자로 등록하기를 원한다.

① ㉠
② ㉡
③ ㉠, ㉡
④ ㉡, ㉢

71 다음 중 국민건강보험법상 건강검진에 대한 설명으로 옳지 않은 것은?

① 직장가입자, 18세 이상인 피부양자 등은 일반건강검진 대상자이다.
② 암관리법에 따른 암의 종류별 검진주기·연령 기준 등에 해당하는 사람은 암검진을 받는다.
③ 6세 미만의 가입자 및 피부양자는 영유아건강검진을 받을 수 있다.
④ 세대주인 지역가입자 및 20세 이상인 지역가입자는 일반건강검진을 받을 수 있다.

72 다음 중 국민건강보험법상 요양급여비용의 청구와 지급에 대한 설명으로 옳지 않은 것은?

① 요양기관은 건강보험공단에 요양급여비용의 지급을 청구할 수 있다.

② 요양급여비용 심사청구는 심사평가원에서만 할 수 있다.

③ 요양급여비용 심사 내용을 통보받은 건강보험공단은 지체 없이 그 내용에 따라 해당 요양기관에 지급해야 한다.

④ 건강보험공단은 가입자에게 지급하여야 하는 금액을 그 가입자가 내야 하는 보험료와 그 밖에 국민건강보험법에 따른 징수금과 상계(相計)할 수 있다.

73 다음 〈보기〉 중 국민건강보험법상 요양급여를 실시하는 요양기관으로 옳은 것을 모두 고르면?

─〈보기〉─

ㄱ. 의료법에 따라 개설된 의료기관
ㄴ. 지역보건법에 따른 보건소·보건의료원 및 보건지소
ㄷ. 의료법에 따라 등록된 약국
ㄹ. 의료법에 따라 설립된 한국희귀·필수의약품센터

① ㄱ, ㄴ   ② ㄱ, ㄹ
③ ㄴ, ㄷ   ④ ㄷ, ㄹ

74 다음 중 국민건강보험법상 건강보험분쟁조정위원회에 대한 설명으로 옳지 않은 것은?

① 위원장을 포함하여 60명 이내의 위원으로 구성하고, 위원장을 제외한 위원 중 1명은 당연직위원으로 한다.

② 회의는 위원장, 당연직위원 및 위원장이 매 회의마다 지정하는 7명의 위원을 포함하여 총 9명으로 구성하되, 공무원이 아닌 위원이 과반수가 되도록 하여야 한다.

③ 구성원 3분의 1의 출석과 출석위원 3분의 1의 찬성으로 의결한다.

④ 실무적으로 지원하기 위하여 분쟁조정위원회에 사무국을 둔다.

75 다음 중 국민건강보험법상 외국인 등에 대한 특례의 내용으로 옳지 않은 것은?(단, 건강보험 적용대상사업장의 근로자이면서 제6조 제2항 각 호의 어느 하나에 해당하지 않는 외국인을 대상으로 한다)

① 재외동포의 출입국과 법적 지위에 대한 법률 제6조에 따라 국내거소신고를 한 사람은 지역가입자가 된다.

② 출입국관리법 제31조에 따라 외국인등록을 한 사람은 직장가입자가 된다.

③ 국내체류가 법률에 위반되는 경우로서 대통령령으로 정하는 사유가 있는 경우에는 가입자 및 피부양자가 될 수 없다.

④ 정부는 외국 정부가 사용자인 사업장의 근로자의 건강보험에 대하여는 외국 정부와 한 합의에 따라 이를 따로 정할 수 있다.

76 다음 중 국민건강보험법상 보험료·연체금을 징수할 권리의 소멸시효는?

① 1년

② 3년

③ 5년

④ 10년

77 다음 중 국민건강보험법상 건강보험심사평가원의 임원에 대한 설명으로 옳은 것은?

① 감사는 기획재정부장관이 임명한다.

② 비상임이사는 실비변상을 받을 수 없다.

③ 원장은 보건복지부장관이 임명한다.

④ 임원은 원장, 이사, 감사로 구성되어 있다.

78 다음 중 국민건강보험법상 국민건강보험법의 종합계획에 포함되지 않는 것은?

① 건강보험정책의 기본목표 및 추진방향
② 건강보험의 단기 재정 전망 및 운영
③ 요양급여비용에 대한 사항
④ 건강보험에 대한 통계 및 정보의 관리에 대한 사항

79 다음 중 국민건강보험법상 보험급여를 받을 수 있는 사람은?

① 국외에서 업무에 종사하고 있는 사람
② 업무 또는 공무로 생긴 질병으로 다른 법령에 따른 보상을 받게 되는 경우
③ 중대한 과실로 인한 범죄행위에 그 원인이 있거나 고의로 사고를 일으킨 경우
④ 장애인복지법에 의하여 등록된 장애인

80 다음 중 국민건강보험법상 요양급여를 실시하는 요양기관에 해당하지 않는 것은?

① 약사법에 따라 설립된 한국희귀・필수의약품센터
② 약사법에 따라 등록된 약국
③ 지역보건법에 따른 보건지소
④ 사회복지사업법에 따라 사회복지시설에 수용된 자의 진료를 주된 목적으로 개설한 의료기관

61 제3자의 행위로 인한 장기요양급여의 제공사유가 발생하여 수급자에게 장기요양급여를 행한 때, 그 제3자에 대한 손해배상의 권리를 얻는 주체는?

① 특별자치시장　　　　　　　　　　② 특별자치도지사
③ 시장·군수·구청장　　　　　　　　④ 국민건강보험공단

62 다음 중 노인장기요양보험법상 공단의 업무가 아닌 것은?

① 장기요양보험료의 부과·징수
② 신청인에 대한 조사
③ 장기요양보험가입자의 자격 관리
④ 장기요양기관 알선

63 다음 중 공단이 장기요양사업 수행에 필요한 자료 제출 등을 요구할 수 없는 사람은?

① 장기요양보험가입자 또는 그 피부양자
② 의료급여수급권자
③ 수급자
④ 장기요양위원회 위원

64 다음 중 노인장기요양보험법에 대한 설명으로 옳지 않은 것은?

① 국가는 매년 예산의 범위에서 해당 연도 장기요양보험료 예상수입액의 100분의 20에 상당하는 금액을 공단에 지원한다.

② 국가와 지방자치단체는 대통령령이 정하는 바에 따라 공단이 부담해야 할 비용 및 관리운영비의 일부를 부담한다.

③ 지방자치단체가 부담하는 금액은 보건복지부령으로 정하는 바에 따라 특별시·광역시·특별자치시·도·특별자치도와 시·군·구가 분담한다.

④ 지방자치단체의 부담액 부과, 징수 및 재원관리, 그 밖에 필요한 사항은 대통령령으로 정한다.

65 다음 중 노인장기요양보험법상 재심사청구에 대한 내용으로 옳은 것은?

① 심사청구 결정통지를 받은 날부터 30일 이내에 장기요양재심사위원회에 재심사를 청구할 수 있다.

② 재심사위원회의 위원은 장기요양사업 분야의 학식과 경험이 풍부한 자 중에서 보건복지부장관이 임명 또는 위촉한다.

③ 재심사위원회는 공무원이 아닌 위원이 전체 위원의 3분의 1 이상이 되도록 하여야 한다.

④ 재심사위원회는 위원장 1인을 포함한 18인 이내의 위원으로 구성한다.

66 다음 중 장기요양기관 지정의 유효기간은?

① 지정받은 날부터 3년

② 지정받은 날부터 4년

③ 지정받은 날부터 5년

④ 지정받은 날부터 6년

67 다음 중 국민건강보험공단이 장기요양급여를 제한할 수 있는 경우에 해당하지 않는 것은?

① 부정한 방법으로 장기요양인정을 받은 것으로 의심되는 경우 실시하는 조사에 응하지 아니하는 경우
② 고의로 사고를 발생하도록 하여 장기요양인정을 받은 것으로 의심되는 경우 실시하는 조사에 응하지 아니하는 경우
③ 장기요양급여를 받고 있는 자가 정당한 사유로 조사나 요구에 응하지 아니하거나 답변을 거절한 경우
④ 장기요양보험가입자 또는 그 피부양자 및 의료급여수급권자가 공단의 자료 제출 요구에 응하지 아니하는 경우

68 다음 중 빈칸에 들어갈 내용으로 옳은 것은?

> 장기요양기관의 장은 폐업·휴업 신고를 할 때 또는 장기요양기관의 지정 갱신을 하지 않아 유효기간이 만료될 때 장기요양급여 제공 자료를 _____(으)로 이관해야 한다.

① 보건복지부
② 소재지를 관할하는 세무서
③ 국민건강보험공단
④ 특별자치시·특별자치도·시·군·자치구

69 다음 〈보기〉 중 장기요양기본계획에 포함되는 사항을 모두 고르면?

─────── 〈보기〉 ───────
ㄱ. 장애등급별 입원 일수
ㄴ. 연도별 장기요양급여 대상인원
ㄷ. 연도별 장기요양급여 재원조달 계획
ㄹ. 연도별 장기요양기관 및 장기요양 전문인력 관리 방안
ㅁ. 장기요양요원의 처우에 대한 사항
ㅂ. 장기요양보험가입자의 소득수준

① ㄱ, ㄴ, ㄹ, ㅁ
② ㄱ, ㄴ, ㅁ, ㅂ
③ ㄴ, ㄷ, ㄹ, ㅁ
④ ㄴ, ㄷ, ㅁ, ㅂ

70 다음 중 장기요양사업 실태 파악에 대한 설명으로 옳은 것은?

① 보건복지부장관이 조사를 실시해야 한다.
② 국민건강보험공단에서 결과를 공표하여야 한다.
③ 조사를 2년마다 정기적으로 실시해야 한다.
④ 실태조사 방법은 국민건강보험공단에서 마련해야 한다.

71 다음 중 노인장기요양보험법상 장기요양급여의 제공에 대한 설명으로 옳지 않은 것은?

① 수급자는 장기요양인정서와 개인별장기요양이용계획서가 도달한 다음날부터 장기요양급여를 받을 수 있다.
② 수급자는 돌볼 가족이 없는 경우 등 대통령령으로 정하는 사유가 있는 경우 신청서를 제출한 날부터 장기요양인정서가 도달되는 날까지의 기간 중에도 장기요양급여를 받을 수 있다.
③ 수급자는 장기요양급여를 받으려면 장기요양기관에 장기요양인정서와 개인별장기요양이용계획서를 제시하여야 한다.
④ 수급자가 장기요양인정서 및 개인별장기요양이용계획서를 제시하지 못하는 경우 장기요양기관은 공단에 전화나 인터넷 등을 통하여 그 자격 등을 확인할 수 있다.

72 다음 중 노인장기요양보험법상 심사청구에 대한 설명으로 옳은 것은?

① 공단의 처분에 이의가 있는 자는 건강보험심사평가원에 심사청구를 할 수 있다.
② 심사청구는 그 처분이 있음을 안 다음날부터 90일 이내에 구두와 문서로 한다.
③ 처분이 있은 날부터 180일을 경과하면 심사청구를 제기하지 못한다.
④ 심사청구 사항을 심사하기 위하여 공단에 장기요양요원지원센터를 둔다.

73 다음 중 노인장기요양보험법상 장기요양기관 지정을 반드시 취소해야 하는 경우는?

① 업무정지기간 중에 장기요양급여를 제공한 경우

② 부정한 방법으로 급여비용을 청구한 경우

③ 장기요양급여를 거부한 경우

④ 지정기준에 적합하지 아니한 경우

74 다음 중 장기요양급여 제공의 기본원칙에 대한 설명으로 옳지 않은 것은?

① 장기요양급여는 노인 등의 심신상태·생활환경을 고려하여 필요한 범위 안에서 적정하게 제공하여야 한다.

② 장기요양급여는 노인 등 및 그 가족의 욕구·선택을 고려하여 필요한 범위 안에서 이를 적정하게 제공하여야 한다.

③ 장기요양급여는 특별현금급여를 우선적으로 제공하여야 한다.

④ 장기요양급여는 노인 등의 심신상태나 건강 등이 악화되지 아니하도록 의료서비스와 연계하여 이를 제공하여야 한다.

75 다음 중 장기요양기관의 업무정지명령을 갈음하여 2억 원 이하의 과징금을 부과할 수 있는 경우가 아닌 것은?

① 지정기준에 적합하지 아니한 경우

② 장기요양급여를 거부한 경우

③ 수급자를 소개, 알선 또는 유인하는 행위

④ 거짓으로 시설 급여비용을 청구한 경우

76 다음 중 장기요양인정 신청자격요건을 충족한 신청인이 혼자서 일상생활을 수행하기 어렵다고 인정하는 명령은?

① 총리령
② 보건복지부령
③ 대통령령
④ 행정안전부령

77 다음 중 노인장기요양보험법에 대한 내용으로 옳지 않은 것은?

① 장기요양보험 사업을 수행하는 자가 아닌 자는 보험계약의 명칭에 노인장기요양보험을 사용하지 못한다.
② 가족요양비·특례요양비 및 요양병원간병비와 관련된 급여를 제공한 자는 업무수행 중 알게 된 비밀을 누설해서는 안 된다.
③ 시장·군수·구청장은 장기요양기관 지정취소의 경우에는 청문을 하여야 한다.
④ 장기요양급여를 받을 권리는 양도 또는 압류하거나 담보로 제공할 수 있다.

78 다음 중 행정제재처분 효과의 승계 대상(처분을 한 날부터 3년간)이 아닌 것은?

① 합병 후 존속하는 법인
② 합병으로 신설된 법인
③ 장기요양기관을 양도한 경우 양수인
④ 양수 시 행정제재처분을 알지 못하였음을 증명한 양수인

79 장기요양기관 지정의 갱신을 위해서는 지정 유효기간이 끝나기 며칠 전까지 갱신을 신청해야 하는가?

① 30일   ② 50일
③ 60일   ④ 90일

80 다음 중 등급판정 시 공단이 조사가 완료되면 등급판정위원회에 제출하여야 자료가 아닌 것은?

① 조사결과서   ② 요양기관의 자격서
③ 의사소견서   ④ 그 밖에 심의에 필요한 자료

4권

제3회
국민건강보험공단

NCS 직업기초능력
+ 직무시험

www.sdedu.co.kr

〈문항 및 시험시간〉

평가영역	문항 수	시험시간	모바일 OMR 답안채점 / 성적분석 서비스	
[공통] 의사소통＋수리＋문제해결 [행정직・건강직] 국민건강보험법 [요양직] 노인장기요양보험법	80문항	80분	행정직・건강직	요양직

다음 개정 법령을 기준으로 수록하였습니다.
– 국민건강보험법 [법률 제20324호, 시행 2024. 8. 21]
– 노인장기요양보험법 [법률 제20213호, 시행 2025. 2. 7]

제3회 직업기초능력

문항 수 : 60문항
시험시간 : 60분

※ 다음 글을 읽고 이어지는 질문에 답하시오. [1~2]

세계적으로 저명한 미국의 신경과학자들은 '의식에 관한 케임브리지 선언'을 통해 동물에게도 의식이 있다고 선언했다. 이들은 포유류와 조류 그리고 문어를 포함한 다른 많은 생물도 인간처럼 의식을 생성하는 신경학적 기질을 갖고 있다고 주장하였다. 즉, 동물도 인간과 같이 의식이 있는 만큼 합당한 대우를 받아야 한다는 이야기이다. 그러나 이들과 달리 아직도 동물에게 의식이 있다는 데 회의적인 과학자가 많다.

인간의 동물관은 고대부터 두 가지로 나뉘어 왔다. 그리스의 철학자 피타고라스는 윤회설에 입각하여 동물에게 경의를 표해야 한다는 것을 주장했으나, 아리스토텔레스는 '동물에게는 이성이 없으므로 동물은 인간의 이익을 위해서만 존재한다.'라고 주장했다. 이러한 동물관의 대립은 근세에도 이어졌다. 17세기 철학자 데카르트는 '동물은 정신을 갖고 있지 않으며, 고통을 느끼지 못하므로 심한 취급을 해도 좋다.'라고 주장한 반면, 18세기 계몽철학자 루소는 '인간불평등 기원론'을 통해 인간과 동물은 동등한 자연의 일부라는 주장을 처음으로 제기했다.

그러나 인간은 오랫동안 동물의 본성이나 동물답게 살 권리를 무시한 채로 소와 돼지, 닭 등을 사육해왔다. 오로지 더 많은 고기와 달걀을 얻기 위해 '공장식 축산' 방식을 도입한 것이다. 공장식 축산이란 가축 사육 과정이 공장에서 규격화된 제품을 생산하는 것과 같은 방식으로 이루어지는 것을 말하며, 이러한 환경에서는 소와 돼지, 닭 등이 몸조차 자유롭게 움직일 수 없는 좁은 공간에 갇혀 자라게 된다. 가축은 스트레스를 받아 면역력이 ⊙ 떨어지게 되고, 이는 결국 항생제 대량 투입으로 이어질 수밖에 없다. 우리는 그렇게 생산된 고기와 달걀을 맛있다고 먹고 있는 것이다. 이와 같은 공장식 축산의 문제를 인식하고, 이를 개선하려는 동물 복지 운동은 1960년대 영국을 중심으로 유럽에서 처음 시작되었다. 인간이 가축의 고기 등을 먹더라도 최소한의 배려를 함으로써 항생제 사용을 줄이고, 고품질의 고기와 달걀을 생산하자는 것이다. 한국도 올해부터 먼저 산란계를 시작으로 '동물 복지 축산농장 인증제'를 시행하고 있다. 배고픔·영양 불량·갈증으로부터의 자유, 두려움·고통으로부터의 자유 등의 5대 자유를 보장하는 농장만이 동물 복지 축산농장 인증을 받을 수 있다.

동물 복지는 가축뿐만이 아니라 인간의 건강을 위한 것이기도 하다. 따라서 정부와 소비자 모두 동물 복지에 좀 더 많은 관심을 가져야 한다.

01 다음 중 인간의 동물관과 관련하여 성격이 다른 하나는?

① 데카르트의 주장
② 피타고라스의 주장
③ 인간불평등 기원론
④ 동물 복지 축산농장 인증제

02 다음 중 윗글의 밑줄 친 ㉠과 같은 의미로 사용된 것은?

① 생산비와 운송비 등을 제외하면 농민들 손에 떨어지는 돈이 거의 없다.

② 주하병은 더위로 인해 기력이 없어지며 입맛이 떨어지는 여름의 대표 질환이다.

③ 아침을 자주 먹지 않으면 학교에서 시험 성적이 떨어질 수 있다는 연구 결과가 나왔다.

④ 추운 날씨 탓에 한 달째 감기가 떨어지지 않고 있다.

03 다음 문장을 논리적 순서대로 바르게 나열한 것은?

> (가) 이렇게 버려지는 폐휴대전화 속에는 금, 은 등의 귀한 금속 자원이 들어 있으며, 이들 자원을 폐휴대전화에서 추출하여 재활용하면 자원의 낭비를 줄일 수 있다.
>
> (나) 한편 폐휴대전화는 공해를 일으킬 수 있는 물질들이 포함되어 있고, 이런 물질들은 일반 쓰레기와 함께 태워지거나 땅속에 파묻히게 되면 환경오염을 유발하기도 한다.
>
> (다) 최근 다양한 기능을 갖춘 휴대전화들이 출시되면서 휴대전화 교체 주기가 짧아지고 있고, 이에 따라 폐휴대전화 발생량도 증가하고 있다.
>
> (라) 그래서 우리 기업에서는 소중한 금속 자원을 재활용하고 환경오염을 줄이는 데도 기여하자는 취지에서 '폐휴대전화 수거 운동'을 벌이기로 했다.

① (가) – (나) – (다) – (라) ② (가) – (라) – (다) – (나)

③ (다) – (가) – (나) – (라) ④ (다) – (가) – (라) – (나)

보험은 같은 위험을 보유한 다수인이 위험 공동체를 형성하여 보험료를 납부하고, 보험 사고가 발생하면 보험금을 지급받는 제도이다. 보험 상품을 구입한 사람은 장래의 우연한 사고로 인한 경제적 손실에 ㉠ 대비할 수 있다. 보험금 지급은 사고 발생이라는 우연적 조건에 따라 결정되는데, 이처럼 보험은 조건의 실현 여부에 따라 받을 수 있는 재화나 서비스가 달라지는 조건부 상품이다.

위험 공동체의 구성원이 납부하는 보험료와 지급받는 보험금은 그 위험 공동체의 사고 발생 확률을 근거로 산정된다. 특정 사고가 발생할 확률은 정확히 알 수 없지만 그동안 발생된 사고를 바탕으로 그 확률을 예측한다면, 관찰 대상이 많아짐에 따라 실제 사고 발생 확률에 ㉡ 근접하게 된다.

본래 보험 가입의 목적은 금전적 이득을 취하는 데 있는 것이 아니라 장래의 경제적 손실을 보상받는 데 있으므로 위험 공동체의 구성원은 자신이 속한 위험 공동체의 위험에 상응하는 보험료를 납부하는 것이 공정할 것이다. 따라서 공정한 보험에서는 구성원 각자가 납부하는 보험료와 그가 지급받을 보험금에 대한 기댓값이 일치해야 하며 구성원 전체의 보험료 총액과 보험금 총액이 일치해야 한다. 이때 보험금에 대한 기댓값은 사고가 발생할 확률에 사고 발생 시 수령할 보험금을 곱한 값이다.

보험금에 대한 보험료의 비율[(보험료)÷(보험금)]을 보험료율이라 하는데, 보험료율이 사고 발생 확률보다 높으면 구성원 전체의 보험료 총액이 보험금 총액보다 더 많고, 그 반대의 경우에는 구성원 전체의 보험료 총액이 보험금 총액보다 더 적다. 따라서 공정한 보험에서는 보험료율과 사고 발생 확률이 같아야 한다. 물론 현실에서 보험사는 영업 활동에 소요되는 비용 등을 보험료에 반영하기 때문에 공정한 보험이 적용되기 어렵지만 기본적으로 위와 같은 원리를 바탕으로 보험료와 보험금을 산정한다.

그런데 보험 가입자들이 자신이 가진 위험의 정도에 대해 진실한 정보를 알려 주지 않는 한, 보험사는 보험 가입자 개개인이 가진 위험의 정도를 정확히 파악하여 거기에 ㉢ 상응하는 보험료를 책정하기 어렵다. 이러한 이유로 사고 발생 확률이 비슷하다고 예상되는 사람들로 구성된 어떤 위험 공동체에 사고 발생 확률이 더 높은 사람들이 동일한 보험료를 납부하고 진입하게 되면, 그 위험 공동체의 사고 발생 빈도가 높아져 보험사가 지급하는 보험금의 총액이 증가한다. 보험사는 이를 ㉣ 보전하기 위해 구성원이 납부해야 할 보험료를 인상할 수밖에 없다. 결국 자신의 위험 정도에 상응하는 보험료보다 더 높은 보험료를 납부하는 사람이 생기게 되는 것이다.

이러한 문제는 정보의 비대칭성에서 비롯되는데 보험 가입자의 위험 정도에 대한 정보는 보험 가입자가 보험사보다 더 많이 갖고 있기 때문이다. 이를 해결하기 위해 보험사는 보험 가입자의 감춰진 특성을 파악할 수 있는 수단이 필요하다. 우리 상법에 규정되어 있는 고지 의무는 이러한 수단이 법적으로 구현된 제도이다. 보험 계약은 보험 가입자의 청약과 보험사의 승낙으로 성립된다. 보험 가입자는 반드시 계약을 체결하기 전에 '중요한 사항'을 알려야 하고, 이를 사실과 다르게 진술해서는 안 된다. 여기서 '중요한 사항'은 보험사가 보험 가입자의 청약에 대한 승낙을 결정하거나 차등적인 보험료를 책정하는 근거가 된다. 따라서 고지 의무는 결과적으로 다수의 사람들이 자신의 위험 정도에 상응하는 보험료보다 더 높은 보험료를 납부해야 하거나, 이를 이유로 아예 보험에 가입할 동기를 상실하게 되는 것을 방지한다.

04 다음 중 윗글의 내용으로 적절하지 않은 것은?

① 보험은 조건부 상품으로 제공되는 재화나 서비스가 달라질 수 있다.

② 현실에서 공정한 보험이 적용되기 어려운 이유는 보험사의 영업 활동 비용 등이 보험료에 반영되기 때문이다.

③ 사고 발생 확률이 보험료율보다 높으면 구성원 전체의 보험료 총액이 보험금 총액보다 더 많게 된다.

④ 보험 가입자는 보험사보다 보험 가입자의 위험 정도에 대한 정보를 많이 가지고 있다.

05 다음 중 윗글의 밑줄 친 ㉠~㉣을 대체할 수 있는 단어로 적절하지 않은 것은?

① ㉠ - 대처
② ㉡ - 인접
③ ㉢ - 상당
④ ㉣ - 보존

06 다음 글의 제목으로 가장 적절한 것은?

> 모르는 게 약이고 아는 게 병이라는 말은 언제 사용될까? 언제 몰라야 좋은 것이고, 알면 나쁜 것일까? 모든 것을 다 안다고 좋은 것은 아니다. 몰랐으면 아무 문제되지 않았을 텐데 알아서 문제가 발생하는 경우도 많다. 어떤 때는 정확히 알지 않고 어슴푸레한 지식으로 알고 있어서 고통스러운 경우도 있다. 예를 들어 우리가 손바닥에 수많은 균이 있다는 것을 늘 인식하고 산다면 어떨까? 내가 먹는 음식의 성분들이나 위해성을 안다면 더 행복할까? 물건에서 균이 옮을까봐 다른 사람들이 쓰던 물건을 만지지 않는 사람도 있다. 이런 게 괜히 알아서 생긴 병이다. 예전에는 이런 경우를 흔히 노이로제라고 부르기도 했다.

① 노이로제, 아는 것이 힘이다
② 등잔 밑이 어둡다, 노이로제
③ 모르는 게 약이다, 노이로제
④ 노이로제, 돌다리도 두드려보고 건너라

(가) 보통 손톱, 발바닥, 얼굴 등에 없던 점이 생기거나, 이미 있는 점의 모양·크기·색소·표면상태가 변할 때, 혹은 점이 가렵거나 통증이 발생했을 때 피부과 전문병원을 찾아 육안 검사, 조직 검사 등을 받아보는 것이 좋다. 이미 진행된 1cm 이상의 혹 상태는 육안으로도 쉽게 의심할 수 있고 확인이 가능하지만 상피세포암의 조기 병변인 광선각화증이나 일반 점과 유사하게 시작하는 기저세포암이나 악성흑색종의 경우 육안으로 확인이 불가능하기 때문에 지래짐작하기 보다 피부과 전문의를 찾아 조기에 발견하고 치료해야 한다.

(나) 특히 자외선은 상피세포암뿐만 아니라 기저세포암까지 <u>유관</u>할 수 있는 대표적인 원인으로 여름철 이에 대한 관리가 <u>소홀</u>하게 된다면 크게 후회하는 결과를 초래할 수 있다. 보통 피부암은 특별한 증세나 이상이 나타나기 보다는 피부의 변화로 알 수 있으므로 이에 대해 알아두는 것이 좋다.

(다) 그러기 위해서는 일광을 직접 쬐기보다 그늘에서 활동하고, 외출 시에는 반드시 긴팔 옷, 선글라스, 양산, 창 넓은 모자, 자외선 차단제 중 하나는 꼭 필수로 착용해야겠다. 더불어 자외선 차단제는 자신에게 맞는 제품을 사용하도록 하며 일반적으로 일상생활의 경우 SPF 15 / PA+ 정도, 장시간 야외활동을 하는 경우에는 SPF 30 / PA++ 정도의 자외선 차단제를 충분히 도포하면 적당하고 자외선 차단 기능이 발휘되기까지는 30여 분이 <u>소유</u>되므로 외출 30분 전에 바르도록 하며, 2~3시간마다 덧발라 주는 것이 좋다. 이렇게 피부를 보호하는 것이 노화를 막는 것뿐만 아니라 혹시 모를 피부암을 예방할 수 있는 가장 좋은 방법일 것이다.

(라) 피부암의 가장 큰 원인은 바로 태양광선에 포함되어 있는 자외선에 과도하게 노출되는 것이다. 이외에도 타르·비소와 같은 화학물질, 반복적 방사선 노출, 감염 등으로 인해 상피세포암이 발생할 수 있다. 만약 자외선 차단제를 바르지 않고 햇볕에 과도하게 또는 만성적으로 노출될 경우 자외선에 의한 피부 세포 DNA 손상이 돌연변이 발암과정을 거쳐 피부암으로 발병하게 된다.

(마) 이렇게 자외선은 각종 피부 질병뿐만 아니라 노화를 <u>촉진</u>시키고 심지어 피부암까지 유발할 수 있는 원인이 된다. 그러므로 어린이를 포함하여 활동량이 많은 청소년기부터 많은 시간 야외에서 활동할 경우 자외선은 피해서 좋은 게 아니라 꼭 피해야만 하는 것으로 생각하는 것이 좋다.

07 다음 중 윗글의 문단을 논리적 순서대로 바르게 나열한 것은?

① (가) - (다) - (나) - (라) - (마)
② (다) - (가) - (마) - (나) - (라)
③ (라) - (가) - (나) - (다) - (마)
④ (라) - (나) - (가) - (마) - (다)

08 윗글의 밑줄 친 단어 중 사용이 적절하지 않은 단어의 개수는?

① 1개　　　　　　　　　② 2개
③ 3개　　　　　　　　　④ 4개

다음 글의 ㉠~㉢을 바꾸어 쓸 때 적절하지 않은 것은?

적혈구는 일정한 수명을 가지고 있어서 그 수와 관계없이 총적혈구의 약 0.8% 정도는 매일 몸 안에서 파괴된다. 파괴된 적혈구로부터 빌리루빈이라는 물질이 유리되고, 이 빌리루빈은 여러 생화학적 대사 과정을 통해 간과 소장에서 다른 물질로 변환된 후에 대변과 소변을 통해 배설된다. ㉠ <u>소변의 색깔을 통해 건강상태를 확인할 수 있다.</u>

적혈구로부터 유리된 빌리루빈이라는 액체는 강한 지용성 물질이어서 혈액의 주요 구성물질인 물에 ㉡ <u>용해되지</u> 않는다. 이런 빌리루빈을 비결합 빌리루빈이라고 하며, 혈액 내에서 비결합 빌리루빈은 알부민이라는 혈액 단백질에 부착된 상태로 혈류를 따라 간으로 이동한다. 간에서 비결합 빌리루빈은 담즙을 만드는 간세포에 흡수되고 글루쿠론산과 결합하여 물에 잘 녹는 수용성 물질인 결합 빌리루빈으로 바뀌게 된다. 결합 빌리루빈의 대부분은 간세포에서 만들어져 담관을 통해 ㉢ <u>분비돼는</u> 담즙에 포함되어 소장으로 배출되지만 일부는 다시 혈액으로 되돌려 보내져 혈액 내에서 알부민과 결합하지 않고 혈류를 따라 순환한다.

간세포에서 분비된 담즙을 통해 소장으로 들어온 결합 빌리루빈의 절반은 장세균의 작용에 의해 소장에서 흡수되어 혈액으로 이동하는 유로빌리노젠으로 전환된다. 나머지 절반의 결합 빌리루빈은 소장에서 흡수되지 않고 대변에 포함되어 배설된다. 혈액으로 이동한 유로빌리노젠의 일부분은 혈액이 신장을 통과할 때 혈액으로부터 여과되어 신장으로 이동한 후 소변으로 배설된다. 하지만 대부분의 혈액 내 유로빌리노젠은 간으로 이동하여 간세포에서 만든 담즙을 통해 소장으로 배출되어 대변을 통해 배설된다.

빌리루빈의 대사와 배설에 장애가 있을 때 여러 임상 증상이 나타날 수 있다. ㉣ <u>그러나</u> 빌리루빈이나 빌리루빈 대사물의 양을 측정한 후, 그 값을 정상치와 비교하면 임상 증상을 일으키는 원인이 되는 질병이나 문제를 추측할 수 있다.

---

① ㉠ : 글의 통일성을 해치고 있으므로 삭제한다.
② ㉡ : 문맥에 흐름을 고려하여 '용해되지'로 수정한다.
③ ㉢ : 맞춤법에 어긋나므로 '분비되는'으로 수정한다.
④ ㉣ : 문장을 자연스럽게 연결하기 위해 '따라서'로 고친다.

인공지능(AI)을 통한 얼굴 인식 프로그램은 인간의 얼굴 표정을 통해 감정을 분석한다. 인간의 표정을 인식하여 슬픔·기쁨·놀라움·분노 등을 얼마나 느끼고 있는지 정량적으로 보여주는 것이다.

많은 AI 기업들이 이와 같은 얼굴 인식 프로그램을 개발하고 있다. 미국의 한 AI 기업은 얼굴 표정을 식별하여 감정을 읽어내는 안면 인식 기술 '레코그니션(Rekognition)'을 개발하였고, 대만의 다른 AI 기업은 인간의 얼굴 표정을 인식해 그 사람의 나이와 성별, 감정을 식별하는 '페이스 미(Face Me)'를 공개하였다.

____ ㉠ ____ 인간의 얼굴 표정으로 감정을 읽는 것은 매우 비과학적이다. 얼굴의 움직임과 내적 감정 상태의 명확한 연관성을 찾기 어렵기 때문이다. 인간의 얼굴 표정에서 감정 상태를 유추할만한 증거는 거의 없으며, 사람들은 감정을 느껴도 얼굴을 움직이지 않을 수 있다. 심지어 다른 사람에게 자신의 감정을 속이는 것도 가능하다. 게다가 얼굴 표정은 문화적 맥락과도 관련이 있기 때문에 서양인과 동양인의 기쁨·슬픔에 대한 표정은 다를 수 있다.

____ ㉡ ____ 채용이나 법 집행 등 민감한 상황에서 감정인식 기술을 사용하는 것은 금지해야 한다. 현재 안면 및 감정 인식 기술을 광고 마케팅이나 채용 인터뷰, 범죄 수사 등에 활용하고 있는 것은 매우 위험하다. 인간의 감정은 계량화가 불가능하며, 이러한 인간의 감정을 알고리즘화하려는 것은 시도 자체가 잘못된 것이다.

10 다음 중 글쓴이의 주장을 뒷받침하는 근거로 적절하지 않은 것은?

① 감정은 상황, 신체 움직임, 부끄러움이나 흥분할 때 나오는 호르몬 반응 등 다양한 요소들이 작용한 결과이다.

② 얼굴 인식을 통해 감정을 파악하는 기술은 인간이 행복할 때는 웃고 화가 날 때면 얼굴을 찌푸린다는 단순한 가설에 기대고 있다.

③ 실제로 경찰에서 사용 중인 거짓말 탐지기조차도 증거 능력에 대해 인정하지 않고 참고 용도로만 사용하고 있다.

④ AI가 제공해주는 과학적이고 분석적인 데이터를 통해 더 자세히 지원자의 감정을 파악할 수 있다.

11 다음 중 윗글의 빈칸 ㉠, ㉡에 들어갈 접속어가 바르게 연결된 것은?

	㉠	㉡
①	그러므로	그러나
②	그러므로	또한
③	그러나	또한
④	그러나	따라서

12 다음 글을 읽고 보인 반응으로 적절하지 않은 것은?

지난해 국민건강보험료 피부양자 자격 요건 중 소득 기준이 강화되었다. 소득세법상 연간 합산소득 3,400만 원 이하에서 2,000만 원 이하로 낮아진 것이다. 당초 재산 기준도 강화될 예정이었지만, 최근 수년간 주택 가격이 급등한 상황 등을 감안해 현행 기준을 유지하기로 하였다.

이로 인해 지난해 말 피부양자에서 탈락해 지역가입자로 전환된 사람이 50만 명이 넘는다. 이 수치 안에는 피부양자 탈락자 본인 외에도 배우자, 직계 존·비속, 배우자의 직계 존·비속, 형제·자매 등 부양 요건 미충족 탈락자도 4만 3,660명에 이른다.

이들은 피부양자에서 탈락해 지역가입자로 전환되면서 기존에 납부하지 않았던 건보료를 가구당 월평균 10만 5,000원가량을 내야 하는 상황이 되었다.

특히 이번 국민건강보험료 개편으로 인해 가장 큰 피해를 입은 사람은 공적연금을 지급 받는 사람들이다. 공적연금이란 공무원연금을 포함해 사학연금, 군인연금, 국민연금 등을 말하는데, 은퇴 후 지급 받는 공적연금이 소득 기준을 초과한다면 건강보험료 피부양자 자격을 잃게 되는 것이다.

실제로 지난해 2월 기준 국민연금 수령으로 인해 지역가입자로 전환된 피부양자는 2,685명인데 반해 이번 국민건강보험료 개편으로 인한 탈락자는 27만 3,000명에 다다랐다. 특히 물가상승분을 반영해 상승되는 국민연금 지급액 구조 탓에 이후 건강보험료 피부양자 자격 탈락자는 계속하여 증가할 것으로 보이는 상황이다.

① 주택 가격이 상승하지 않았다면 국민건강보험료 피부양자 자격 요건 중 재산 기준도 강화되었겠군.
② 피부양자 탈락 시 가족 역시 탈락할 가능성이 높겠군.
③ 피부양자에서 탈락하면 경제적 부담이 커지겠군.
④ 은퇴 후 공무원연금을 월 170만 원씩 수령하는 사람은 현행법상 건강보험료 피부양자 자격이 박탈되겠군.

13 다음 기사를 읽고 조력발전소에 대해 알 수 있는 내용으로 적절하지 않은 것은?

조력발전이 다시 주목받고 있다. 민주당 의원은 2021년 10월 18일 환경부 산하기관 대상 국정감사에서 시화호 사례를 들어 새만금 조력발전 필요성을 제기했다. 수질 악화로 몸살을 앓고 있는 새만금호에 조력발전소를 설치해 해수 유통을 실시하여 전기를 생산한다면 환경도 살리고 깨끗한 에너지도 얻을 수 있다는 논리이다. 6월 4일 환경부 장관은 시화호에서 열린 환경의 날 기념식에서 "중기 계획 중 하나로 조력발전을 확대하는 것에 대한 예비타당성조사가 계획된 상태"라며, "타당성 조사 등을 검토한 후에 진행해 나갈 것"이라고 말했다.

하지만 조력발전이 해양생태계를 파괴한다는 상반된 주장도 제기된 바 있다. 2010년 시화호에 조력발전소를 설치할 당시 환경단체들은 "조력발전소가 갯벌을 죽이고 해양생태계를 파괴한다."라고 주장한 바 있다. 어업으로 생활을 영위하는 주민들도 설립 초기에 생태계 파괴 우려로 반대의 목소리가 높았다.

1994년, 6년 7개월간의 공사 끝에 방조제 끝막이 공사가 완료되고 시화호는 바다로부터 분리됐다. 그로부터 2년 후 인근 공단 지역에서 흘러든 오염물질로 인해 시화호는 죽음의 호수로 전락했다. 착공 전부터 수질오염에 대한 우려가 끊임없이 제기됐지만 개발 위주의 정책을 바꾸기엔 역부족이었다. 착공 당시 중동 건설경기 침체로 인해 갈 곳을 잃은 건설근로자와 장비들을 놀리지 않고, 국내 경기를 활성화하며 대규모 산업단지가 들어설 '새 땅'을 확보하겠다는 목표를 세웠기 때문에 환경피해에 대한 고려는 우선순위에 들어가지 않았다. 정부는 부랴부랴 담수 방류를 결정하고 하수처리장 신·증설 등 수질개선 대책을 내놨지만 눈에 띄는 성과가 나타나지 않았다. 2000년에는 담수화 계획을 전면 포기했고, 이듬해 해수 상시 유통을 결정했다. 2002년 12월 시화호 방조제에 조력발전소를 건설하기로 확정하고 2004년부터 착공에 들어갔다. 2011년 준공된 시화호 조력발전소는 시설용량 254MW의 세계최대 조력발전소로 기록됐다.

조력발전소의 발전은 밀물이 들어오는 힘으로 수차 발전기를 돌려 전기를 생산하는 방식이다. 썰물 때는 수차가 작동하지 않고 배수만 진행되며, 지난해 12월까지 44억 kWh의 전기를 생산했다. 이 발전소에서 연간 생산되는 전력량은 인구 40만 ~ 50만 명의 도시 소비량과 맞먹는다.

제방을 터 바다로 물을 흘려보내고 밀물이 들어오게 하면서 수질은 개선됐다. 상류 주거지역과 공단지역의 하수처리 시설을 확충하면서 오염물질 유입량이 줄어든 것도 수질 개선을 도왔다.

현재 시화호 지역은 눈에 띄게 환경이 개선됐다. 1997년에 17.4mg/L에 이르던 연도별 평균 COD는 해수 유통 이후 낮아졌고, 2020년에는 2.31mg/L를 기록했다. 수질평가지(WQI)에 의한 수질 등급은 정점 및 시기별로 변화가 있지만 2020년의 연평균 수질은 II등급으로 개선됐다. 수질이 개선되면서 시화호 지역의 생태계도 살아나고 있다.

그러므로 조력발전이 생태계를 살려냈다고 하기보다는 담수화 포기, 해수유통의 영향이라고 보는 것이 타당하다. 조력발전은 해수유통을 결정한 이후 배수 갑문으로 흘러 나가는 물의 흐름을 이용해 전기를 생산하는 것으로 해수유통의 부차적 결과물이기 때문이다.

① 조력발전소는 밀물을 통해 전기를 생산하고 있으며, 최근 주목받고 있는 발전소이다.
② 시화호 발전소의 1년 전기 생산량으로 인구 40만 명의 도시에 전기 공급이 가능하다.
③ 조력발전소가 설치된 이후 시화호의 수질이 악화되었으나, 해수유통을 통해 다시 수질을 회복할 수 있었다.
④ 우리나라에 세계 최대 규모의 조력발전소가 있다.

14 다음 중 A의 주장에 대한 반박으로 가장 적절한 것은?

> A : 우리나라의 장기 기증률은 선진국에 비해 너무 낮아. 이게 다 부모로부터 받은 신체를 함부로 훼손해서
>   는 안 된다는 전통적 유교 사상 때문이야.
>
> B : 맞아. 그런데 장기기증 희망자로 등록이 돼 있어도 유족들이 장기 기증을 반대하여 기증이 이뤄지지 않
>   는 경우도 많아.
>
> A : 유족들도 결국 유교 사상으로 인해 신체 일부를 다른 사람에게 준다는 방식을 잘 이해하지 못하는 거야.
>
> B : 글쎄, 유족들이 동의해서 기증이 이뤄지더라도 보상금을 받고 '장기를 팔았다.'라는 죄책감을 느끼는 유
>   족들도 있다고 들었어. 또 아직은 장기 기증에 대한 생소함 때문일 수도 있어.

① 캠페인을 통해 장기 기증에 대한 사람들의 인식을 변화시켜야 한다.
② 유족에게 지급하는 보상금 액수가 증가하면 장기 기증률도 높아질 것이다.
③ 장기기증 희망자는 반드시 가족들의 동의를 미리 받아야 한다.
④ 장기 기증률이 낮은 이유에는 유교 사상 외에도 여러 가지 원인이 있을 수 있다.

15 다음 문단을 논리적 순서대로 바르게 나열한 것은?

> (가) 교정 중에는 교정장치를 부착하고 있기 때문에 치아뿐 아니라 교정장치까지 닦아주어야 하는데요. 가운
>   데 홈이 있어 교정장치와 치아를 닦을 수 있는 교정용 칫솔을 선택해, 가운데 파여진 곳을 교정장치에
>   위치시킨 후 옆으로 왔다 갔다 전체적으로 닦아줍니다. 그다음 칫솔을 비스듬이하여 교정장치의 위아래
>   를 꼼꼼하게 닦아줍니다.
>
> (나) 치아를 가지런하게 하기 위해 교정하시는 분들 중에 간혹 교정 중에 칫솔질이 잘 되지 않아 충치가 생기
>   고 잇몸이 내려가 버리는 경우를 종종 보곤 합니다. 그러므로 교정 중에는 더 신경 써서 칫솔질을 해야
>   하죠.
>
> (다) 마지막으로 칫솔질을 할 때 잊지 말아야 할 것은 우리 입안에 치아만 있는 것이 아니므로 혀와 잇몸에
>   있는 플라그들도 제거해 주셔야 입 냄새도 예방할 수 있다는 것입니다. 올바른 칫솔질로 건강한 치아를
>   잘 유지하시길 바랍니다.
>
> (라) 또 교정장치 때문에 닦이지 않는 부위는 치간칫솔을 이용해 위아래 오른쪽 왼쪽 넣어 잘 닦아줍니다.
>   치실은 치아에 C자 모양으로 감아준 후 치아 방향으로 쓸어내려 줍니다. 그리고 교정 중에는 워터픽이
>   라는 물분사장치를 이용해 양치해 주시는 것도 많은 도움이 됩니다. 잘하실 수 있으시겠죠?

① (가) – (나) – (라) – (다)　　　　② (가) – (라) – (나) – (다)
③ (나) – (가) – (라) – (다)　　　　④ (나) – (라) – (다) – (가)

16 다음 밑줄 친 ㉠~㉤의 수정 방안으로 적절하지 않은 것은?

흔히들 '향토 음식'이라고 하면 옛날부터 전해 내려온 전통 음식을 떠올릴 것이다. ㉠ <u>그러나 향토 음식은 전통 음식보다 좁은 개념으로, 각 지역의 특산물을 재료로 하여 만들어진 그 지방 고유의 음식을 말한다.</u> ㉡ <u>해당 지역에서 생산된 재료로 만들 뿐만 아니라 조리 방법에 있어서도 그 지역 사람들이 살아 온 모습을 담고 있기 때문에 향토 음식은 그 지역 고유의 음식 문화를 이룬다고 할 수 있다.</u>

㉢ <u>그리고 요즘 청소년들은 이런 향토 음식에 대해 제대로 알고 있지 못하며 이에 관심을 가질 생각도 없는 것으로 보인다.</u> 지난 달 우리 지역 고등학생을 대상으로 한 향토 음식 선호도 설문 조사에서 "가장 좋아하는 우리 지역 향토 음식이 무엇입니까?"라는 질문에 대해 "우리 지역 향토 음식이 무엇인지 잘 모른다."라고 응답한 학생이 대다수를 차지했던 것이다. 나는 이 결과를 접하고서 이제라도 향토 음식에 관심을 가지고 그것을 배워야겠다는 생각을 하게 되었다.

그래서 나는 친구들과 주말에 ○○마을에서 열리는 '향토 음식 요리 교실'에 다니고 있다. ㉣ <u>주말에 함께 시간을 내는 것은 쉬운 일이 아니다.</u> 지난 주말에는 밀국수 만드는 법을 배우면서, 할머니들로부터 이 지역 밀국수에 대한 이야기를 들을 수 있었다. ○○마을은 지역 특성상 논농사가 어려워 쌀 대신 밀을 많이 먹었고, 이웃과 함께 국수를 만들어 먹으며 정을 나누었다. 또 양념을 많이 쓰지 않은 자연 그대로의 담백한 맛은 우리 지역 사람들의 ㉤ <u>활기찬</u> 마음과 닮아 있다고 했다. 우리는 이런 이야기를 들으며, 향토 음식을 배우는 것은 그 지역의 요리만 배우는 것이 아니라 그 지역에서 이어져 온 문화와 정신을 배우는 것임을 알게 되었다. 이처럼 우리 청소년들이 향토 음식에 관심을 갖는 것은 사라져 가는 우리의 식문화를 지킴으로써 전통을 계승하는 계기를 마련한다는 데에 의의가 있다. 또한, 향토 음식에 대한 관심은 지역 공동체의 조화를 이루어 내는 데에도 참여할 것이다.

향토 음식은 우리 전통을 이어 갈 소중한 유산 중 하나이다. 티끌 모아 태산이 되듯 향토 음식에 대한 청소년의 작은 관심들이 모인다면 향토 음식은 우리의 자랑으로 자랄 것이다.

① 내용의 연결이 자연스럽지 못하므로 ㉠과 ㉡의 순서를 서로 바꾼다.
② 접속어의 사용이 잘못되었으므로 ㉢을 '그런데'로 수정한다.
③ 글의 흐름과 어긋나는 문장이므로 ㉣을 삭제한다.
④ 의미상 어울리지 않으므로 ㉤을 '소박한'으로 고친다.

17 다음 글의 제목으로 가장 적절한 것은?

시장경제는 국민 모두가 잘 살기 위한 목적을 달성하기 위한 수단으로서 선택한 나라 살림의 운영 방식이다. 그러나 최근에 재계, 정계, 그리고 경제 관료 사이에 벌어지고 있는 시장경제에 대한 논쟁은 마치 시장경제 그 자체가 목적인 것처럼 왜곡되고 있다. 국민들이 잘 살기 위해서는 경제가 성장해야 한다. 그러나 경제가 성장했는데도 다수의 국민들이 잘 사는 결과를 가져오지 못하고 경제적 강자들의 기득권을 확대 생산하는 결과만을 가져온다면 국민들은 시장경제를 버리고 대안적 경제체제를 찾을 것이다. 그렇기 때문에 시장경제를 유지하기 위해서는 성장과 분배의 균형이 중요하다.

시장경제는 경쟁을 통해서 효율성을 높이고 성장을 달성한다. 경쟁의 동기는 사적인 이익을 추구하는 인간의 이기적 속성에 기인한다. 국민 각자는 모두가 함께 잘 살기 위해서가 아니라 내가 잘 살기 위해서 경쟁을 한다. 모두가 함께 잘 살기 위한 공동의 목적을 달성하기 위한 수단으로 시장경제를 선택한 것이지만 개개인은 이기적인 동기로 시장에 참여하는 것이다. 이와 같이 시장경제는 개인과 공동의 목적이 서로 상반되는 모순을 이루는 것이 그 본질이다. 그래서 시장경제가 제대로 운영되기 위해서는 국가의 소임이 중요하다. 시장경제에서 국가가 할 일을 크게 세 가지로 나누어 볼 수 있다. 첫째는 경쟁을 유도하는 시장체제를 만드는 것이고, 둘째는 공정한 경쟁이 이루어지도록 시장질서를 세우는 것이며, 셋째는 경쟁의 결과로 얻은 성과가 모두에게 공평하게 분배되도록 조정하는 것이다. 최근에 벌어지고 있는 시장경제의 논쟁은 세 가지 국가의 역할 중에서 논쟁의 주체들이 자신의 이해관계에 따라 선택적으로 시장경제를 왜곡하고 있다. 경쟁에서 강자의 위치를 확보한 재벌들은 경쟁 촉진을 주장하면서 공정 경쟁이나 분배를 말하는 것은 반시장적이라고 매도한다. 정치권은 인기 영합의 수단으로, 그리고 일부 노동계는 이기적 동기에서 분배를 주장하면서 분배의 전제가 되는 성장을 위해서 필요한 경쟁을 훼손하는 모순된 주장을 한다. 경제 관료들은 자신의 권력을 강화하기 위한 부처의 이기적인 관점에서 경쟁 촉진과 공정 경쟁 사이에서 줄타기 곡예를 하며 분배에 대해서 말하는 것은 금기시한다. 모두가 자신들의 기득권을 위해서 선택적으로 왜곡하고 있다.

경쟁은 원천적으로 공정성을 보장하지 못한다. 서로 다른 능력이 주어진 천부적인 차이는 물론이고, 물려받는 재산과 환경의 차이로 인하여 출발선에서부터 불공정한 경쟁이 시작된다. 그럼에도 불구하고 경쟁은 창의력을 가지고 노력하는 사람에게 성공을 가져다주는 체제이다. 그래서 출발점이 다를지라도 노력과 능력에 따라서 성공의 기회가 제공되도록 보장하기 위해서 공정 경쟁이 중요하다.

경쟁은 또한 분배의 공평성을 보장하지 못한다. 경쟁의 결과는 경쟁에 참여한 모든 사람들의 노력의 결과로 이루어진 것이지, 승자만의 노력으로 이루어진 것은 아니다. 경쟁의 결과가 승자에 의해서 독점된다면 국민들은 경쟁의 참여를 거부할 수밖에 없다. 그래서 경쟁에 참여한 모두에게 공평한 분배가 이루어지는 것이 중요하다.

① 시장경제에서 개인과 국가의 관계
② 시장경제에서 국가 역할의 중요성
③ 시장경제에서 개인 간의 경쟁
④ 시장경제에서 경쟁의 이점과 그 한계

18 다음 문장을 논리적 순서대로 바르게 나열한 것은?

> (가) 그렇기 때문에 남녀 고용 평등의 확대를 위해 채용 목표제를 강화할 필요가 있다.
>
> (나) 우리나라 대졸 이상 여성의 고용 비율은 OECD 국가 중 최하위인데 이는 채용 과정에서 여성이 부당한 차별을 받는 경우가 많다는 것을 보여준다.
>
> (다) 우리나라 남녀 전체의 평균 고용 비율 격차는 31.8%로 남성에 비해 여성의 고용 비율이 현저히 낮다.
>
> (라) 강화된 법규가 준수될 수 있도록 정부의 계도와 감독 기능을 강화해야 할 것이다.
>
> (마) 고용 시 여성에게 일정 비율을 할애하는 것은 남성에 대한 역차별이라는 주장이 있기는 하지만 남녀 고용 평등이 어느 정도 실현될 때까지 여성에 대한 배려는 불가피하다.

① (다) – (가) – (마) – (나) – (라)

② (다) – (나) – (라) – (가) – (마)

③ (라) – (나) – (마) – (다) – (가)

④ (라) – (다) – (가) – (나) – (마)

19 다음 글에서 추론할 수 있는 내용은?

> 어떤 시점에 당신만이 느끼는 어떤 감각을 지시하여 'W'라는 용어의 의미로 삼는다고 해보자. 그 이후에 가끔 그 감각을 느끼게 되면, "'W'라고 불리는 그 감각이 나타났다."라고 당신은 말할 것이다. 그렇지만 그 경우에 당신이 그 용어를 올바르게 사용했는지 그렇지 않은지를 어떻게 결정할 수 있는가? 만에 하나 첫 번째 감각을 잘못 기억할 수도 있는 것이고, 혹은 실제로는 단지 희미하고 어렴풋한 유사성밖에 없는데도 첫 번째 감각과 두 번째 감각 사이에 밀접한 유사성이 있는 것으로 착각할 수도 있다. 더구나 그것이 착각인지 아닌지를 판단할 근거가 없다. 만약 'W'라는 용어의 의미가 당신만이 느끼는 그 감각에만 해당한다면, 'W'라는 용어의 올바른 사용과 잘못된 사용을 구분할 방법은 어디에도 없게 될 것이다. 올바른 적용에 관해 결정을 내릴 수 없는 용어는 아무런 의미도 갖지 않는다.

① 본인만이 느끼는 감각을 지시하는 용어는 아무 의미도 없다.

② 어떤 용어도 구체적 사례를 통해서 의미를 얻게 될 수 없다.

③ 감각을 지시하는 용어는 사용하는 사람에 따라 상대적인 의미를 갖는다.

④ 감각을 지시하는 용어의 의미는 그것이 무엇을 지시하는가와 아무 상관이 없다.

20 다음 글의 주장을 비판하기 위한 탐구 활동으로 가장 적절한 것은?

기술은 그 내부적인 발전 경로를 이미 가지고 있으므로, 어떤 특정한 기술(혹은 인공물)이 출현하는 것은 '필연적'인 결과라고 생각하는 사람들이 많다. 이러한 통념을 약간 다르게 표현하자면, 기술의 발전 경로는 이전의 인공물보다 '기술적으로 보다 우수한' 인공물들이 차례차례 등장하는, 인공물들의 연쇄로 파악할 수 있다는 것이다. 그리고 기술의 발전 경로가 '단일한' 것으로 보고, 어떤 특정한 기능을 갖는 인공물을 만들어 내는 데 있어서 '유일하게 가장 좋은' 설계 방식이나 생산 방식이 있을 수 있다고 가정한다. 이와 같은 생각을 종합하면 기술의 발전은 결코 사회적인 힘이 가로막을 수 없는 것일 뿐 아니라 단일한 경로를 따르는 것이므로, 사람들이 할 수 있는 일은 이미 정해져 있는 기술의 발전 경로를 열심히 추적해 가는 것밖에 남지 않게 된다는 결론이 나온다.

그러나 다양한 사례 연구에 의하면 어떤 특정 기술이나 인공물을 만들어 낼 때, 그것이 특정한 형태가 되도록 하는 데 중요한 역할을 하는 것은 그 과정에 참여하고 있는 엔지니어, 자본가, 소비자, 은행, 정부 등의 이해관계나 가치체계임이 밝혀졌다. 이렇게 보면 기술은 사회적으로 형성된 것이며, 이미 그 속에 사회적 가치를 반영하고 있는 셈이 된다. 뿐만 아니라 복수의 기술이 서로 경쟁하여 그중 하나가 사회에서 주도권을 잡는 과정을 분석해 본 결과, 이 과정에서 중요한 역할을 하는 것은 기술적 우수성이나 사회적 유용성이 아닌, 관련된 사회집단들의 정치적·경제적 영향력인 것으로 드러났다고 한다. 결국 현재에 이르는 기술 발전의 궤적은 결코 필연적이고 단일한 것이 아니었으며, '다르게' 될 수도 있었음을 암시하고 있는 것이다.

① 논거가 되는 연구 결과를 반박할 수 있는 다른 연구자료를 조사한다.
② 사회 변화에 따라 가치 체계의 변동이 일어나게 되는 원인을 분석한다.
③ 기술 개발에 관계자들의 이해관계나 가치가 작용한 실제 사례를 조사한다.
④ 글쓴이가 문제 삼고 있는 통념에 변화가 생기게 된 계기를 분석한다.

21 다음은 2023년 3분기와 4분기의 산업별 대출금에 대한 자료이다. 이에 대한 설명으로 옳지 않은 것을 〈보기〉에서 모두 고르면?

〈국내 산업별 대출금 현황〉

(단위 : 억 원)

산업구분	3분기	4분기
농업, 임업 및 어업	21,480.7	21,776.9
광업	909.0	905.0
제조업	315,631.7	319,134.5
전기, 가스, 증기 및 공기조절 공급업	11,094.0	11,365.6
수도·하수 및 폐기물 처리, 원료재생업	6,183.4	6,218.0
건설업	27,582.8	27,877.2
도매 및 소매업	110,526.2	113,056.5
운수 및 창고업	25,199.3	25,332.4
숙박 및 요식업	37,500.0	38,224.6
정보통신업, 예술, 스포츠, 여가 관련	24,541.3	25,285.9
금융 및 보험업	32,136.9	33,612.3
부동산업	173,886.5	179,398.1
전문, 과학 및 기술서비스업	11,725.2	12,385.7
사업시설관리, 사업지원 및 임대서비스업	8,219.4	8,502.1
교육 서비스업	7,210.8	7,292.3
보건 및 사회복지서비스업	24,610.0	25,301.1
공공행정 등 기타서비스	26,816.8	25,714.6
합계	865,254.0	881,382.8

〈보기〉

ㄱ. 전체 대출금 합계에서 광업이 차지하는 비중은 2023년 4분기에 전 분기 대비 감소하였다.
ㄴ. 2023년 3분기 대비 4분기의 전문, 과학 및 기술 서비스업의 대출금 증가율은 10%p 미만이다.
ㄷ. 2023년 3분기 전체 대출금 합계에서 도매 및 소매업 대출금이 차지하는 비중은 15% 이상이다.
ㄹ. 2023년 4분기에 대출금이 전 분기 대비 감소한 산업 수는 증가한 산업 수의 20% 이상이다.

① ㄴ
② ㄱ, ㄴ
③ ㄷ, ㄹ
④ ㄱ, ㄷ, ㄹ

22 다음은 국내 이민자의 경제활동에 대한 자료이다. 이에 대한 설명으로 옳은 것을 〈보기〉에서 모두 고르면?

〈국내 이민자 경제활동인구〉

(단위 : 천 명, %)

구분	이민자			국내인 전체
	외국인		귀화허가자	
	남성	여성		
15세 이상 인구	695.7	529.6	52.7	43,735
경제활동인구	576.1	292.6	35.6	27,828
취업자	560.5	273.7	33.8	26,824
실업자	15.6	18.8	1.8	1,003.0
비경제활동인구	119.5	237.0	17.1	15,907.0
경제활동 참가율	82.8	55.2	67.6	63.6

─────〈보기〉─────

㉠ 15세 이상 국내 인구 중 이민자가 차지하는 비율은 4% 이상이다.
㉡ 15세 이상 외국인 중 실업자의 비율이 귀화허가자 중 실업자의 비율보다 낮다.
㉢ 외국인 취업자의 수는 귀화허가자 취업자 수의 20배 이상이다.
㉣ 외국인 여성의 경제활동 참가율이 국내인 여성의 경제활동 참가율보다 낮다.

① ㉠, ㉡   ② ㉠, ㉣
③ ㉡, ㉢   ④ ㉠, ㉡, ㉢

23 다음은 K공단 요양급여실에 근무하는 A대리의 급여명세서이다. 이에 대한 설명으로 옳은 것은?(단, 비율은 소수점 첫째 자리에서 반올림한다)

〈2024년 6월 급여지급명세서〉

사번	12343	성명	A
소속	요양급여실	직급	대리

〈지급 내역〉

지급항목(원)		공제항목(원)	
기본급여	1,000,000	주민세	4,160
시간외수당	45,000	고용보험	16,250
직책수당	200,000	건강보험	( )
상여금	400,000	국민연금	112,500
특별수당	100,000	장기요양	4,960
교통비	150,000	소득세	41,630
교육지원	0		
식대	50,000		
급여 총액	1,945,000	공제 총액	255,370

① 공제 총액은 기본급여의 30% 이상이다.
② 건강보험료는 75,870원이다.
③ 시간외수당은 건강보험료보다 많다.
④ 주민세와 소득세 총액은 국민연금의 35%를 차지한다.

24 다음은 K국의 사회간접자본(SOC) 투자규모에 대한 자료이다. 이에 대한 설명으로 옳지 않은 것은?

〈K국의 사회간접자본(SOC) 투자규모〉

(단위 : 조 원, %)

구분 \ 연도	2019년	2020년	2021년	2022년	2023년
SOC 투자규모	20.5	25.4	25.1	24.4	23.1
총지출 대비 SOC 투자규모 비중	7.8	8.4	8.6	7.9	6.9

① 2023년 총지출은 300조 원 이상이다.

② 2020년 SOC 투자규모의 전년 대비 증가율은 30% 이하이다.

③ 2020 ~ 2023년 동안 SOC 투자규모가 전년에 비해 가장 많이 감소한 해는 2023년이다.

④ 2020 ~ 2023년 동안 SOC 투자규모와 총지출 대비 SOC 투자규모 비중의 전년 대비 증감방향은 동일하다.

25 다음은 6명 학생들의 지난 달 독서 현황을 나타낸 자료이다. 〈보기〉의 내용 중 옳은 것을 모두 고르면?

〈학생별 독서 현황〉

구분 \ 학생	지호	영길	다솜	대현	정은	관호
성별	남	남	여	남	여	남
독서량(권)	0	2	6	4	8	10

〈보기〉

ㄱ. 학생들의 평균 독서량은 5권이다.

ㄴ. 남학생이면서 독서량이 5권 이상인 학생 수는 전체 남학생 수의 50% 이상이다.

ㄷ. 독서량이 2권 이상인 학생 중 남학생 비율은 전체 학생 중 여학생 비율의 2배 이상이다.

ㄹ. 여학생이거나 독서량이 7권 이상인 학생 수는 전체 학생 수의 50% 이상이다.

① ㄱ, ㄴ ② ㄱ, ㄷ

③ ㄱ, ㄹ ④ ㄴ, ㄷ

26 다음은 A국과 B국의 골키퍼, 수비(중앙 수비, 측면 수비), 미드필드, 공격(중앙 공격, 측면 공격) 능력을 영역별로 평가한 결과이다. 이에 대한 설명으로 옳지 않은 것은?(단, 원 중심에서 멀어질수록 점수가 높아진다)

① A국은 공격보다 수비에 약점이 있다.
② B국은 미드필드보다 수비에서의 능력이 뛰어나다.
③ A국과 B국은 측면 수비 능력에서 가장 큰 차이가 난다.
④ A국과 B국 사이에 가장 작은 차이를 보이는 영역은 중앙 수비이다.

27 경기침체가 계속되면서 공무원 보수에 대해 '공무원 평생소득이 민간기업 평균소득보다 많다.'라는 주장과 '공무원의 보수가 박봉이기 때문에 처우가 개선되어야 한다.'라는 주장이 맞서고 있다. 이에 대한 내용으로 옳은 것을 〈보기〉에서 모두 고르면?

구분	공무원(일반 7급)	민간기업 근로자
생애연금	6억 1,851만 원	2억 6,252만 원
퇴직금(수당)	6,075만 원	1억 6,431만 원
취업소득	14억 2,681만 원	15억 722만 원
생애 총소득	21억 607만 원	19억 3,407만 원
민간기업 대비 공무원 생애 총소득 비율	A	100%

─〈보기〉─
㉠ 공무원은 민간기업 근로자보다 생애 총소득이 더 높다.
㉡ 민간기업 대비 공무원 생애 총소득 비율인 A값은 105.5%이다.
㉢ 민간기업 근로자는 취업소득과 퇴직금에서 공무원보다 많았지만, 생애연금 급여는 공무원 연금의 약 42%에 불과했다.
㉣ 생애 총소득은 공무원이 더 높지만, 퇴직 후 받는 모든 금액은 민간기업 근로자가 높다.

① ㉠, ㉡   ② ㉠, ㉢
③ ㉡, ㉢   ④ ㉡, ㉣

28 다음은 우리나라 시·도별 연평균 문화예술 및 스포츠 관람횟수에 대해 조사한 자료이다. 이에 대한 설명으로 옳지 않은 것은?

〈시·도별 연평균 문화예술 및 스포츠 관람횟수〉

(단위 : 회)

구분	음악·연주회	연극·마당극·뮤지컬	무용	영화	박물관	미술관	스포츠
전국	2.5	2.4	2.7	6.6	2.6	2.5	3.5
서울특별시	2.9	2.5	2.7	7.2	2.8	2.9	3.9
부산광역시	2.0	2.0	2.0	6.6	2.7	2.0	3.2
대구광역시	2.7	2.2	3.4	6.3	2.5	1.9	2.9
인천광역시	2.2	2.4	2.8	6.3	2.5	2.5	3.6
광주광역시	2.4	2.1	2.7	6.8	2.6	2.3	3.5
대전광역시	2.9	2.1	3.2	6.9	3.1	2.2	3.1
울산광역시	2.2	2.0	2.3	6.2	2.4	2.3	2.9
세종특별자치시	2.7	2.2	3.0	6.8	2.9	2.4	3.2
경기도	2.3	2.5	2.4	6.6	2.4	2.5	3.5
강원도	2.7	2.0	4.9	6.9	2.7	2.5	3.5
충청북도	2.3	2.2	2.3	6.5	2.4	1.9	2.8
충청남도	2.1	2.3	2.2	6.1	2.7	2.0	2.8
전라북도	2.1	2.6	2.6	6.2	2.5	2.1	2.9
전라남도	2.2	2.0	3.5	5.7	2.5	2.5	3.2
경상북도	2.4	2.1	2.9	6.1	2.7	2.1	2.9
경상남도	2.3	2.1	3.4	6.9	2.6	2.4	3.8
제주특별자치도	2.5	2.0	2.1	6.2	2.9	2.7	3.2

① 모든 시·도는 연평균 무용 관람횟수보다 연평균 영화 관람횟수가 더 많다.

② 경상남도에서 영화 다음으로 연평균 관람횟수가 많은 항목은 스포츠 관람이다.

③ 연평균 무용 관람횟수가 가장 많은 시·도는 연평균 스포츠 관람횟수도 가장 많다.

④ 대구광역시의 연평균 박물관 관람횟수는 제주특별자치도의 연평균 박물관 관람횟수의 80% 이상이다.

29 다음은 에너지원별 판매단가 및 CO_2 배출량에 대한 자료이다. 이에 대한 설명으로 옳지 않은 것은?(단, 배수는 소수점 둘째 자리에서 반올림한다)

〈에너지원별 판매단가 및 CO_2 배출량〉

구분	판매단가(원/kWh)	CO_2 배출량(g-CO_2/kWh)
원자력	38.42	9
유연탄	38.56	968
증유	115.32	803
LPG	132.45	440

① LPG 판매단가는 원자력 판매단가의 3.4배이다.
② 유연탄의 CO_2 배출량은 원자력의 97.6배이다.
③ LPG는 CO_2 배출량이 두 번째로 낮다.
④ 판매단가가 두 번째로 높은 에너지원은 CO_2 배출량도 두 번째로 높다.

30 다음은 계절별 강수량 추이에 대한 자료이다. 이를 이해한 내용으로 옳은 것은?

① 2016년부터 2023년까지 가을철 평균 강수량은 210mm 미만이다.
② 여름철 강수량이 두 번째로 높았던 해의 가을·겨울철 강수량의 합은 봄철 강수량의 2배 이상이다.
③ 강수량이 제일 낮은 해에 우리나라는 가뭄이었다.
④ 전년 대비 강수량의 변화가 가장 큰 해는 2021년이다.

31 다음은 K국의 치과의원 노인외래진료비 본인부담제도 안내문이다. 이를 참고했을 때 〈보기〉에서 A ~ E씨의 본인부담금의 합은 얼마인가?

〈치과의원 노인외래진료비 본인부담제도 안내〉

2024년 1월부터 만 65세 이상 치과의원 노인외래진료비 본인부담제도가 개선됩니다.

■ 대상 : 만 65세 이상 치과의원 외래진료 시
■ 본인부담금 안내 : 총진료비가 1만 5천 원 이하인 경우는 1,500원
  일정금액 초과 시 총진료비의 10 ~ 30% 부담

구분	진료비 구간	본인부담금 현행		본인부담금 개선
치과의원	1만 5천 원 이하	1,500원	⇨	1,500원
	1만 5천 원 초과 2만 원 이하			10%
	2만 원 초과 2만 5천 원 이하	30%		20%
	2만 5천 원 초과			30%

〈보기〉

구분	진료비	진료 날짜
A씨	17,000원	2022년 6월
B씨	13,500원	2023년 3월
C씨	23,000원	2023년 2월
D씨	24,000원	2022년 10월
E씨	27,000원	2023년 5월

※ 단, A ~ E씨는 모두 만 65세 이상이다.

① 18,800원
② 21,300원
③ 23,600원
④ 26,500원

32 다음은 K공사의 연도별 재무자료이다. 이를 바르게 해석하지 못한 사람은?

〈K공사 연도별 재무자료〉

(단위 : 억 원, %)

연도	자산	부채	자본	부채 비율
2014년	41,298	15,738	25,560	61.6
2015년	46,852	23,467	23,385	100.4
2016년	46,787	21,701	25,086	86.5
2017년	50,096	23,818	26,278	80.6
2018년	60,388	26,828	33,560	79.9
2019년	64,416	30,385	34,031	89.3
2020년	73,602	39,063	34,539	113.1
2021년	87,033	52,299	34,734	150.6
2022년	92,161	55,259	36,902	149.7
2023년	98,065	56,381	41,684	135.3

① A : K공사의 자본금은 2018년에 전년 대비 7,000억 원 이상 증가했는데, 이는 10년간 자본금 추이를 볼 때 두드러진 변화야.

② B : 부채 비율이 전년 대비 가장 많이 증가한 해는 2015년이네.

③ C : 10년간 평균 부채 비율은 90% 미만이야.

④ D : 2023년의 자산과 자본은 10년 중 가장 많았지만, 그만큼 부채도 가장 많았네.

33 다음은 2019년부터 2023년까지 K기업의 매출액과 원가, 그리고 판관비를 정리한 자료이다. 이를 나타낸 그래프로 옳은 것은?

〈연도별 K기업 매출 및 판관비〉

(단위 : 억 원)

구분	2019년	2020년	2021년	2022년	2023년
매출액	1,485	1,630	1,410	1,860	2,055
매출원가	1,360	1,515	1,280	1,675	1,810
판관비	30	34	41	62	38

※ (영업이익)=(매출액)−[(매출원가)+(판관비)]
※ (영업이익률)=(영업이익)÷(매출액)×100

① 2019 ~ 2023년 영업이익

② 2019 ~ 2023년 영업이익

③ 2019 ~ 2023년 영업이익률

④ 2019 ~ 2023년 영업이익률

34 다음은 대륙별 인터넷 이용자 수에 대한 자료이다. 이에 대한 설명으로 옳지 않은 것은?

〈대륙별 인터넷 이용자 수〉

(단위 : 백만 명)

구분	2016년	2017년	2018년	2019년	2020년	2021년	2022년	2023년
중동	66	86	93	105	118	129	141	161
유럽	388	410	419	435	447	466	487	499
아프리카	58	79	105	124	148	172	193	240
아시아・태평양	726	872	988	1,124	1,229	1,366	1,506	1,724
아메리카	428	456	483	539	584	616	651	647
독립국가연합	67	95	114	143	154	162	170	188

① 2023년의 중동의 인터넷 이용자 수는 2016년에 비해 9천 5백만 명이 늘었다.
② 2022년에 비해 2023년의 인터넷 이용자 수가 감소한 대륙은 한 곳이다.
③ 2023년의 아프리카의 인터넷 이용자 수는 2019년에 비해 약 1.9배 증가했다.
④ 조사 기간 중 전년 대비 아시아・태평양의 인터넷 이용자 수의 증가량이 가장 큰 해는 2017년이다.

35 다음은 2018 ~ 2023년간 소유자별 국토면적을 나타낸 자료이다. 이에 대한 설명으로 옳지 않은 것은?

〈소유자별 국토면적〉

(단위 : km²)

구분	2018년	2019년	2020년	2021년	2022년	2023년
전체	99,646	99,679	99,720	99,828	99,897	100,033
민유지	56,457	55,789	54,991	54,217	53,767	53,357
국유지	23,033	23,275	23,460	23,705	23,891	24,087
도유지	2,451	2,479	2,534	2,580	2,618	2,631
군유지	4,741	4,788	4,799	4,838	4,917	4,971
법인	5,207	5,464	5,734	5,926	6,105	6,287
비법인	7,377	7,495	7,828	8,197	8,251	8,283
기타	380	389	374	365	348	417

① 국유지 면적은 매년 증가하였고, 민유지 면적은 매년 감소하였다.
② 전년 대비 2019 ~ 2023년 군유지 면적의 증가량은 2022년에 가장 크다.
③ 2018년과 2023년을 비교했을 때, 법인보다 국유지 면적의 차이가 크다.
④ 전체 국토면적은 매년 조금씩 증가하고 있다.

36 다음은 K지역의 주화 공급에 대한 자료이다. 〈보기〉 중 이에 대한 설명으로 옳은 것을 모두 고르면?

〈주화 종류별 공급량과 공급기관 수〉

구분 \ 주화종류	액면가				합계
	10원	50원	100원	500원	
공급량(만 개)	3,469	2,140	2,589	1,825	10,023
공급기관 수(개)	1,519	929	801	953	4,202

※ (평균 주화 공급량) = $\dfrac{(\text{주화 종류별 공급량의 합})}{(\text{주화 종류 수})}$

※ (주화 공급액) = (주화 공급량) × (액면가)

〈보기〉

ㄱ. 주화 공급량이 주화 종류별로 각각 200만 개씩 증가한다면 K지역의 평균 주화 공급량은 2,700만 개 이상이다.

ㄴ. 주화 종류별 공급기관당 공급량은 10원 주화가 500원 주화보다 적다.

ㄷ. 10원과 500원 주화는 각각 10%씩, 50원과 100원 주화는 각각 20%씩 공급량이 증가한다면, K지역의 평균 주화 공급량의 증가율은 15% 이하이다.

ㄹ. 총 주화 공급액 규모가 12% 증가해도 주화 종류별 주화 공급량의 비율은 변하지 않는다.

① ㄱ, ㄴ
② ㄱ, ㄷ
③ ㄴ, ㄹ
④ ㄱ, ㄷ, ㄹ

※ 다음은 연령별 어린이집 이용 영유아 현황에 대한 자료이다. 이어지는 질문에 답하시오. [37~38]

<연령별 어린이집 이용 영유아 현황>

(단위 : 명)

구분		국·공립 어린이집	법인 어린이집	민간 어린이집	가정 어린이집	부모협동 어린이집	직장 어린이집	합계
2020년	0~2세	36,530	35,502	229,414	193,412	463	6,517	501,838
	3~4세	56,342	50,497	293,086	13,587	705	7,875	422,092
	5세 이상	30,533	27,895	146,965	3,388	323	2,417	211,521
2021년	0~2세	42,331	38,648	262,728	222,332	540	7,815	574,394
	3~4세	59,947	49,969	290,620	12,091	755	8,518	421,900
	5세 이상	27,378	23,721	122,415	2,420	360	2,461	178,755
2022년	0~2세	47,081	42,445	317,489	269,243	639	9,359	686,256
	3~4세	61,609	48,543	292,599	10,603	881	9,571	423,806
	5세 이상	28,914	23,066	112,929	1,590	378	2,971	169,848
2023년	0~2세	49,892	41,685	337,573	298,470	817	10,895	739,332
	3~4세	64,696	49,527	319,903	8,869	1,046	10,992	455,033
	5세 이상	28,447	21,476	99,847	1,071	423	3,100	154,364

37 다음 중 자료에 대한 내용으로 옳지 않은 것은?

① 2020~2023년 0~2세와 3~4세 국·공립 어린이집 이용 영유아 수는 계속 증가하고 있다.
② 2020~2023년 부모협동 어린이집과 직장 어린이집을 이용하는 연령별 영유아 수의 증감 추이는 동일하다.
③ 2021~2023년 전년 대비 가정 어린이집을 이용하는 0~2세 영유아 수는 2023년에 가장 크게 증가했다.
④ 법인 어린이집을 이용하는 5세 이상 영유아 수는 매년 감소하고 있다.

38 다음 중 2020년과 2023년 전체 어린이집 이용 영유아 수의 차는 몇 명인가?

① 146,829명
② 169,386명
③ 195,298명
④ 213,278명

39 다음은 2013년부터 2023년까지 연도별 자동차 등록 추이를 나타낸 자료이다. 이를 나타낸 그래프로 옳지 않은 것은?

〈연도별 자동차 등록 추이〉

(단위 : 만 대)

연도	2013년	2014년	2015년	2016년	2017년	2018년	2019년	2020년	2021년	2022년	2023년
대수	1,794	1,844	1,887	1,940	2,012	2,099	2,180	2,253	2,320	2,368	2,437

※ (당해 증가율)=[(당해연도 수)−(전년도 수)]÷(전년도 수)×100

① 2014 ~ 2018년 증가대수

② 2019 ~ 2023년 증가대수

③ 2014 ~ 2018년 증가율

④ 2019 ~ 2023년 증가율

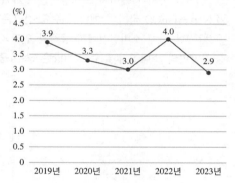

40 다음은 세계 총에너지 소비실적 및 수요 전망에 대한 자료이다. 이에 대한 설명으로 옳지 않은 것은?

〈세계 총에너지 소비실적 및 수요 전망〉

(단위 : Moe)

구분	소비실적		수요 전망					2023 ~ 2045년 연평균 증감률(%)
	2000년	2023년	2025년	2030년	2035년	2040년	2045년	
OECD	4,522	5,251	5,436	5,423	5,392	5,399	5,413	0.1
미국	1,915	2,136	2,256	2,233	2,197	2,192	2,190	0.1
유럽	1,630	1,769	1,762	1,738	1,717	1,704	1,697	−0.1
일본	439	452	447	440	434	429	422	−0.2
Non − OECD	4,059	7,760	9,151	10,031	10,883	11,656	12,371	1.7
러시아	880	741	730	748	770	798	819	0.4
아시아	1,588	4,551	5,551	6,115	6,653	7,118	7,527	1.8
중국	879	2,909	3,512	3,802	4,019	4,145	4,185	1.3
인도	317	788	1,004	1,170	1,364	1,559	1,757	2.9
중동	211	680	800	899	992	1,070	1,153	1.9
아프리카	391	739	897	994	1,095	1,203	1,322	2.1
중남미	331	611	709	784	857	926	985	1.7
합계	8,782	13,361	14,978	15,871	16,720	17,529	18,293	1.1

① 2023년 아시아 에너지 소비실적은 2000년의 3배 이상이다.
② Non − OECD 국가의 에너지 수요 전망은 2023 ~ 2045년 연평균 1.7%씩 증가한다.
③ 2000년 전체 소비실적에서 중국과 인도의 에너지 소비실적 합의 비중은 13% 이상이다.
④ 중남미의 소비실적과 수요 전망은 모두 증가하고 있다.

※ K공사에서는 동절기 근무복을 구매하려고 한다. 다음 자료를 참고하여 이어지는 질문에 답하시오. **[41~42]**

〈동절기 근무복 업체별 평가점수〉

구분	가격	디자인	보온성	실용성	내구성
A업체	★★★★	★★★	★★★★	★★	★★★★
B업체	★★★★★	★	★★★	★★★★	★
C업체	★★★	★★	★★★	★★★	★★
D업체	★★	★★★★	★★★★★	★★	★

※ ★의 개수가 많을수록 높은 평가점수이다.

41 K공사 임직원은 근무복의 가격과 보온성을 중요시한다. 임직원의 선호를 고려한다면, 어떤 업체의 근무복을 구매하겠는가?(단, 가격과 보온성을 고려한 별 개수가 같을 경우 모든 부문의 별 개수 합계를 비교한다)

① A업체   ② B업체
③ C업체   ④ D업체

42 각 업체의 한 벌당 구매가격이 다음과 같을 때, 예산 100만 원 내에서 어떤 업체의 근무복을 구매하겠는가? (단, 지급될 동절기 근무복은 총 15벌이며, 가격과 보온성을 고려하여 구매한다)

〈업체별 근무복 가격〉

(단위 : 원)

A업체	B업체	C업체	D업체
63,000	60,000	75,000	80,000

※ 평가점수 총점이 같을 경우, 가격이 저렴한 업체를 선정한다.

① A업체   ② B업체
③ C업체   ④ D업체

43 다음 〈조건〉이 항상 참일 때, 이를 바르게 추론한 것은?

───────────〈조건〉───────────

- 정서와 애서, 희서는 같은 집에 살며 회사에 걸어 다닌다.
- 정서, 애서, 희서의 걷는 속도는 동일하다.
- 세 명은 A, B, C회사 중 각각 한 곳에 다닌다.
- A회사는 집에서 500m 떨어진 곳에 위치해 있고, B회사는 700m, C회사는 900m 떨어진 곳에 있다.
- 정서는 집에서 800m보다 가까운 거리에 위치한 회사에 다닌다.
- 애서는 C회사에 다니지 않는다.
- A, B, C회사의 출근시간은 같지만 애서는 정서보다 먼저 나와야 한다.

① 희서는 B회사에 다닌다.
② 희서는 애서보다 늦게 나와도 된다.
③ 중간에 위치한 회사에 다니는 사람은 희서이다.
④ 가장 가까운 회사에 다니는 사람은 정서이다.

44 9층 건물의 지하에서 출발한 엘리베이터에 타고 있던 A ~ I는 1층부터 9층까지 각각 다른 층에 내렸다. 다음 〈조건〉을 참고할 때, 짝수 층에 내리지 않은 사람은?

───────────〈조건〉───────────

- D는 F보다는 빨리 내렸고, A보다는 늦게 내렸다.
- H는 홀수 층에 내렸다.
- C는 3층에 내렸다.
- G는 C보다 늦게 내렸고, B보다 빨리 내렸다.
- B는 C보다 3층 후에 내렸고, F보다는 1층 전에 내렸다.
- I는 D보다 늦게 내렸고, G보다는 일찍 내렸다.

① B   ② D
③ E   ④ G

45 영업사원 A가 다음 〈조건〉에 따라 도시 3곳을 방문할 때, 방문한 도시를 순서대로 바르게 나열한 것은?

─〈조건〉─

- 출발지는 대전이다.
- 출발지와 여행한 도시는 다시 방문하지 않는다.
- 이동 방법은 디스크 스케줄링 기법 SSTF(Shortest Seek Time First)를 활용한다.

※ SSTF : 현 위치에서 가장 짧은 거리를 우선 탐색하는 기법

울진
250
220
130
대전 90
100
150
군산
김천
포항
200 220
120
130
120
광주 140
진주 100 부산

(단위 : km)

① 군산 – 광주 – 김천
② 군산 – 광주 – 진주
③ 김천 – 부산 – 진주
④ 울진 – 김천 – 광주

※ K공단이 운영하는 대학장학회에서 매년 10명씩 선정하여 장학금과 부상으로 문화상품권을 준다고 한다. 다음은 문화상품권 구매처와 각 장학금 종류에 따른 부상내역에 대한 자료이다. 이어지는 질문에 답하시오.
[46~47]

〈문화상품권 구매처별 현황〉

구분	종류	할인율	비고
A업체	1만 원권, 5만 원권	100만 원 이상 구입 시 8% 할인 및 포장비 무료	• 택배비 4천 원 • 포장비 개당 5백 원
B업체	5천 원권, 1만 원권, 10만 원권	50만 원 이상 구입 시 50만 원 단위로 6% 할인	• 택배비 4천 원 • 포장비 개당 7백 원
C업체	5만 원권, 10만 원권	100만 원 이상 구입 시 5% 할인	• 직접 방문 구매 • 봉투만 무료 지급
D업체	1만 원권, 5만 원권	100만 원 이상 구입 시 100만 원 단위로 4% 할인	• 택배비 5천 원 • 포장비 무료

※ 택배비는 한 번만 계산하며, 포장비는 인원수만큼 계산한다.

〈장학금 및 부상내역〉

구분	장학금	인원	부상
성적 우수 장학금	450만 원	4명	문화상품권 30만 원
근로 장학금	450만 원	4명	문화상품권 30만 원
이공계 장학금	500만 원	2명	문화상품권 40만 원

※ 부상은 한 명당 받는 금액이다.

46 문화상품권을 종류에 상관없이 가장 저렴하게 구입할 때, 대학장학회에서 장학금과 부상에 사용한 총액은 얼마인가?(단, 택배비 및 포장비도 포함한다)

① 48,948,000원
② 48,938,000원
③ 48,928,000원
④ 48,918,000원

47 다음 〈조건〉에 맞는 구매처에서 할인받을 수 있는 금액은 얼마인가?(단, 택배비 및 포장비는 제외한다)

———〈조건〉———
• 5만 원권 또는 10만 원권으로 구매하려고 한다.
• 직접 방문하여 구매하기가 어렵다.
• 최소한의 비용으로 구매한다.

① 120,000원
② 180,000원
③ 206,000원
④ 256,000원

48 어느 도시에 있는 병원의 공휴일 진료 현황이 다음 〈조건〉과 같을 때, 공휴일에 진료하는 병원의 수는?

〈조건〉

- 만약 B병원이 진료를 하지 않으면, A병원은 진료를 한다.
- 만약 B병원이 진료를 하면, D병원은 진료를 하지 않는다.
- 만약 A병원이 진료를 하면, C병원은 진료를 하지 않는다.
- 만약 C병원이 진료를 하지 않으면, E병원이 진료를 한다.
- E병원은 공휴일에 진료를 하지 않는다.

① 1곳
② 2곳
③ 3곳
④ 4곳

49 다음 글의 내용을 토대로 5명의 기업윤리 심의위원을 선정하려고 할 때, 반드시 참인 것은?

후보자는 총 8명으로, 신진 윤리학자 1명과 중견 윤리학자 1명, 신진 경영학자 4명과 중견 경영학자 2명이다. 위원의 선정은 다음 조건을 만족해야 한다.
- 윤리학자는 적어도 1명 선정되어야 한다.
- 신진 학자는 4명 이상 선정될 수 없다.
- 중견 학자 3명이 함께 선정될 수는 없다.
- 신진 윤리학자가 선정되면 중견 경영학자는 2명 선정되어야 한다.

① 윤리학자는 2명이 선정된다.
② 신진 경영학자는 3명이 선정된다.
③ 중견 경영학자가 2명 선정되면 윤리학자 2명도 선정된다.
④ 중견 윤리학자가 선정되지 않으면 신진 경영학자 2명이 선정된다.

50 A씨는 가족들과 레스토랑에서 외식을 계획 중이며, 레스토랑에서 보다 할인된 가격 혜택을 받기 위해서 통신사별 멤버십 혜택을 표로 정리하였다. A ~ D레스토랑에 대한 E ~ G통신사의 혜택이 다음과 같을 때, 각 상황에서 가장 비용이 저렴한 경우는?

〈통신사별 멤버십 혜택〉

구분	E통신사	F통신사	G통신사
A레스토랑	1,000원당 100원 할인	15% 할인	–
B레스토랑	15% 할인	20% 할인	15% 할인
C레스토랑	20% 할인 (VIP의 경우 30% 할인)	1,000원당 200원 할인	30% 할인
D레스토랑	–	10% 할인 (VIP의 경우 20% 할인)	1,000원당 100원 할인

① A레스토랑에서 14만 3천 원의 금액을 사용하고, F통신사의 할인을 받는다.
② B레스토랑에서 16만 5천 원의 금액을 사용하고, F통신사의 할인을 받는다.
③ C레스토랑에서 16만 4천 원의 금액을 사용하고, E통신사의 VIP 할인을 받는다.
④ D레스토랑에서 15만 4천 원의 금액을 사용하고, F통신사의 VIP 할인을 받는다.

51 K회사의 청원경찰은 6층 회사건물을 층마다 모두 순찰한 후에 퇴근한다. 다음 〈조건〉에 따라 1층에서 출발하여 6층까지 순찰을 완료하고 다시 1층으로 돌아오기까지 소요되는 최소 시간은?(단, 제시된 조건 외의 다른 요인은 고려하지 않는다)

───────〈조건〉───────
• 층간 이동은 엘리베이터로만 해야 하며 엘리베이터가 한 개 층을 이동하는 데는 1분이 소요된다.
• 엘리베이터는 한 번에 최대 세 개 층(예 1층 → 4층)을 이동할 수 있다.
• 엘리베이터는 한 번 위로 올라갔으면, 그다음에는 아래 방향으로 내려오고, 그다음에는 다시 위 방향으로 올라가야 한다.
• 하나의 층을 순찰하는 데는 10분이 소요된다.

① 1시간
② 1시간 10분
③ 1시간 16분
④ 1시간 22분

52 다음은 K기업의 팀별 성과급 지급 기준과 영업팀의 평가표이다. 영업팀에게 지급되는 성과급의 1년 총액은?(단, 성과평가등급이 A등급이면 직전 분기 차감액의 50%를 가산하여 지급한다)

〈성과급 지급 기준〉

성과평가 점수	성과평가 등급	분기별 성과급 지급액
9.0 이상	A	100만 원
8.0 ~ 8.9	B	90만 원(10만 원 차감)
7.0 ~ 7.9	C	80만 원(20만 원 차감)
6.9 이하	D	40만 원(60만 원 차감)

〈영업팀 평가표〉

구분	1분기	2분기	3분기	4분기
유용성	8	8	10	8
안정성	8	6	8	8
서비스 만족도	6	8	10	8

※ (성과평가 점수)＝[(유용성)×0.4]+[(안정성)×0.4]+[(서비스 만족도)×0.2]

① 350만 원 ② 360만 원
③ 370만 원 ④ 380만 원

※ A사원은 그날의 날씨와 평균기온을 고려하여 〈조건〉에 따라 자신이 마실 음료를 고른다. 다음은 음료의 메뉴판과 이번 주 일기예보이다. 이어지는 질문에 답하시오. [53~54]

〈메뉴판〉

(단위 : 원)

커피류			차 및 에이드류		
구분	작은 컵	큰 컵	구분	작은 컵	큰 컵
아메리카노	3,900	4,300	자몽에이드	4,200	4,700
카페라테	4,400	4,800	레몬에이드	4,300	4,800
바닐라라테	4,600	5,000	자두에이드	4,500	4,900
카페모카	5,000	5,400	밀크티	4,300	4,800

〈이번 주 일기예보〉

구분	7월 24일 일요일	7월 25일 월요일	7월 26일 화요일	7월 27일 수요일	7월 28일 목요일	7월 29일 금요일	7월 30일 토요일
날씨	흐림	맑음	맑음	흐림	비	비	맑음
평균기온	24℃	26℃	28℃	27℃	27℃	25℃	26℃

─〈조건〉─

• A사원은 맑거나 흐린 날에는 차 및 에이드류를 마시고, 비가 오는 날에는 커피류를 마신다.
• 평균기온이 26℃ 미만인 날에는 작은 컵으로, 26℃ 이상인 날은 큰 컵으로 마신다.
• 커피를 마시는 날 중 평균기온이 25℃ 미만인 날은 아메리카노를, 25℃ 이상 27℃ 미만인 날은 바닐라라테를, 27℃인 날은 카페라테를, 28℃ 이상인 날은 카페모카를 마신다.
• 차 및 에이드류를 마시는 날 중 평균기온이 27℃ 미만인 날은 자몽에이드를, 27℃ 이상인 날은 자두에이드를 마신다. 단, 비가 오지 않는 화요일과 목요일에는 반드시 밀크티를 마신다.

53 오늘이 7월 28일이라고 할 때, A사원이 오늘 마실 음료는?

① 아메리카노 큰 컵
② 카페라테 큰 컵
③ 바닐라라테 작은 컵
④ 카페모카 큰 컵

54 A사원은 7월 26일에 직장동료인 B사원에게 음료를 사주고자 한다. B사원에게는 자신이 전날 마신 음료와 같은 종류의 음료를 사준다고 할 때, A사원이 자신이 마실 음료와 B사원에게 사줄 음료 두 잔을 주문하며 지불할 금액은?

① 8,700원
② 9,000원
③ 9,200원
④ 9,500원

55 다음 글이 참일 때 항상 거짓인 것은?

갑 ~ 무는 J부서에 근무하고 있다. 이 부서에서는 K공사와의 업무 협조를 위해 지방의 네 지역으로 직원을 출장 보낼 계획을 수립하였다. 원활한 업무 수행을 위해 모든 출장은 갑 ~ 무 중 두 명 또는 세 명으로 구성된 팀 단위로 이루어진다. 네 팀이 구성되어 네 지역에 각각 한 팀씩 출장이 배정되며, 네 지역 출장 날짜는 모두 다르다. 또한, 모든 직원은 최소한 한 번 출장에 참가한다. 이번 출장 업무를 총괄하는 직원은 단 한 명밖에 없으며, 그는 네 지역 모두의 출장에 참가한다. 더불어 업무 경력을 고려하여, 단 한 지역의 출장에만 참가하는 것은 신입사원으로 제한한다. J부서에 근무하는 신입사원은 한 명밖에 없다. 다음 기준을 토대로 출장 계획을 수립한 결과, 을은 갑과 단둘이 가는 한 번의 출장 이외에 다른 어떤 출장도 가지 않으며, 병과 정이 함께 출장을 가는 경우는 단 한 번밖에 없다. 그리고 네 지역 가운데 광역시가 두 곳인데, 단 두 명의 직원만이 두 광역시 모두에 출장을 간다.

① 갑은 이번 출장 업무를 총괄하는 직원이다.
② 을은 광역시에 출장을 가지 않는다.
③ 병이 갑, 무와 함께 출장을 가는 지역이 있다.
④ 정은 총 세 곳에 출장을 간다.

56 다음 명제가 모두 참이라고 할 때, 항상 참이라고 볼 수 없는 것은?

• K사원은 연말이 되면 회계 결산으로 특근을 한다.
• P사원은 연말이 아니면 출장을 가지 않는다.
• P사원이 출장을 가거나 혹은 Q사원이 야근을 한다.
• K사원은 특근을 하고 Q사원은 야근을 한다.

① P사원이 출장을 가면 K사원은 특근을 한다.
② 지금은 연말이다.
③ P사원이 출장을 가면 연말이다.
④ P사원이 출장을 가는지는 알 수 없다.

57 K기업에서는 사업 계획 및 예산 편성을 위하여 정기총회를 개최하였다. 정기총회에는 지역별 대표 8명이 참석했으며 다음 〈조건〉과 같이 원탁에 둘러앉았을 때, 서울 대표 맞은편에 앉아 있는 대표는 누구인가?

〈조건〉
- 서울 대표는 부산 대표 옆에 앉아 있다.
- 부산 대표를 기준으로 오른쪽 두 번째에는 대전 대표가 앉아 있다.
- 울산 대표의 왼쪽에는 제주 대표가 앉아 있다.
- 경인 대표 양옆에는 서울 대표와 대구 대표가 앉아 있다.
- 광주 대표는 대구 대표와 마주 앉아 있다.

① 광주 대표
② 대전 대표
③ 제주 대표
④ 울산 대표

58 형준, 연재, 영호, 소정이는 언어영역, 수리영역, 외국어영역으로 구성된 시험을 본 뒤 채점을 해보니 다음 〈조건〉과 같은 결과가 나타났다. 이를 참고했을 때, 반드시 참인 것은?

〈조건〉
- ㉠ 형준이는 언어영역에서 1등이고, 수리영역에서는 연재보다 잘했다.
- ㉡ 연재는 수리영역 4위가 아니다.
- ㉢ 소정이는 외국어영역에서 형준이보다 못했다.
- ㉣ 형준이는 외국어영역에서 영호와 연재에게만 뒤처졌다.
- ㉤ 영호는 언어영역에서 4위를 했고, 수리영역은 연재보다 못했다.
- ㉥ 모든 영역에서 동점자는 존재하지 않는다.
- ㉦ 형준이는 수리영역에서 소정이보다 못했다.
- ㉧ 소정이의 외국어영역 순위는 연재의 수리영역 순위에 1을 더한 것과 같다.
- ㉨ 평소에 소정이의 언어영역 점수는 연재의 언어영역 점수보다 좋지 않은 편이었다.

① 언어영역 2위는 연재이다.
② 외국어영역 3위는 형준이다.
③ 영호는 세 과목에서 모두 4위이다.
④ 연재의 언어영역 순위에 1을 더한 값은 형준이의 외국어영역 순위와 같다.

59 다음 글의 내용이 참일 때, 반드시 채택되는 업체의 수는?

> K기업에서는 신제품에 들어갈 부품을 조달할 업체를 채택할 것이다. 예비 후보로 A, B, C, D, E 다섯 개 업체가 선정되었으며, 그 외에 다른 업체가 채택될 가능성은 없다. 각각의 업체에 대해 K기업은 채택하거나 채택하지 않거나 어느 하나의 결정만을 내린다.
>
> 기업 내부방침에 따라, 일정 규모 이상의 중견기업인 A가 채택되면 소기업인 B도 채택된다. A가 채택되지 않으면 D와 E역시 채택되지 않는다. 그리고 K기업의 생산공장과 동일한 단지에 속한 업체인 B가 채택된다면, 같은 단지의 업체인 C가 채택되거나 혹은 타지역 업체인 A는 채택되지 않는다. 마지막으로 부품 공급위험을 분산하기 위해 D가 채택되지 않는다면, A는 채택되지만 C는 채택되지 않는다.

① 1곳 　　　　　　　　　　　　② 2곳
③ 3곳 　　　　　　　　　　　　④ 4곳

60 다음 수제 초콜릿에 대한 분석 기사를 읽고 〈보기〉에서 설명하는 SWOT 분석에 의한 마케팅 전략을 진행하고자 할 때, 마케팅 전략으로 적절하지 않은 것은?

> 오늘날 식품 시장을 보면 원산지와 성분이 의심스러운 제품들로 넘쳐 납니다. 이로 인해 소비자들은 고급스럽고 안전한 먹거리를 찾고 있습니다. 우리의 수제 초콜릿은 이러한 요구를 완벽하게 충족시켜주고 있습니다. 풍부한 맛, 고급 포장, 모양, 건강상의 혜택, 강력한 스토리텔링 모두 높은 품질을 원하는 소비자들의 요구를 충족시키는 것입니다. 사실 수제 초콜릿을 만드는 데는 비용이 많이 듭니다. 각종 장비 및 유지 보수에서부터 값비싼 포장과 유통 업체의 높은 수익을 보장해 주다 보면 초콜릿을 생산하는 업체에게 남는 이익은 많지 않습니다. 또한, 수제 초콜릿의 존재 자체를 많은 사람들이 알지 못하는 상황입니다. 하지만 보다 좋은 식품에 대한 인기가 높아짐에 따라 더 많은 업체들이 수제 초콜릿을 취급하기를 원하고 있습니다. 따라서 수제 초콜릿은 일반 초콜릿보다 더 높은 가격으로 판매될 수 있을 것입니다. 현재 초콜릿을 대량으로 생산하는 대형 기업들은 자신들의 일반 초콜릿과 수제 초콜릿의 차이를 줄이는 데 최선을 다하고 있습니다. 그리고 직접 맛을 보기 전에는 일반 초콜릿과 수제 초콜릿의 차이를 알 수 없기 때문에 소비자들은 굳이 초콜릿에 더 많은 돈을 지불해야 하는 이유를 알지 못할 수 있습니다. 따라서 수제 초콜릿의 효과적인 마케팅 전략이 필요한 시점입니다.

〈보기〉
- SO전략 : 강점을 살려 기회를 포착한다.
- ST전략 : 강점을 살려 위협을 회피한다.
- WO전략 : 약점을 보완하여 기회를 포착한다.
- WT전략 : 약점을 보완하여 위협을 회피한다.

① 전문가의 의견을 통해 수제 초콜릿의 풍부한 맛을 알리는 동시에 일반 초콜릿과 맛의 차이도 알려야겠어.
② 수제 초콜릿을 고급 포장하여 수제 초콜릿의 스토리텔링을 더 살려보는 것은 어떨까.
③ 수제 초콜릿의 스토리텔링을 포장에 명시한다면 소비자들이 믿고 구매할 수 있을 거야.
④ 수제 초콜릿의 마케팅을 강화하는 방법으로 수제 초콜릿의 차이를 알려 대기업과의 경쟁에서 이겨야겠어.

제3회 직무시험

| 01 | 국민건강보험법

61 다음 중 국민건강보험의 특성으로 옳지 않은 것은?

① 국민건강보험은 민간보험이 아닌 사회보험이다.

② 본인의 의사에 따라 가입하는 임의 보험이다.

③ 소득수준에 따라 보험료가 차등 부과된다.

④ 보험가입자에게 법적으로 보험료 납부의무를 부과하므로 보험료 징수가 강제성을 띤다.

62 다음 중 건강보험제도에 대한 설명으로 옳지 않은 것은?

① 일시에 발생하는 과중한 의료비의 부담을 경감시켜 주기 위한 제도이다.

② 국민의 질병·부상·분만·사망 등에 대하여 보험급여를 한다.

③ 예측 불가능한 질병 및 사고 등에 대하여 위험을 분산시켜 주는 제도이다.

④ 건강보험은 사회보장 체계상 사회복지서비스에 해당한다.

63 다음 중 벌금을 가장 많이 내는 사례는?

① 국민건강보험공단에 종사하였던 A씨는 정년퇴직 후 직무 수행 당시에 알게 된 국민건강보험 가입자의 주민등록번호를 제3자에게 제공하였다.

② 의료법에 따른 의료기관단체의 직원인 B씨는 친인척의 인적사항을 이용하여 거짓으로 요양급여비용을 청구하였다.

③ 보건의료원의 원장인 C씨는 환자의 요구에도 불구하고 정당한 이유 없이 요양급여를 거부했다.

④ 요양기관을 운영 중인 D씨는 요양·약제의 지급 등 보험급여에 관하여 거짓으로 조작한 서류를 제출했다.

64 다음 중 국민건강보험법상 국민건강보험의 가입자에 대한 설명으로 옳지 않은 것은?

① 가입자는 직장가입자와 지역가입자로 구분된다.

② 고용 기간이 1년 미만인 일용근로자는 가입자가 될 수 없다.

③ 군간부후보생은 가입자가 될 수 없다.

④ 지역가입자란 직장가입자와 그 피부양자를 제외한 가입자이다.

65 다음 〈보기〉 중 국민건강보험법상 지역가입자의 보험료부과점수를 정할 때 고려사항을 모두 고르면?

〈보기〉

ㄱ. 경제활동참가율　　　　　　　　　ㄴ. 재산

ㄷ. 생활수준　　　　　　　　　　　　ㄹ. 소득월액

① ㄴ　　　　　　　　　　　　　　　② ㄹ

③ ㄱ, ㄷ　　　　　　　　　　　　　　④ ㄴ, ㄹ

66 다음 중 빈칸에 들어갈 내용으로 옳은 것은?

사업장의 사용자가 대통령령으로 정하는 사유에 해당되어 직장가입자가 될 수 없는 자를 제8조 제2항 또는 제9조 제2항을 위반하여 거짓으로 보험자에게 직장가입자로 신고한 경우 공단은 제1호의 금액에서 제2호의 금액을 뺀 금액의 _____에 상당하는 가산금을 그 사용자에게 부과하여 징수한다.

1. 사용자가 직장가입자로 신고한 사람이 직장가입자로 처리된 기간 동안 그 가입자가 제69조 제5항에 따라 부담하여야 하는 보험료의 총액

2. 제1호의 기간 동안 공단이 해당 가입자에 대하여 제69조 제4항에 따라 산정하여 부과한 보험료의 총액

① 100분의 10　　　　　　　　　　　② 100분의 20

③ 100분의 30　　　　　　　　　　　④ 100분의 40

67 다음 중 국민건강보험법령상 급여의 제한 및 정지에 대한 설명으로 옳지 않은 것은?

① 국민건강보험공단은 보험급여를 받을 수 있는 사람이 중대한 과실로 인한 범죄행위에 그 원인이 있는 경우 보험급여를 하지 아니한다.

② 국민건강보험공단은 보험급여를 받을 수 있는 사람이 다른 법령에 따라 국가로부터 보험급여에 상당하는 비용을 지급받게 되는 경우에는 그 한도에서 보험급여를 하지 아니한다.

③ 보험급여를 받을 수 있는 사람이 국외에 여행 중인 경우 그 기간에는 보험급여를 하지 아니한다.

④ 국민건강보험공단은 가입자가 1개월 이상 세대단위의 보험료를 체납한 경우 그 체납한 보험료를 완납할 때까지 그 가입자를 제외한 피부양자에 대하여 보험급여를 실시하지 아니한다.

68 다음 중 빈칸에 들어갈 횟수로 옳은 것은?

---

① 공단은 보험료를 ___㉠___ 이상 체납한 자가 신청하는 경우 보건복지부령으로 정하는 바에 따라 분할납부를 승인할 수 있다.

② 공단은 보험료를 3회 이상 체납한 자에 대하여 제81조 제3항에 따른 체납처분을 하기 전에 제1항에 따른 분할납부를 신청할 수 있음을 알리고, 보건복지부령으로 정하는 바에 따라 분할납부 신청의 절차ㆍ방법 등에 대한 사항을 안내하여야 한다.

③ 공단은 제1항에 따라 분할납부 승인을 받은 자가 정당한 사유 없이 ___㉡___ 이상 그 승인된 보험료를 납부하지 아니하면 그 분할납부의 승인을 취소한다.

	㉠	㉡			㉠	㉡
①	2회	4회		②	2회	5회
③	3회	4회		④	3회	5회

69 다음 중 국민건강보험법상 국민건강보험종합계획은 몇 년마다 수립하여야 하는가?

① 3년
③ 5년
② 4년
④ 6년

70 다음 중 국민건강보험법상 보험료의 부담에 대한 설명으로 옳지 않은 것은?

① 직장가입자가 근로자인 경우에는 보수월액보험료를 직장가입자와 사업주가 각각 50%를 부담한다.

② 직장가입자가 공무원인 경우에는 보수월액보험료를 직장가입자와 그 공무원이 소속되어 있는 국가 또는 지방자치단체가 각각 50%를 부담한다.

③ 직장가입자가 사립학교에 근무하는 교원인 경우에는 보수월액보험료를 직장가입자가 50%, 사용자가 30%, 국가가 20%를 각각 부담한다.

④ 직장가입자의 소득월액보험료는 직장가입자와 사업주가 각각 50%를 부담한다.

71 국민건강보험법상 직장가입자 A는 현재 40대 직장 남성이다. 다음 중 A의 피부양자가 될 수 없는 사람은? (단, 제시된 관계 이외의 다른 요건은 모두 만족한다)

① A의 장모　　　　　　　　　　　　② A의 동생

③ A의 누나　　　　　　　　　　　　④ A의 삼촌

72 다음 〈보기〉 중 국민건강보험법의 적용대상자에 해당하는 것을 모두 고르면?

---〈보기〉---

ㄱ. 직장가입자

ㄴ. 국가유공자 등 의료보호대상자

ㄷ. 지역가입자

ㄹ. 의료급여법상 의료급여 수급권자

① ㄹ　　　　　　　　　　　　　　　② ㄱ, ㄷ

③ ㄴ, ㄹ　　　　　　　　　　　　　④ ㄱ, ㄴ, ㄷ

73 다음 중 국민건강보험법상 제3자에 대한 구상권의 행사에 있어, 보험급여를 받은 자가 제3자로부터 이미 손해배상을 받은 때에 보험자는?

① 보험급여를 받은 자에게 손해배상 상당액을 징수한다.
② 보험급여를 중지한다.
③ 보험자와 건강보험법상 제3자와는 법률관계가 없으므로 관계하지 않는다.
④ 배상액의 한도 내에서 보험급여를 하지 아니한다.

74 다음 빈칸에 들어갈 날짜로 옳은 것은?

보험료 납부의무가 있는 자는 가입자에 대한 그 달의 보험료를 그 다음 달 _____까지 납부하여야 한다. 다만, 직장가입자의 보수 외 소득월액보험료 및 지역가입자의 보험료는 보건복지부령으로 정하는 바에 따라 분기별로 납부할 수 있다.

① 10일   ② 12일
③ 14일   ④ 16일

75 다음 중 국민건강보험법상 보험료 등의 납입 고지에 대한 설명으로 옳지 않은 것은?

① 납부의무자에게 징수하려는 보험료의 종류, 납부 금액, 납부기한 및 장소를 적은 문서로 납입 고지를 하여야 한다.
② 직장가입자의 사용자가 2명 이상인 경우 그 중 1명에게 한 고지는 해당 사업장의 다른 사용자 또는 세대 구성원인 다른 지역가입자 모두에게 효력이 있는 것으로 본다.
③ 공단은 제2차 납부의무자에게 납입의 고지를 한 경우에는 해당 법인인 사용자 및 사업 양도인에게 그 사실을 통지하여야 한다.
④ 휴직자의 보험료는 휴직의 사유가 끝나고 난 뒤에도 보건복지부령으로 정하는 바에 따라 납입 고지를 유예할 수 있다.

76 다음 빈칸에 공통으로 들어갈 금액으로 옳은 것은?

공단은 보험료 징수 및 제57조에 따른 징수금(같은 조 제2항 각 호의 어느 하나에 해당하여 같은 조 제1항 및 제2항에 따라 징수하는 금액에 한정한다. 이하 "부당이득금")의 징수 또는 공익목적을 위하여 필요한 경우에 신용정보의 이용 및 보호에 대한 법률 제25조 제2항 제1호의 종합신용정보집중기관이 다음 각 호의 어느 하나에 해당하는 체납자 또는 결손처분자의 인적사항·체납액 또는 결손처분액에 대한 자료를 요구할 때에는 그 자료를 제공할 수 있다. 다만, 체납된 보험료나 국민건강보험법에 따른 그 밖의 징수금과 관련하여 행정심판 또는 행정소송이 계류 중인 경우, 그 밖에 대통령령으로 정하는 사유가 있을 때에는 그러하지 아니하다.

1. 국민건강보험법에 따른 납부기한의 다음 날부터 1년이 지난 보험료, 국민건강보험법에 따른 그 밖의 징수금과 체납처분비의 총액이 _____ 이상인 자
2. 국민건강보험법에 따른 납부기한의 다음 날부터 1년이 지난 부당이득금 및 그에 따른 연체금과 체납처분비의 총액이 1억 원 이상인 자
3. 제84조에 따라 결손처분한 금액의 총액이 _____ 이상인 자

① 50만 원　　　　　　　　　　　　② 100만 원
③ 500만 원　　　　　　　　　　　 ④ 1,000만 원

77 다음 중 국민건강보험법에서 사용하는 용어의 뜻이 옳지 않은 것은?

① 근로자 : 교직원 등 직업의 종류와 관계없이 근로의 대가로 보수를 받아 생활하는 사람을 말한다.
② 사용자 : 근로자가 소속되어 있는 사업장의 사업주를 말한다.
③ 공무원 : 국가나 지방자치단체에서 상시 공무에 종사하는 사람을 말한다.
④ 사업장 : 사업소나 사무소를 말한다.

78 다음 중 국민건강보험법상 국민건강보험공단의 징수이사의 업무로 옳지 않은 것은?

① 보험료 및 징수금의 부과
② 보험료 및 징수금의 징수
③ 보험급여의 관리
④ 국민연금법, 임금채권보장법 등에 따라 위탁받은 업무

79 국민건강보험법상 국민건강보험공단은 요양급여비용의 지급을 청구한 요양기관이 두 가지 법 중 하나라도 위반하였다는 사실을 확인한 경우 청구된 요양급여비용 지급을 보류할 수 있다. 다음 중 이 법으로 바르게 짝지어진 것은?

① 의료법 제33조 제1항, 약사법 제20조 제1항
② 의료법 제33조 제1항, 약사법 제20조 제2항
③ 의료법 제33조 제2항, 약사법 제20조 제1항
④ 의료법 제33조 제2항, 약사법 제20조 제2항

80 국민건강보험법상 건강보험심사평가원의 원장은 진료심사평가위원회의 심사위원을 해임 또는 해촉할 권한이 있다. 다음 중 해임 및 해촉에 해당하는 경우로 옳지 않은 것은?

① 팔, 다리 골절 등 신체장애가 생겨 직무를 수행할 수 없다고 인정되는 경우
② 직무상 의무를 위반한 경우
③ 고의나 중대한 과실로 심사평가원에 손실이 생기게 한 경우
④ 직무 여부에 따라 품위를 손상하는 행위를 한 경우

61 다음 중 국가 및 지방자치단체에서 실시하는 노인이 일상생활을 혼자서 수행할 수 있는 온전한 심신상태를 유지하는 데 필요한 사업은?

① 노인일상생활편리사업
② 노인성질환예방사업
③ 장기요양확대사업
④ 장기요양기본계획사업

62 다음 중 노인장기요양보험법상 장기요양인정 신청에 대한 설명으로 옳지 않은 것은?

① 장기요양보험가입자 또는 그 피부양자는 장기 요양인정신청을 할 수 있다.
② 장기요양인정 신청자는 원칙적으로 의사소견서를 제출하여야 한다.
③ 보건복지부장관이 정하여 고시하는 도서·벽지 지역에 거주하는 자는 의사소견서를 제출하지 아니할 수 있다.
④ 장기요양등급 변경을 원하는 수급자는 장기요양인정의 갱신신청을 하여야 한다.

63 다음 중 노인장기요양보험법에 대한 내용으로 옳지 않은 것은?

① 보건복지부장관은 5년 단위로 장기요양기본계획을 수립·시행하여야 한다.
② 보건복지부장관은 장기요양사업의 실태를 파악하기 위하여 3년마다 그 결과를 공표하여야 한다.
③ 장기요양보험사업의 보험자는 공단으로 한다.
④ 보건복지부장관은 장기요양사업에 사용되는 비용에 충당하기 위하여 장기요양보험료를 징수한다.

64 장기요양인정신청 등의 방법 및 절차 등에 대하여 필요한 사항은 어떻게 정하는가?

① 대통령령으로 정한다.
② 총리령으로 정한다.
③ 행정안전부령으로 정한다.
④ 보건복지부령으로 정한다.

65 다음 중 장기요양급여의 종류에 대한 설명으로 옳은 것은?

① 장기요양기관에 장기간 입소한 수급자에게 신체활동 지원 및 심신기능의 유지·향상을 위한 교육·훈련 등을 제공하는 장기요양급여는 주·야간보호이다.
② 특별현금급여로는 가족요양비, 특례요양비, 요양병원간병비가 있다.
③ 장기요양급여의 범위는 대통령령으로 정한다.
④ 장기요양요원의 범위·업무·보수교육 등에 대하여 필요한 사항은 보건복지부령으로 정한다.

66 다음 중 우리나라의 노인장기요양보험제도에 대한 설명으로 옳은 것은?

① 단기보호는 시설급여에 해당한다.
② 가족에게 요양을 받을 때 지원되는 현금급여가 있다.
③ 장기요양보험료는 건강보험료와 분리하여 징수한다.
④ 장기요양인정의 유효기간은 3개월 이상으로 한다.

67 다음 중 빈칸 ㉠, ㉡에 들어갈 내용을 바르게 짝지은 것은?

> 공단은 공단의 조직 등에 대한 규정을 정할 때 장기요양사업을 수행하기 위하여 두는 조직 등을 건강보험사업을 수행하는 조직 등과 구분하여 따로 두어야 한다. 다만 ____㉠____ 와 ____㉡____ 은/는 그러하지 아니하다.

	㉠	㉡
①	보험 관리	의료수급권자 조정
②	자격 관리	보험료 부과 · 징수업무
③	급여 관리	장기요양기관 선정
④	요양 관리	재가시설 심사

68 다음 중 공단이 장기요양인정 신청서를 접수할 때 소속 직원에게 조사하게 할 내용으로 옳은 것은?

① 신청인의 심신상태
② 장기요양급여의 수준 향상 방안
③ 노인성질환예방사업 추진계획
④ 소견서의 발급비용

69 다음 중 노인장기요양보험법의 내용으로 옳은 것은?

① 장기요양인정의 갱신 신청은 유효기간이 만료되기 전 20일까지 이를 완료하여야 한다.
② 등급판정위원회는 신청인이 신청서를 제출한 날부터 20일 이내에 장기요양등급판정을 완료하여야 한다.
③ 수급자는 장기요양인정서와 개인별 장기요양이용계획서가 도달한 다음날부터 장기요양급여를 받을 수 있다.
④ 장기요양급여는 월 한도액 범위 안에서 제공한다.

70 다음 중 장기요양요원지원센터의 업무에 해당하는 것은?

① 장기요양보험료의 부과·징수
② 장기요양요원의 역량강화를 위한 교육지원
③ 의료급여수급권자의 자격 관리
④ 장기요양등급 판정

71 다음 〈보기〉 중 보건복지부장관 소속으로 장기요양위원회가 심의하는 내용을 모두 고르면?

―――――――――――――――〈보기〉―――――――――――――――

ㄱ. 장기요양보험료율
ㄴ. 가족요양비, 특례요양비 및 요양병원간병비의 지급기준
ㄷ. 재가 및 시설 급여비용

① ㄱ, ㄴ   ② ㄱ, ㄷ
③ ㄴ, ㄷ   ④ ㄱ, ㄴ, ㄷ

72 다음 중 공단의 이사장이 위촉하는 등급판정위원회의 위원이 될 수 없는 사람은?

① 의료인
② 시·군·구 소속 공무원
③ 장기요양에 대한 학식과 경험이 풍부한 자
④ 장기요양기관 또는 의료계를 대표하는 자

73 다음 중 노인장기요양보험법상 등급판정위원회에 대한 내용으로 옳은 것은?

① 장기요양인정 및 장기요양등급 판정 등을 관리하기 위하여 등급판정위원회를 둔다.

② 인구 수를 고려하여 하나의 특별자치시·특별자치도·시·군·구에 1개의 등급판정위원회를 설치한다.

③ 등급판정위원회는 위원장 1인을 제외한 15인의 위원으로 구성한다.

④ 등급판정위원회 공무원 위원의 임기는 재임기간으로 한다.

---

74 다음은 장기요양급여의 관리·평가에 대한 내용일 때, 빈칸에 들어갈 말로 옳은 것은?

> • 공단은 장기요양기관이 제공하는 장기요양급여 내용을 지속적으로 관리·평가하여 장기요양급여의 수준이 향상되도록 노력하여야 한다.
> • 장기요양급여 제공내용의 ___㉠___ 및 평가 결과의 공표 방법, 그 밖에 필요한 사항은 ___㉡___으로 정한다.

	㉠	㉡		㉠	㉡
①	관리 방법	대통령령	②	심사 방법	보건복지부령
③	평가 방법	보건복지부령	④	운영 방법	대통령령

---

75 다음 중 장기요양보험 등에 대한 공단의 심사청구에 대한 내용으로 옳지 않은 것은?

① 장기요양인정·장기요양등급·장기요양급여·부당이득·장기요양급여비용 또는 장기요양보험료 등에 대한 공단의 처분에 이의가 있는 경우에 심사청구 할 수 있다.

② 심사청구는 그 처분이 있음을 안 날부터 90일 이내에 문서(전자문서 포함)로 한다.

③ 처분이 있은 날부터 180일을 경과하면 이를 제기하지 못한다.

④ 심사위원회의 구성·운영 및 위원의 임기, 그 밖에 필요한 사항은 공단이 정한다.

76 다음 중 노인장기요양보험법상 공단에 심사청구 할 수 있는 기간은?

① 60일 이내   ② 90일 이내

③ 180일 이내   ④ 1년 이내

77 다음 〈보기〉 중 1년 이하의 징역 또는 1,000만 원 이하의 벌금 내용을 모두 고르면?

─────〈보기〉─────

ㄱ. 본인부담금을 면제 또는 감경하는 행위를 한 자
ㄴ. 거짓이나 그 밖의 부정한 방법으로 변경지정을 받거나 변경신고를 한 자
ㄷ. 정당한 사유 없이 장기요양급여의 제공을 거부한 자
ㄹ. 업무수행 중 알게 된 비밀을 누설한 자
ㅁ. 거짓이나 그 밖의 부정한 방법으로 장기요양급여를 받거나 다른 사람으로 하여금 장기요양급여를 받게 한 자
ㅂ. 수급자가 부담한 비용을 정산하지 아니한 자

① ㄱ, ㄷ, ㄹ   ② ㄱ, ㄹ, ㅁ

③ ㄴ, ㄷ, ㅂ   ④ ㄷ, ㅁ, ㅂ

78 다음 중 노인장기요양보험법의 처벌에 대한 내용으로 옳지 않은 것은?

① 수급자가 부담한 비용을 정산하지 아니한 자는 1년 이하의 징역 또는 1,000만 원 이하의 벌금에 처한다.

② 행정제재처분을 받았거나 그 절차가 진행 중인 사실을 양수인 등에게 지체 없이 알리지 아니한 자에게는 500만 원 이하의 과태료를 부과한다.

③ 지정받지 아니하고 장기요양기관을 운영하거나 거짓이나 그 밖의 부정한 방법으로 지정받은 자는 1년 이하의 징역 또는 1,000만 원 이하의 벌금에 처한다.

④ 거짓이나 그 밖의 부정한 방법으로 변경지정을 받거나 변경신고를 한 자에게는 500만 원 이하의 과태료를 부과한다.

79 다음 중 처벌규정이 나머지와 다른 하나는?

① 수급자가 부담한 비용을 정산하지 아니한 자

② 거짓이나 그 밖의 부정한 방법으로 다른 사람으로 하여금 장기요양급여를 받게 한 자

③ 정당한 사유 없이 장기요양급여의 제공을 거부한 자

④ 수급자에게 장기요양급여비용에 대한 명세서를 교부하지 아니하거나 거짓으로 교부한 자

80 다음 중 장기요양기관에 대한 정보를 게시하지 아니하거나 거짓으로 게시한 자에 대한 처벌규정은?

① 200만 원 이하의 과태료

② 300만 원 이하의 과태료

③ 500만 원 이하의 과태료

④ 1년 이하의 징역 또는 1,000만 원 이하의 벌금

5권

제4회 국민건강보험공단

NCS 직업기초능력 + 직무시험

www.sdedu.co.kr

〈문항 및 시험시간〉

평가영역	문항 수	시험시간	모바일 OMR 답안채점 / 성적분석 서비스	
[공통] 의사소통＋수리＋문제해결 [행정직·건강직] 국민건강보험법 [요양직] 노인장기요양보험법	80문항	80분	행정직·건강직	요양직

다음 개정 법령을 기준으로 수록하였습니다.
- 국민건강보험법 [법률 제20324호, 시행 2024. 8. 21]
- 노인장기요양보험법 [법률 제20213호, 시행 2025. 2. 7]

제4회 직업기초능력

※ 다음 글을 읽고 이어지는 질문에 답하시오. [1~2]

뇌 안에서 어떤 일이 일어나고 있는지를 어떻게 알 수 있을까? 뇌를 연구하는 과학자들조차 뇌 안에서 일어나고 있는 활동을 육안으로 볼 수는 없다. 성능 좋은 현미경으로도 볼 수 없는 살아있는 인간의 뇌 활동을 들여다보는 기술이 바로 뇌 영상 기술이다. 1970년대에 개발된 CT를 시초로 하여 PET, MRI, fMRI 등 다양한 뇌 영상 기술이 연달아 등장하였다.

㉠ CT(컴퓨터 단층 촬영)는 인체 내부 장기마다 X선을 투과하는 양이 다르다는 성질을 이용하여 인체 내부 단면을 촬영하는 장치이다. CT는 X선 발생 장치가 설치된 도넛형의 기계가 돌아가면서 X-ray를 여러 번 찍은 후 그 영상들을 조합하여 컴퓨터상에 인체의 횡단면에 해당하는 하나의 영상을 만들어 낸다. 15초 정도면 영상 자료를 얻을 수 있기 때문에 응급 환자의 진단을 위해 주로 활용한다. 또 X선을 통해 혈액 등을 구별할 수 있기 때문에 뇌출혈 등의 진단에도 활용할 수 있다. 하지만 뇌가 어떻게 작용하고 있는지는 볼 수 없다.

CT 이후 방사성 의약품을 이용해 인체의 생화학적 상태를 3차원 영상으로 나타낼 수 있는 ㉡ PET(양전자단층 촬영술)가 등장하였다. 방사성 포도당은 특수 카메라나 스캐너로 볼 수 있는 양전자를 방사하기 때문에 소량의 방사성 포도당을 환자의 몸에 주입한 후 뇌의 뉴런들이 포도당을 이용하는 상황을 PET로 찍는다. 이 기술은 우리 뇌가 포도당과 산소를 원료로 이용한다는 것을 고려한 것으로, 뇌 활동이 활발한 곳은 붉은 색으로, 별로 활발하지 않은 곳은 파란색으로 나타난다. PET는 신체의 생화학적 변화를 탐지할 수 있기 때문에 뇌종양, 뇌 신경계 질환 등의 조기 진단에 활용되고, 암세포가 정상 세포보다 포도당을 많이 흡수하는 성질을 이용하여 방사성 포도당이 많이 모인 곳을 찾음으로써 암의 위치를 발견하는 데도 쓰인다.

CT와 PET가 방사선을 이용한 기술이라는 점과 달리 ㉢ MRI(자기공명 영상 장치)는 고주파에 의해 몸속의 특정 원소인 수소 원자핵을 공명시켜 각 조직에서 나오는 신호를 디지털 정보로 변환하여 영상을 구현하는 장치이다. MRI는 엄청난 자력을 이용하여 환자의 몸 주변에 자기장을 만들고, 전자파를 환자에게 발사한다. 작은 자석처럼 활동하는 몸의 원자들이 MRI 전자파에 부딪혀 자체의 파동을 생성하면 MRI는 그 파동을 측정하고 컴퓨터를 통해 이를 사진으로 변환한다. 이 장치는 좁은 터널에 들어가야 하므로 폐소공포증이 있는 환자에게는 사용할 수 없지만, 해상도가 뛰어나기 때문에 뇌 신경계 질환을 진단하기에 효율적이다.

MRI는 CT와 달리 횡단면, 종단면, 측면, 사면 등 3차원 영상을 제공한다. 하지만 자기장을 사용하는 기술이므로 심장 박동기나 치아 보철물 등 자기장을 형성할 수 있는 인공 장치가 몸에 있는 사람은 이용할 수가 없다.

기능성 MRI인 ㉣ fMRI는 활동이 많은 부위일수록 많은 산소가 필요하다는 것을 활용하여 뇌 혈류 속의 산소 수준을 반복 측정하여 뇌의 기능적 활성화 부위를 표시하는 방식으로 뇌 영상을 구현한다. 환자에게 어떤 이미지를 제시한 후 인지 과제를 수행할 때의 뇌 활성과 그렇지 않을 때의 뇌 활성을 비교함으로써 특정한 행위나 의식과 연관된 뇌 부위를 찾아 이를 뇌 단면의 해부 구조를 나타내는 영상 위에 색채로 표시해 주는 방식이다.

지난 20여 년 동안 급격히 발전해 온 뇌 영상 기술은 인간에게 뇌에 대한 풍부한 정보를 제공해 주었을 뿐만 아니라 뇌출혈, 뇌경색, 뇌종양 등 그간 속수무책이었던 질병을 치료할 수 있게 해주었다. 또 인지과학이나 심리학의 영역에서는 최근의 뇌 영상 기술이 전통적인 방법보다 인간의 마음과 행동을 이해하는 좀 더 정확한 방법으로 인정되고 있다. 법학 분야에서는 뇌 영상 자료가 법정에서 증거 능력이 있는 것으로 여겨져야 한다는 주장이 활발하게 제기되고 있다. 기존의 거짓말 탐지기보다 훨씬 정확한 결과를 보증하기 때문이다.

01 다음 중 윗글의 내용으로 적절하지 않은 것은?

① 뇌 영상 기술은 환자의 상태에 따라 선택적으로 활용한다.

② 뇌 영상 기술은 CT를 시초로 하여 여러 종류의 기술이 등장하였다.

③ 뇌 영상 기술의 급격한 발전으로 뇌에 대한 풍부한 정보를 얻게 되었다.

④ 뇌 영상 기술은 뇌 질환을 치료하기 위해 X선이나 전자파 등을 사용한다.

02 다음 중 윗글의 밑줄 친 ㉠ ~ ㉣에 대한 설명으로 적절하지 않은 것은?

① ㉢과 달리 ㉠, ㉡은 방사선을 이용한 기술이다.

② ㉡과 ㉢은 뇌에 대한 3차원적 영상을 제공한다.

③ ㉠보다 ㉡, ㉢은 뇌신경질환 진단에 효율적이다.

④ ㉠과 ㉡은 환자에게 의약품을 투여하여야 영상을 얻을 수 있다

03 다음 글을 읽고 추론할 수 있는 비효율적인 일중독자의 사례로 적절하지 않은 것은?

일중독자란 일을 하지 않으면 초조해하거나 불안해하는 증상이 있는 사람을 지칭한다. 이는 1980년대 초부터 사용하기 시작한 용어로, 미국의 경제학자 W. 오츠의 저서 『워커홀릭』에서도 확인할 수 있다. 일중독은 여러 원인이 있지만 보통 경제력에 대해 강박관념을 가지고 있는 사람, 완벽을 추구하거나 성취지향적인 사람, 자신의 능력을 과장되게 생각하는 사람, 배우자와 가정으로부터 도피하려는 성향이 강한 사람, 외적인 억압으로 인하여 일을 해야만 한다고 정신이 변한 사람 등에게 나타나는 경향이 있다.

일중독 증상을 가진 사람들의 특징은 일을 하지 않으면 불안해하고 외로움을 느끼며, 자신의 가치가 떨어진다고 생각한다는 것이다. 따라서 일에 지나치게 집착하는 모습을 보이며, 이로 인해 사랑하는 연인 또는 가족과 소원해지며 인간관계에 문제를 겪는 모습을 볼 수 있다. 하지만 모든 일중독이 이렇듯 부정적인 측면만 있는 것은 아니다. 노는 것보다 일하는 것이 더욱 즐겁다고 여기는 경우도 있다. 예를 들어, 자신의 관심사를 직업으로 삼은 사람들이 이에 해당한다. 이 경우 일 자체에 흥미를 느끼게 된다.

일중독에도 유형이 다양하다. 그중 계획적이고 합리적인 관점에서 업무를 수행하는 일중독자가 있는 반면, 일명 '비효율적인 일중독자'라 일컬어지는 일중독도 있다. 비효율적인 일중독자는 크게 '지속적인 일중독자', '주의결핍형 일중독자', '폭식적 일중독자', '배려적 일중독자' 네 가지로 나누어 설명할 수 있다. 첫 번째로 '지속적인 일중독자'는 매일 야근도 불사하고, 휴일이나 주말에도 일을 놓지 못하는 유형이다. 이러한 유형은 완벽에 대해 기준을 높게 잡고 있기 때문에 본인은 물론이고 주변 동료에게도 완벽을 강요한다. 두 번째로 '주의결핍형 일중독자'는 모두가 안 될 것 같다고 만류하는 일이나 한 번에 소화할 수 없을 만큼 많은 업무를 담당하는 유형이다. 이러한 유형은 완벽하게 일을 해내고 싶다는 부담감 등으로 인해 결국 업무를 제대로 마무리하지 못하는 경우가 대부분이다. 세 번째로 '폭식적 일중독자'는 음식을 과다 섭취하는 폭식처럼 일을 한 번에 몰아서 하는 유형이다. 간단히 보면 이러한 유형은 일중독과는 거리가 멀다고 생각할 수 있지만, 일을 완벽하게 해내고 싶다는 사고에 사로잡혀 있으나 두려움에 선뜻 일을 시작하지 못한다는 점에서 일중독 중 하나로 간주한다. 마지막으로 '배려적 일중독자'는 다른 사람의 업무 등에 지나칠 정도로 책임감을 느끼는 유형이다.

이렇듯 일중독자란 일에 지나치게 집착하는 사람으로 생각할 수도 있지만, 일중독인 사람들은 일로 인해 자신의 자존감이 올라가고 가치가 매겨진다 생각하기도 한다. 그러나 이러한 일중독자가 단순히 업무에 많은 시간을 소요하는 사람이라는 인식은 재고할 필요가 있다.

① 장기적인 계획을 세워 업무를 수행하는 A사원
② K사원의 업무에 책임감을 느끼며 괴로워하는 B대리
③ 마감 3일 전에 한꺼번에 일을 몰아서 하는 C주임
④ 휴일이나 주말에도 집에서 업무를 수행하는 D사원

04 다음 글의 논지 전개상 빈칸에 들어갈 내용으로 가장 적절한 것은?

전통문화는 근대화의 과정에서 해체되는 것인가, 아니면 급격한 사회 변동의 과정에서도 유지될 수 있는 것인가? 전통문화의 연속성과 재창조는 왜 필요하며, 어떻게 이루어지는가? 외래문화의 토착화(土着化), 한국화(韓國化)는 사회 변동과 문화 변화의 과정에서 무엇을 의미하는가? 이상과 같은 의문들은 오늘날 한국 사회에서 논란의 대상이 되고 있으며, 입장에 따라 상당한 견해 차이도 드러내고 있다.

전통의 유지와 변화에 대한 견해 차이는 오늘날 한국 사회에서 단순하게 보수주의와 진보주의의 차이로 이해될 성질의 것이 아니다. 한국 사회의 근대화는 이미 한 세기의 역사를 가지고 있으며, 앞으로도 계속되어야 할 광범하고 심대(深大)한 사회 구조적 변동이다. 그렇기 때문에, 보수주의적 성향을 가진 사람들도 전통문화의 변질을 어느 정도 수긍하지 않을 수 없는가 하면, 사회 변동의 강력한 추진 세력 또한 문화적 전통의 확립을 주장하지 않을 수 없다.

또 한국 사회에서 전통문화의 변화에 대한 논의는 단순히 외래문화이냐 전통문화이냐의 양자택일적인 문제가 될 수 없다는 것도 명백하다. 근대화는 전통문화의 연속성과 변화를 다 같이 필요로 하며, 외래문화의 수용과 그 토착화 등을 함께 요구하는 것이기 때문이다. 그러므로 전통을 계승하고 외래문화를 수용할 때에 무엇을 취하고 무엇을 버릴 것이냐 하는 문제도 단순히 문화의 보편성(普遍性)과 특수성(特殊性)이라고 하는 기준에서만 다룰 수는 없다. 근대화라고 하는 사회 구조적 변동이 문화 변화를 결정지을 것이기 때문에, 전통문화의 변화 문제를 _____에서 다루어 보는 분석이 매우 중요하리라고 생각한다.

① 보수주의의 시각　　　　　　　　② 진보주의의 시각
③ 사회 변동의 시각　　　　　　　　④ 외래와 전통의 시각

국민건강보험공단은 국민의 납부편의 ㉠ 제고를 위해 오는 2월 13일부터 4대 사회보험료 신용카드 자동이체를 사업장까지 확대하여 ㉡ 시행한다고 밝혔다. 그동안 신용카드 자동이체는 지역가입자(건강보험, 국민연금)만 신청이 가능하였으나, 사업장에서도 신용카드로 자동이체를 신청할 수 있도록 하였다. 사업장에서 신용카드로 4대 사회보험료를 ㉢ 납부하려면, 사회보험징수포털을 이용하거나 공단 지사를 방문해야 하는 불편이 있었다. 이러한 불편을 해소하기 위해, 공단은 신용카드 자동이체를 사업장까지 ㉣ 확대하기로 하고, 시범사업 카드사를 선정하여 자동이체를 편리하게 신청할 수 있도록 하였다. 신용(체크)카드 자동이체를 신청하고자 할 경우, 공단의 지사나 고객센터 또는 시범사업 카드사의 고객센터로 문의하면 된다. 아울러, 공단은 국민의 경제적 부담 완화를 위해 금년 2월 1일부터 4대 사회보험료 카드납부 수수료를 국세와 같은 0.8%(체크카드는 0.7%)로 인하한 바 있다. 신용카드 납부수수료는 국민건강보험법, 국민연금법 등에 따라 2014년 9월부터 납부자가 부담하도록 개정되어 납부자인 국민이 부담해 왔다. 이번 신용카드 자동이체 사업장 확대 결정으로, 납부금액의 0.8%(체크카드 0.7%)에 해당하는 수수료만 부담하게 되어 신용카드 자동이체 신청이 늘어날 것으로 예상된다. 통합 징수실 관계자는 "신용카드 자동이체를 사업장까지 확대함으로써 4대 사회보험료 납부의 편의성을 제고할 수 있을 것으로 기대한다."고 말했다. 공단은 앞으로도 'M건강보험' 앱이나 인터넷뱅킹, CD－ATM기에서 4대 사회보험료를 신용카드로 납부할 수 있도록 국민을 위한 제도 개선을 지속적으로 추진해 나갈 계획이라고 밝혔다.

05 다음 중 윗글을 읽은 반응으로 적절하지 않은 것은?

① 김사원 : 그동안 사업장은 신용카드 자동이체 납부가 안 되었었군.

② 유부장 : 2월부터 카드 수수료 부담이 줄어서 좋군.

③ 강과장 : 신용카드 자동이체를 신청하려면 공단 지사나 시범사업 카드사의 고객센터로 문의하면 되겠군.

④ 이대리 : 앞으로 사업장도 사회보험징수포털을 이용하거나 공단 지사를 방문해서 보험료를 납부하면 되겠군.

06 다음 중 밑줄 친 ㉠ ~ ㉣을 대체할 단어로 적절하지 않은 것은?

① ㉠ : 재고　　　　　　　　　　　② ㉡ : 실시

③ ㉢ : 납입　　　　　　　　　　　④ ㉣ : 넓히기로

07 다음 글에서 〈보기〉가 들어갈 위치로 가장 적절한 곳은?

기억이 착오를 일으키는 프로세스는 인상적인 사물을 받아들이는 단계부터 이미 시작된다. (가) 감각적인 지각의 대부분은 무의식 중에 기록되고 오래 유지되지 않는다. (나) 대개는 수 시간 안에 사라져 버리며, 약간의 본질만이 남아 장기 기억이 된다. 무엇이 남을지는 선택에 의해서 그 사람의 견해에 따라서도 달라진다. (다) 분주하고 정신이 없는 장면을 보여 주고, 나중에 그 모습에 대해서 이야기하게 해 보자. (라) 어느 부분에 주목하고, 또 어떻게 그것을 해석했는지에 따라 즐겁기도 하고 무섭기도 하다. 단순히 정신 사나운 장면으로만 보이는 경우도 있다. 기억이란 원래 일어난 일을 단순하게 기록하는 것이 아니다.

───────〈보기〉───────
일어난 일에 대한 묘사는 본 사람이 무엇을 중요하게 판단하고, 무엇에 흥미를 가졌느냐에 따라 크게 다르다.

① (가)　　　　　　　　　　　② (나)
③ (다)　　　　　　　　　　　④ (라)

08 다음 문장을 논리적 순서대로 바르게 나열한 것은?

(가) 그래서 부모나 교사로부터 영향을 받을 가능성이 큽니다.
(나) 이는 성인이 경험을 통해서 자신의 판단력을 향상시킬 수 있는 데 비해 청소년은 그럴 기회가 별로 없기 때문입니다.
(다) 대다수 청소년은 정치적 판단 능력이 성숙하지 않습니다.
(라) 따라서 청소년에게 정치적 판단에 대한 책임을 지우기 전에 이를 감당할 수 있도록 돕는 것이 우선이라고 봅니다.

① (다) – (가) – (나) – (라)　　　　② (다) – (가) – (라) – (나)
③ (다) – (나) – (라) – (가)　　　　④ (다) – (라) – (가) – (나)

09 국민건강보험공단에서는 매년 신입사원들을 대상으로 건강보험에 대한 오리엔테이션 교육을 진행하고 있다. 다음 강의 내용을 바탕으로 한 노인장기요양보험에 대한 설명으로 적절하지 않은 것은?

---

1. **장기요양인정 및 이용절차**

국민건강 보험공단		등급판정 위원회		국민건강 보험공단		장기요양 기관
장기요양인정신청 및 방문조사	→	장기요양 인정 및 장기요양등급판정	→	장기요양인정서 표준장기요양 이용 계획서 송부	→	장기요양급여이용 계약 및 장기요양 급여제공

2. **장기요양인정의 신청자격**
   • 자격 : 장기요양보험가입자 및 그 피부양자, 의료급여수급권자
   • 대상 : 만 65세 이상 또는 만 65세 미만으로 노인성 질병을 가진 자
   ※ 노인성 질병 : 치매, 뇌혈관성질환, 파킨슨 병 등 대통령령으로 정하는 질병
   ※ 장애인 활동지원 급여를 이용 중이거나 이용을 희망하는 경우 장기요양등급이 인정되면 장애인 활동지원 신청 또는 급여가 제한됨
   ※ 단, 장애인 활동지원 신청 또는 급여 이용의 목적으로 인정된 장기요양등급은 포기할 수 있도록 등급포기절차 신설

3. **장기요양인정의 신청방법**
   • 신청장소 : 전국 공단지사(노인장기요양보험운영센터)
   • 신청방법 : 공단 방문, 우편, 팩스, 인터넷
   • 신청인 : 본인 또는 대리인
   • 대리인 : 가족, 친족 또는 이해관계인, 사회복지전담공무원, 시장·군수·구청장이 지정하는 자(대리 신청할 때 대리인 본인임을 확인할 수 있는 신분증을 제시 또는 제출하여야 하며, 팩스 및 우편 접수할 경우 신분증 사본을 제출)
   • 제출서류 : 장기요양인정신청서

---

① 장기요양인정신청 후 장기요양등급에 따라 급여혜택이 달라집니다.
② 장애인 활동지원 급여와 장기요양급여는 중복이용이 가능합니다.
③ 가족, 친족 이외에도 이웃 역시도 장기요양인정 대리 신청인 자격이 있습니다.
④ 장기요양인정 절차를 요약하자면 신청서 작성 → 신청서 접수 및 확인 → 방문조사 및 등급판정 → 장기요양등급 등 결과 통보 → 장기요양급여 이용 순입니다.

10 다음 글에서 ㉠ ~ ㉣의 수정 방안으로 적절하지 않은 것은?

피부의 각질을 제거하기 위한 세안제나 치약 속에 들어 있는 작고 꺼끌꺼끌한 알갱이의 정체를 아십니까? 바로 '마이크로비즈(Microbeads)'라고 불리는 미세 플라스틱입니다. 작은 알갱이가 세정력을 높인다는 이유로 다양한 제품에서 이를 활용해 왔습니다. 그런데 이 미세 플라스틱이 해양 환경오염을 일으키고, 인간에게 악영향을 미친다는 점이 밝혀져 주목이 되고 있습니다.

길이나 지름이 5mm 이하인 플라스틱을 미세 플라스틱이라고 하는데, 이렇게 크기가 작기 때문에 미세 플라스틱은 정수 처리 과정에서 ㉠ <u>거르지</u> 않고 하수구를 통해 바다로 흘러 들어가게 됩니다. 이때 폐수나 오수에 섞이면서 미세 플라스틱이 독성 물질을 흡수하게 되는데, 문제는 이를 먹이로 오인한 많은 수의 ㉡ <u>바다새들</u>과 물고기들이 미세 플라스틱을 섭취하고 있다는 점입니다. 오염된 미세 플라스틱의 섭취로 인해 자칫 해양 생물들이 죽음에 이를 수도 있기 때문에 이는 심각한 문제가 됩니다. ㉢ <u>한편</u> 먹이사슬을 통해 누적된 미세 플라스틱은 해양 생물을 섭취하는 최상위 포식자인 인간에게도 피해를 줄 수 있기 때문에 더욱 심각한 상황을 초래할 수도 있습니다.

최근 국회에서도 미세 플라스틱의 심각성을 인식하여 미세 플라스틱이 포함된 제품의 제조와 수입을 금지하는 법안이 통과되었고, 내년부터는 미세 플라스틱이 포함된 제품의 판매가 금지됩니다. 앞으로 법적 규제가 이루어진다고 ㉣ <u>할지라도</u> 바로 지금부터 미세 플라스틱이 포함된 제품을 사용하지 않음으로써 독약과도 같은 미세 플라스틱으로부터 해양 생태계를 보존하고 인류를 지키려는 노력을 기울여야 할 것입니다.

---

① ㉠ : 주어와 서술어의 호응 관계를 고려하여 '걸러지지'로 고친다.
② ㉡ : 맞춤법에 어긋나므로 '바닷새'로 수정한다.
③ ㉢ : 문장을 자연스럽게 연결하기 위해 '또한'으로 고친다.
④ ㉣ : 띄어쓰기가 적절하지 않으므로 '할 지라도'로 수정한다.

11 다음 글을 통해 추론할 수 있는 내용으로 가장 적절한 것은?

> 바다 속에 서식했던 척추동물의 조상형 동물들은 체와 같은 구조를 이용하여 물속의 미생물을 걸러 먹었다. 이들은 몸집이 아주 작아서 물속에 녹아 있는 산소가 몸 깊숙한 곳까지 자유로이 넘나들 수 있었기 때문에 별도의 호흡계가 필요하지 않았다. 그런데 몸집이 커지면서 먹이를 거르던 체와 같은 구조가 호흡 기능까지 갖게 되어 마침내 아가미 형태로 변형되었다. 즉, 소화계의 일부가 호흡 기능을 담당하게 된 것이다. 그 후 호흡계의 일부가 변형되어 허파로 발달하고, 그 허파는 위장으로 이어지는 식도 아래쪽으로 뻗어 나갔다. 한편, 공기가 드나드는 통로는 콧구멍에서 입천장을 뚫고 들어가 입과 아가미 사이에 자리 잡게 되었다. 이러한 진화 과정을 보여 주는 것이 폐어(肺魚) 단계의 호흡계 구조이다.
>
> 이후 진화 과정이 거듭되면서 호흡계와 소화계가 접하는 지점이 콧구멍 바로 아래로부터 목 깊숙한 곳으로 이동하였다. 그 결과 머리와 목구멍의 구조가 변형되지 않는 범위 내에서 호흡계와 소화계가 점차 분리되었다. 즉, 처음에는 길게 이어져 있던 호흡계와 소화계의 겹친 부위가 점차 짧아졌고, 마침내 하나의 교차점으로만 남게 된 것이다. 이것이 인간을 포함한 고등 척추동물에서 볼 수 있는 호흡계의 기본 구조이다. 따라서 음식물로 인한 인간의 질식 현상은 척추동물 조상형 단계를 지나 자리 잡게 된 허파의 위치(당시에는 최선의 선택) 때문에 생겨난 진화의 결과라 할 수 있다.

① 진화는 순간순간에 필요한 대응일 뿐 최상의 결과를 내는 과정이 아니다.
② 조상형 동물은 몸집이 커지면서 호흡기능의 중요성이 줄어드는 대신 소화기능이 중요해졌다.
③ 폐어 단계의 호흡계 구조에서 갖고 있던 아가미는 척추동물의 허파로 진화하였다.
④ 지금의 척추동물과는 달리 조상형 동물들은 산소를 필요로 하지 않았다.

12 다음 글의 주제로 가장 적절한 것은?

> 임신 중 고지방식 섭취가 태어날 자식의 생식기에서 종양의 발생 가능성을 높일 수 있다는 것이 밝혀졌다. 이 결과는 임신한 암쥐 261마리 중 130마리의 암쥐에게는 고지방식을, 131마리의 암쥐에게는 저지방식을 제공한 연구를 통해 얻었다. 실험 결과, 고지방식을 섭취한 암쥐에게서 태어난 새끼 가운데 54%가 생식기에 종양이 생겼지만, 저지방식을 섭취한 암쥐가 낳은 새끼 중에서 그러한 종양이 생긴 것은 21%였다.
>
> 한편, 사지 중 하나 이상의 절단 수술이 심장병으로 사망할 가능성을 증가시킬 수 있다는 것이 밝혀졌다. 이는 제2차 세계대전 중에 부상을 당한 9,000명의 군인에 대한 진료 기록을 조사한 결과이다. 이들 중 4,000명은 사지 중 하나 이상의 절단 수술을 받은 사람이었고, 5,000명은 사지 절단 수술을 받지 않았지만 중상을 입은 사람이었다. 이들에 대한 기록을 추적 조사한 결과, 사지 중 하나 이상의 절단 수술을 받은 사람이 심장병으로 사망한 비율은 그렇지 않은 사람의 1.5배였다. 즉, 사지 중 하나 이상의 절단 수술을 받은 사람 중 600명이 심장병으로 사망하였고, 그렇지 않은 사람 중 500명이 심장병으로 사망하였다.

① 발생 부위에 따른 뇌종양 증상
② 염색체 이상 유전병의 위험을 높이는 요인
③ 절단 수술과 종양의 상관관계
④ 의외의 질병 원인과 질병 사이의 상관관계

13 다음 중 기초생활수급자 선정에 대한 설명으로 적절하지 않은 것은?

가. 기초생활수급자 선정 기준

부양의무자가 없거나, 부양의무자가 있어도 부양능력이 없거나 또는 부양을 받을 수 없는 자로서 소득인 정액이 최저생계비 이하인 자

※ 부양능력이 있는 부양의무자가 있어도 부양을 받을 수 없는 경우란, 부양의무자가 교도소 등에 수용되거나 병역법 에 의해 징집·소집되어 실질적으로 부양을 할 수 없는 경우와 가족관계 단절 등을 이유로 부양을 거부하거나 기 피하는 경우 등을 가리킨다.

나. 매월 소득인정액 기준

• (소득인정액)=(소득평가액)+(재산의 소득환산액)
• (소득평가액)=(실제소득)−(가구특성별 지출비용)

다. 가구별 매월 최저생계비

(단위 : 만 원)

1인	2인	3인	4인	5인	6인
42	70	94	117	135	154

라. 부양의무자의 범위

수급권자의 배우자, 수급권자의 1촌 직계혈족 및 그 배우자, 수급권자와 생계를 같이 하는 2촌 이내의 혈족

---

① 소득인정액이 최저생계비 이하인 자로서 부양의무자가 없으면 기초생활수급자로 선정된다.
② 소득인정액은 소득평가액과 재산의 소득환산액을 합한 것이다.
③ 소득평가액은 실제소득에서 가구특성별 지출비용을 합한 것이다.
④ 두 가구의 소득평가액이 같을 때, 재산의 소득환산액이 높은 가구가 다른 가구보다 소득인정액이 더 높다.

14 주부 A씨는 작년 여름 일광화상을 입어 크게 고생한 기억이 있다. 올 여름 가족과 휴가를 떠나기 전, 작년과 같은 피해를 입지 않기 위해 여름철 피부 건강에 관한 글을 찾아보았다. A씨가 이해한 내용으로 적절하지 않은 것은?

<여름철 피부 건강 Q&A>

1. 자외선차단제, 무조건 차단 지수가 높을수록 좋은 건가요?
'SPF'나 'PA' 수치가 높을수록 자외선 차단 효과는 늘어나지만 그 차이가 미미한 수준입니다. 자외선차단제에는 자외선을 산란시키거나, 자외선을 흡수하기 위한 여러 화학 성분이 포함돼 있는데, 오히려 차단 지수가 높을수록 이런 성분으로 인해 피부 자극이 발생할 위험도 큽니다. 특히, 옥시벤존, 아보벤존은 피부에 흡수되면 알레르기를 일으킬 수 있고, 파바 성분은 빈번하게 알레르기 반응을 유발하므로 구입 전에 성분을 확인할 필요가 있습니다. 하지만 전문가들은 자외선차단제로 인해 잃는 것보다는 얻는 것이 크다고 조언합니다. 자외선 노출 예상 시간, 활동 종류 등 상황에 따라 알맞은 제품을 선택하세요.

2. 자외선차단제를 바르면 비타민 D 생성이 억제되는 것 아닌가요?
우리 몸이 햇볕을 받아 만드는 비타민 D는 건강에 매우 중요한 영양소입니다. 자외선차단제를 바르면 신체의 비타민 D 생성에 방해가 된다고 생각하는 경우가 있는데 이는 오해입니다. 이론상 자외선차단제를 온몸에 수시로 발라 하루 종일 햇볕을 완벽하게 차단하면 비타민 D 생성을 막을 수 있겠지만, 햇볕은 옷을 관통할 뿐만 아니라 5 ~ 30분만 자외선에 노출되어도 적절한 양의 비타민 D를 만들어낼 수 있기 때문에 걱정하지 않아도 됩니다.

3. 보통 겨울에 악화되는 아토피 피부염, 여름에도 나빠질 수 있나요?
아토피 피부염은 주로 춥고 건조한 겨울철에 나빠지는 경우가 많은데요. 건조하지 않은 여름철에도 나빠질 수 있습니다. 땀이 피부를 자극해 피부가 가려울 수도 있고, 자외선에 노출될 때 아토피 피부염이 악화할 수 있습니다. 아토피 피부염을 앓고 있다면 여름철에는 땀을 잘 흡수하면서 통풍이 잘 되는 면소재의 의류를 입고, 땀을 흘렸다면 바로 씻어내야 하며 샤워 후 3분 이내에 보습제를 바르는 것이 좋습니다.

4. 여름에 탈모가 심해진다고 하는데 사실인가요?
한여름 온도·습도가 높고 자외선이 강하면 피지 분비량이 증가하고 두피 체온이 높아집니다. 얼굴이나 팔, 다리 등에는 자외선차단제를 바르기 때문에 손상이 적지만 두피는 거의 무방비 상태로 노출되기 때문에 탈모가 더 심해질 수 있습니다. 두피가 햇빛에 직접적으로 노출되기 때문에 피부염, 가려움, 따가움, 홍반 등이 생겨 탈모를 더욱 가속화시키기도 하지요. 따라서 야외에서 장시간 활동할 경우에는 가급적 모자나 양산을 쓰도록 하세요.

5. 지성 피부면 여름에는 더 자주 세안해야 하나요?
여름철 피지 분비량이 많은 지성 피부는 얼굴이 번들거리고 땀과 먼지가 뒤엉켜 피부가 오염되기 쉬운데요. 세수를 하면 피부를 깨끗하게 유지할 수 있지만, 너무 자주 세안할 경우 피부 수분까지 빼앗겨 얼굴이 건조해질 수 있으니 하루 2 ~ 3회 세안하는 것을 권장합니다.

① 자외선차단제의 차단 지수가 높을수록 좋으니까 외출할 때 차단 지수가 높은 제품으로 꼼꼼히 발라야겠다.
② 우리 딸이 아토피가 있으니 외출할 때 땀 흡수가 잘 되는 옷을 입혀야겠어.
③ 자외선차단제를 바른다고 비타민 D 생성이 억제가 되는 것은 아니니 안심이야.
④ 우리 남편이 지성 피부라 평소에 너무 자주 세수를 했는데, 횟수를 조금 줄이라고 해야겠네.

15 다음 문장을 논리적 순서대로 바르게 나열한 것은?

> (가) 하지만 얼룩말 같은 경우 큰 고양이와 전시장 옆에 살고 있는 사자의 냄새를 매일 맡으면서도 도망갈 수 없기 때문에 항상 두려움 속에 산다.
> (나) 이러한 문제 때문에 동물원 생활은 동물들의 가장 깊이 뿌리박혀 있는 생존 본능과 완전히 맞지 않는다.
> (다) 1980년대 이래로 동물원들은 콘크리트 바닥과 쇠창살을 풀, 나무, 물웅덩이로 대체하면서 동물들의 자연 서식지를 재현해 주려고 노력해 왔다.
> (라) 이런 환경들은 야생을 흉내 낸 것일 수 있지만, 동물들은 먹이와 잠자리, 포식동물로부터의 안전에 대해 걱정할 필요가 없게 되었다.

① (나) – (라) – (다) – (가)
② (다) – (가) – (라) – (나)
③ (다) – (라) – (가) – (나)
④ (라) – (다) – (나) – (가)

16 다음 글의 내용으로 적절하지 않은 것은?

> 엘리스에 따르면, 인간의 심리적 문제는 개인의 비합리적인 신념의 산물이다. 엘리스가 말하는 비합리적 신념의 공통적 특성은 다음과 같다. 첫째, 당위적 사고이다. 이러한 사고방식은 스스로에게 너무나 많은 것을 요구하게 하고, 세상이 자신의 당위에서 조금만 벗어나 있어도 그것을 참지 못하는 경직된 사고를 유발하게 된다. 둘째, 지나친 과장이다. 이는 문제 상황을 지나치게 과장함으로써 문제에 대한 차분하고 객관적인 접근을 가로막는다. 셋째, 자기 비하이다. 이러한 사고방식은, 자신의 부정적인 한 측면을 기초로 자신의 인격 전체를 폄하하는 부정적 사고방식을 낳게 된다.

① 당위적 사고는 경직된 사고를 유발한다.
② 지나친 과장은 객관적 사고를 가로막는다.
③ 엘리스에 의하면 비합리적 신념에는 공통적 특징들이 존재한다.
④ 심리적 문제가 비합리적인 신념의 원인이 된다.

17 다음 글의 주장에 대한 비판으로 적절하지 않은 것은?

> 동물실험이란 교육, 시험, 연구 및 생물학적 제제의 생산 등 과학적 목적을 위해 동물을 대상으로 실시하는 실험 또는 그 과학적 절차를 말한다. 전 세계적으로 매년 약 6억 마리의 동물들이 실험에 쓰이고 있다고 추정되며, 대부분의 동물들은 실험이 끝난 뒤 안락사를 시킨다.
>
> 동물실험은 대개 인체실험의 전 단계로 이루어지는데, 검증되지 않은 물질을 바로 사람에게 주입하여 발생하는 위험을 줄일 수 있다는 점에서 필수적인 실험이라고 말할 수 있다. 물론 살아있는 생물을 대상으로 하는 실험이기 때문에 대체(Replacement), 감소(Reduction), 개선(Refinement)으로 요약되는 3R 원칙에 입각하여 실험하는 것이 당연하다. 굳이 다른 방법이 있다면 그 방법을 채택할 것이며, 희생이 되는 동물의 수를 최대한 줄이고, 필수적인 실험 조건 외에는 자극을 주지 않아야 한다.
>
> 하지만 그럼에도 보다 안전한 결과를 도출해내기 위한 동물실험은 필요악이며, 이러한 필수적인 의약실험조차 금지하려 한다는 것은 기술 발전 속도를 늦춰 약이 필요한 누군가의 고통을 감수하자는 이기적인 주장과 같다고 할 수 있다.

① 3R 원칙과 같은 윤리적 강령이 법적인 통제력을 지니지 않은 이상 실제로 얼마나 엄격하게 지켜질 것인지는 알 수 없다.

② 화장품 업체들의 동물실험과 같은 사례를 통해, 생명과 큰 연관이 없는 실험은 필요악이라고 주장할 수 없다.

③ 아무리 엄격하게 통제된 실험이라고 해도 동물 입장에서 바라본 실험이 비윤리적이며 생명체의 존엄성을 훼손하는 행위라는 사실을 벗어날 수는 없다.

④ 과거와 달리 현대에서는 인공 조직을 배양하여 실험의 대상으로 삼을 수 있으므로 동물실험 자체를 대체하는 것이 가능하다.

18 다음 글의 빈칸에 들어갈 내용으로 가장 적절한 것은?

> 키는 유전적인 요소가 크다. 그러나 이러한 한계를 극복할 수 있는 강력한 수단이 있다. 바로 영양이다. 키가 작은 유전자를 갖고 태어나도 잘 먹으면 키가 커질 수 있다는 것이다. 핵심은 단백질과 칼슘이다. 이를 가장 손쉽게 섭취할 수 있는 것은 우유다. 가격도 생수보다 저렴하다. 물론 우유의 효과에 대한 부정적 견해도 존재한다. 아토피 피부염과 빈혈·골다공증 등 각종 질병이 생길 수 있다는 주장이다. 그러나 이는 일부 학계의 의견이 침소봉대(針小棒大)되었다고 본다. 당뇨가 생기니 밥을 먹지 않고, 바다가 오염됐다고 생선을 먹지 않을 순 없지 않은가. _____

① 아이들의 건강을 위해 우유 소비를 줄여야 한다.

② 키에 대한 유전적 요소를 극복하는 방법으로는 수술밖에 없다.

③ 키는 물론 건강까지 생각한다면 자녀들에게 우유를 먹여야 한다.

④ 우유는 아이들의 혀를 담백하게 길들이는 데 중요한 역할을 한다.

19 다음 글의 중심 내용으로 가장 적절한 것은?

> 통계는 다양한 분야에서 사용되며 막강한 위력을 발휘하고 있다. 그러나 모든 도구나 방법이 그렇듯이, 통계 수치에도 함정이 있다. 함정에 빠지지 않으려면 통계 수치의 의미를 정확히 이해하고, 도구와 방법을 올바르게 사용해야 한다. 친구 5명이 만나서 이야기를 나누다가 연봉이 화제가 되었다. 2천만 원이 4명, 7천만 원이 1명이었는데, 평균을 내면 3천만 원이다. 이 숫자에 대해 4명은 "나는 봉급이 왜 이렇게 적을까?"하며 한숨을 내쉬었다. 그러나 이 평균값 3천만 원이 5명의 집단을 대표하는 데에 아무 문제가 없을까? 물론 계산 과정에는 하자가 없지만, 평균을 집단의 대푯값으로 사용하는 데에 어떤 한계가 있을 수 있는지 깊이 생각해 보지 않는다면, 우리는 잘못된 생각에 빠질 수도 있다. 평균은 극단적으로 아웃라이어(비정상적인 수치)에 민감하다. 집단 내에 아웃라이어가 하나만 있어도 평균이 크게 바뀐다는 것이다. 위의 예에서 1명의 연봉이 7천만 원이 아니라 100억 원이었다고 하자. 그러면 평균은 20억 원이 넘게 된다.
>
> 나머지 4명은 자신의 연봉이 평균치의 100분의 1밖에 안 된다며 슬퍼해야 할까? 연봉 100억 원인 사람이 아웃라이어이듯이 처음의 예에서 연봉 7천만 원인 사람도 아웃라이어인 것이다. 두드러진 아웃라이어가 있는 경우에는 평균보다는 최빈값이나 중앙값이 대푯값으로서 더 나을 수 있다.

① 평균은 집단을 대표하는 수치로서는 매우 부적당하다.
② 통계는 숫자 놀음에 불과하므로 통계 수치에 일희일비할 필요가 없다.
③ 평균보다는 최빈값이나 중앙값을 대푯값으로 사용해야 한다.
④ 통계 수치의 의미와 한계를 정확히 인식하고 사용할 필요가 있다.

20 다음은 K은행의 전세자금대출 관련 설명서의 일부이다. 홈페이지의 Q&A 담당인 A사원이 게시판에 올라온 질문에 잘못 답변한 것은?

<대출대상자>

부동산중개업소를 통해 임대차계약(임차보증금이 있는 월세계약 포함)을 체결하고 5% 이상의 계약금을 지급한 임차인으로 다음 요건을 모두 충족하는 고객[임대인이 주택사업자(법인 임대사업자 포함)인 경우에는 부동산중개업소를 통하지 않은 자체계약서 인정 가능]
• 대출신청일 현재 만 19세 이상인 고객
• 대출신청일 현재 임대차계약기간이 1년 이상 남은 고객
• 임차보증금이 수도권(서울특별시 포함) 4억 원, 그 외 지역의 경우 3억 원 이하이어야 함[단, 임대인이 주택사업자(법인 임대사업자 포함)인 경우 임차보증금 제한 없음]
• 임차권의 대항력 및 우선변제권을 확보한 고객 또는 확보할 수 있는 고객
• 외국인 및 재외국민이 아닌 고객

<대상주택>

전 지역 소재 주택으로서 다음의 조건을 모두 갖추어야 합니다.
• 임대인에 따라 다음 주택을 대상으로 함
 - 임대인이 개인인 경우 : 아파트(주상복합아파트 포함), 연립주택, 다세대주택, 단독주택, 다가구주택, 주거용 오피스텔
 - 임대인이 주택사업자(법인 임대사업자 포함)인 경우 : 아파트(주상복합아파트 포함), 연립주택, 주거용 오피스텔
• 소유권에 대한 권리침해 사항(경매신청, 압류, 가압류, 가처분, 가등기 등)이 없어야 함
• 전입세대열람내역 확인 시 타 세대의 전입내역이 없을 것(단, 단독주택 및 다가구주택은 여러 세대가 공동 거주하므로 다른 세대의 전입내역이 있는 경우에도 취급 가능)
• 미등기 건물 또는 건축물대장상 위반건축물이 아닌 경우
• 선순위채권이 존재하는 경우 주택가격의 60% 이내일 것
• 임대인이 외국인, 해외거주자인 경우 취급할 수 없음

---

① Q : 아직 계약금을 내지 않았는데, 전세자금대출을 받아 계약금을 먼저 내고 싶습니다.
 A : 부동산중개업소를 통해 임대차계약(임차보증금이 있는 월세계약 포함)을 체결하고 5% 이상의 계약금을 지급하여야만 대출을 진행할 수 있습니다.
② Q : 내년에 입주 예정인 만 18세 예비 대학생입니다. 올해 대출을 받아 내년에 입주하고 싶은데, 가능한가요?
 A : 대출신청일 현재 만 19세 이상이셔야 합니다.
③ Q : 최근 준공 완료한 건물이라 아직 등기부등본에 조회가 안 되는 것 같습니다. 대출부터 진행할 수 있나요?
 A : 미등기 건물은 대출이 불가합니다.
④ Q : 필리핀에서 한국으로 귀화한 지 2년이 지났습니다. 다른 조건을 만족하면 대출이 가능한가요?
 A : 외국인인 경우 대출이 불가합니다.

21 다음은 어느 학급 전체 학생 55명의 체육점수 분포이다. 〈보기〉 중 이에 대한 설명으로 옳은 것을 모두 고르면?

〈체육점수 분포〉

점수(점)	1	2	3	4	5	6	7	8	9	10
학생 수(명)	1	0	5	10	23	10	5	0	1	0

※ 점수는 1점 단위로 1 ~ 10점까지 주어짐

〈보기〉

ㄱ. 전체 학생을 체육점수가 낮은 학생부터 나열하면 중앙에 위치한 학생의 점수는 5점이다.
ㄴ. 4 ~ 6점을 받은 학생 수는 전체 학생 수의 86% 이상이다.
ㄷ. 학급의 체육점수 산술평균은 전체 학생이 받은 체육점수 중 최고점과 최저점을 제외하고 구한 산술평균과 다르다.
ㄹ. 학급에서 가장 많은 학생이 받은 체육점수는 5점이다.

① ㄱ
② ㄴ
③ ㄱ, ㄹ
④ ㄴ, ㄷ

22 다음은 K지역 유치원 유형별 교지면적과 교사면적에 대한 자료이다. 이에 대한 설명으로 옳지 않은 것은?

〈K지역 유치원 유형별 교지면적과 교사면적〉

(단위 : m^2)

구분	유치원 유형	국립	공립	사립
교지면적	유치원당	255.0	170.8	1,478.4
	원아 1인당	3.4	6.1	13.2
교사면적	유치원당	562.5	81.2	806.4
	원아 1인당	7.5	2.9	7.2

① 원아 1인당 교지면적은 사립이 공립의 2배 이상이다.
② 유치원당 교사면적이 가장 큰 유형부터 순서대로 나열하면 사립, 국립, 공립 순서다.
③ 유치원당 교지면적이 유치원당 교사면적보다 작은 유치원 유형은 국립뿐이다.
④ 유치원당 교지면적과 원아 1인당 교사면적은 국립이 사립보다 모두 작다.

※ 다음은 우리나라 업종별 근로자 수 및 고령근로자 비율과 국가별 65세 이상 경제활동 참가율 현황에 관한 자료이다. 이어지는 질문에 답하시오. [23~24]

〈업종별 근로자 수 및 고령근로자 비율〉

(단위 : 천 명, %)

전체 근로자 수 / 고령근로자 비율

업종	전체 근로자 수	고령근로자 비율
농업	0.6	20
제조업	1,080	7
건설업	97	10
운수업	180	4
숙박 및 음식점	125	7
과학 및 기술업	160	12.5
교육 서비스업	48	11
공공기관	92	20
외국기업	12	35

〈국가별 65세 이상 경제활동 참가율〉

(단위 : %)

국가	참가율
한국	29.4
미국	17.4
독일	4.0
네덜란드	5.9
아이슬란드	15.2
스웨덴	32.0
일본	21.8
영국	8.6

23 다음 중 우리나라 고령근로자 현황과 국가별 경제활동 참가율에 대한 해석으로 옳은 것은?

① 건설업에 종사하는 고령근로자 수는 외국기업에 종사하는 고령근로자 수의 3배 이상이다.

② 국가별 65세 이상 경제활동 조사 인구가 같을 경우 미국의 고령근로자 수는 영국 고령근로자 수의 2배 미만이다.

③ 모든 업종의 전체 근로자 수에서 제조업에 종사하는 전체 근로자 비율은 80% 이상이다.

④ 농업과 교육 서비스업, 공공기관에 종사하는 총 고령근로자 수는 과학 및 기술업에 종사하는 고령근로자 수보다 많다.

24 국가별 65세 이상 경제활동 참가조사 인구가 다음과 같을 때, (A), (B)에 들어갈 수로 옳은 것은?

〈국가별 65세 이상 경제활동 참가조사 인구〉

(단위 : 만 명)

구분	한국	미국	독일	네덜란드	아이슬란드	스웨덴	일본	영국
조사 인구	750	14,200	2,800	3,510	3,560	5,600	15,200	13,800
고령근로자	(A)	2,470.8	112	207.09	541.12	(B)	3,313.6	1,186.8

	(A)	(B)
①	220.5	1,682
②	220.5	1,792
③	230.5	1,792
④	230.5	1,682

※ 다음은 각 지역이 중앙정부로부터 배분받은 지역산업기술개발사업 예산 중 다른 지역으로 유출된 예산의 비중에 대한 자료이다. 이어지는 질문에 답하시오. [25~27]

〈지역산업기술개발사업 예산의 유출 비중〉

(단위 : %)

지역	2019년	2020년	2021년	2022년	2023년
강원	21.9	2.26	4.74	4.35	10.08
경남	2.25	1.55	1.73	1.90	3.77
경북	0	0	3.19	2.25	2.90
광주	0	0	0	4.52	2.85
대구	0	0	1.99	7.19	10.51
대전	3.73	5.99	4.87	1.87	0.71
부산	2.10	2.02	3.08	5.53	5.72
수도권	0	0	23.71	0	0
울산	6.39	6.57	12.65	7.13	9.62
전남	1.35	0	6.98	5.45	7.55
전북	0	0	2.19	2.67	5.84
제주	0	1.32	6.43	5.82	6.42
충남	2.29	1.54	3.23	4.45	4.32
충북	0	0	1.58	4.13	5.86

25 다음 중 자료를 판단한 내용으로 옳지 않은 것은?

① 조사 기간에 다른 지역으로 유출된 예산의 비중의 합이 가장 적은 곳은 광주이다.

② 조사 기간 동안 한 번도 0%를 기록하지 못한 곳은 5곳이다.

③ 2020년부터 부산의 유출된 예산 비중이 계속 상승하고 있다.

④ 한 해 동안 가장 높은 예산 비중을 기록한 지역은 수도권이다.

26 다음 중 2019년부터 2023년까지 유출된 예산 비중의 총합이 가장 큰 지역의 평균은?(단, 소수점 둘째 자리에서 반올림한다)

① 7.7%

② 8.2%

③ 8.7%

④ 9.2%

27 다음 〈보기〉 중 자료에 대한 설명으로 옳은 것을 모두 고르면?

─〈보기〉─
ㄱ. 2021 ~ 2023년 대전의 유출된 예산 비중은 전년 대비 계속 감소했다.
ㄴ. 지역별로 유출된 예산 비중의 총합이 가장 높은 연도는 2022년이다.
ㄷ. 2021년에 전년 대비 유출된 예산 비중이 1%p 이상 오르지 못한 곳은 총 4곳이다.
ㄹ. 2019년 강원의 유출된 예산 비중은 다른 모든 지역의 비중의 합보다 높다.

① ㄱ, ㄴ
② ㄱ, ㄹ
③ ㄴ, ㄹ
④ ㄷ, ㄹ

28 A도시로 여행을 계획 중인 K씨는 공유자전거를 12일간 사용하려고 한다. 공유자전거 이용 계획과 이용권 종류별 요금을 참고했을 때, 가장 저렴하게 이용하는 방법은?

〈공유자전거 이용 계획〉

일	월	화	수	목	금	토
1	2	3	4	5	6	7
70분	50분	–	100분	30분	200분	300분
8	9	10	11	12	13	14
40분	–	20분	150분	10분	200분	100분

〈이용권 종류별 요금〉

구분	기본시간	기본요금	10분당 추가요금	비고
1일 이용권 A	1시간	1,000원	100원	–
1일 이용권 B	2시간	1,500원		–
1주 이용권	1주	3,000원		1일 2시간 초과사용 시 추가요금 부과
1달 이용권	1달	5,000원		1일 1시간 초과사용 시 추가요금 부과

① 3일, 9일을 제외하고, 매일 1일 이용권 A를 구매한다.
② 3일, 9일을 제외하고, 매일 1일 이용권 B를 구매한다.
③ 첫째 주는 1일 이용권 B를 구매하고, 둘째 주는 1주 이용권을 구매한다.
④ 1주 이용권을 1주마다 구매한다.

29 다음은 천연가스 생산 · 내수 · 수출 현황 자료이다. 이에 대한 내용으로 옳지 않은 것은?(단, 증감률은 전년 대비 수치이다)

〈천연가스 생산 · 내수 · 수출 현황〉

(단위 : TOE, %)

구분		2019년	2020년	2021년	2022년	2023년
생산	생산량	4,086,308	3,826,682	3,512,926	4,271,741	4,657,094
	증감률	6.4	−6.4	−8.2	21.6	9.0
내수	생산량	1,219,335	1,154,483	1,394,000	1,465,426	1,474,637
	증감률	4.7	−5.3	20.7	5.1	0.6
수출	생산량	2,847,138	2,683,965	2,148,862	2,772,107	3,151,708
	증감률	7.5	−5.7	−19.9	29.0	13.7

① 2019년에는 전년 대비 생산, 내수, 수출이 모두 증가했다.
② 내수가 가장 큰 폭으로 증가한 해에는 생산과 수출이 모두 감소했다.
③ 수출이 증가했던 해는 생산과 내수도 증가했다.
④ 생산이 증가한 해에도 내수나 수출이 감소한 해가 있다.

30 다음은 연도별 투약일당 약품비에 대한 자료이다. 2022년의 총투약일수가 120일, 2023년의 총투약일수가 150일인 경우, 2022년 종합병원의 총약품비와 2023년 상급종합병원의 총약품비의 합은?

〈투약일당 약품비〉

(단위 : 원)

구분	상급종합병원	종합병원	병원	의원
2019년	2,704	2,211	1,828	1,405
2020년	2,551	2,084	1,704	1,336
2021년	2,482	2,048	1,720	1,352
2022년	2,547	2,025	1,693	1,345
2023년	2,686	2,074	1,704	1,362

※ 투약 1일당 평균적으로 소요되는 약품비를 나타내는 지표
※ (투약일당 약품비)=(총약품비)÷(총투약일수)

① 630,900원
③ 640,900원
② 635,900원
④ 645,900원

31 다음은 국가공무원 및 지방자치단체공무원 현황에 대한 자료이다. 이에 대한 설명으로 옳지 않은 것은?

〈국가공무원 및 지방자치단체공무원 현황〉

(단위 : 명)

구분	2019년	2020년	2021년	2022년	2023년
국가공무원	621,313	622,424	621,823	634,051	637,654
지방자치단체공무원	280,958	284,273	287,220	289,837	296,193

〈국가공무원 및 지방자치단체공무원 중 여성 비율〉

① 매년 국가공무원 중 여성 수는 지방자치단체공무원 중 여성 수의 3배 이상이다.
② 지방자치단체공무원 중 여성 수는 매년 증가하였다.
③ 매년 국가공무원 중 여성 수는 지방자치단체공무원 중 여성 수보다 많다.
④ 국가공무원 중 여성 비율과 지방자치단체공무원 중 여성 비율의 차이는 매년 감소한다.

※ 다음은 K공단 직원 1,200명의 통근현황 자료이다. 이어지는 질문에 답하시오. [32~33]

〈출·퇴근 수단 이용률〉

- 도보 39%
- 자가용 16%
- 대중교통 45%

- 버스 51%
- 지하철 27%
- 버스 + 지하철 22%

※ 우측 그림은 대중교통(45%) 수단을 세부적으로 나타낸 것이다.
※ 그래프에 제시된 것 이외의 통근방법은 존재하지 않는다.

〈출근 시 통근시간〉

(단위 : 명)

구분	30분 이하	30분 초과 ~ 45분 이하	45분 초과 ~ 1시간 이하	1시간 초과
인원	210	260	570	160

32 다음 중 자료에 대한 해석으로 옳지 않은 것은?(단, 소수점 첫째 자리에서 반올림한다)

① 통근시간이 30분 이하인 직원은 전체의 17.5%이다.

② 대중교통을 이용하는 인원 모두 통근시간이 45분을 초과하고, 그중 $\frac{1}{4}$의 통근시간이 60분을 초과할 때, 이들은 60분 초과 인원의 80% 이상을 차지한다.

③ 버스와 지하철을 모두 이용하는 직원 수는 도보를 이용하는 직원 수보다 174명 적다.

④ 통근시간이 45분 이하인 직원은 1시간 초과인 직원의 3.5배 미만이다.

33 도보 또는 버스만 이용하는 직원 중 25%의 통근시간이 30분 초과 45분 이하이다. 통근시간이 30분 초과 45분 이하인 인원에서 도보 또는 버스만 이용하는 직원 외에는 모두 자가용을 이용한다고 할 때, 이 인원이 자가용으로 출근하는 전체 인원에서 차지하는 비중은 얼마인가?(단, 소수점 첫째 자리에서 반올림한다)

① 55%　　　　　　　　② 67%

③ 74%　　　　　　　　④ 80%

34 다음은 외환위기 전후 한국의 경제 상황을 나타낸 자료이다. 이에 대한 설명으로 옳은 것은?

① 1993년 이후 양적성장지수가 감소함에 따라 안정성지수 또한 감소하였다.

② 안정성지수는 구조개혁 전반기와 구조개혁 후반기에 직전기간 대비 모두 증가하였으나, 구조개혁 후반기의 직전기간 대비 증가율은 구조개혁 전반기의 직전기간 대비 증가율보다 낮다.

③ 세 지수 모두에서 구조개혁 전반기의 직전기간 대비 증감폭보다 구조개혁 후반기의 직전기간 대비 증감폭이 크다.

④ 구조개혁 전반기와 후반기 모두 양적성장지수의 직전기간 대비 증감폭보다 안정성지수의 직전기간 대비 증감폭이 크다.

※ 다음은 K공사의 지식재산권 현황에 대한 자료이다. 이어지는 질문에 답하시오. **[35~36]**

〈2023년 지식재산권 현황(누적)〉

(단위 : 건)

구분	합계	산업재산권					SW권 (컴퓨터 프로그램)	저작권
		소계	특허권 (PCT 포함)	실용신안권	디자인권	상표권		
합계	385	100	66	0	24	10	71	214
출원	21	21	16	0	0	5	0	0
등록	364	79	50	0	24	5	71	214

〈2022년 지식재산권 현황(누적)〉

(단위 : 건)

구분	합계	산업재산권					SW권 (컴퓨터 프로그램)	저작권
		소계	특허권 (PCT 포함)	실용신안권	디자인권	상표권		
합계	386	104	70	0	24	10	68	214
출원	32	32	27	0	0	5	0	0
등록	354	72	43	0	24	5	68	214

〈2021년 지식재산권 현황(누적)〉

(단위 : 건)

구분	합계	산업재산권					SW권 (컴퓨터 프로그램)	저작권
		소계	특허권 (PCT 포함)	실용신안권	디자인권	상표권		
합계	361	90	52	0	28	10	57	214
출원	24	24	19	0	0	5	0	0
등록	337	66	33	0	28	5	57	214

35 다음 〈보기〉 중 지식재산권 현황에 대한 설명으로 옳은 것을 모두 고르면?

───〈보기〉───

ㄱ. 2023년까지 등록 및 출원된 산업재산권의 수는 등록 및 출원된 SW권보다 40% 이상 많다.

ㄴ. 2023년까지 출원된 특허권 수는 산업재산권 전체 출원 수의 80% 이상을 차지한다.

ㄷ. 2023년까지 등록된 저작권 수는 등록된 SW권의 3배를 초과한다.

ㄹ. 2023년까지 출원된 특허권 수는 등록 및 출원된 특허권의 50% 이상이다.

① ㄱ, ㄴ　　　　　　　　② ㄱ, ㄷ
③ ㄴ, ㄷ　　　　　　　　④ ㄷ, ㄹ

36 다음 중 지식재산권 현황에 대한 설명으로 옳지 않은 것은?

① 등록된 누적 특허권 수는 2022년과 2023년 모두 전년 대비 증가하였다.

② 전체 디자인권 수는 2021년 대비 2023년에 5% 이상 감소하였다.

③ 매년 모든 산업재산권에서 등록된 건수가 출원된 건수 이상이다.

④ 등록된 지식재산권 중 2021년부터 2023년까지 건수에 변동이 없는 것은 2가지이다.

37 다음은 K공사의 모집단위별 지원자 수 및 합격자 수를 나타낸 자료이다. 이에 대한 설명으로 옳지 않은 것은?

〈모집단위별 지원자 수 및 합격자 수〉

(단위 : 명)

모집단위	남성		여성		합계	
	합격자 수	지원자 수	합격자 수	지원자 수	모집정원	지원자 수
A집단	512	825	89	108	601	933
B집단	353	560	17	25	370	585
C집단	138	417	131	375	269	792
합계	1,003	1,802	237	508	1,240	2,310

※ [경쟁률(%)] $= \dfrac{(지원자\ 수)}{(모집정원)} \times 100$

※ 경쟁률은 소수점 첫째 자리에서 반올림한다.

① 세 개의 모집단위 중 총 지원자 수가 가장 많은 집단은 A집단이다.

② 세 개의 모집단위 중 합격자 수가 가장 적은 집단은 C집단이다.

③ K공사의 남성 합격자 수는 여성 합격자 수의 5배 이상이다.

④ B집단의 경쟁률은 158%이다.

38 다음은 K기업의 콘텐츠 유형별 매출액을 나타낸 자료이다. 이에 대한 설명으로 옳은 것은?

〈K기업의 콘텐츠 유형별 매출액〉

(단위 : 억 원)

구분	SNS	영화	음원	게임	전체
2016년	30	371	108	235	744
2017년	45	355	175	144	719
2018년	42	391	186	178	797
2019년	59	508	184	269	1,020
2020년	58	758	199	485	1,500
2021년	308	1,031	302	470	2,111
2022년	104	1,148	411	603	2,266
2023년	341	1,510	419	689	2,959

① 영화 매출액은 매년 전체 매출액의 30% 이상이다.
② 2017 ~ 2018년 게임과 음원의 전년 대비 매출액의 증감추이는 같다.
③ 2016 ~ 2023년 동안 매년 음원 매출액은 SNS 매출액의 2배 이상이다.
④ 2018년에는 모든 콘텐츠 유형의 매출액이 전년에 비해 증가하였다.

39 다음은 권장 소비자 가격과 판매 가격 차이를 조사한 자료이다. 〈조건〉을 적용했을 때, 할인가 판매 시 괴리율이 가장 높은 품목은?(단, 괴리율은 소수점 둘째 자리에서 버림한다)

〈권장 소비자 가격 및 판매 가격 정보〉

(단위 : 원, %)

상품	판매 가격		권장 소비자 가격과의 괴리율	
	정상가	할인가	권장 소비자 가격	정상가 판매 시 괴리율
세탁기	600,000	580,000	640,000	6.2
무선전화기	175,000	170,000	181,000	3.3
오디오세트	470,000	448,000	493,000	4.6
운동복	195,000	180,000	212,500	8.2

〈조건〉

- $[권장\ 소비자\ 가격과의\ 괴리율(\%)] = \dfrac{(권장\ 소비자\ 가격) - (판매\ 가격)}{(권장\ 소비자\ 가격)} \times 100$
- 정상가 : 할인 판매를 하지 않는 상품의 판매 가격
- 할인가 : 할인 판매를 하는 상품의 판매 가격

① 세탁기
② 무선전화기
③ 오디오세트
④ 운동복

40 다음은 지식경제부에서 2023년 11월에 발표한 산업경제지표 추이이다. 이에 대한 설명으로 옳지 않은 것은?

① 2023년 8월을 기점으로 위 세 가지 부분은 모두 하락세를 보이고 있다.
② 환율은 5월 이후 하락세에 있으므로 원화가치는 높아질 것이다.
③ 유가는 6월까지는 큰 폭으로 하락했으나, 그 이후 9월까지 서서히 상승세를 보이고 있다.
④ 숫자상의 변동 폭이 가장 작은 것은 유가이다.

41 다음 규정에 대한 비판으로 타당하지 않은 것은?

<K광역시 개인택시면허 발급 우선순위 규정>

면허대상	우선순위	내용
택시 운전자	1	• 10년 이상 무사고자로서 K광역시 소재 동일회사에서 8년 이상 근속하여 운전 중인 자 • 17년 이상 무사고자로서 K광역시 소재 운수회사에서 10년 이상 운전 중인 자
	2	• 8년 이상 무사고자로서 K광역시 소재 동일회사에서 5년 이상 근속하여 운전 중인 자
	3	• 10년 이상 무사고자로서 K광역시 소재 동일회사에서 3년 이상 근속하여 운전 중인 자

① 개인택시면허 발급의 우선순위를 정함에 있어서, 위 규정은 개인택시운전에 필요한 법규 준수성, 숙련성, 무사고 운전경력 등을 평가하는 절대적 기준은 아니다.

② 개인택시면허를 발급받으려는 운전자는 근무하던 택시회사가 폐업할 경우 위의 규정으로 인해 피해를 입게 된다.

③ 직업에 종사하는 데 필요한 전문지식을 습득하기 위한 전문직업교육장을 임의로 선택하는 자유를 제한하는 규정이다.

④ 개인택시면허를 발급받으려는 운전자의 직장이동을 어렵게 하여 직업의 자유를 지나치게 제한하는 것이다.

42 A ~ E 5명이 다음 <조건>에 따라 일렬로 나란히 자리에 앉는다고 할 때, 바르게 추론한 것은?

─────〈조건〉─────
• 자리의 순서는 왼쪽을 기준으로 첫 번째 자리로 한다.
• D는 A의 바로 왼쪽에 있다.
• B와 D 사이에 C가 있다.
• A는 마지막 자리가 아니다.
• A와 B 사이에 C가 있다.
• B는 E의 바로 오른쪽에 앉는다.

① D는 두 번째 자리에 앉는다.
② E는 네 번째 자리에 앉는다.
③ C는 첫 번째 자리에 앉는다.
④ C는 E의 오른쪽에 앉는다.

43 K공사에 근무하는 A대리는 국내 자율주행자동차 산업에 대한 SWOT 분석 결과에 따라 국내 자율주행자동차 산업 발달을 위한 방안을 고안하는 중이다. A대리가 SWOT 분석에 의한 경영전략에 따라 판단하였다고 할 때, 다음 〈보기〉 중 SWOT 분석에 의한 경영전략에 따른 판단으로 적절하지 않은 것을 모두 고르면?

〈국내 자율주행자동차 산업에 대한 SWOT 분석 결과〉

구분	분석 결과
강점(Strength)	• 민간 자율주행기술 R&D지원을 위한 대규모 예산 확보 • 국내외에서 우수한 평가를 받는 국내 자동차기업 존재
약점(Weakness)	• 국내 민간기업의 자율주행기술 투자 미비 • 기술적 안전성 확보 미비
기회(Opportunity)	• 국가의 지속적 자율주행자동차 R&D 지원법안 본회의 통과 • 완성도 있는 자율주행기술을 갖춘 외국 기업들의 등장
위협(Threat)	• 자율주행차에 대한 국민들의 심리적 거부감 • 자율주행차에 대한 국가의 과도한 규제

〈SWOT 분석에 의한 경영전략〉

• SO전략 : 기회를 이용해 강점을 활용하는 전략
• ST전략 : 강점을 활용하여 위협을 최소화하거나 극복하는 전략
• WO전략 : 기회를 활용하여 약점을 보완하는 전략
• WT전략 : 약점을 최소화하고 위협을 회피하는 전략

───〈보기〉───

ㄱ. 자율주행기술 수준이 우수한 외국 기업과의 기술이전협약을 통해 국내 우수 자동차기업들의 자율주행기술 연구 및 상용화 수준을 향상시키려는 전략은 SO전략에 해당한다.
ㄴ. 민간의 자율주행기술 R&D를 적극 지원하여 자율주행기술의 안전성을 높이려는 전략은 ST전략에 해당한다.
ㄷ. 자율주행자동차 R&D를 지원하는 법률을 토대로 국내 기업의 기술개발을 적극 지원하여 안전성을 확보하려는 전략은 WO전략에 해당한다.
ㄹ. 자율주행기술개발에 대한 국내기업의 투자가 부족하므로 국가기관이 주도하여 기술개발을 추진하는 전략은 WT전략에 해당한다.

① ㄱ, ㄴ
② ㄱ, ㄷ
③ ㄴ, ㄷ
④ ㄴ, ㄹ

〈시간대별 필요 간호인력 수〉

시간대	2~6시	6~10시	10~14시	14~18시	18~22시	22~2시
필요인력(명)	5	20	30	15	50	10

〈근무 수칙〉

1) 간호인력은 휴게 시간을 포함하여 8시간 동안 연속으로 근무한다.
2) K종합병원 간호인력은 8시간마다 교대한다.
3) 교대 시 인수인계 시간은 고려하지 않는다.

44 A부장이 필요 간호인력 수에 따라 최소 간호인력을 산정한다고 할 때, 필요한 최소 간호인력 수는 몇 명인가?

① 75명   ② 85명

③ 95명   ④ 105명

45 K종합병원에서는 2~6시 사이 중환자 및 응급환자의 수요가 증가함에 따라 필요 간호인력 수를 20명으로 확충하기로 하였다. 이때, 필요한 최소 간호인력 수는 몇 명인가?

① 85명   ② 100명

③ 110명   ④ 125명

46 K회사 근처에는 A ~ E 5개의 약국이 있으며, 공휴일에는 A ~ E약국 중 단 2곳만 영업을 한다. 다음 〈조건〉을 참고할 때, 반드시 참인 것은?(단, 한 달간 약국의 공휴일 영업일수는 서로 같다)

─〈조건〉─

- 이번 달의 공휴일은 총 5일이다.
- 오늘은 세 번째 공휴일이며, 현재 A와 C약국이 영업하고 있다.
- D약국은 오늘을 포함하여 이번 달 남은 공휴일에 더 이상 영업하지 않는다.
- E약국은 마지막 공휴일에 영업한다.
- A와 E약국은 이번 달 공휴일에 D약국과 함께 이미 한 번씩 영업하였다.

① A약국은 이번 달 두 번의 공휴일에 연속으로 영업한다.
② 이번 달 B와 E약국이 함께 영업하는 공휴일은 없다.
③ B약국은 두 번째, 네 번째 공휴일에 영업한다.
④ 네 번째 공휴일에 영업하는 약국은 B와 C이다.

47 초등학교 담장에 벽화를 그리기 위해 바탕색을 칠하려고 한다. 5개의 벽에 바탕색을 칠해야 하고, 벽은 일자로 나란히 배열되어 있다고 한다. 벽화는 다음 〈조건〉에 따라 칠한다고 할 때, 항상 옳은 것은?(단, 칠하는 색은 빨간색, 주황색, 노란색, 초록색, 파란색이다)

─〈조건〉─

- 주황색과 초록색은 이웃해서 칠한다.
- 빨간색과 초록색은 이웃해서 칠할 수 없다.
- 파란색은 양 끝에 칠할 수 없으며, 빨간색과 이웃해서 칠할 수 없다.
- 노란색은 왼쪽에서 두 번째에 칠할 수 없다.

① 노란색을 왼쪽에서 첫 번째에 칠할 때, 주황색은 오른쪽에서 세 번째에 칠하게 된다.
② 칠할 수 있는 경우 중 한 가지는 주황색 - 초록색 - 파란색 - 노란색 - 빨간색이다.
③ 파란색을 오른쪽에서 두 번째에 칠할 때, 주황색은 왼쪽에서 첫 번째에 칠할 수도 있다.
④ 주황색은 왼쪽에서 첫 번째에 칠할 수 없다.

48 K공사의 A ~ C는 이번 신입사원 교육에서 각각 인사, 마케팅, 영업 교육을 맡게 되었다. 다음 〈조건〉을 참고할 때, 바르게 연결된 것은?

─────〈조건〉─────
- 교육은 각각 2시간, 1시간 30분, 1시간 동안 진행된다.
- A, B, C 중 2명은 과장이며, 나머지 한 명은 부장이다.
- 부장은 B보다 짧게 교육을 진행한다.
- A가 가장 오랜 시간 동안 마케팅 교육을 진행한다.
- 교육 시간은 인사 교육이 가장 짧다.

	직원	담당 교육	교육 시간
①	B과장	인사 교육	1시간
②	B부장	영업 교육	1시간
③	C부장	인사 교육	1시간
④	C부장	영업 교육	1시간 30분

49 하정이는 사내규정에 따라 비품을 구매하려고 한다. 어느 해 가을을 제외한 같은 계절에 가습기와 에어컨을 구매했다면, 그해의 구매 목록에 대해 성립할 수 없는 것은?(단, 가습기는 10만 원 미만, 에어컨은 50만 원 이상이다)

─────〈사내규정〉─────
- 매년 10만 원 미만, 10만 원 이상, 30만 원 이상, 50만 원 이상의 비품으로 구분지어 구매 목록을 만든다.
- 봄, 여름, 가을, 겨울에 구매하며 매 계절 적어도 구매 목록 중 하나는 구매한다.
- 매년 최대 6번까지 구매할 수 있다.
- 한 계절에 같은 가격대의 구매 목록을 2번 이상 구매하지 않는다.
- 두 계절 연속으로 같은 가격대의 구매 목록을 구매하지 않는다.
- 50만 원 이상 구매 목록은 매년 2번 구매한다.
- 봄에 30만 원 이상 구매 목록을 구매한다.

① 가을에 30만 원 이상 구매 목록을 구매한다.
② 여름에 10만 원 미만 구매 목록을 구매한다.
③ 봄에 50만 원 이상 구매 목록을 구매한다.
④ 겨울에 10만 원 이상 구매 목록을 구매한다.

50 취업을 준비하는 A ~ E 다섯 사람이 지원한 분야는 각각 마케팅, 생산, 출판, 회계, 시설관리 중 한 곳이다. 다섯 사람은 모두 서류에 합격해 직무적성검사를 보러 가는데, 지하철, 버스, 택시 중 한 가지를 타고 갈 것이다. 다음 〈조건〉을 참고할 때, 옳지 않은 것은?(단, 한 가지 교통수단은 최대 두 명만 이용할 수 있으며, 한 사람도 이용하지 않은 교통수단은 없다)

─────〈조건〉─────
- 버스는 마케팅, 생산, 출판, 시설관리를 지원한 사람의 회사를 갈 수 있다.
- A는 출판을 지원했다.
- E는 어떤 교통수단을 선택해도 지원한 회사에 갈 수 있다.
- 지하철에는 D를 포함한 두 사람이 탄다.
- B가 탈 수 있는 교통수단은 지하철뿐이다.
- 버스와 택시가 지나가는 회사는 마케팅을 제외하고 중복되지 않는다.

① B와 D는 같이 지하철을 이용한다.
② C는 생산 혹은 시설관리이다.
③ A는 버스를 이용했다.
④ E는 회계를 지원했다.

51 신혜와 유민이는 친구의 집에 놀러가서 사과와 포도, 딸기가 담긴 접시를 받았다. 다음 〈조건〉을 바탕으로 옳은 것은?

─────〈조건〉─────
- 사과, 포도, 딸기 중에는 각자 좋아하는 과일이 반드시 있다.
- 유민이는 사과와 포도를 좋아한다.
- 유민이가 좋아하는 과일은 신혜가 싫어하는 과일이다.

① 신혜는 좋아하는 과일이 없다.
② 신혜가 포도를 좋아하는지 알 수 없다.
③ 신혜는 딸기를 좋아한다.
④ 유민이와 신혜가 같이 좋아하는 과일이 있다.

※ 귀하는 K사의 서비스 상담직원으로 근무하고 있으며, 다음 A/S 규정을 토대로 제품을 구매한 고객들의 문의를 응대하는 업무를 맡고 있다. 이어지는 질문에 답하시오. [52~54]

〈A/S 규정〉

■ **제품 보증기간**
- 제품의 보증기간은 제품 구매일을 기준으로 하며, 구매일을 증명할 수 있는 자료(구매영수증, 제품보증서 등)가 없을 경우에는 제품 생산일을 기준으로 산정한다.
- 단, 보증기간(1년 이내) 중 소비자 취급주의, 부적절한 설치, 자가 수리 또는 개조로 인한 고장 발생 및 천재지변(화재 및 수해 낙뢰 등)으로 인한 손상 또는 파손된 경우에는 보증기간 기준을 제외한다.

■ **A/S 처리기준**
- 제품보증기간 1년 이내 무상 A/S를 실시한다.
- 초기불량 및 파손의 경우를 제외한 사용 이후의 불량은 제품의 제조사 또는 판매자가 처리함을 원칙으로 한다.
- 당사는 제품의 미개봉 판매를 원칙으로 하며, 모든 사후처리는 당사의 A/S 규정과 원칙에 준한다.

■ **교환·환불 배송 정책**
- A/S에 관련된 운송비는 제품 초기불량일 경우에만 당사에서 부담한다.
- 당사의 교환 및 환불 정책은 수령한 날짜로부터 7일 이내 상품이 초기불량 및 파손일 경우에 한하며, 그 외의 경우에는 복구비용을 소비자가 부담하여야 한다.
- 당사에서 판매한 제품의 환불은 소비자법 시행령 제12조에 준한 사후처리를 원칙으로 한다.
- 제품의 온전한 상태를 기준으로 하며, 수령 후 제품을 사용하였을 경우에는 환불이 불가능하다.
- 단순변심으로는 미개봉 상태에서 3일 이내에 환불신청을 해야 한다.

■ **서비스 처리 비용**

구성	수리조치 사항		고객부담금(원)	비고
DVR 녹화기 관련	모델별 펌웨어 업그레이드 설치		20,000	회당
	하드 디스크 초기화 및 기능 점검		10,000	회당
	이전 설치로 인한 네트워크 관련 작업		20,000	–
	PC장착 카드형 DVR CD-Key		10,000	개당
	DVR 메인보드 파손		수리 시 50,000 교체 시 100,000	–
CCTV 카메라 관련	각종 카메라 이전 설치		건물 내 30,000 건물 외 50,000	–
	각종 카메라 추가 설치		건물 내 10,000 건물 외 20,000	제품 구매비 별도
	영상관련 불량	1) 기본 27만 화소 모듈	15,000	개당
		2) 27만 화소 IR 모듈	20,000	개당
		3) 41만 화소 IR 모듈	30,000	개당
	각종 카메라 전면 유리 파손 교체		3,000	개당
	카메라 전원·영상 배선 교체		8,000	–
	소비자 과실로 인한 내부 파손		수리 시 50,000 교체 시 100,000	–

52 다음은 K사의 제품을 구매한 고객의 문의사항이다. 귀하의 답변으로 적절하지 않은 것은?

> 고객 : 안녕하세요? 3일 전에 CCTV 제품을 구매해 설치하였습니다. 항상 켜두는 제품이라 고장이 쉽게 날 수 있을 것 같은데, A/S 규정이 어떻게 되는지 안내해 주실 수 있나요?
>
> 귀하 : 안녕하세요? 고객님. 저희 업체의 제품을 이용해 주셔서 감사합니다. 문의하신 A/S 규정에 대해서 간략하게 안내해 드리겠습니다.

① 단순변심으로는 미개봉 상태에서 3일 이내에 환불신청을 해야 합니다.

② 당사는 제품을 미개봉한 상태에서 판매하는 것을 원칙으로 하고 있습니다. 온전한 제품을 수령한 후 사용하였을 때에는 환불이 불가합니다.

③ 다만, 제품을 수령한 날로부터 7일 이내에 초기불량 및 파손이 있을 경우에는 당사에서 교환 또는 환불해 드리고 있으니 언제든지 연락 주시길 바랍니다.

④ 수령한 날짜로부터 7일 이내 상품이 초기불량 및 파손일 경우 외의 문제가 발생하면, 운송비를 제외한 복구 시 발행되는 모든 비용에 대해 고객님께서 부담하셔야 합니다.

53 다음 문의에 대해 귀하가 고객에게 안내하여야 할 수리비용은 얼마인가?

> 고객 : 안녕하세요? 재작년에 K사 DVR녹화기를 구매했었는데요. 사용 중에 문제가 생겨 연락드렸습니다. 며칠 전에 CCTV와 DVR을 다른 장소로 옮겨 설치했는데 네트워크 설정이 필요하다고 뜨면서 제대로 작동하지 않네요. 제가 제품을 구매한 후로 펌웨어 업그레이드를 한 번도 안 했었는데, 혹시 그것 때문일까요? 어찌 되었든 방문하는 수리기사에게 업그레이드뿐만 아니라 하드 디스크도 함께 점검해 달라고 요청해 주세요. 그럼 수리비용은 얼마나 나올까요?

① 60,000원 　　　　　　　　　② 50,000원

③ 40,000원 　　　　　　　　　④ 30,000원

54 다음은 수리기사가 보내온 A/S 점검 결과이다. 이를 토대로 고객에게 청구하여야 할 비용은 얼마인가?

〈A/S 점검표〉

점검일자 : 2024년 6월 24일(월)

대상제품		MD-RO439 model CCTV 카메라 1대	
제품위치		건물 내부	
점검항목		점검내용	
외부	전면 헤드	전면 유리 파손 교체	
	후면 고정대	이상 무	
	본체	이상 무	
내부	메인보드	이상 무, 클리너 사용(비용 ×)	
	전원부	전원 배선 교체	
	출력부	41만 화소 IR 교체	
기타사항		로비 CCTV 1대 추가 설치(제품비 80,000원)	

① 101,000원   ② 111,000원
③ 121,000원   ④ 131,000원

55 다음 〈조건〉에 따라 문항출제위원을 위촉하고자 할 때, 항상 참인 것은?

위촉하고자 하는 문항출제위원은 총 6명이다. 후보자는 논리학자 4명, 수학자 6명, 과학자 5명으로 추려졌다. 논리학자 2명은 형식논리를 전공했고 다른 2명은 비형식논리를 전공했다. 수학자 2명은 통계학을 전공했고 3명은 기하학을 전공했으며 나머지 1명은 대수학을 전공했다. 과학자들은 각각 물리학, 생명과학, 화학, 천문학, 기계공학을 전공했다.

─────〈조건〉─────

• 형식논리 전공자가 선정되면 비형식논리 전공자도 같은 인원만큼 선정된다.
• 수학자 중에서 통계학자만 선정되는 경우는 없다.
• 과학자는 최소 2명은 선정되어야 한다.
• 논리학자, 수학자는 최소 1명씩은 선정되어야 한다.
• 기하학 전공자는 천문학 전공자와 함께 선정되고, 기계공학 전공자는 통계학 전공자와 함께 선정된다

① 형식논리 전공자와 비형식논리 전공자가 1명씩 선정된다.
② 서로 다른 전공을 가진 수학자가 2명 선정된다.
③ 과학자는 최대 4명까지 선정될 수 있다.
④ 통계학 전공자를 포함하면 수학자는 3명이 선정될 수 없다.

56 같은 해에 입사한 동기 A ~ E는 모두 K기업 소속으로 서로 다른 부서에서 일하고 있다. 다음은 근무 부서와 부서별 성과급에 대한 자료이다. 이를 참고했을 때 항상 옳은 것은?

〈부서별 성과급〉

비서실	영업부	인사부	총무부	홍보부
60만 원	20만 원	40만 원	60만 원	60만 원

※ 각 사원은 모두 각 부서의 성과급을 동일하게 받는다.

〈부서배치 조건〉

• A는 성과급이 평균보다 적은 부서에서 일한다.
• B와 D의 성과급을 더하면 나머지 세 명의 성과급 합과 같다.
• C의 성과급은 총무부보다는 적지만 A보다는 많다.
• C와 D 중 한 사람은 비서실에서 일한다.
• E는 홍보부에서 일한다.

〈휴가 조건〉

• 영업부 직원은 비서실 직원보다 휴가를 더 늦게 가야 한다.
• 인사부 직원은 첫 번째 또는 제일 마지막으로 휴가를 가야 한다.
• B의 휴가 순서는 이들 중 세 번째이다.
• E는 휴가를 반납하고 성과급을 2배로 받는다.

① A의 3개월 치 성과급은 C의 2개월 치 성과급보다 많다.
② C가 맨 먼저 휴가를 갈 경우, B가 맨 마지막으로 휴가를 가게 된다.
③ D가 C보다 성과급이 많다.
④ 휴가철이 끝난 직후, D와 E의 성과급 차이는 세 배이다.

57 우주인 선발에 지원한 A ~ G 7명 중에서 2명이 선발되었다. 누가 선발되었는지에 대하여 5명이 다음 〈조건〉과 같이 각각 진술하였다. 이 중 3명의 진술만 옳을 때, 반드시 선발된 사람은?

─── 〈조건〉 ───

• A, B, G는 모두 탈락하였다.
• E, F, G는 모두 탈락하였다.
• C와 G 중에서 1명만 선발되었다.
• A, B, C, D 중에서 1명만 선발되었다.
• B, C, D 중에서 1명만 선발되었고, D, E, F 중에서 1명만 선발되었다.

① A   ② B
③ D   ④ G

※ 다음은 K사 제품의 공정표와 공정에 따른 〈조건〉이다. 이어지는 질문에 답하시오. [58~59]

<K사 공정표>

공정	선행공정	소요시간(분)
가	준비단계	30
나	없음	15
다	가	60
라	나	35
마	다	20
바	라 또는 마	45

〈조건〉

• 준비단계는 공정을 시작하기 전 기계 점검 및 작동 예열 시간으로 20분이 소요된다(단, 가 공정을 할 때마다 준비단계를 먼저 시행한다).
• 나 공정은 준비단계 없이 바로 시작할 수 있다.
• 공정 사이 제품의 이동시간은 무시한다.
• 가, 나 공정은 동시 시작이 가능하고, 공정 과정은 두 가지이다.
• 가 공정으로 시작하는 제품은 7개, 나 공정으로 시작하는 제품은 3개 생산이 가능하다.
• 공정 과정은 선행공정에 따라 정해지고, 마지막 공정인 바 공정에서는 동시가동이 가능하다.

58 공장에서 10시간 동안 기계를 작동했을 때, 가 공정으로 시작하는 공정 과정의 완제품 개수와 나 공정으로 시작하여 만들어지는 완제품 개수의 차이는 몇 개인가?

① 9개　　　　　　　　　　　　　　② 7개
③ 5개　　　　　　　　　　　　　　④ 3개

59 두 가지 공정 과정을 동시에 가동시켜 150개의 제품을 생산한다고 할 때, 최소 소요시간은 몇 시간인가?

① 21시간　　　　　　　　　　　　② 26시간
③ 28시간　　　　　　　　　　　　④ 35시간

60 다음은 K손해보험 보험금 청구 절차 안내문이다. 이를 토대로 고객들의 질문에 답변하려고 할 때, 적절하지 않은 것은?

〈보험금 청구 절차 안내문〉

단계	구분	내용
Step 1	사고 접수 및 보험금 청구	피보험자, 가해자, 피해자가 사고발생 통보 및 보험금 청구를 합니다. 접수는 가까운 영업점에 관련 서류를 제출합니다.
Step 2	보상팀 및 보상담당자 지정	보상처리 담당자가 지정되어 고객님께 담당자의 성명, 연락처를 SMS로 전송해 드립니다. 자세한 보상 관련 문의사항은 보상처리 담당자에게 문의하시면 됩니다.
Step 3	손해사정법인 (현장확인자)	보험금 지급여부 결정을 위해 사고현장조사를 합니다. (병원 공인된 손해사정법인에게 조사업무를 위탁할 수 있음)
Step 4	보험금 심사 (심사자)	보험금 지급 여부를 심사합니다.
Step 5	보험금 심사팀	보험금 지급 여부가 결정되면 피보험자 예금통장에 보험금이 입금됩니다.

※ 3만 원 초과 10만 원 이하 소액통원의료비를 청구할 경우 보험금 청구서와 병원영수증, 질병분류기호(질병명)가 기재된 처방전만으로 접수가 가능합니다.
※ 의료기관에서는 환자가 요구할 경우 처방전 발급 시 질병분류기호(질병명)가 기재된 처방전 2부 발급이 가능합니다.
※ 온라인 접수 절차는 K손해보험 홈페이지에서 확인하실 수 있습니다.

① Q : 자전거를 타다가 팔을 다쳐서 병원비가 56,000원이 나왔습니다. 보험금을 청구하려고 하는데 제출할 서류는 어떻게 되나요?
　 A : 고객님의 의료비는 10만 원이 넘지 않는 관계로 보험금 청구서와 병원영수증, 진단서가 필요합니다.
② Q : 사고를 낸 당사자도 보험금을 청구할 수 있나요?
　 A : 네, 고객님. 사고의 가해자와 피해자 모두 보험금을 청구하실 수 있습니다.
③ Q : 사고 접수는 인터넷으로 접수가 가능한가요?
　 A : 네, 가능합니다. 자세한 접수 절차는 K손해보험 홈페이지에서 확인하실 수 있습니다.
④ Q : 질병분류기호가 기재된 처방전은 어떻게 발급하나요?

제4회 직무시험

| 01 | 국민건강보험법

61 다음 중 국민건강보험법상 건강보험심사평가원의 업무가 아닌 것은?

① 요양급여 비용의 심사
② 심사 및 평가기준의 개발
③ 요양급여의 적정성 평가
④ 건강생활 실천율의 모니터링

62 다음 중 3년 동안 행사하지 않으면 소멸시효가 완성되는 권리로 볼 수 없는 것은?

① 보험료, 연체금 및 가산금으로 과오납부한 금액을 환급받을 권리
② 보험급여를 받을 권리
③ 과다납부된 본인일부부담금을 돌려받을 권리
④ 휴직자 등의 보수월액보험료를 징수할 권리

63 다음 중 국민건강보험법상 보험료에 대한 설명으로 옳지 않은 것은?

① 보험료는 가입자의 자격을 취득한 날이 속하는 달의 다음 달부터 가입자의 자격을 잃은 날의 전날이 속하는 달까지 징수한다.
② 보험료를 징수할 때 가입자의 자격이 변동된 경우에는 변동된 날이 속하는 달의 보험료는 변동되기 전의 자격을 기준으로 징수한다.
③ 직장가입자의 월별 보험료액은 보수월액에 보험료율을 곱하여 얻은 보수월액보험료만으로 산정한다.
④ 지역가입자의 월별 보험료액은 세대 단위로 산정한다.

64 다음 중 빈칸에 들어갈 내용이 바르게 연결된 것은?

> ① 직장가입자의 보험료율은 ___㉠___의 범위에서 심의위원회의 의결을 거쳐 대통령령으로 정한다.
> ② 국외에서 업무에 종사하고 있는 직장가입자에 대한 보험료율은 제1항에 따라 정해진 보험료율의 ___㉡___으로 한다.
> ③ 지역가입자의 보험료부과점수당 금액은 심의위원회의 의결을 거쳐 대통령령으로 정한다.

	㉠	㉡
①	1천분의 80	100분의 40
②	1천분의 80	100분의 50
③	1천분의 100	100분의 40
④	1천분의 100	100분의 50

65 다음 빈칸에 들어갈 내용으로 옳은 것은?

> 보건복지부장관은 요양기관이 다음 각 호의 어느 하나에 해당하면 그 요양기관에 대하여 _____의 범위에서 기간을 정하여 업무정지를 명할 수 있다.
> 1. 속임수나 그 밖의 부당한 방법으로 보험자·가입자 및 피부양자에게 요양급여비용을 부담하게 한 경우
> 2. 제97조 제2항에 따른 명령에 위반하거나 거짓 보고를 하거나 거짓 서류를 제출하거나, 소속 공무원의 검사 또는 질문을 거부·방해 또는 기피한 경우
> 3. 정당한 사유 없이 요양기관이 제41조의3 제1항에 따른 결정을 신청하지 아니하고 속임수나 그 밖의 부당한 방법으로 행위·치료재료를 가입자 또는 피부양자에게 실시 또는 사용하고 비용을 부담시킨 경우

① 1년   ② 2년

③ 3년   ④ 4년

66 다음 중 국민건강보험법상 국민건강보험공단의 임원에 대한 설명으로 옳지 않은 것은?

① 대한민국 국민이 아닌 사람은 공단의 임원이 될 수 없다.

② 정신장애로 직무를 수행할 수 없다고 인정되면 임명권자가 해임할 수 있다.

③ 영리를 목적으로 하는 사업과 비영리 목적의 업무는 모두 겸직할 수 없다.

④ 감사에 해당하는 임원은 공단의 업무, 회계 및 재산 상황을 감사한다.

67 다음 〈보기〉 중 요양급여가 제공되는 것을 모두 고르면?

| ─────────〈보기〉───────── |
| ㄱ. 질병　　　　　　　　ㄴ. 부상　　　　　　　　ㄷ. 출산 |

① ㄱ, ㄴ

② ㄱ, ㄷ

③ ㄴ, ㄷ

④ ㄱ, ㄴ, ㄷ

68 다음 밑줄 친 부분에 해당되는 사항으로 옳지 않은 것은?

> 공단은 사용자, 직장가입자 및 세대주에게 다음 각 호의 사항을 신고하게 하거나 관계 서류(전자적 방법으로 기록된 것을 포함한다)를 제출하게 할 수 있다.

① 가입자의 거주지 변경

② 가입자의 재산

③ 건강보험사업을 위하여 필요한 사항

④ 가입자의 보수

69 다음 중 국민건강보험법상 국민건강보험공단의 자산의 관리·운영 및 증식사업에서 안정성과 수익성을 위해 고려해야 할 사항이 아닌 것은?

① 체신관서 또는 은행법에 따른 은행에의 예입 또는 신탁
② 은행법에 따른 대기업이 직접 발행하거나 채무이행을 보증하는 유가증권의 매입
③ 자본시장과 금융투자업에 대한 법률에 따른 신탁업자가 발행하거나 같은 법에 따른 집합투자업자가 발행하는 수익증권의 매입
④ 공단의 업무에 사용되는 부동산의 취득 및 일부 임대

70 다음 중 국민건강보험법상 국민건강보험공단에 대한 설명으로 옳지 않은 것은?

① 공단의 주요 사항을 심의·의결하기 위해 이사회를 둔다.
② 공단의 조직·인사·보수 및 회계에 대한 규정은 이사장이 결정하여 보건복지부장관의 승인을 받아 정한다.
③ 공단은 보험재정에 관련된 사항을 심의·의결하기 위하여 재정운영위원회를 둔다.
④ 공단의 임직원은 형법 제129조부터 제132조까지의 규정을 적용할 때 공무원으로 본다.

71 다음 중 국민건강보험법상 1년 이하의 징역 또는 1,000만 원 이하의 벌금에 처하는 경우로 옳지 않은 것은?

① 선별급여가 금지되었음에도 불구하고 선별급여를 제공한 요양기관의 개설자
② 대행청구단체가 아닌 자로 하여금 대행하게 한 자
③ 행정처분절차가 진행 중인 사실을 지체 없이 알리지 아니한 자
④ 업무정지기간 중에 요양급여를 한 요양기관의 개설자

72 다음 중 국민건강보험법상 업무의 위탁에 대한 설명으로 옳지 않은 것은?

① 공단은 보험료의 수납 또는 보험료납부의 확인에 대한 업무를 금융기관에 위탁할 수 있다.

② 공단은 징수위탁근거법의 위탁에 따라 징수하는 연금보험료, 고용보험료, 산업재해보상보험료, 부담금 및 분담금 등의 수납 업무를 금융기관에 위탁할 수 있다.

③ 공단은 보험료와 징수위탁보험료 등의 징수 업무를 국가기관에 위탁할 수 있다.

④ 공단이 위탁할 수 있는 업무 및 위탁받을 수 있는 자의 범위는 보건복지부령으로 정한다.

73 다음 중 국민건강보험법상 보수월액에 대한 설명으로 옳지 않은 것은?

① 직장가입자의 보수월액은 직장가입자가 지급받는 보수를 기준으로 하여 산정한다.

② 휴직자의 보수월액보험료는 해당 사유가 생기기 전 달의 보수월액을 기준으로 산정한다.

③ 보수는 근로자 등이 근로를 제공하고 사용자·국가 또는 지방자치단체로부터 지급받는 금품으로서 대통령령으로 정하는 것을 말한다.

④ 보수 관련 자료가 없을 경우 건강보험심사평가원장이 정하여 고시하는 금액을 보수로 본다.

74 국민건강보험법상 요양급여를 받는 자는 대통령령으로 정하는 바에 따라 비용의 일부를 본인이 부담하여야 한다. 다음 중 본인일부부담금에 대한 설명으로 옳지 않은 것은?

① 선별급여는 다른 요양급여에 비하여 본인일부부담금을 하향 조절할 수 있다.

② 본인일부부담금의 총액이 본인부담상한액을 초과한 경우 공단이 그 초과 금액을 부담한다.

③ 본인부담상한액은 가입자의 소득수준 등에 따라 정한다.

④ 본인일부부담금 총액 산정 방법 등은 대통령령으로 정한다.

75 다음 중 국민건강보험법상 보험료 등의 독촉 및 체납처분에 대한 설명으로 옳지 않은 것은?

① 직장가입자의 사용자가 2명 이상인 경우 그중 1명에게 한 독촉은 해당 사업장의 다른 사용자 모두에게 효력이 있는 것으로 본다.

② 독촉할 때에는 30일 이상 60일 이내의 납부기한을 정하여 독촉장을 발부하여야 한다.

③ 독촉을 받은 자가 그 납부기한까지 보험료 등을 내지 아니하면 보건복지부장관의 승인을 받아 국세 체납처분의 예에 따라 이를 징수할 수 있다.

④ 체납처분을 하기 전에 보험료 등의 체납 내역, 압류 가능한 재산의 종류 등이 포함된 통보서를 발송하여야 한다.

76 다음 중 국민건강보험법상 가입자의 자격변동 시기에 해당하지 않는 것은?

① 지역가입자가 적용대상사업장의 사용자로 된 날

② 직장가입자가 다른 적용대상사업장의 근로자로 사용된 날

③ 직장가입자인 근로자 등이 그 사용관계가 끝난 날

④ 지역가입자가 적용대상사업장의 근로자로 사용된 날

77 다음 중 국민건강보험법상 보험급여의 정지 사유에 해당하는 것은?

① 고의로 인한 범죄행위에 그 원인이 있는 경우

② 국외에서 업무에 종사하고 있는 경우

③ 고의로 국민건강보험공단의 지시를 따르지 않은 경우

④ 중대한 과실로 국민건강보험공단에서 요구하는 문서나 물건을 제출하지 않은 경우

78 다음 중 국민건강보험공단의 결손처분에 대한 설명으로 옳지 않은 것은?

① 해당 권리에 대한 소멸시효가 완성된 경우 의결 없이 보험료 등을 결손처분을 할 수 있다.

② 체납처분이 끝나고 체납액에 충당될 배분금액이 그 체납액에 미치지 못하는 경우 보험료 등을 결손처분할 수 있다.

③ 징수할 가능성이 없다고 인정되는 경우로서 대통령령으로 정하는 경우 보험료 등을 결손처분할 수 있다.

④ 결손처분을 한 후 압류할 수 있는 다른 재산이 있는 것을 발견한 때에는 지체 없이 그 처분을 취소하고 체납처분을 하여야 한다.

79 다음 중 국민건강보험법상 국민건강보험공단의 업무로 옳지 않은 것은?

① 자산의 관리·운영 및 증식사업

② 보험급여 비용의 지급

③ 요양급여의 적정성 평가

④ 의료시설의 운영

80 다음 중 국민건강보험법상 고액·상습체납자의 인적사항 공개에 대한 설명으로 옳지 않은 것은?

① 1년이 경과한 보험료, 연체금과 체납처분비의 총액이 1,000만 원 이상인 체납자가 납부능력이 있음에도 불구하고 체납한 경우 그 인적사항·체납액 등을 공개할 수 있다.

② 체납자의 인적사항 등에 대한 공개 여부를 심의하기 위하여 공단에 보험료정보공개심의위원회를 둔다.

③ 공개대상자에게 공개대상자임을 서면으로 통지하여 소명의 기회를 부여하여야 한다.

④ 체납자 인적사항 등의 공개는 관보에 게재할 수 없으며, 공단 인터넷 홈페이지에 게시하는 방법에 따른다.

61 다음 중 노인장기요양보험법상 장기요양기관의 폐업신고 기한은?

① 폐업 예정일 전 10일까지
② 폐업 예정일 전 30일까지
③ 폐업 예정일 전 50일까지
④ 폐업 예정일 전 90일까지

62 다음 〈보기〉 중 장기요양기관이 업무정지된 경우 수급자의 권익을 보호하기 위하여 특별자치시장·특별
자치도지사·시장·군수·구청장이 취해야 하는 조치를 모두 고르면?

〈보기〉

가. 수급자가 부담할 비용이 있는 경우 이를 정산하는 조치
나. 행정처분의 내용을 수급자에게 통보하는 조치
다. 행정처분의 내용을 수급자의 보호자에게 통보하는 조치
라. 다른 장기요양기관을 선택하여 이용할 수 있도록 하는 조치

① 가, 나, 라
② 가, 다, 라
③ 나, 다, 라
④ 가, 나, 다, 라

63 다음은 장기요양급여의 재가급여 중 어디에 해당하는가?

수급자를 보건복지부령으로 정하는 범위 안에서 일정 기간 동안 장기요양기관에 보호하여 신체활동 지원 및
심신기능의 유지·향상을 위한 교육지·훈련 등을 제공하는 장기요양급여

① 단기보호
② 중기보호
③ 장기보호
④ 시설보호

64 다음 중 장기요양보험료의 징수와 산정에 대한 내용으로 옳지 않은 것은?

① 공단은 장기요양사업에 사용되는 비용에 충당하기 위하여 장기요양보험료를 징수한다.

② 장기요양보험료는 건강보험료와 구분하여 징수한다.

③ 공단은 장기요양보험료와 건강보험료를 구분하여 고지하여야 한다.

④ 공단은 장기요양보험료와 건강보험료를 각각의 독립회계로 관리하여야 한다.

65 다음 중 장기요양기본계획에 포함되지 않는 내용은?

① 연도별 장기요양급여 대상인원

② 연도별 장기요양기관 관리 방안

③ 장기요양병원장의 처우에 대한 사항

④ 장기요양요원의 처우에 대한 사항

66 다음 중 장기요양사업의 관리운영기관에 대한 설명으로 옳지 않은 것은?

① 장기요양사업의 관리운영기관은 공단으로 한다.

② 장기요양기관은 설치 목적에 필요한 최소한의 범위에서 설치하여야 한다.

③ 공단은 장기요양사업에 대하여 독립회계를 설치·운영하여야 한다.

④ 장기요양사업 수행조직과 건강보험사업 수행조직은 따로 구분하여 두지 않는다.

67 다음 중 빈칸에 공통으로 들어갈 숫자로 옳은 것은?

> 노인장기요양법에서 노인 등이란 _____세 이상의 노인 또는 _____세 미만의 자로서 치매·뇌혈관성질환 등 대통령령으로 정하는 노인성 질병을 가진 자를 말한다.

① 55

② 60

③ 65

④ 70

68 다음 중 장기요양인정의 신청 등에 대한 사항으로 옳은 것은?

① 거동이 불편하거나 도서·벽지 지역에 거주하여 의료기관을 방문하기 어려운 자는 사회복지사의 도움을 받아 의사소견서를 제출하여야 한다.

② 장기요양인정을 신청하는 자가 제출하여야 하는 의사소견서의 발급비용·비용부담방법 등은 공단에서 정한다.

③ 공단이 장기요양인정 신청의 조사를 하는 경우 3명 이상의 소속 직원이 조사할 수 있도록 노력하여야 한다.

④ 조사를 하는 자는 조사일시, 장소 및 조사를 담당하는 자의 인적사항 등을 미리 신청인에게 통보하여야 한다.

69 다음 중 노인장기요양보험법의 재가 및 시설 급여비용에 대한 설명으로 옳은 것은?

① 장기요양기관은 수급자에게 재가급여를 제공한 경우 구청에 장기요양급여비용을 청구하여야 한다.

② 보건복지부장관은 매년 급여종류 및 장기요양등급 등에 따라 공단의 심의를 거쳐 다음 연도의 재가 및 시설 급여비용과 특별현금급여의 지급금액을 정하여 고시하여야 한다.

③ 장기요양급여를 받는 자는 대통령령으로 정하는 바에 따라 비용의 전부를 본인이 부담한다.

④ 보건복지부장관은 재가 및 시설 급여비용을 정할 때 국가 및 지방자치단체로부터 장기요양기관의 설립비용을 지원받았는지 여부 등을 고려할 수 있다.

70 다음 〈보기〉 중 장기요양위원회의 구성으로 옳은 것을 모두 고르면?

─〈보기〉─

ㄱ. 위원장은 1인으로 한다.
ㄴ. 부위원장 1인을 포함한 16인 이상 20인 이하의 위원으로 구성한다.
ㄷ. 위원은 보건복지부장관이 임명 또는 위촉한 자로 한다.
ㄹ. 위원장은 보건복지부차관이 된다.

① ㄱ, ㄴ   ② ㄱ, ㄷ
③ ㄱ, ㄴ, ㄷ   ④ ㄱ, ㄷ, ㄹ

71 다음 중 장기요양위원회의 운영에 대한 설명으로 옳은 것은?

① 회의는 구성원 3분의 2 출석으로 개의한다.
② 출석위원 과반수의 찬성으로 의결한다.
③ 분야별로 실무위원회를 두지 않는다.
④ 장기요양위원회는 공단에 소속된 기관이다.

72 다음 중 수급자가 장기요양인정신청 등을 직접 수행할 수 없을 때 본인 또는 가족의 동의를 받아 그 신청을 대리할 수 없는 자는?

① 사회복지전담공무원
② 치매안심센터의 장
③ 수급자 본인의 친족
④ 특별자치시장·특별자치도지사가 지정하는 자

73 장기요양급여의 재가급여 중 다음 내용에 해당하는 것은?

> 장기요양요원이 수급자의 가정 등을 방문하여 신체활동 및 가사활동 등을 지원하는 장기요양급여

① 방문목욕   ② 방문요양
③ 주·야간보호   ④ 단기보호

74 다음 중 장기요양급여 중 가족요양비에 대한 설명으로 옳지 않은 것은?

① 가족요양비는 공단이 지급할 수 있다.
② 가족요양비는 대통령령으로 정하는 기준에 따라 지급할 수 있다.
③ 가족요양비는 천재지변 등의 사유로 장기요양기관이 제공하는 장기요양급여의 이용으로는 부족하다고 보건복지부장관이 인정하는 자가 받을 수 있다.
④ 가족요양비는 신체·정신 또는 성격 등 대통령령으로 정하는 사유로 인하여 가족 등으로부터 장기요양을 받아야 하는 자가 받을 수 있다.

75 다음은 장기요양인정의 신청에 대한 설명이다. 빈칸에 공통으로 들어갈 말로 옳은 것은?

> 장기요양인정을 신청하는 자는 공단에 장기요양인정신청서에 _____를 첨부하여 제출하여야 한다. 다만, _____는 공단이 등급판정위원회에 자료를 제출하기 전까지 제출할 수 있다.

① 의사소견서   ② 공단소견서
③ 요양원소견서   ④ 시장소견서

76 장기요양급여를 제공받거나 제공할 경우 요구하거나 제공하여서는 아니 되는 행위를 급여외행위라고 한다. 다음 〈보기〉 중 급여외행위를 모두 고르면?

〈보기〉
ㄱ. 수급자의 가족만을 위한 행위
ㄴ. 수급자의 생업을 지원하는 행위
ㄷ. 수급자 가족의 생업을 지원하는 행위
ㄹ. 수급자의 일상생활에 지장이 없는 행위
---

① ㄱ, ㄹ   ② ㄱ, ㄴ, ㄷ
③ ㄱ, ㄷ, ㄹ   ④ ㄱ, ㄴ, ㄷ, ㄹ

77 다음 중 빈칸 ㉠, ㉡에 들어갈 기관을 바르게 짝지은 것은?

• 장기요양보험료율, 가족요양비, 특례요양비 및 요양병원간병비의 지급기준 등을 심의하기 위하여 ___㉠___ 를 둔다.
• 장기요양인정 및 장기요양등급 판정 등을 심의하기 위하여 공단에 ___㉡___ 를 둔다.

	㉠	㉡
①	장기요양위원회	장기요양등급판정위원회
②	공표심의위원회	재심사위원회
③	장기요양위원회	공표심의위원회
④	장기요양등급판정위원회	장기요양위원회

78 다음 중 장기요양사업의 실태를 파악하기 위한 실태조사에 대한 설명으로 옳지 않은 것은?

① 3년마다 실시한다.
② 장기요양요원의 근로조건에 대한 사항도 조사한다.
③ 실태조사의 결과는 공표하여야 한다.
④ 실태조사의 방법과 내용 등에 필요한 사항은 대통령령으로 정한다.

79 다음 중 장기요양기관이 거짓으로 청구한 금액이 장기요양급여비용 총액의 100분의 10 이상인 경우 공표할 수 있는 사항이 아닌 것은?

① 처분내용   ② 이용인원
③ 위반사실   ④ 장기요양기관의 주소

80 다음 중 재가 및 시설 급여비용의 청구 및 지급에 대한 설명으로 옳지 않은 것은?

① 공단은 장기요양에 사용된 비용 중 공단부담금을 해당 장기요양기관에 지급하여야 한다.
② 공단은 장기요양급여평가 결과에 따라 장기요양급여비용을 감액조정하여 지급할 수 없다.
③ 수급자가 이미 낸 본인부담금이 본인부담금보다 더 많으면 차액을 수급자에게 지급하여야 한다.
④ 장기요양기관은 수급자에게 재가급여 또는 시설급여를 제공한 경우 공단에 장기요양급여비용을 청구하여야 한다.

6권

국민건강보험공단
정답 및 해설

온라인 모의고사 무료쿠폰

쿠폰번호	NCS통합	ASQR-00000-F8DE3
	행정직·건강직 2회분	ASTU-00000-A447C
	요양직 2회분	ASTV-00000-596AA

[쿠폰 사용 안내]

1. 합격시대 홈페이지(www.sdedu.co.kr/pass_sidae_new)에 접속합니다.
2. 홈페이지 중앙 '1회 무료 이용권 제공' 배너를 클릭하고, 쿠폰번호를 등록합니다.
3. 내강의실 > 모의고사 > 합격시대 모의고사를 클릭하면 모의고사 응시가 가능합니다.
※ 본 쿠폰은 등록 후 30일간 이용 가능합니다.
※ iOS / macOS 운영체제에서는 서비스되지 않습니다.

무료건보특강 쿠폰

[강의 이용 안내]

1. **시대에듀** 홈페이지(www.sdedu.co.kr)에 접속합니다.
2. '국민건강보험공단'으로 검색 후 무료특강을 클릭합니다.
3. '신청하기'를 클릭하면 국민건강보험공단 8개년 기출특강 강의를 수강할 수 있습니다.

시대
에듀

끝까지 책임진다! 시대에듀!

QR코드를 통해 도서 출간 이후 발견된 오류나 개정법령, 변경된 시험 정보, 최신기출문제, 도서 업데이트 자료 등이 있는지 확인해 보세요! **시대에듀 합격 스마트 앱**을 통해서도 알려 드리고 있으니 구글 플레이나 앱 스토어에서 다운받아 사용하세요. 또한, 파본 도서인 경우에는 구입하신 곳에서 교환해 드립니다.

과년도 기출복원 모의고사 정답 및 해설

| 01 | 직업기초능력(공통)

01	02	03	04	05	06	07	08	09	10
①	④	③	④	②	④	③	②	③	①
11	12	13	14	15	16	17	18	19	20
④	④	③	②	④	①	③	④	②	①
21	22	23	24	25	26	27	28	29	30
③	③	①	②	④	②	④	④	③	④
31	32	33	34	35	36	37	38	39	40
②	①	③	②	④	③	②	③	②	④
41	42	43	44	45	46	47	48	49	50
②	④	③	④	③	③	①	③	③	②
51	52	53	54	55	56	57	58	59	60
④	④	③	③	④	④	②	④	②	③

01
정답 ①

K공단에서 위촉한 자문 약사는 다제약물 관리사업 대상자가 먹고 있는 약물의 복용상태, 부작용, 중복 등을 종합적으로 검토하고 그 결과를 바탕으로 상담, 교육 및 처방조정 안내를 실시한다. 또한 우리나라는 2000년에 시행된 의약 분업의 결과, 일부 예외사항을 제외하면 약사는 환자에게 약물의 처방을 할 수 없다. 따라서 약사는 환자의 약물점검 결과를 의사에게 전달하여 처방에 반영될 수 있도록 할 뿐 직접적인 처방을 할 수는 없다.

오답분석
② 다제약물 관리사업으로 인해 중복되는 약물을 파악하고 조치할 수 있다. 실제로 세 번째 문단의 다제약물 관리사업 평가에서 효능이 유사한 약물을 중복해서 복용하는 환자가 40.2% 감소되는 등의 효과가 확인되었다.
③ 다제약물 관리사업은 10종 이상의 약을 복용하는 만성질환자를 대상으로 약물관리 서비스를 제공하는 사업이다.
④ 병원의 경우 입원 및 외래환자를 대상으로 의사, 약사 등으로 구성된 다학제팀이 약물관리 서비스를 제공하는 반면, 지역사회에서는 다학제 협업 시스템이 미흡하다는 의견이 나오고 있다. 이에 K공단은 도봉구 의사회와 약사회, 전문가로 구성된 지역협의체를 구성하여 의·약사 협업 모형을 개발하였다.

02
정답 ④

제시문의 첫 번째 문단은 아토피 피부염의 정의를 나타내므로 이어서 연결될 수 있는 문단은 아토피 피부염의 원인을 설명하는 (라) 문단이다. 또한, (가) 문단의 앞부분 내용이 (라) 문단의 뒷부분과 연계되므로 (가) 문단이 다음에 오는 것이 적절하다. 그리고 (나) 문단의 첫 번째 문장에서 앞의 약물치료와 더불어 일상생활에서의 예방법을 말하고 있으므로 (나) 문단의 앞에는 아토피 피부염의 약물치료 방법인 (다) 문단이 오는 것이 가장 자연스럽다. 따라서 (라) - (가) - (다) - (나)의 순서로 나열해야 한다.

03
정답 ③

제시문은 뇌경색이 발생하는 원인과 발생했을 때 치료 방법을 소개하고 있다. 따라서 글의 주제로 가장 적절한 것은 '뇌경색의 발병 원인과 치료 방법'이다.

오답분석
① 뇌경색의 주요 증상에 대해서는 언급하고 있지 않다.
② 뇌경색 환자는 기전에 따라 항혈소판제나 항응고제 약물 치료를 한다고 하였지만, 전체 내용을 아우르는 주제는 아니다.
④ 뇌경색이 발생했을 때의 조치사항은 언급하고 있지 않다.

04
정답 ④

제시문은 장애인 건강주치의 시범사업을 소개하며 3단계 시범사업에서 기존과 달라지는 것을 위주로 설명하고 있다. 따라서 가장 처음에 와야 할 문단은 3단계 장애인 건강주치의 시범사업을 소개하는 (마) 문단이다. 이어서 장애인 건강주치의 시범사업 세부 서비스를 소개하는 문단이 와야 하는데, 서비스 종류를 소개하는 문장이 있는 (다) 문단이 이어지는 것이 가장 적절하다. 이어서 2번째 서비스인 주장애관리를 소개하는 (가) 문단이 와야 하며, 그 다음으로 3번째 서비스인 통합관리 서비스와 추가적으로 방문 서비스를 소개하는 (라) 문단이 오는 것이 적절하다. 마지막으로 장애인 건강주치의 시범사업에 신청하는 방법을 소개하며 글을 끝내는 것이 적절하므로 (나) 문단이 이어져야 한다. 따라서 글의 순서를 바르게 나열하면 (마) - (다) - (가) - (라) - (나)이다.

05
정답 ②

허리디스크는 디스크의 수핵이 탈출하여 생긴 질환이므로 허리를 굽히거나 앉아 있을 때 디스크에 가해지는 압력이 높아져 통증이 더 심해진다. 반면 척추관협착증의 경우 서 있을 때 척추관이 더욱 좁아지게 되어 통증이 더욱 심해진다.

오답분석
① 허리디스크는 디스크의 탄력 손실이나 갑작스런 충격으로 인해 균열이 생겨 발생하고, 척추관협착증은 오랜 기간 동안 황색 인대가 두꺼워져 척추관에 변형이 일어나 발생하므로 허리디스크의 증상이 더 급작스럽게 나타난다.
③ 허리디스크는 자연치유가 가능하지만, 척추관협착증은 불가능하다. 따라서 허리디스크는 주로 통증을 줄이고 안정을 취하는 보존치료를 하지만, 척추관협착증은 변형된 부분을 제거하는 외과적 수술을 한다.
④ 허리디스크와 척추관협착증 모두 척추 중앙의 신경 다발(척수)이 압박받을 수 있으며, 심할 경우 하반신 마비 증세를 보일 수 있으므로 빠른 치료를 받는 것이 중요하다.

06
정답 ④

고령인 사람이 서 있을 때 통증이 나타난다면 퇴행성 척추질환인 척추관협착증(요추관협착증)일 가능성이 높다. 반면 허리디스크(추간판탈출증)는 젊은 나이에도 디스크에 급격한 충격이 가해지면 발생할 수 있고, 앉아 있을 때 통증이 심해진다. 따라서 ㉠에는 척추관협착증, ㉡에는 허리디스크가 들어가야 한다.

07
정답 ③

제53조 제5항에서 공단으로부터 분할납부 승인을 받고 승인된 보험료를 1회 이상 낸 경우에는 보험급여를 할 수 있다고 하였으므로 분할납부가 완료될 때까지 보험급여가 제한되지 않는다.

오답분석
① 제53조 제1항 제2호에 따르면 고의 또는 중대한 과실로 공단 및 요양기관의 요양에 관한 지시를 따르지 아니한 경우 보험급여를 하지 않는다.
② 제53조 제2항에서 국가나 지방자치단체로부터 보험급여에 상당하는 급여를 받게 되는 경우에는 그 한도에서 보험급여를 하지 않는다고 하였다.
④ 승인받은 분할납부 횟수가 5회 미만인 경우이므로 해당 분할납부 횟수인 4회 이상 보험료를 내지 않으면 보험급여가 제한된다.

08
정답 ②

제시된 기사는 독거노인·장애인을 위한 응급안전안심서비스의 집중신청기간을 고지하면서 이에 대한 참여를 설명하는 글이다. 따라서 기사의 주제는 '독거노인·장애인 응급안전안심서비스 정책과 집중신청기간 안내'가 가장 적절하다.

오답분석
① 정책 소개를 위해 2022년 한 해 동안의 성과를 소개하고 있지만 전체적인 기사의 주제는 아니다.
③ 독거노인·장애인 응급안전안심서비스는 가정에 ICT 기반의 장비를 설치하여 구급·구조를 돕는 서비스이지만 장비 목록 자체가 제시된 기사의 주제는 아니다.
④ 보건복지부는 응급안전안심서비스 집중신청기간 동안 신청자를 받고 있으며 따로 대상자를 현장조사하지는 않는다. 따라서 제시된 기사와는 관련 없다.

09
정답 ③

마지막 문단에서 '집중신청기간 이후에도 계속해서 신청 창구는 열려있으니 많은 신청 바란다.'라고 하였으므로 집중신청기간이 지나도 계속해서 서비스를 신청할 수 있음을 알 수 있다.

오답분석
① 세 번째 문단에서 기초지자체장이 생활여건 등을 고려해 상시 보호가 필요하다고 인정하는 경우 응급안전안심서비스를 신청하여 이용할 수 있다고 하였다.
② 두 번째 문단에서 응급안전안심서비스를 이용하는 경우 가정 내 화재, 화장실 내 실신 또는 침대에서 낙상 등의 응급상황을 화재·활동량 감지기가 자동으로 119와 응급관리요원에 알리거나, 응급호출기로 간편하게 119에 신고할 수 있다고 하였다.
④ 세 번째 문단에서 집중신청기간 동안 서비스 대상자나 그 보호자는 행정복지센터나 시·군·구 지역센터에 방문하거나 전화 등으로 서비스를 신청할 수 있다고 하였다.

10
정답 ①

제시문은 국민건강보험공단이 국제 워크숍을 개최하면서 서로 다른 문화적·사회적 차이에 놓여있는 각 나라들의 지식과 정보를 습득하고, 이를 통해 필요한 방안을 모색할 계기를 만들 수 있다는 내용이다. 따라서 글의 제목으로 가장 적절한 것은 ①이다.

11
정답 ④

네 번째 문단의 '아기의 호흡곤란 증상이 뚜렷하고 ~ 폐 표면 활성제를 투여한다.'를 통해 산후 치료로 가장 보편적인 것은 폐 전면 활성제가 아닌 폐 표면 활성제임을 할 수 있다.

12
정답 ④

제시문은 투명페트병 자원순환 프로젝트 기념행사의 개최에 대한 설명을 시작(㉡)으로, 그중에서도 자원순환 프로젝트의 일환인 투명페트병 무인회수기에 대한 소개(㉠)를 이어가고 있다. 추가적으로 무인회수기로 인해 일어나는 자원관리 효과에 대해 보충설명(㉣)하고 있으며, 마무리로는 국민건강보험공단 이사장의 말(㉢)을 인용하여 글을 정리하고 있다. 따라서 ㉡-㉠-㉣-㉢ 순서가 적절하다.

13 정답 ③

제시문은 정부가 국민 건강 증진을 목적으로 담뱃값 인상을 실시했지만 이는 충분한 논의가 없어 흡연자의 반발을 사 기형적 소비를 만연하게 했다고 지적하고 있다. 또한 밀수 담배가 만연할 것이라는 근거를 들어 정부의 논리인 국민 건강 증진이 성립될 수 없다고 지적하고 있다. 따라서 이 글의 주제로 '정부의 담뱃값 인상 규제 완화가 필요하다.'가 가장 적절하다.

오답분석

①·②·④ 글의 부분적인 내용만을 담고 있어, 글의 전반적인 내용을 아우를 수 있는 주제가 될 수 없다.

14 정답 ②

제시된 기사의 첫 문단은 국민건강보험이 국민행복카드 서비스를 제공한다는 내용이다. 따라서 그 뒤에는 왜 서비스를 제공하게 되었는지를 설명하는 (나), 해결 방법인 (라), 부가 설명인 (가), 앞으로의 기대효과인 (다)가 순서대로 와야 한다.

15 정답 ④

'개악하다'는 '고치어 도리어 나빠지게 하다.'는 뜻으로, '개선하다'의 반의어이다.

16 정답 ①

보기는 의약품 안전사용 모니터링이 약물 부작용 발생을 모니터링하는 시스템임을 알려주는 내용이므로 (가)에 들어가는 것이 가장 적절하다. 또한 (가) 뒤에 이어지는 내용으로, 그동안 약물 부작용 사례 수집의 어려움이 이번 시스템 구축으로 용이해졌음을 말하고 있으므로, 이 또한 보기가 (가)에 들어갈 근거가 된다.

17 정답 ③

제시된 기사는 빅데이터를 활용하여 의약품 안전사용 모니터링이 가능해졌다는 내용이므로 기사의 제목으로 ③이 가장 적절하다.

18 정답 ④

빈칸의 앞부분에서는 청년내일저축계좌의 신청방법에 대해 서술하고 있으며, 빈칸의 뒷부분에서는 앞의 주제를 환기하면서 추가적으로 관심이 집중되고 있는 다른 부분에 대해 이야기하고 있다. 따라서 앞 문장과의 연결을 중단하고, 새로운 주제로 넘어가는 접속어인 '한편'이 빈칸에 가장 적절하다.

19 정답 ②

세 번째 문단의 '청년내일저축계좌의 가입금액은 10만 원 이상 50만 원 이하(만 원 단위)까지 가능하며, 가입기간은 3년이다.'라는 글을 통해 ②의 내용이 적절하지 않음을 알 수 있다.

오답분석

① 두 번째 문단에서 알 수 있다.
③ 네 번째 문단에서 알 수 있다.
④ 다섯 번째 문단에서 알 수 있다.

20 정답 ①

가. 뇌혈관은 중증질환에 해당되고, 소득수준도 조건에 해당되기 때문에 이 사업의 지원금을 받을 수 있다.
나. 기준중위소득 50% 이하는 160만 원 초과 시 지원받을 수 있다.

오답분석

다. 기준중위소득 200%는 연소득 대비 의료비부담비율을 고려해 개별심사를 지원할 수 있다. 이때 재산 과표 5.4억 원을 초과하는 고액재산보유자는 지원이 제외되나 재산이 5.4억 원인 다의 어머니는 심사에 지원할 수 있다.
라. 통원 치료는 대상질환에 해당하지 않는다.

21 정답 ③

2021년의 건강보험료 부과 금액은 전년 대비 $69,480-63,120=6,360$십억 원 증가하였다. 이는 2020년 건강보험료 부과 금액의 10%인 $63,120 \times 0.1 = 6,312$십억 원보다 크므로 2021년의 건강보험료 부과 금액은 전년 대비 10% 이상 증가하였음을 알 수 있다. 2022년 또한 $76,775-69,480=7,295$십억 원 $> 69,480 \times 0.1 = 6,948$십억 원이므로 건강보험료 부과 금액은 전년 대비 10% 이상 증가하였다.

오답분석

① 제시된 자료를 통해 확인할 수 있다.
② 연도별 전년 대비 1인당 건강보험 급여비 증가액을 구하면 다음과 같다.
  • 2020년 : $1,400,000-1,300,000=100,000$원
  • 2021년 : $1,550,000-1,400,000=150,000$원
  • 2022년 : $1,700,000-1,550,000=150,000$원
  • 2023년 : $1,900,000-1,700,000=200,000$원
  따라서 1인당 건강보험 급여비가 전년 대비 가장 크게 증가한 해는 2023년이다.
④ 2019년 대비 2023년의 1인당 건강보험 급여비 증가율은
  $\dfrac{1,900,000-1,300,000}{1,300,000} \times 100 \fallingdotseq 46\%$이므로 40% 이상 증가하였다.

22

분기별 사회복지사 인력의 합은 다음과 같다.
- 2022년 3분기 : $391+670+1,887=2,948$명
- 2022년 4분기 : $385+695+1,902=2,982$명
- 2023년 1분기 : $370+700+1,864=2,934$명
- 2023년 2분기 : $375+720+1,862=2,957$명

분기별 전체 보건인력 중 사회복지사 인력의 비율은 다음과 같다.
- 2022년 3분기 : $\dfrac{2,948}{80,828}\times100 ≒ 3.65\%$
- 2022년 4분기 : $\dfrac{2,982}{82,582}\times100 ≒ 3.61\%$
- 2023년 1분기 : $\dfrac{2,934}{86,236}\times100 ≒ 3.40\%$
- 2023년 2분기 : $\dfrac{2,957}{86,707}\times100 ≒ 3.41\%$

따라서 옳지 않은 것은 ③이다.

23

- 2019년 징수율
  - 직장가입자 : $\dfrac{6,698,187}{6,706,712}\times100 ≒ 99.87\%$
  - 지역가입자 : $\dfrac{886,396}{923,663}\times100 ≒ 95.97\%$
- 2020년 징수율
  - 직장가입자 : $\dfrac{4,898,775}{5,087,163}\times100 ≒ 96.3\%$
  - 지역가입자 : $\dfrac{973,681}{1,003,637}\times100 ≒ 97.02\%$
- 2021년 징수율
  - 직장가입자 : $\dfrac{7,536,187}{7,763,135}\times100 ≒ 97.08\%$
  - 지역가입자 : $\dfrac{1,138,763}{1,256,137}\times100 ≒ 90.66\%$
- 2022년 징수율
  - 직장가입자 : $\dfrac{8,368,972}{8,376,138}\times100 ≒ 99.91\%$
  - 지역가입자 : $\dfrac{1,058,943}{1,178,572}\times100 ≒ 89.85\%$

따라서 직장가입자 건강보험금 징수율이 가장 높은 해는 2022년이고, 지역가입자 건강보험금 징수율이 가장 높은 해는 2020년이다.

24

시·도별 2021년 대비 2022년 정신건강 예산의 증가폭은 다음과 같다. 실제 시험에서는 선택지를 먼저 확인하여 2번째와 3번째 순서에 해당하는 지역의 증가액만 구해 시간을 절약하도록 한다.
- 서울 : $58,981,416-53,647,039=5,334,377$천 원
- 부산 : $24,205,167-21,308,849=2,896,318$천 원
- 대구 : $12,256,595-10,602,255=1,654,340$천 원
- 인천 : $17,599,138-12,662,483=4,936,655$천 원
- 광주 : $13,479,092-12,369,203=1,109,889$천 원
- 대전 : $14,142,584-12,740,140=1,402,444$천 원
- 울산 : $6,497,177-5,321,968=1,175,209$천 원
- 세종 : $1,515,042-1,237,124=277,918$천 원
- 제주 : $5,600,120-4,062,551=1,537,569$천 원

따라서 증가폭이 가장 큰 지역부터 순서대로 나열하면 서울 – 인천 – 부산 – 대구 –제주 – 대전 – 울산 – 광주 – 세종이 된다.

25

2022년 시·도별 전문의 의료 인력 대비 간호사 인력 비율은 다음과 같다. 실제 시험에서는 선택지에 제시된 지역만 구하여 시간을 절약하도록 한다.
- 서울 : $\dfrac{8,286}{1,905}\times100 ≒ 435\%$
- 부산 : $\dfrac{2,755}{508}\times100 ≒ 542.3\%$
- 대구 : $\dfrac{2,602}{546}\times100 ≒ 476.6\%$
- 인천 : $\dfrac{679}{112}\times100 ≒ 606.3\%$
- 광주 : $\dfrac{2,007}{371}\times100 ≒ 541\%$
- 대전 : $\dfrac{2,052}{399}\times100 ≒ 514.3\%$
- 울산 : $\dfrac{8}{2}\times100=400\%$
- 세종 : $\dfrac{594}{118}\times100 ≒ 503.4\%$
- 경기 : $\dfrac{6,706}{1,516}\times100 ≒ 442.3\%$
- 강원 : $\dfrac{1,779}{424}\times100 ≒ 419.6\%$
- 충북 : $\dfrac{1,496}{308}\times100 ≒ 485.7\%$
- 충남 : $\dfrac{955}{151}\times100 ≒ 632.5\%$
- 전북 : $\dfrac{1,963}{358}\times100 ≒ 548.3\%$
- 전남 : $\dfrac{1,460}{296}\times100 ≒ 493.2\%$
- 경북 : $\dfrac{1,158}{235}\times100 ≒ 492.8\%$
- 경남 : $\dfrac{4,004}{783}\times100 ≒ 511.4\%$
- 제주 : $\dfrac{1,212}{229}\times100 ≒ 529.3\%$

따라서 전문의 의료 인력 대비 간호사 인력 비율이 가장 높은 지역은 충남이다.

26 정답 ②

정부지원금 유형 A의 수령자는 $200 \times 0.36 = 72$명, 20대는 $200 \times 0.41 = 82$명이므로 20대 중 정부지원금 유형 A의 수령자가 차지하는 비율은 $\frac{72}{82} \times 100 = 87\%$이다.

오답분석

① $100만 \times (200 \times 0.36) + 200만 \times (200 \times 0.42) + 300만 \times (200 \times 0.22) = 37,200$만 원이다.

③ 20대는 $200 \times 0.41 = 82$명이고, 정부지원 수령금을 합산한 금액이 200만 원인 사람은 $200 \times 0.42 = 84$명이다. 따라서 200만 원 수령자 중 20대가 차지하는 비율은 $\frac{82}{84} \times 100 = 97\%$이다.

④ 정부지원금 수혜자가 2배가 된다면 총 400명이 될 것이므로, 정부지원금에 들어간 총비용도 $100만 \times (400 \times 0.36) + 200만 \times (400 \times 0.42) + 300만 \times (400 \times 0.22) = 74,400$만 원으로 2배가 된다.

27 정답 ④

20대의 연도별 흡연율은 40대 흡연율로, 30대는 50대의 흡연율로 반영되었으므로 옳지 않다.

28 정답 ④

총무부서 직원은 총 $250 \times 0.16 = 40$명이다. 2020년과 2021년의 독감 예방접종 여부가 총무부서에 대한 자료라면, 총무부서 직원 중 2020년과 2021년의 예방접종자 수의 비율 차는 $56 - 38 = 18\%$p이다. 따라서 $40 \times 0.18 = 7.2$이므로 약 7명 증가하였다.

오답분석

① 2020년 독감 예방접종자 수는 $250 \times 0.38 = 95$명, 2021년 독감 예방접종자 수는 $250 \times 0.56 = 140$명이므로, 2020년에는 예방접종을 하지 않았지만, 2021년에는 예방접종을 한 직원은 총 $140 - 95 = 45$명이다.

② 2020년의 예방접종자 수는 95명이고, 2021년의 예방접종자 수는 140명이다. 따라서 $\frac{140 - 95}{95} \times 100 = 47\%$ 증가했다.

③ 2020년의 예방접종을 하지 않은 직원들을 대상으로 2021년의 독감 예방접종 여부를 조사한 자료라고 한다면, 2020년과 2021년 모두 예방접종을 하지 않은 직원은 총 $250 \times 0.62 \times 0.44 = 68$명이다.

29 정답 ③

2020년 예방접종을 한 직원은 $250 \times 0.38 = 95$명이고, 부서별 예방접종을 한 직원은 $250 \times (0.08 + 0.06 + 0.14) = 70$명이다. 즉, 제조부서 직원 중 예방접종을 한 직원은 $95 - 70 = 25$명이다. 따라서 제조부서 직원은 총 $250 \times 0.44 = 110$명이므로, 제조부서 직원 중 2020년에 예방접종을 한 직원의 비율은 $\frac{25}{110} \times 100 = 22\%$이다.

30 정답 ④

ⅰ) 총원화금액 : $(4 \times 1,000) + (3 \times 1,120) + (2 \times 1,180) = 9,720$원

ⅱ) 평균환율 : $\frac{9,720}{9} = 1,080$원/달러

31 정답 ②

$200 \times 1,080 = 216,000$원

32 정답 ①

입구와 출구가 같고, 둘레의 길이가 456m인 타원 모양의 호수 둘레를 따라 4m 간격으로 일정하게 심어져 있는 가로수는 $456 \div 4 = 114$그루이며, 입구에 심어져 있는 가로수를 기준으로 6m 간격으로 가로수를 옮겨 심으려고 할 때, 4m와 6m의 최소공배수인 12m 간격의 가로수 $456 \div 12 = 38$그루는 그 자리를 유지하게 된다. 이때 호수 둘레를 따라 6m 간격으로 일정하게 가로수를 심을 때, 필요한 가로수는 $456 \div 6 = 76$그루이므로 그대로 두는 가로수 38그루를 제외한 $76 - 38 = 38$그루를 새롭게 옮겨 심어야 한다.

33 정답 ③

2018년과 2019년의 총 표본 수를 구하는 것으로 (가)와 (나)를 계산할 수 있다. 2018년의 총 표본 수는 10,558명이며, 2019년의 총 표본 수는 10,102명이다.

(가) $= 10,558 - (3,206 + 783 + 1,584 + 1,307 + 1,910)$
$\quad = 10,558 - 8,790 = 1,768$

(나) $= 10,102 - (3,247 + 740 + 1,655 + 1,891 + 1,119)$
$\quad = 10,102 - 8,652 = 1,450$

따라서 (가) + (나) $= 1,768 + 1,450 = 3,218$이다.

34 정답 ②

ㄴ. 문화예술행사를 관람한 70대 이상의 사람의 수는 2018년에 $1,279 \times 53.1\% = 679$명이며, 2019년에 $1,058 \times 49.9\% = 528$명이다.

ㄷ. 2018년에 소득이 100만 원 이상 300만 원 미만인 사람의 수는 3,007명이다. 문화예술행사를 관람한 사람의 수는 $1,204 \times 41.6\% + 1,803 \times 24.1\% = 501 + 435 = 936$명으로 관람 비율은 $936 \div 3,007 \times 100 = 31.1\%$이다. 2019년에 소득이 100만 원 이상 200만 원 미만인 사람 중 문화예술행사를 관람하지 않은 사람의 비율은 39.6%이다.

오답분석

ㄱ. 2018년에 가구소득이 100만 원 미만이면서 문화예술행사를 관람한 사람의 수는 $869 \times 57.5\% = 500$명이며, 가구소득이 100만 원 이상 200만 원 미만이면서 문화예술행사를 관람한 사람의 수는 $1,204 \times 41.6\% = 501$명이다.

ㄹ. 2019년에 문화예술행사를 관람한 사람의 수는 40대가 $1,894 \times 89.1\% = 1,688$명, 50대가 $1,925 \times 80.8\% = 1,555$명이다.

35 정답 ④

④는 질병 환자 한 명당 발열 환자 비율이 아닌 질병 환자 한 명당 감기 환자 비율을 나타낸 그래프이다.

36 정답 ③

ㄱ. 부산광역시의 감기 환자의 수는 37,101명으로 경상남도의 감기 환자의 수인 43,694명보다 적다.

ㄴ. 대구광역시의 질병 환자가 가입한 의료보험의 수는 $56,985 \times 1.2 = 68,382$개로 6만 5천 개 이상이다.

ㄹ. 질병 환자 한 명당 발열 환자 수는 서울이 $129,568 \div 246,867 \fallingdotseq 0.52$로 가장 크다. 그 외 지역들은 발열 환자 수가 전체 질병 환자의 반이 되지 않는다.

오답분석

ㄷ. 질병 환자 한 명당 발열 환자 수는 강원도의 경우 $15,516 \div 35,685 \fallingdotseq 0.43$이지만, 울산광역시의 경우는 $12,505 \div 32,861 \fallingdotseq 0.38$이므로 옳지 않다.

37 정답 ②

• 미혼여성의 수를 x명이라고 하면 $1 : 2 = 6 : x$이므로 $x = 12$
따라서 기획팀 여성의 수는 $6 + 12 = 18$명이다.

• 기획팀 남성의 수를 y명이라고 하면 $3 : 2 = y : 18$이므로
$2y = 54 \rightarrow y = 27$

따라서 기획팀의 총인원은 $27 + 18 = 45$명이다.

38 정답 ③

A사원이 혼자 일을 끝내는 데 걸리는 시간은 15일, A, B사원이 같이 할 때는 6일이 걸린다. B사원이 혼자 일하는 데 걸리는 시간을 b일, 일의 양을 1이라 가정하고, 하루에 할 수 있는 일의 양에 대한 방정식을 세우면 다음과 같다.

$\dfrac{1}{15} + \dfrac{1}{b} = \dfrac{1}{6} \rightarrow 6b + (6 \times 15) = 15b \rightarrow 9b = 6 \times 15 \rightarrow b = 10$

따라서 B사원 혼자 정리하는 데 걸리는 시간은 10일이다.

39 정답 ②

면접에서 최종 합격자 250명의 2배를 필기시험에서 뽑고, 면접시험 자격이 주어지는 인원의 4.5배수가 서류 지원자에서 필기시험에 응시할 수 있다. 따라서 국민건강보험공단의 최소 서류 지원자는 $250 \times 2 \times 4.5 = 2,250$명이다.

40 정답 ④

이뇨제의 1인 투여량은 60mL/일이고 진통제의 1인 투여량은 60mg/일이므로 이뇨제를 투여한 환자 수와 진통제를 투여한 환자 수의 비는 이뇨제 사용량과 진통제 사용량의 비와 같다.

• 2018년 : $3,000 \times 2 < 6,720$
• 2019년 : $3,480 \times 2 = 6,960$
• 2020년 : $3,360 \times 2 < 6,840$
• 2021년 : $4,200 \times 2 > 7,200$
• 2022년 : $3,720 \times 2 > 7,080$

따라서 2018년과 2020년에 진통제를 투여한 환자 수는 이뇨제를 투여한 환자 수의 2배보다 많다.

오답분석

① 2022년에 사용량이 감소한 의약품은 이뇨제와 진통제로 이뇨제의 사용량 감소율은 $\dfrac{3,720 - 4,200}{4,200} \times 100 \fallingdotseq -11.43\%$이고,

진통제의 사용량 감소율은 $\dfrac{7,080 - 7,200}{7,200} \times 100 \fallingdotseq -1.67\%$ p이다. 따라서 전년 대비 2022년 사용량 감소율이 가장 큰 의약품은 이뇨제이다.

② 5년 동안 지사제 사용량의 평균은 $\dfrac{30 + 42 + 48 + 40 + 44}{5} = 40.8$정이고, 지사제의 1인 1일 투여량은 2정이다. 따라서 지사제를 투여한 환자 수의 평균은 $\dfrac{40.8}{2} = 20.4$이므로 약 20명이다.

③ 이뇨제 사용량은 매년 '증가 – 감소 – 증가 – 감소'를 반복하였다.

41 정답 ②

'잎이 넓다.'를 P, '키가 크다.'를 Q, '더운 지방에서 자란다.'를 R, '열매가 많이 맺힌다.'를 S라 하면, 첫 번째 명제는 P → Q, 두 번째 명제는 ~P → ~R, 네 번째 명제는 R → S이다. 두 번째 명제의 대우인 R → P와 첫 번째 명제인 P → Q에 따라 R → P → Q이므로 네 번째 명제가 참이 되려면 Q → S인 명제 또는 이와 대우 관계인 ~S → ~Q인 명제가 필요하다.

오답분석

① ~P → S이므로 참인 명제가 아니다.

③ 제시된 모든 명제와 관련이 없는 명제이다.

④ R → Q와 대우 관계인 명제이지만, 네 번째 명제가 참임을 판단할 수 없다.

42   정답 ④

'풀을 먹는 동물'을 P, '몸집이 크다.'를 Q, '사막에서 산다.'를 R, '물속에서 산다.'를 S라 하면, 첫 번째 명제는 P → Q, 두 번째 명제는 R → ~S, 네 번째 명제는 S → Q이다. 네 번째 명제가 참이되려면 두 번째 명제와 대우 관계인 S → ~R에 의해 ~R → P인명제 또는 이와 대우 관계인 ~P → R인 명제가 필요하다.

오답분석

① Q → S로 네 번째 명제의 역이지만, 어떤 명제가 참이라고 해서 그 역이 반드시 참이 될 수는 없다.
② 제시된 모든 명제와 관련이 없는 명제이다.
③ R → Q이므로 참인 명제가 아니다.

43   정답 ③

모든 1과 사원은 가장 실적이 많은 2과 사원보다 실적이 많고, 3과 사원 중 일부는 가장 실적이 많은 2과 사원보다 실적이 적다. 따라서 3과 사원 중 일부는 모든 1과 사원보다 실적이 적다.

44   정답 ②

• A : 초청 목적이 6개월가량의 외국인 환자의 간병이므로 G-1-10 비자를 발급받아야 한다.
• B : 초청 목적이 국내 취업조건을 모두 갖춘 자의 제조업체 취업이므로 E-9-1 비자를 발급받아야 한다.
• C : 초청 목적이 K대학교 교환학생이므로 D-2-6 비자를 발급받아야 한다.
• D : 초청 목적이 국제기구 정상회의 참석이므로 A-2 비자를 발급받아야 한다.

45   정답 ③

건강생활실천지원금제 신청자 목록에 따라 신청자별로 확인하면 다음과 같다.
• A : 주민등록상 주소지가 시범지역에 속하지 않는다.
• B : 주민등록상 주소지는 관리형에 속하지만, 고혈압 또는 당뇨병 진단을 받지 않았다.
• C : 주민등록상 주소지는 예방형에 속하고, 체질량지수와 혈압이 건강관리가 필요한 사람이므로 예방형이다.
• D : 주민등록상 주소지는 관리형에 속하고, 고혈압 진단을 받았으므로 관리형이다.
• E : 주민등록상 주소지는 예방형에 속하고, 체질량지수와 공복혈당 건강관리가 필요한 사람이므로 예방형이다.
• F : 주민등록상 주소지가 시범지역에 속하지 않는다.
• G : 주민등록상 주소지는 관리형에 속하고, 당뇨병 진단을 받았으므로 관리형이다.
• H : 주민등록상 주소지가 시범지역에 속하지 않는다.
• I : 주민등록상 주소지는 예방형에 속하지만, 필수조건인 체질량지수가 정상이므로 건강관리가 필요한 사람에 해당하지 않는다.
따라서 예방형 신청이 가능한 사람은 C, E이고, 관리형 신청이 가능한 사람은 D, G이다.

46   정답 ③

출산장려금 지급 시기의 가장 우선순위인 임신일이 가장 긴 임산부는 B, C, D임산부이다. 이 중에서 만 19세 미만인 자녀 수가 많은 임산부는 C, D임산부이고, 소득 수준이 더 낮은 임산부는 C임산부이다. 따라서 C임산부가 가장 먼저 출산장려금을 받을 수 있다.

47   정답 ①

고독사 및 자살 위험이 크다고 판단되는 경우 만 60세 이상으로 하향 조정이 가능하다.

오답분석

② 노인맞춤돌봄서비스 중 생활교육서비스에 해당한다.
③ 특화서비스는 가족, 이웃과 단절되거나 정신건강 등의 문제로 자살, 고독사 위험이 높은 취약 노인을 대상으로 상담 및 진료 서비스를 제공한다.
④ 안전지원서비스를 통해 노인의 안전 여부를 확인할 수 있다.

48   정답 ③

노인맞춤돌봄서비스는 만 65세 이상의 기초생활수급자, 차상위계층, 기초연금수급자의 경우 신청이 가능하다. F와 H는 소득수준이 기준에 해당하지 않으므로 제외되며, J는 만 64세이므로 제외된다. 또한 E, G, K는 유사 중복사업의 지원을 받고 있으므로 제외된다. 따라서 E, F, G, H, J, K 6명은 노인맞춤돌봄서비스 신청이 불가능하다.

오답분석

A와 I의 경우 만 65세 이하이지만 자살, 고독사 위험이 높은 우울형 집단에 속하고, 만 60세 이상이므로 신청이 가능하다.

49   정답 ③

A씨의 2021년 장기요양보험료를 구하기 위해서는 A씨의 소득을 먼저 구해야 한다. 2023년 A씨가 낸 장기요양보험료는 20,000원이고, 보험료율이 0.91%이므로 A씨의 소득은 20,000÷0.0091 ≒2,197,802원이다. 따라서 A씨의 지난 5년간 소득은 2,197,802원으로 동일하므로 2021년 장기요양보험료는 2,197,802× 0.0079 ≒ 17,363원이다.

50   정답 ②

산모의 어머니인 B가 딸의 임신확인서와 산모와의 관계를 입증할 수 있는 서류인 주민등록등본을 가지고 지원 신청서를 작성하였으므로 지원제도 신청이 가능하다.

오답분석

① A는 산모의 친구이므로 지원이 불가능하다.
③ C는 의료급여를 받는 수급권자이므로 제외 대상자에 해당한다. 따라서 지원이 불가능하다.
④ D의 딸은 출국으로 인해 건강보험 급여정지자이므로 제외 대상자에 해당한다. 따라서 지원이 불가능하다.

51

정답 ④

인턴들의 업무 평가 결과에 따라 점수를 계산하면 다음과 같다.

인턴	업무량	업무 효율성	업무 협조성	업무 정확성	근무 태도	합계
A인턴	우수 – 8점	탁월 – 20점	보통 – 16점	보통 – 10점	우수 – 10점	64점
B인턴	보통 – 6점	보통 – 10점	우수 – 20점	우수 – 16점	보통 – 8점	60점
C인턴	탁월 – 10점	보통 – 10점	탁월 – 30점	탁월 – 20점	보통 – 8점	78점
D인턴	보통 – 6점	우수 – 16점	탁월 – 30점	탁월 – 20점	우수 – 10점	82점

따라서 A인턴은 20만 원, B인턴은 10만 원, C인턴은 30만 원, D인턴은 40만 원을 받으므로 D인턴이 가장 많은 장려금을 받는다.

52

정답 ③

변경된 평가 결과에 따라 점수를 계산하면 다음과 같다.

인턴	업무량	업무 효율성	업무 협조성	업무 정확성	근무 태도	합계
A인턴	우수 – 8점	탁월 – 20점	보통 – 16점	우수 – 16점	우수 – 10점	70점
B인턴	보통 – 6점	보통 – 10점	우수 – 20점	우수 – 16점	우수 – 10점	62점
C인턴	탁월 – 10점	탁월 – 20점	탁월 – 30점	탁월 – 20점	보통 – 8점	88점
D인턴	보통 – 6점	우수 – 16점	우수 – 20점	탁월 – 20점	우수 – 10점	72점

따라서 A인턴은 20만 원, B인턴은 20만 원, C인턴은 40만 원, D인턴은 30만 원을 받으므로 C인턴이 가장 많은 장려금을 받는다.

53

정답 ③

- 금연진료 · 상담료
  S대리는 고혈압 진료를 병행하였으므로 금연(동시)진료 비용으로 책정해야 한다.
  - 최초상담료 : $(22,500 \times 0.2) - 1,500 = 3,000$원
  - 유지상담료 : $(13,500 \times 0.2) - 900 = 1,800$원
  3회 차부터 금연진료·상담료의 본인부담금은 없으므로 S대리의 금연진료·상담료의 본인부담금은 $3,000 + 1,800 = 4,800$원이다.
- 약국금연 관리비용
  약국을 2회 방문하였고 금연치료의약품을 처방받았으므로 약국금연 관리비용 본인부담금은 $1,600 \times 2 = 3,200$원이다.

- 금연치료의약품 비용
  S대리가 처방받은 금연치료의약품은 챔픽스정이다. 챔픽스정의 1정당 본인부담금은 400원이고 7주간 처방받은 챔픽스정은 $2 \times (28 + 21) = 98$정이므로, 금연치료의약품 본인부담금은 $400 \times 98 = 39,200$원이다.
  따라서 S대리가 낸 본인부담금은 $4,800 + 3,200 + 39,200 = 47,200$원이다.

54

정답 ③

- 일비 : $2만 \times 3 = 6만$ 원
- 항공운임 : $100만 \times 2 = 200만$ 원
- 철도운임 : $7만 \times 2 = 14만$ 원
- 자가용승용차운임 : $20만 \times 3 = 60만$ 원
- 숙박비 : $15만 \times 2 = 30만$
- 식비 : $2.5만 \times 3 = 7.5만$ 원

따라서 A부장이 받을 수 있는 여비의 총액은 $6만 + 200만 + 14만 + 60만 + 30만 + 7.5만 = 317.5만$ 원이다.

55

정답 ④

- 가군
  - 일비 : $2만 \times 2 = 4만$ 원
  - 항공운임 : $100만 \times 1 = 100만$ 원
  - 선박운임 : $50만 \times 1 = 50만$ 원
  - 철도운임 : $7만 \times 2 = 14만$ 원
  - 버스운임 : $1,500 \times 2 = 3,000$원
  - 자가용승용차운임 : $20만 \times 2 = 40만$ 원
  - 숙박비 : $15만 \times 1 = 15만$ 원
  - 식비 : $2.5만 \times 2 = 5만$ 원

  그러므로 $4만 + 100만 + 50만 + 14만 + 0.3만 + 40만 + 15만 + 5만 = 228만$ 3천 원이다.
- 나군
  - 일비 : $2만 \times 2 = 4만$ 원
  - 항공운임 : $50만 \times 1 = 50만$ 원
  - 선박운임 : $20만 \times 1 = 20만$ 원
  - 철도운임 : $7만 \times 2 = 14만$ 원
  - 버스운임 : $1,500 \times 2 = 3,000$원
  - 자가용승용차운임 : $20만 \times 2 = 40만$ 원
  - 숙박비 : $7만 \times 1 = 7만$ 원
  - 식비 : $2만 \times 2 = 4만$ 원

  그러므로 $4만 + 50만 + 20만 + 14만 + 0.3만 + 40만 + 7만 + 4만 = 139만$ 3천 원이다.
- 다군
  - 일비 : $2만 \times 2 = 4만$ 원
  - 항공운임 : $50만 \times 1 = 50만$ 원
  - 선박운임 : $20만 \times 1 = 20만$ 원
  - 철도운임 : $3만 \times 2 = 6만$ 원
  - 버스운임 : $1,500 \times 2 = 3,000$원
  - 자가용승용차운임 : $20만 \times 2 = 40만$ 원

– 숙박비 : 6만×1=6만 원
– 식비 : 2만×2=4만 원
그러므로 4만+50만+20만+6만+0.3만+40만+6만+4만=
130만 3천 원이다.
따라서 228.3만+139.3만+130.3만=497만 9천 원이다.

56 정답 ④

ㄷ. 온라인은 복지로 홈페이지, 오프라인은 읍면동 주민센터에서
보조금 신청서를 작성 후 제출하면 되지만, 카드사의 홈페이
지에서는 보조금 신청서 작성이 불가능하다.
ㄹ. 제시된 은행 지점 및 읍면동 주민센터 외에도 해당되는 카드
사를 방문하여도 카드를 발급받을 수 있다.

오답분석

ㄱ. 어린이집 보육료 및 유치원 학비는 신청자가 별도로 인증하지
않아도 보조금 신청 절차에서 인증된다.
ㄴ. 온라인과 오프라인 신청 모두 연회비가 무료임이 명시되어
있다.

57 정답 ②

감사실은 이사장 직속 부서가 아니라 따로 분리된 독립 부서이다.

오답분석

① 각 상임이사는 모두 3개의 부서를 가지고 있다.
③ 급여보장실과 급여관리실은 급여상임이사 소속이다.
④ 자격부과실과 고객지원실은 징수상임이사 소속으로, 징수상
임이사를 통해 보고한다.

58 정답 ④

안전관리실이 안전관리본부로 새롭게 개편되므로 총무상임이사
소속부서는 인력지원실, 경영지원실이다.

오답분석

① 급여상임이사 소속 부서는 급여지원실(급여보장실, 급여관리
실 통합), 약가관리실, 의료기관지원실, 건강관리실, 보장지원
실로 총 5개로 개편될 것이다.
② 개편기준에 징수상임이사 소속 부서는 포함되지 않는다.
③ 개편기준에 따라 이사장 직속 부서였던 기획조정실이 기획상
임이사 소속으로 추가되었다.

59 정답 ②

A는 지역가입자로서 경감을 받을 수 있는 요건에 해당되므로 주택
임대소득을 반영하지 않은 경우보다 반영한 경우의 건강보험료가
더 높아야 경감을 받을 수 있다.

오답분석

① A는 4년 단기주택등록을 하였으므로 적용되는 건강보험 경감
률은 40%이다.
③ A가 등록한 소형 임대주택의 기준시가가 50% 상승하더라도
요건인 6억 원 미만이므로 경감 여부에는 변화가 없다.
④ A의 소형 임대주택이 서울에 위치한 주택이었더라도 주거전용
면적상 요건을 충족하므로 보험료 경감을 받을 수 있다.

60 정답 ③

ㄱ. 민원요기요 증명서 발급 및 확인란에서 보험료 납부확인서
발급이 가능하고, 보험료 조회란에서 4대보험료 계산이 가능
하다.
ㄷ. 민원요기요 보험료 고지서란에서 송달지 변경 신청이 가능하
며, 증명서 발급 및 확인란에서 증명서 진위 확인이 가능하다.

오답분석

ㄴ. 민원요기요 보험료 고지서란에서 재발급이 가능하다.

61	62	63	64	65	66	67	68	69	70
③	④	①	②	②	④	④	②	②	②
71	72	73	74	75	76	77	78	79	80
①	④	②	③	①	③	③	②	④	③

61 정답 ③

요양기관이 정당한 이유 없이 요양급여를 거부하거나, 요양비 명세서나 요양 명세를 적은 영수증을 내주지 않은 경우는 500만 원 이하의 벌금(법 제117조)에 해당한다.

오답분석

① 100만 원 이하의 과태료(법 제119조 제4항 제4호)
② 500만 원 이하의 과태료(법 제119조 제3항 제1호)
④ 500만 원 이하의 과태료(법 제119조 제3항 제4호)

62 정답 ④

선거에 당선되어 취임하는 공무원으로서 매월 보수 또는 보수에 준하는 급료를 받지 아니하는 사람만 직장가입자 제외 대상으로, 이는 지역가입자에 해당한다(법 제6조 제2항 제3호).

오답분석

① 교도소 및 그밖에 이에 준하는 시설에 수용되어 있는 경우는 보험급여가 정지되며, 요양급여를 실시한다(법 제54조 제4호).
② 병역법에 따른 현역병(지원에 의하지 아니하고 임용된 하사를 포함한다), 전환복무된 사람 및 군간부후보생은 보험급여가 정지되며, 요양급여를 실시한다(법 제54조 제3호).
③ 고용기간이 1개월 미만인 일용근로자는 직장가입자 제외대이다(법 제6조 제2항 제1호).

63 정답 ①

제96조의4를 위반하여 서류(요양급여비용 청구서류, 건강보험 관련 서류, 요양비 청구서류, 보험급여 청구서류)를 보존하지 아니한 자는 100만 원 이하의 과태료를 부과한다(법 제119조 제4항 제4호).

오답분석

② 1년 이하의 징역 또는 1천만 원 이하의 벌금(법 제115조 제5항 제3호)
③ 500만 원 이하의 과태료(법 제119조 제3항 제2호)
④ 3년 이하의 징역 또는 3천만 원 이하의 벌금(법 제115조 제1항 제2호)

64 정답 ②

임의계속가입자는 자격의 변동 시기 등에도 불구하고 대통령령으로 정하는 기간 동안 직장가입자의 자격을 유지한다. 다만, 최초로 내야 할 직장가입자 보험료를 그 납부기한부터 2개월이 지난 날까지 내지 아니한 경우에는 그 자격을 유지할 수 없다(법 제110조 제2항).

오답분석

① 법 제110조 제1항에서 확인할 수 있다.
③ 법 제110조 제3항에서 확인할 수 있다.
④ 법 제110조 제4항에서 확인할 수 있다.

65 정답 ②

요양급여비용의 심사는 건강보험심사평가원의 업무이다(법 제63조 제1항 제1호).

> **국민건강보험공단의 업무(법 제14조 제1항)**
> 1. 가입자 및 피부양자의 자격 관리
> 2. 보험료와 그 밖에 이 법에 따른 징수금의 부과·징수
> 3. 보험급여의 관리
> 4. 가입자 및 피부양자의 질병의 조기발견·예방 및 건강관리를 위하여 요양급여 실시 현황과 건강검진 결과 등을 활용하여 실시하는 예방사업으로서 대통령령으로 정하는 사업
> 5. 보험급여 비용의 지급
> 6. 자산의 관리·운영 및 증식사업
> 7. 의료시설의 운영
> 8. 건강보험에 관한 교육훈련 및 홍보
> 9. 건강보험에 관한 조사연구 및 국제협력
> 10. 이 법에서 공단의 업무로 정하고 있는 사항
> 11. 국민연금법, 고용보험 및 산업재해보상보험의 보험료징수 등에 관한 법률, 임금채권보장법 및 석면피해구제법(징수위탁근거법)에 따라 위탁받은 업무
> 12. 그 밖에 이 법 또는 다른 법령에 따라 위탁받은 업무
> 13. 그 밖에 건강보험과 관련하여 보건복지부장관이 필요하다고 인정한 업무

66 정답 ④

보험료 등은 국세와 지방세를 제외한 다른 채권에 우선하여 징수한다. 다만, 보험료 등의 납부기한 전에 전세권·질권·저당권 또는 동산·채권 등의 담보에 관한 법률에 따른 담보권의 설정을 등기 또는 등록한 사실이 증명되는 재산을 매각할 때에 그 매각대금 중에서 보험료 등을 징수하는 경우 그 전세권·질권·저당권 또는 동산·채권 등의 담보에 관한 법률에 따른 담보권으로 담보된 채권에 대하여는 그러하지 아니하다(법 제85조).

67   정답 ④

임의계속가입자의 보험료는 보건복지부장관이 정하여 고시하는 바에 따라 그 일부를 경감할 수 있고, 보수월액보험료는 그 임의계속가입자가 전액을 부담하고 납부한다(법 제110조 제4항, 제5항).

오답분석

① 사용관계가 끝난 사람 중 직장가입자로서의 자격을 유지한 기간이 <u>보건복지부령</u>으로 정하는 기간 동안 통산 1년 이상인 사람은 지역가입자가 된 이후 최초로 지역가입자 보험료를 고지받은 날부터 그 납부기한에서 2개월이 지나기 이전까지 공단에 직장가입자로서의 자격을 유지할 것을 신청할 수 있다(법 제110조 제1항).
② 임의계속가입자의 신청 방법·절차 등에 필요한 사항은 <u>보건복지부령</u>으로 정한다(법 제110조 제7항).
③ 임의계속가입자 신청 후 최초로 내야 할 직장가입자 보험료를 그 납부기한부터 <u>2개월</u>이 지난날까지 내지 아니한 경우에는 그 자격을 유지할 수 없다(법 제110조 제2항 후단).

68   정답 ②

2023년 직장가입자의 보험료율은 1만 분의 709(7.09%)로 하되, A는 국외에서 업무에 종사하는 직장가입자이므로 보험료율은 정해진 보험료율의 100분의 50으로 감경(법 제73조 제2항)되므로 3.545%가 된다. 그리고 A는 업무 목적으로 1개월 이상 국외에 체류하기 때문에 100% 면제되어야 하지만, 국내에 피부양자가 있는 경우이므로 50% 경감된 금액을 납부하면 된다(법 제74조). 이를 계산하면 다음과 같다.
(건강보험료)=(보수월액)×(보험료율)
             =300만×3.545%=106,350원
따라서 직장가입자는 사업주와 반씩 나누어 내므로(법 제76조) 월 보험료로 53,175원을 내야 한다.

69   정답 ②

임의계속가입자의 보수월액은 보수월액보험료가 산정된 최근 <u>12개월간</u>의 보수월액을 평균한 금액으로 한다(법 제110조 제3항).

오답분석

① 임의계속가입자의 보수월액보험료는 그 임의계속가입자가 전액을 부담하고 납부한다(법 제110조 제5항).
③ 임의계속가입자는 대통령령으로 정하는 기간 동안 직장가입자의 자격을 유지한다(법 제110조 제2항).
④ 임의계속가입자의 보험료는 보건복지부장관이 정하여 고시하는 바에 따라 그 일부를 경감할 수 있다(법 제110조 제4항).

70   정답 ②

심의위원회는 위원장 1명과 부위원장 1명을 <u>포함하여</u> 25명의 위원으로 구성한다(법 제4조 제2항).

오답분석

① 심의위원회 위원의 임기는 3년으로 한다. 다만, 위원의 사임 등으로 새로 위촉된 위원의 임기는 전임위원 임기의 남은 기간으로 한다(법 제4조 제5항).
③ 요양급여의 기준 등 건강보험정책에 관한 사항들을 심의·의결하기 위하여 보건복지부장관 소속으로 건강보험정책심의위원회를 둔다(법 제4조 제1항 제2호).
④ 심의위원회 위원은 시민단체, 소비자단체, 농어업인단체 및 자영업자단체가 추천하는 각 1명이 포함되며, 보건복지부장관이 임명 또는 위촉한다(법 제4조 제4항 제2호).

71   정답 ①

요양급여비용을 청구하려는 <u>요양기관</u>은 심사평가원에 요양급여비용의 심사청구를 하여야 하며, 심사청구를 받은 <u>심사평가원</u>은 이를 심사한 후 지체 없이 그 내용을 <u>공단</u>과 요양기관에 알려야 한다(법 제47조 제2항).
따라서 요양급여비용의 청구 및 통보 순서는 '요양기관 → 심사평가원 → 공단'이다.

72   정답 ④

외국인 등에 대한 특례(법 제109조 제8항)
국내체류 외국인 등(제9항 단서의 적용을 받는 사람에 한정)에 해당하는 지역가입자의 보험료는 그 직전 월 <u>25일</u>까지 납부하여야 한다. 다만, 다음에 해당되는 경우에는 공단이 정하는 바에 따라 납부하여야 한다.
1. 자격을 취득한 날이 속하는 달의 보험료를 징수하는 경우
2. 매월 26일 이후부터 말일까지의 기간에 자격을 취득한 경우

73   정답 ②

등기(법 제18조)
공단의 설립등기에는 다음 각 호의 사항을 포함하여야 한다.
1. 목적
2. 명칭
3. 주된 사무소 및 분사무소의 소재지
4. 이사장의 성명·주소 및 주민등록번호

74   정답 ③

보험료의 경감 등(법 제75조 제1항)
다음 각 호의 어느 하나에 해당하는 가입자 중 <u>보건복지부령</u>(㉠)으로 정하는 가입자에 대하여는 그 가입자 또는 그 가입자가 속한 세대의 보험료의 일부를 경감할 수 있다.
1. 섬·벽지(僻地)·농어촌 등 <u>대통령령</u>(㉡)으로 정하는 지역에 거주하는 사람
2. 65세 이상인 사람
3. 장애인복지법에 따라 등록한 장애인

4. 국가유공자 등 예우 및 지원에 관한 법률에 따른 국가유공자
5. 휴직자
6. 그 밖에 생활이 어렵거나 천재지변 등의 사유로 보험료를 경감할 필요가 있다고 보건복지부장관이 정하여 고시하는 사람

75

정답 ①

- A : 가입자 및 피부양자의 개인정보를 누설하거나 직무상 목적 외의 용도로 이용 또는 정당한 사유 없이 제3자에게 제공한 자는 5년 이하의 징역 또는 5천만 원 이하의 벌금에 처한다(법 제115조 제1항).
- B : 업무를 수행하면서 알게 된 정보를 누설하거나 직무상 목적 외의 용도로 이용 또는 제3자에게 제공한 자는 3년 이하의 징역 또는 3천만 원 이하의 벌금에 처한다(법 제115조 제2항 제2호).
- C : 거짓이나 그 밖의 부정한 방법으로 보험급여를 받거나 타인으로 하여금 보험급여를 받게 한 사람은 2년 이하의 징역 또는 2천만 원 이하의 벌금에 처한다(법 제115조 제4항).
- D : 요양비 명세서나 요양 명세를 적은 영수증을 내주지 아니한 자는 500만 원 이하의 벌금에 처한다(법 제117조).

따라서 A가 가장 많은 벌금을 부과받는다.

76

정답 ③

직장가입자인 A와 B의 보험료를 계산하면 다음과 같다.
- A의 보험료
  2023년 직장가입자의 보험료율은 1만 분의 709(7.09%)이므로 220만 원의 보수월액을 받는 A의 건강보험은 220만×7.09%=155,980원이다. 이때 직장가입자는 사업주와 반씩 나누어 내므로 77,990원을 낸다(법 제76조 제1항).
- B의 보험료
  국외에서 업무에 종사하고 있는 직장가입자에 대한 보험료율은 7.09%의 100분의 50이므로 3.545%이다(법 제73조 제2항). 이때 국외에 체류하고 있지만 국내에 거주하는 피부양자가 있기 때문에 50% 감면된 금액을 낸다(법 제74조 제1항). 따라서 직장가입자 B의 건강보험료는 280만×3.545%=99,260원이지만 사업주와 반씩 나누어 내므로 49,630원을 낸다.

따라서 A와 B의 보험료를 합산한 금액은 77,990+49,630=127,620원이다.

> **보험요금 계산**
> - 직장가입자의 보수월액보험료 : (보수월액)×(보험료율) (법 제69조 제4항)
> - 직장가입자의 보수월액 : 직장가입자가 지급받는 보수를 기준으로 하여 산정하며(법 제70조 제1항), 직장가입자의 월 급여에 수당 등을 합산하여 구한다(소득세법에 따라 비과세되는 소득은 제외).

77

정답 ③

상임이사는 보건복지부령으로 정하는(상임이사추천위원회) 추천 절차를 거쳐 이사장이 임명한다(법 제20조 제3항).

> **오답분석**
> ①·② 공단은 임원으로서 이사장 1명, 이사 14명 및 감사 1명을 둔다. 이 경우 이사장, 이사 중 5명 및 감사는 상임으로 한다(법 제20조 제1항).
> ④ 이사장의 임기는 3년, 이사(공무원인 이사는 제외)와 감사의 임기는 각각 2년으로 한다(법 제20조 제7항).

78

정답 ②

외국인 등에 대한 특례(법 제109조 제2항)
국내에 체류하는 재외국민 또는 외국인이 적용대상사업장의 근로자, 공무원 또는 교직원이고, 제6조 제2항의 어느 하나에 해당하지 아니하면서 다음의 어느 하나에 해당하는 경우에는 직장가입자가 된다.
1. 주민등록법에 따라 등록한 사람
2. 재외동포의 출입국과 법적 지위에 관한 법률에 따라 국내거소신고를 한 사람
3. 출입국관리법에 따라 외국인등록을 한 사람

> **가입자의 종류(법 제6조 제2항)**
> 모든 사업장의 근로자 및 사용자와 공무원 및 교직원은 직장가입자가 된다. 다만, 다음 각 호의 어느 하나에 해당하는 사람은 제외한다.
> 1. 고용 기간이 1개월 미만인 일용근로자
> 2. 병역법에 따른 현역병(지원에 의하지 아니하고 임용된 하사를 포함한다), 전환복무된 사람 및 군간부후보생
> 3. 선거에 당선되어 취임하는 공무원으로서 매월 보수 또는 보수에 준하는 급료를 받지 아니하는 사람
> 4. 그 밖에 사업장의 특성, 고용 형태 및 사업의 종류 등을 고려하여 대통령령으로 정하는 사업장의 근로자 및 사용자와 공무원 및 교직원

79

정답 ④

임원(법 제20조 제4항)
비상임이사는 다음 각 호의 사람을 보건복지부장관이 임명한다.
1. 노동조합·사용자단체·시민단체·소비자단체·농어업인단체 및 노인단체가 추천하는 각 1명
2. 대통령령(기획재정부장관, 보건복지부장관 및 인사혁신처장은 해당 기관 소속의 3급 공무원 또는 고위공무원단에 속하는 일반직공무원 중에서 각 1명씩을 지명)으로 정하는 바에 따라 추천하는 관계 공무원 3명

80

- 보수월액보험료는 보수월액과 보험료율을 곱한 값이므로 보수월액은 보수월액보험료에서 보험료율로 나눈 값이다. 따라서 직장가입자 A의 국내 보수월액은 392,000÷0.07=5,600,000원이다.
- 국외에서 업무에 종사하고 있는 직장가입자에 대한 보험료율은 정해진 보험료율의 100분의 50(법 제73조 제2항)이다. 따라서 A의 국외 보수월액은 392,000÷0.035=11,200,000원이다.

| 03 | 노인장기요양보험법

61	62	63	64	65	66	67	68	69	70
①	②	④	②	③	②	②	④	①	④
71	72	73	74	75	76	77	78	79	80
③	③	③	③	③	②	④	①	①	④

61

월 한도액 범위를 초과하여 장기요양급여를 받은 경우에 그 장기요양급여, 장기요양급여비용 또는 의사소견서 등 발급비용에 상당하는 금액을 징수한다(법 제43조 제1항 제2호).

오답분석

② 법 제43조 제1항 제3호에서 확인할 수 있다.
③ 법 제43조 제1항 제5호에서 확인할 수 있다.
④ 법 제43조 제1항 제4호의2에서 확인할 수 있다.

62

등급판정위원회는 제2항에 따라 심의·판정을 하는 때 신청인과 그 가족, 의사소견서를 발급한 의사 등 관계인의 의견을 들을 수 있다(법 제15조 제3항).

오답분석

① 공단은 등급판정위원회가 장기요양인정 및 등급판정의 심의를 완료한 경우 지체 없이 장기요양등급, 장기요양급여의 종류 및 내용, 그 밖에 장기요양급여에 관한 사항으로서 보건복지부령으로 정하는 사항이 포함된 장기요양인정서를 작성하여 수급자에게 송부하여야 한다(법 제17조 제1항).
③ 등급판정위원회는 신청인이 신청서를 제출한 날부터 30일 이내에 제15조에 따른 장기요양등급판정을 완료하여야 한다(법 제16조 제1항).
④ 공단은 제14조에 따른 조사가 완료된 때 조사결과서, 신청서, 의사소견서, 그 밖에 심의에 필요한 자료를 등급판정위원회에 제출하여야 한다(법 제15조 제1항).

63

특별자치시장·특별자치도지사·시장·군수·구청장이 장기요양기관 지정을 하려는 경우에는 다음의 사항을 검토하여 장기요양기관을 지정하여야 한다(법 제31조 제3항)
1. 장기요양기관을 운영하려는 자의 장기요양급여 제공 이력
2. 장기요양기관을 운영하려는 자 및 그 기관에 종사하려는 자가 이 법, 사회복지사업법 또는 노인복지법 등 장기요양기관의 운영과 관련된 법에 따라 받은 행정처분의 내용
3. 장기요양기관의 운영 계획
4. 해당 지역의 노인인구 수 및 장기요양급여 수요 등 지역 특성
5. 그 밖에 특별자치시장·특별자치도지사·시장·군수·구청장이 장기요양기관으로 지정하는 데 필요하다고 인정하여 정하는 사항

64

정답 ②

국가 또는 지방자치단체는 폐쇄회로 텔레비전 설치비의 전부 또는 일부를 지원할 수 있다(법 제33조의2 제4항).

오답분석

① 법 제33조의2 제3항에서 확인할 수 있다.
③ 법 제33조의2 제1항 제1호에서 확인할 수 있다.
④ 법 제33조의2 제1항에서 확인할 수 있다.

65

정답 ③

오답분석

ⓒ · ⓜ 재가급여에 해당한다(법 제23조 제1항 제1호).

> **장기요양급여의 종류(법 제23조 제1항)**
> • 재가급여 : 방문요양, 방문목욕, 방문간호, 주 · 야간보호, 단기보호, 기타재가급여
> • 시설급여 : 장기요양기관에 장기간 입소한 수급자에게 제공하는 장기요양급여
> • 특별현금급여 : 가족요양비, 특례요양비, 요양병원간병비

66

정답 ②

국가와 지방자치단체는 대통령령으로 정하는 바에 따라 의료급여 수급권자의 장기요양급여비용(ㄴ), 의사소견서 발급비용(ㄷ), 방문간호지시서 발급비용 중 공단이 부담하여야 할 비용 및 관리운영비(ㄱ)의 전액을 부담한다(법 제58조 제2항).

67

정답 ②

등급판정위원회의 설치(법 제52조 제4항)
등급판정위원회 위원은 다음 각 호의 자 중에서 공단 이사장이 위촉한다. 이 경우 특별자치시장 · 특별자치도지사 · 시장 · 군수 · 구청장이 추천한 위원은 7인, 의사 또는 한의사가 1인 이상 각각 포함되어야 한다.
1. 의료법에 따른 의료인
2. 사회복지사업법에 따른 사회복지사
3. 특별자치시 · 특별자치도 · 시 · 군 · 구 소속 공무원
4. 그 밖에 법학 또는 장기요양에 관한 학식과 경험이 풍부한 자

68

정답 ④

지정취소를 받은 후 3년이 지나지 아니한 자는 장기요양기관으로 지정받을 수 없다(법 제37조 제8항 제1호).

오답분석

① 특별자치시장 · 특별자치도지사 · 시장 · 군수 · 구청장은 장기요양기관을 지정한 때 지체 없이 지정 명세를 공단에 통보하여야 한다(법 제31조 제4항).

② 재가급여를 제공하는 장기요양기관 중 의료기관이 아닌 자가 설치 · 운영하는 장기요양기관이 방문간호를 제공하는 경우에는 방문간호의 관리책임자로서 간호사를 둔다(법 제31조 제5항).
③ 특별자치시장 · 특별자치도지사 · 시장 · 군수 · 구청장은 장기요양기관이 거짓이나 그 밖의 부정한 방법으로 지정을 받은 경우에는 지정을 취소하여야 한다(법 제37조 제1항 제1호).

69

정답 ①

공단은 규정에도 불구하고 외국인근로자의 고용 등에 관한 법률에 따른 외국인근로자 등 대통령령(ㄱ)으로 정하는 외국인이 신청하는 경우 보건복지부령(ㄴ)으로 정하는 바에 따라 장기요양보험가입자에서 제외할 수 있다(법 제7조 제4항).

70

정답 ④

특별자치시장 · 특별자치도지사 · 시장 · 군수 · 구청장은 제37조 제1항 제4호(거짓이나 그 밖의 부정한 방법으로 재가 및 시설 급여비용을 청구한 경우)에 해당하는 행위를 이유로 업무정지명령을 하여야 하는 경우로서 그 업무정지가 해당 장기요양기관을 이용하는 수급자에게 심한 불편을 줄 우려가 있는 등 보건복지부장관이 정하는 특별한 사유가 있다고 인정되는 경우에는 업무정지명령을 갈음하여 거짓이나 그 밖의 부정한 방법으로 청구한 금액의 5배 이하의 금액을 과징금으로 부과할 수 있다(법 제37조의2 제2항). 따라서 보기의 사례에서 업무정지에 갈음한 과징금의 최대 금액은 12,844천 원의 5배인 64,220천 원이다.

71

정답 ③

① · ② · ④는 가족요양비에 해당하며, ③은 요양병원간병비에 해당한다(법 제26조).

> **가족요양비(법 제24조 제1항)**
> 공단은 다음 각 호의 어느 하나에 해당하는 수급자가 가족 등으로부터 방문요양에 상당한 장기요양급여를 받은 때 대통령령으로 정하는 기준에 따라 해당 수급자에게 가족요양비를 지급할 수 있다.
> 1. 도서 · 벽지 등 장기요양기관이 현저히 부족한 지역으로서 보건복지부장관이 정하여 고시하는 지역에 거주하는 자
> 2. 천재지변이나 그 밖에 이와 유사한 사유로 인하여 장기요양기관이 제공하는 장기요양급여를 이용하기가 어렵다고 보건복지부장관이 인정하는 자
> 3. 신체 · 정신 또는 성격 등 대통령령으로 정하는 사유로 인하여 가족 등으로부터 장기요양을 받아야 하는 자

72
정답 ③

장기요양보험료는 국민건강보험법 제69조 제4항·제5항 및 제109조 제9항 단서에 따라 산정한 보험료액에서 같은 법 제74조 또는 제75조에 따라 경감 또는 면제되는 비용을 공제한 금액에 같은 법 제73조 제1항에 따른 건강보험료율 대비 장기요양보험료율의 비율을 곱하여 산정한 금액으로 한다(법 제9조 제1항). 2023년 건강보험료율은 7.09%이고, 장기요양보험료율은 건강보험료율의 0.9082%이므로 0.9082%÷7.09% ≒ 12.81%이다. 따라서 장기요양보험료는 70,000×12.81%=8,967원이고, 1원 단위 이하를 절사하여 8,960원이다.

73
정답 ③

수급자는 돌볼 가족이 없는 경우 등 대통령령으로 정하는 사유가 있는 경우 신청서를 제출한 날부터 장기요양인정서가 도달되는 날까지의 기간 중에도 장기요양급여를 받을 수 있다(법 제27조 제2항).

오답분석
① 수급자는 장기요양인정서와 개인별장기요양이용계획서가 도달한 날부터 장기요양급여를 받을 수 있다(법 제27조 제1항).
② 수급자는 장기요양급여를 받으려면 장기요양기관에 장기요양인정서와 개인별장기요양이용계획서를 제시하여야 한다. 다만, 수급자가 장기요양인정서 및 개인별장기요양이용계획서를 제시하지 못하는 경우 장기요양기관은 공단에 전화나 인터넷 등을 통하여 그 자격 등을 확인할 수 있다(법 제27조 제3항).
④ 공단은 장기요양급여를 받고 있는 자가 정당한 사유 없이 등급판정에 따른 조사나 자료의 제출 또는 보고 및 검사에 따른 요구에 응하지 아니하거나 답변을 거절한 경우 장기요양급여의 전부 또는 일부를 제공하지 아니하게 할 수 있다(법 제29조 제1항).

74
정답 ③

재심사위원회의 재심사에 관한 절차에 관하여는 행정심판법을 준용한다(법 제56조의2 제1항).

오답분석
① 심사청구는 그 처분이 있음을 안 날부터 90일 이내에 문서(전자문서를 포함)로 하여야 하며, 처분이 있은 날부터 180일을 경과하면 이를 제기하지 못한다(법 제55조 제2항 본문).
② 정당한 사유로 그 기간에 심사청구를 할 수 없었음을 증명하면 그 기간이 지난 후에도 심사청구를 할 수 있다(법 제55조 제2항 단서).
④ 재심사위원회는 보건복지부장관 소속으로 두고, 위원장 1인을 포함한 20인 이내의 위원으로 구성한다(법 제56조 제2항).

75
정답 ③

결격사유(법 제32조의2)
1. 미성년자, 피성년후견인 또는 피한정후견인
2. 정신건강증진 및 정신질환자 복지서비스 지원에 관한 법률의 정신질환자. 다만, 전문의가 장기요양기관 설립·운영 업무에 종사하는 것이 적합하다고 인정하는 사람은 그러하지 아니하다.
3. 마약류 관리에 관한 법률의 마약류에 중독된 사람
4. 파산선고를 받고 복권되지 아니한 사람
5. 금고 이상의 실형을 선고받고 그 집행이 종료(집행이 종료된 것으로 보는 경우를 포함)되거나 집행이 면제된 날부터 5년이 경과되지 아니한 사람
6. 금고 이상의 형의 집행유예를 선고받고 그 유예기간 중에 있는 사람
7. 대표자가 위의 규정 중 어느 하나에 해당하는 법인

76
정답 ②

제37조(장기요양기관 지정의 취소 등) 제1항 각 호의 어느 하나에 해당하는 행위를 이유로 한 행정제재처분의 효과는 그 처분을 한 날부터 3년간 승계된다(법 제37조의4 제1항).

77
정답 ④

특별자치시장·특별자치도지사·시장·군수·구청장은 장기요양기관의 종사자가 거짓이나 그 밖의 부정한 방법으로 재가급여비용 또는 시설급여비용을 청구하는 행위에 가담한 경우 해당 종사자가 장기요양급여를 제공하는 것을 1년의 범위에서 제한하는 처분을 할 수 있다(법 제37조의5 제1항).

78
정답 ①

㉠ 법 제37조 제1항 제4호에서 확인할 수 있다.
㉡ 법 제37조 제1항 제3호의6에서 확인할 수 있다.
㉢ 법 제37조 제1항 제3호의3에서 확인할 수 있다.
㉣ 법 제37조 제1항 제3호의4에서 확인할 수 있다.
㉤ 법 제37조 제1항 제3호의2에서 확인할 수 있다.

오답분석
㉢ 특별자치시장·특별자치도지사·시장·군수·구청장은 장기요양기관이 제28조의2(급여외행위의 제공 금지)를 위반하여 급여외행위를 제공한 경우 그 지정을 취소하거나 6개월의 범위에서 업무정지를 명할 수 있다. 다만, 장기요양기관의 장이 그 위반행위를 방지하기 위하여 해당 업무에 관하여 상당한 주의와 감독을 게을리하지 아니한 경우는 제외한다(법 제37조 제1항 제1호의2).

79

㉠ 법 제37조 제1항 제5호에서 확인할 수 있다.
㉡ 법 제37조 제1항 제3호의7에서 확인할 수 있다.
㉢ 법 제37조 제1항 제6호 라목에서 확인할 수 있다.
㉣ 법 제37조 제1항 제6호 마목에서 확인할 수 있다.

오답분석

㉤ 특별자치시장·특별자치도지사·시장·군수·구청장은 장기요양기관의 종사자 등이 자신의 보호·감독을 받는 수급자를 유기하거나 의식주를 포함한 기본적 보호 및 치료를 소홀히 하는 방임행위를 한 경우 그 지정을 취소하거나 6개월의 범위에서 업무정지를 명할 수 있다. 다만, 장기요양기관의 장이 그 행위를 방지하기 위하여 해당 업무에 관하여 상당한 주의와 감독을 게을리하지 아니한 경우는 제외한다(법 제37조 제1항 제6호 다목).

80

정답 ④

보건복지부장관 또는 특별자치시장·특별자치도지사·시장·군수·구청장은 장기요양기관이 거짓으로 재가·시설 급여비용을 청구하였다는 이유로 제37조(장기요양기관 지정의 취소 등) 또는 제37조의2(과징금의 부과 등)에 따른 처분이 확정된 경우로서 거짓으로 청구한 금액이 장기요양급여비용 총액의 <u>100분의 10 이상</u>인 경우에는 위반사실, 처분내용, 장기요양기관의 명칭·주소, 장기요양기관의 장의 성명, 그 밖에 다른 장기요양기관과의 구별에 필요한 사항으로서 대통령령으로 정하는 사항을 공표하여야 한다(법 제37조의3 제1항 제2호).

제1회 모의고사 정답 및 해설

제 1 영역 직업기초능력

01	02	03	04	05	06	07	08	09	10
④	①	④	②	④	②	②	④	④	④
11	12	13	14	15	16	17	18	19	20
②	④	④	④	①	④	③	③	③	④
21	22	23	24	25	26	27	28	29	30
③	③	③	④	②	③	④	④	①	④
31	32	33	34	35	36	37	38	39	40
③	①	③	③	③	②	②	③	②	④
41	42	43	44	45	46	47	48	49	50
③	③	①	③	③	①	①	②	②	②
51	52	53	54	55	56	57	58	59	60
③	③	①	③	③	③	③	②	④	①

01
정답 ④

공단의 수가협상단은 공급자단체가 아닌 가입자단체를 설득하는 데 많은 시간을 할애하였다.

오답분석

① 이번 수가협상은 17시간이 넘는 최장 시간 협상으로 진행되었다.

② 이번 수가협상은 협상 기한 마지막 날인 5월 31일을 넘겨 이튿날인 6월 1일까지 진행되었다.

③ 협상 결과 5,000억 원이었던 추가소요재정이 1조 478억 원으로 5,000억 원 이상 증가하였다.

02
정답 ①

제시문에서는 유전 암호가 임의적이기 때문에 어떤 코돈이 특정한 아미노산의 정보를 지정해야 할 기능적 이유가 없다는 점을 근거로 제시한다. 그러나 ㄱ과 같이 코돈 UUU가 기능적으로 페닐알라닌의 정보만을 지정해야 하는 이유가 있다면, 유전 암호는 임의적이라는 제시문의 논증을 약화할 수 있다.

오답분석

ㄴ. 엄마를 의미하는 유아어가 모든 언어에서 발견되는 것은 엄마를 필요로 하는 기능적 효용성 때문이므로 언어들이 공통의 기원을 갖는다는 증거가 될 수 없다. 따라서 ㄴ은 글에서 언급한 숫자는 기능적 효용성을 갖기 때문에 모든 언어가 수에 해당하는 단어를 포함한다는 것의 또 다른 예시일 뿐 제시문의 논증을 약화하지 않는다.

ㄷ. 코돈을 이루는 뉴클레오타이드의 개수에 따른 기능의 차이는 제시문에 나타나 있지 않다.

03
정답 ④

간호·간병통합서비스의 목적은 입원환자의 간병까지 간호사, 간호조무사가 담당하여 환자 가족의 사회경제적 비용을 줄일 뿐만 아니라 입원서비스의 질적 향상을 도모하는 것이다. 따라서 전문 간병인이 상주하지 않는다.

04
정답 ②

간호·간병통합서비스는 간호인력인 간호사와 간호조무사가 팀을 이루어 업무를 하며, 간호조무사는 간호사의 지도·감독하에 간호보조 및 환자 보조 업무를 수행한다. 따라서 간호인력인 간호사와 간호조무사가 서비스에 전념할 수 있도록 간병지원인력을 따로 배치하여야 한다.

05
정답 ④

제시문은 우리나라 건강보험제도의 진화과정을 나타낸 글로, (나) 우리나라 건강보험제도의 시작 → (다) 건강보험 적용대상 확대 (직장가입자 → 지역가입자) → (가) 보험료 부과체계의 변화 시작 순으로 나열하여야 한다.

06
정답 ②

미세먼지의 경우 최소 $10\mu m$ 이하의 먼지로 정의되고 있지만, 황사의 경우 주로 지름 $20\mu m$ 이하의 모래로 구분하되 통념적으로는 입자 크기로 구분하지 않는다. 따라서 $10\mu m$ 이하의 황사의 경우 크기만으로 미세먼지와 구분짓기는 어렵다.

① 제시문을 통해서 알 수 없는 내용이다.
③ 미세먼지의 역할에 대한 설명을 찾을 수 없다.
④ 제시문에서 설명하는 황사와 미세먼지의 근본적인 구별법은 구성성분의 차이이다.

07
정답 ②

A는 경제 성장에 많은 전력이 필요하다는 것을 전제로, 경제 성장을 위해서 발전소를 증설해야 한다고 주장한다. 이러한 A의 주장을 반박하기 위해서는 근거로 제시하고 있는 전제를 부정하는 것이 효과적이므로 경제 성장에 많은 전력이 필요하지 않음을 입증하는 ②를 통해 반박하는 것이 가장 적절하다.

08
정답 ④

제시된 문단에서는 PTSD를 간략하게 소개하고 있다. 따라서 과거에는 정신질환으로 인정되지 않은 PTSD를 말하는 (나) → 현대에 와서야 정신질환으로 보기 시작했고 PTSD 때문에 약을 먹는 이라크 파병병사들의 예를 든 (가) → PTSD의 증상을 설명하는 (라) → PTSD의 문제점을 언급하는 (다) 순서로 나열해야 한다.

09
정답 ④

잔여적 복지 모델을 따른 경우에 한해서이다. 제도적 복지 모델의 경우, 소득이나 자산에 관계없이 누구나 복지를 제공받을 수 있도록 한다.

① 오늘날 국가에서 하나의 복지 모델만을 선택하여 모든 제도에 적용하는 것은 현실적으로 불가능하며, 대부분의 국가에서는 복지 모델을 상호 보완적으로 운영하고 있다고 하였다.
② 사회 복지 제도는 국민의 안정적인 생활을 보장하기 위한 여러 사업을 조직적으로 행하는 제도를 말하며 이는 사회 복지를 제도화하려는 것이다. 따라서 복지 모델은 공통적으로 사회 복지의 제도화를 추구한다고 볼 수 있다.
③ 공공 부조는 잔여적 복지 모델을 바탕으로 한 국가가 제공하는 사회 복지 서비스이며 소득 조사나 자산 조사의 과정을 거쳐 제공된다.

10
정답 ④

일시적으로 빈민들을 지원하는 방법은 잔여적 복지 모델의 입장이다. 잔여적 복지 모델은 개인의 욕구를 충족시키고 자원을 배분하는 사회적 기능이 사적 영역에서 제대로 이루어지지 않을 때 사회 복지 제도가 잠정적이고 일시적으로 그 기능을 대신할 수 있다고 본다. 따라서 이는 ⓒ 제도적 복지 모델이 아니라 ⑦ 잔여적 복지 모델의 입장에서 할 수 있는 주장이다.

① 잔여적 복지 모델은 사회 복지의 대상이 사적 영역에서 사회적 기능을 보장받지 못한 일부 사람들로 국한되어야 한다고 본다. 따라서 ⑦의 입장에서 할 수 있는 주장이다.
② 잔여적 복지 모델은 개인의 욕구를 충족시키고 자원을 배분하는 사회적 기능이 일차적으로 사적 영역인 가족이나 시장 등을 통해 이루어져야 한다고 본다. 따라서 ⑦의 입장에서 할 수 있는 주장이다.
③ 제도적 복지 모델은 개인의 욕구 충족과 자기 성취를 돕기 위해서 국가가 사회 제도를 통해 보편적 복지 서비스를 제공하는 것이 필요하다고 본다. 따라서 ⓒ의 입장에서 할 수 있는 주장이다.

11
정답 ②

A는 사회 정책적 차원으로 구분하는 것이므로 잔여적 복지 모델과 제도적 복지 모델로 구분된다. 두 모델의 가장 큰 차이점은 정부의 개입 정도이다. 전자는 일차적으로 개인과 가족이 해결하지만, 후자는 처음부터 정부가 직접적으로 개입한다. B는 운영 방식 차원으로 구분하는 것이므로 보편적 복지와 선택적 복지로 구분한다. 두 모델의 큰 차이점은 수혜자의 범위이다. 전자는 모든 국민이 수혜자가 되지만, 후자는 일정한 기준을 두고 기준을 충족하는 사람만이 수혜자가 될 수 있다.

12
정답 ④

제시문은 딸기에 들어있는 비타민 C와 항산화 물질, 식물성 섬유질, 철분 등을 언급하며 딸기의 다양한 효능을 설명하고 있다. 따라서 제목으로는 ④가 가장 적절하다.

13
정답 ④

딸기는 건강에 좋지만 당도가 높으므로 혈당 조절이 필요한 사람은 마케팅 대상으로 적절하지 않다.

14
정답 ④

운동 전 충분한 준비 운동과 운동 후 스트레칭을 통해 근육을 풀어줘야 한다고 이야기하는 ⑦의 뒤 문장은 앞 내용을 근거로 하는 주장이 되므로 ⑦에는 '그러므로'가 적절하다. 다음으로 ⓒ의 뒤 문장은 ⓒ의 앞 문장에서 이야기하는 다리 저림 증상의 또 다른 이유에 대해 이야기하므로 ⓒ에는 '또한'이 적절하다. 마지막으로 혈액 순환 장애가 근육의 이완과 수축 운동을 방해하여 다리 저림 증상이 발생할 수 있다는 ⓒ의 앞 문장은 뒤 문장의 원인이 되므로 ⓒ에는 '따라서'가 적절하다.

15
정답 ①

'유발하다'는 '어떤 것이 다른 일을 일어나게 하다.'의 의미를 지닌 단어로, 이미 사동의 의미를 지니고 있다. 따라서 사동 접미사 '-시키다'와 결합하지 않고 ⊙과 같이 사용할 수 있다.

16
정답 ④

ⓛ ~ ㄹ은 모두 ⊙ 사회보장의 한 종류이므로 ⓛ ~ ㄹ은 서로 대등한 병렬 관계에 있으며, ⊙과 ⓛ ~ ㄹ은 서로 상하 관계에 있다. 따라서 ⊙과 ⓛ ~ ㄹ이 유의 관계에 있다는 ④는 적절하지 않다.

17
정답 ③

사회보험의 경우 소득수준에 따라 보험료를 다르게 부담한다는 것은 옳으나, 사회보험은 국민의 건강과 소득 보장을 목적으로 하므로 영리를 목적으로 하는 민간보험과 다른 성격을 가진다.

18
정답 ③

⊙은 기업들이 더 많은 이익을 내기 위해 디자인의 향상에 몰두하는 것이 바람직하다는 판단이다. 즉, 상품의 사회적 마모를 짧게 해서 소비를 계속 증가시키기 위한 방안인데, 이것에 대한 반론이 되기 위해서는 ⊙의 주장이 지니고 있는 문제점을 비판하여야 한다. ⊙이 지니고 있는 가장 큰 문제점은 '과연 성능 향상 없는 디자인 변화가 소비를 촉진시킬 수 있는 것인가?'이다. 디자인 변화는 분명히 상품의 소비를 촉진시킬 수 있는 효과적 방법 중의 하나이지만 성능이나 기능, 내구성의 향상이 전제되지 않았을 때는 효과를 내기 힘들기 때문이다.

19
정답 ③

제시문은 과거 지구의 기후에 대한 연구 자료로서 남극 빙하가 지닌 가치를 설명하고 있다. 첫 번째 문단에서는 남극의 빙하는 과거 지구의 대기 성분과 기온 변화에 관한 기초 자료를 생생하게 보존하고 있다고 말하고, 두 번째 문단에서는 과거 지구의 대기 성분과 농도를 알아낼 수 있는 이유를 설명했으며, 세 번째 문단에서는 빙하를 조사해 빙하가 만들어진 당시의 기온을 알아낼 수 있다고 설명하였다. 따라서 이러한 내용을 가장 적절히 아우를 수 있는 표제와 부제는 ③이다.

20
정답 ④

세 번째 문단에 따르면 빙하를 구성하는 물 분자의 산소나 수소의 동위원소비를 이용해 과거 지구의 기온 변화를 알아낼 수 있으며, 남극 빙하를 구성하는 물 분자들의 산소 동위원소비는 1년의 주기를 이루며 증감하는데, 이러한 증감은 기온의 변화와 정비례 관계를 이룬다. 따라서 이처럼 일정한 간격을 두고 되풀이해 나타나는 성질을 통해 빙하의 생성 시기와 당시의 기온 변화와 관련한 정보를 얻을 수 있는 것이다.

21
정답 ③

K회사 영업부의 전체 실적은 45+50+48+42=185억 원이며, 1 ~ 2분기와 3 ~ 4분기의 실적의 비중을 각각 구하면 다음과 같다.

• 1 ~ 2분기 비중 : $\frac{45+50}{185} \times 100 = 51.4\%$

• 3 ~ 4분기 비중 : $\frac{48+42}{185} \times 100 = 48.6\%$

22
정답 ③

동일 지역에서는 1월 아파트 실거래 가격이 동일하므로 지수의 비교만으로 대소비교가 가능하다. 그런데 다지역의 1월과 3월의 아파트 실거래 가격 지수가 모두 100으로 같으므로 두 기간의 실거래 가격 역시 동일하다는 것을 알 수 있다.

오답분석

①·② 다른 지역의 실거래 가격을 비교하기 위해서는 해당 지역의 1월 아파트 실거래 가격을 알아야 한다. 그런데 가, 다지역의 1월 실거래 가격을 알지 못하므로 비교가 불가능하다.

④ ③과 같은 논리를 적용하면 같은 지역의 지수의 증가율과 실거래 가격의 증가율도 동일하다는 것을 알 수 있다. 따라서 가 지역 지수의 1월 대비 7월의 증가율이 4%이므로 7월의 실거래 가격 역시 1월의 1억 원에서 4% 증가한 1억 4백만 원임을 알 수 있다.

23
정답 ①

㉠ • 1시간 미만 운동하는 3학년 남학생 수 : 87명
    • 4시간 이상 운동하는 1학년 여학생 수 : 46명
    따라서 옳은 설명이다.

㉡ 제시된 자료에서 남학생 중 1시간 미만 운동하는 남학생의 비율이 여학생 중 1시간 미만 운동하는 여학생의 비율보다 각 학년에서 모두 낮음을 확인할 수 있다.

오답분석

㉢ 남학생과 여학생 모두 학년이 높아질수록 3시간 이상 4시간 미만 운동하는 학생의 비율은 낮아진다. 그러나 남학생과 여학생 모두 학년이 높아질수록 4시간 이상 운동하는 학생의 비율은 높아지므로 옳지 않은 설명이다.

㉣ 3학년 남학생의 경우 3시간 이상 4시간 미만 운동하는 학생의 비율은 4시간 이상 운동하는 학생의 비율보다 낮다.

24
정답 ④

2020년에만 게임 매출액이 음원 매출액의 2배 이상이다.

오답분석

①·② 표를 통해 확인할 수 있다.
③ 영화 매출액은 매년 전체 매출액의 50%보다 조금 높거나 낮다.

25 정답 ②

뉴질랜드 수출수지는 2월에서 4월까지 증가했다가 5월에 감소한 후 6월에 다시 증가했다.

오답분석

① 한국의 수출수지 중 전월 대비 수출수지가 증가한 달은 3월, 4월, 5월이며 증가량이 가장 많았던 달은 $45,309-41,983=3,326$백만 US\$인 5월이다.

③ 그리스의 6월 수출수지는 2,426백만 US\$이며, 5월 수출수지는 2,409백만 US\$이므로 전월 대비 6월의 수출수지 증가율은 $\frac{2,426-2,409}{2,409}\times100≒0.7\%$이다.

④ 4월부터 6월 사이 한국의 수출수지는 '증가 → 감소'의 추이이다. 이와 같은 양상을 보이는 나라는 독일과 미국으로 2개국이다.

26 정답 ③

A국과 F국을 비교해 보면 참가선수는 A국이 더 많지만, 동메달 수는 F국이 더 많다.

오답분석

① 금메달은 F>A>E>B>D>C 순서로 많고 은메달은 C>D>B>E>A>F 순서로 많다.

② C국은 금메달을 획득하지 못했지만 획득한 메달 수는 149개로 가장 많다.

④ 참가선수와 메달 합계의 순위는 동일하다.

27 정답 ④

정확한 값을 계산하기보다 우선 자료에서 해결 실마리를 찾아, 적절하지 않은 선택지를 제거하는 방식으로 접근하는 것이 좋다.

먼저 효과성을 기준으로 살펴보면, 1순위인 C부서의 효과성은 $3,000÷1,500=2$이고, 2순위인 B부서의 효과성은 $1,500÷1,000=1.5$이다. 따라서 3순위 A부서의 효과성은 1.5보다 낮아야 한다는 것을 알 수 있다. 그러므로 A부서의 목표량 (가)는 $500÷(가)<1.5 → (가)>333.3\cdots$으로 적어도 333보다는 커야 한다. 따라서 (가)가 300인 ①은 제외된다.

효율성을 기준으로 살펴보면, 2순위인 A부서의 효율성은 $500÷(200+50)=2$이다. 따라서 1순위인 B부서의 효율성은 2보다 커야 한다는 것을 알 수 있다. 그러므로 B부서의 인건비 (나)는 $1,500÷((나)+200)>2 → (나)<550$으로 적어도 550보다는 작아야 한다. 따라서 (나)가 800인 ②는 제외된다.

남은 것은 ③과 ④인데, 먼저 ③부터 대입해보면 C부서의 효율성이 $3,000÷(1,200+300)=2$로 2순위인 A부서의 효율성과 같다. 그러므로 정답은 ④이다.

28 정답 ④

5만 달러 미만에서 10만 ~ 50만 달러 미만의 투자건수 비율을 합하면 된다. 따라서 $28+20.9+26=74.9\%$이다.

29 정답 ①

100만 ~ 500만 달러 미만에서 500만 달러 미만의 투자건수 비율을 합하면 된다. 따라서 $11.9+4.5=16.4\%$이다.

30 정답 ④

살인 신고건수에서 여성 피해자가 남성 피해자의 2배일 때, 남성 피해자의 살인 신고건수는 $1.32÷3=0.44$백 건이다. 따라서 남성 피해자 전체 신고건수인 $132×0.088=11.616$백 건에서 살인 신고건수가 차지하는 비율은 $\frac{0.44}{11.616}\times100≒3.8\%$로, 3% 이상이다.

오답분석

① 데이트 폭력 신고건수는 피해유형별 신고건수를 모두 합하면 총 $81.84+22.44+1.32+6.6+19.8=132$백 건이다. 또한, 신고유형별 신고건수는 총 $5.28+14.52+10.56+101.64=132$백 건임을 알 수 있다.

② 112 신고로 접수된 건수는 체포감금, 협박 피해자로 신고한 건수의 $\frac{101.64}{22.44}≒4.5$배이다.

③ 남성 피해자의 50%가 폭행, 상해 피해자로 신고했을 때 신고건수는 $132×0.088×0.5=5.808$백 건이다. 이는 폭행, 상해의 전체 신고건수 중 $\frac{5.808}{81.84}\times100≒7.1\%$이다.

31 정답 ③

오답분석

① 2023년 뉴미디어와 2019년 신문의 광고비는 20,000백만 원 이상이다. 또한 2022년 옥외 광고비보다 신문 광고비가 더 높아야 하나 반대로 되어 있다.

② 2021년 잡지 광고비가 라디오 광고비보다 더 높아야 하나 반대로 되어 있다.

④ 2023년 뉴미디어 광고비는 20,000백만 원 이상이다. 또한 2022년 신문 광고비가 옥외 광고비보다 더 높아야 하나 반대로 되어 있다.

32 정답 ①

㉠ 전체헌혈 중 단체헌혈이 차지하는 비율은 다음과 같다.

- 2018년 : $\frac{962}{962+1,951}\times100≒33.0\%$
- 2019년 : $\frac{965}{965+2,088}\times100≒31.6\%$
- 2020년 : $\frac{940}{940+2,143}\times100≒30.5\%$
- 2021년 : $\frac{953}{953+1,913}\times100≒33.3\%$

- 2022년 : $\frac{954}{954+1,975}\times100\fallingdotseq32.6\%$
- 2023년 : $\frac{900}{900+1,983}\times100\fallingdotseq31.2\%$

따라서 조사기간 동안 매년 20%를 초과한다.

ⓛ 전년 대비 단체헌혈의 증감률은 다음과 같다.

- 2019년 : $\frac{965-962}{962}\times100\fallingdotseq0.3\%$
- 2020년 : $\frac{940-965}{965}\times100\fallingdotseq-2.6\%$
- 2021년 : $\frac{953-940}{940}\times100\fallingdotseq1.4\%$
- 2022년 : $\frac{954-953}{953}\times100\fallingdotseq0.1\%$

따라서 단체헌혈 증감률의 절댓값이 가장 큰 해는 2020년이다.

오답분석

ⓒ 2020년 대비 2021년 개인헌혈의 감소율은 $\frac{1,913-2,143}{2,143}\times100\fallingdotseq-10.7\%$이다.

ⓔ 2021년부터 2023년까지 헌혈률 전년 대비 증감 추이는 '감소-증가-감소'이고, 개인헌혈은 '감소-증가-증가'이다.

33 정답 ③

- 1인 1일 사용량에서 영업용 사용량이 차지하는 비중
  : $\frac{80}{282}\times100\fallingdotseq28.37\%$
- 1인 1일 가정용 사용량의 하위 두 항목이 차지하는 비중
  : $\frac{20+13}{180}\times100\fallingdotseq18.33\%$

34 정답 ③

매우 노력함과 약간 노력함의 비율 합은 다음과 같다.

구분	남성	여성	취업	실업 및 비경제활동
비율	13.6+43.6 =57.2%	23.9+50.1 =74.0%	16.5+47.0 =63.5%	22.0+46.6 =68.6%

따라서 남성보다 여성이 비율이 높고, 취업자보다 실업 및 비경제활동자의 비율이 높다.

오답분석

① 10세 이상 국민들 중 '전혀 노력하지 않음'과 '매우 노력함'은 '약간 노력함'과 '별로 노력하지 않음'에 비해 비율의 숫자의 크기가 현저히 작음을 알 수 있다. 따라서 '약간 노력함'과 '별로 노력하지 않음'만 정확하게 계산해 보면 된다.

- 약간 노력함 : 41.2+39.9+46.7+52.4+50.4+46.0+44.8=321.4%
- 별로 노력하지 않음 : 39.4+42.9+36.0+29.4+25.3+21.6+20.9=215.5%

따라서 약간 노력하는 사람 비율의 합이 더 높은 것을 알 수 있다.

② 20~29세 연령층에서는 별로 노력하지 않는 사람의 비중이 제일 높다.

④ 10세 이상 국민들 중 환경오염 방지를 위해 매우 노력하는 사람의 비율이 가장 높은 연령층은 31.3%인 70세 이상이다.

35 정답 ③

2022년 E강사의 수강생 만족도는 3.2점이므로 2023년 E강사의 시급은 2022년과 같은 48,000원이다. 2023년 시급과 수강생 만족도를 참고하여 2024년 강사별 시급과 2023년과 2024년의 시급 차이를 구하면 다음과 같다.

강사	2024년 시급	(2024년 시급)-(2023년 시급)
A	55,000(1+0.05) =57,750원	57,750-55,000 =2,750원
B	45,000(1+0.05) =47,250원	47,250-45,000 =2,250원
C	54,600(1+0.1) =60,060원 → 60,000원 (∵ 시급의 최대)	60,000-54,600 =5,400원
D	59,400(1+0.05) =62,370원 → 60,000원 (∵ 시급의 최대)	60,000-59,400 =600원
E	48,000	48,000-48,000=0원

따라서 2023년과 2024년의 시급 차이가 가장 큰 강사는 C이다.

오답분석

① E강사의 2023년 시급은 48,000원이다.

② 2024년 D강사의 시급과 C강사의 시급은 60,000원으로 같음을 알 수 있다(∵ 강사가 받을 수 있는 최대 시급 60,000원).

④ 2023년 C강사의 시급 인상률을 $a\%$라고 하면

$$52,000\left(1+\frac{a}{100}\right)=54,600 \rightarrow 520a=2,600$$

$$\therefore a=5$$

즉, 2023년 C강사의 시급 인상률은 5%이므로, 2022년 수강생 만족도 점수는 4.0점 이상 4.5점 미만이다.

36 정답 ②

남녀 국회의원의 여야별 SNS 이용자 구성비 중 여자의 경우 여당이 $(22\div38)\times100\fallingdotseq57.9\%$이고, 야당은 $(16\div38)\times100\fallingdotseq42.1\%$이므로 옳지 않은 그래프이다.

오답분석

① 국회의원의 여야별 SNS 이용자 수는 각각 145명, 85명이다.

③ 야당 국회의원의 당선 횟수별 SNS 이용자 구성비는 85명 중 초선 36명, 2선 28명, 3선 14명, 4선 이상 7명이므로 각각 계산해 보면 42.4%, 32.9%, 16.5%, 8.2%이다.

④ 2선 이상 국회의원의 정당별 SNS 이용자는 A당 29+22+12=63명, B당 25+13+6=44명, C당 3+1+1=5명이다.

37 정답 ②

가장 구성비가 큰 항목은 국민연금으로 57%이며, 네 번째로 구성비가 큰 항목은 사적연금으로 8.5%이다. 따라서 가장 구성비가 큰 항목의 구성비 대비 네 번째로 구성비가 큰 항목의 구성비의 비율은 $\dfrac{8.5}{57.0} \times 100 ≒ 14.9\%$이다.

38 정답 ③

2016년 대비 2020년 수급자 수의 증가율은
$\dfrac{1,646-1,469}{1,469} \times 100 ≒ 12.0\%$이다.

39 정답 ②

연도별 수급률 대비 수급자 수의 값은 다음과 같다.

① 2015년 : $\dfrac{1,550}{3.1} ≒ 500$

② 2017년 : $\dfrac{1,394}{2.7} ≒ 516.3$

③ 2019년 : $\dfrac{1,329}{2.6} ≒ 511.2$

④ 2020년 : $\dfrac{1,646}{3.2} ≒ 514.4$

따라서 연도별 수급률 대비 수급자 수의 값이 가장 큰 연도는 2017년이다.

40 정답 ④

서비스 품질 5가지 항목의 점수와 서비스 쇼핑 체험 점수를 비교해보면, 모든 대형마트에서 서비스 쇼핑 체험 점수가 가장 낮다는 것을 확인할 수 있다. 따라서 서비스 쇼핑 체험 부문의 만족도는 서비스 품질 부문들보다 모두 낮으며, 이때 서비스 쇼핑 체험 점수의 평균은 $\dfrac{3.48+3.37+3.45+3.33}{4} ≒ 3.41$점이다.

오답분석

① 인터넷쇼핑과 모바일쇼핑 만족도의 차를 구해보면 A마트는 0.07점, B마트와 C마트는 0.03점, D마트는 0.05점으로, A마트가 가장 크다.

② 단위를 살펴보면 5점 만점으로 조사되었음을 알 수 있으며, 종합만족도의 평균은 $\dfrac{3.72+3.53+3.64+3.56}{4} ≒ 3.61$점이다.
이때 업체별로는 A마트 → C마트 → D마트 → B마트 순서로 종합만족도가 낮아짐을 알 수 있다.

③ 평균적으로 고객접점직원 서비스보다는 고객관리 서비스가 더 낮게 평가되었다.

41 정답 ③

오답분석

①·④ E가 두 명이 탑승한 차에 있기 때문에 적절하지 않다.
② A가 D나 F 중 어떤 사람과도 함께 타지 않았기 때문에 적절하지 않다.

42 정답 ③

세 명의 직원 모두가 한 명씩의 성명을 올바르게 기억하고 있는 것이므로 옳은 내용이다.

오답분석

① 혜민과 서현이 모든 사람의 성명을 올바르게 기억하지 못한 것이 되므로 옳지 않다.

② 혜민과 민준이 모든 사람의 성명을 올바르게 기억하지 못한 것이 되므로 옳지 않다.

④ 민준이 모든 사람의 성명을 올바르게 기억하지 못한 것이 되므로 옳지 않다.

43 정답 ①

각 조건을 수식으로 비교해 보면 다음과 같다.
A>B, D>C, F>E>A, E>B>D
∴ F>E>A>B>D>C
따라서 F의 실적이 가장 높다.

44 정답 ③

ㄱ. 심사위원 3인이 같은 의견을 낸 경우엔 다수결에 의해 예선 통과 여부가 결정되므로 누가 심사위원장인지 알 수 없다.

ㄷ. 심사위원장을 A, 나머지 심사위원을 B, C, D라 하면 두 명의 ○ 결정에 따른 통과 여부는 다음과 같다.

구분	A, B	A, C	A, D	B, C	B, D	C, D
통과 여부	○	○	○	×	×	×

• 경우 1
참가자 4명 중 2명 이상이 A가 포함된 2인의 심사위원에게 ○ 결정을 받았고 그 구성이 다르다면 심사위원장을 알아낼 수 있다.

• 경우 2
참가자 4명 중 1명만 A가 포함된 2인의 심사위원에게 ○ 결정을 받아 통과하였다고 하자. 나머지 3명은 A가 포함되지 않은 2인의 심사위원에게 ○ 결정을 받아 통과하지 못하였고 그 구성이 다르다. 통과하지 못한 참가자에게 ○ 결정을 준 심사위원에는 A가 없고 통과한 참가자에게 ○ 결정을 준 심사위원에 A가 있기 때문에 심사위원장이 A라는 것을 알아낼 수 있다.

ㄴ. 4명의 참가자 모두 같은 2인의 심사위원에게만 ○ 결정을 받아 탈락했으므로 나머지 2인의 심사위원 중에 심사위원장이 있다는 것만 알 수 있다.

45   정답 ③

조건에 의해서 각 팀은 새로운 과제를 3, 2, 1, 1, 1개 맡아야 한다. 기존에 수행하던 과제를 포함해서 한 팀이 맡을 수 있는 과제는 최대 4개라는 점을 고려하면 다음과 같은 경우가 나온다.

구분	기존 과제 수	새로운 과제 수		
(가)팀	0	3	3	2
(나)팀	1	1	1	3
(다)팀	2	2	1	1
(라)팀	2	1	2	1
(마)팀	3	1		

ㄱ. a는 새로운 과제 2개를 맡는 팀이 수행하므로 (나)팀이 맡을 수 없다.
ㄷ. 기존에 수행하던 과제를 포함해서 과제 2개를 맡을 수 있는 팀은 기존 과제 수가 0개이거나 1개인 (가)팀과 (나)팀인데 위의 세 경우 모두 과제 2개를 맡는 팀이 반드시 있다.

ㄴ. f는 새로운 과제 1개를 맡는 팀이 수행하므로 (가)팀이 맡을 수 없다.

46   정답 ①

세 번째와 다섯 번째 정보로부터 A사원은 야근을 3회, 결근을 2회 하였고, 네 번째와 여섯 번째 정보로부터 B사원은 지각을 2회, C사원은 지각을 3회 하였음을 알 수 있다. C사원의 경우 지각을 3회 하였으므로 결근과 야근을 각각 1회 또는 2회 하였는데, 근태 총점수가 −2점이므로 지각에서 −3점, 결근에서 −1점, 야근에서 +2점을 얻어야 한다. 마지막으로 B사원은 결근을 3회, 야근을 1회 하여 근태 총점수가 −4점이 된다. 이를 표로 정리하면 다음과 같다.

(단위 : 회)

구분	A	B	C	D
지각	1	2	3	1
결근	2	3	1	1
야근	3	1	2	2
근태 총점수(점)	0	−4	−2	0

따라서 C사원이 지각을 가장 많이 하였다.

47   정답 ①

46번의 결과로부터 A사원과 B사원이 지각보다 결근을 많이 하였음을 알 수 있다.

48   정답 ②

B는 뒷면을 가공한 이후 A의 앞면 가공이 끝날 때까지 5분을 기다려야 한다. 즉, 뒷면 가공(15분) → 5분 기다림 → 앞면 가공(20분) → 조립(5분)이 이루어지므로 총 45분이 걸리고, 유휴 시간은 5분이다.

49   정답 ②

분류코드에서 알 수 있는 정보를 순서대로 나열하면 다음과 같다.
• 발송코드 : c4(충청지역에서 발송)
• 배송코드 : 304(경북지역으로 배송)
• 보관코드 : HP(고가품)
• 운송코드 : 115(15톤 트럭으로 배송)
• 서비스코드 : 01(당일 배송 서비스 상품)

50   정답 ②

제품 A의 분류코드는 코드 구성 순서대로 수도권인 경기도에서 발송되었으므로 a1, 울산지역으로 배송되므로 062, 냉동보관이 필요하므로 FZ, 5톤 트럭으로 운송되므로 105, 배송일을 7월 7일로 지정하였으므로 02가 연속되는 'a1062FZ10502'이다.

51   정답 ③

2주 차 9일의 경우 오전에 근무하는 의사는 A와 B 2명이다.

① 2 ~ 3주 차에 의사 A는 당직 3번으로 당직이 가장 많다.
② 진료스케줄에서 의사 D는 8월 2일부터 11일까지 휴진임을 알 수 있다.
④ 광복절은 의사 A, B, E 3명이 휴진함으로써 1 ~ 3주 차 동안 가장 많은 의사가 휴진하는 날이다.

52   정답 ③

8월 9일은 오전에 의사 A가 근무하는 날로, 예약날짜로 적절하다.

① 8월 3일은 1주 차에 해당된다.
②·④ 의사 A가 오전에 근무하지 않는다.

53

정답 ①

네 번째 조건에 따라 K팀장은 토마토 파스타, S대리는 크림 리소토를 주문한다. 이때, L과장은 다섯 번째 조건에 따라 토마토 리소토나 크림 리소토를 주문할 수 있는데, 만약 L과장이 토마토 리소토를 주문한다면, 두 번째 조건에 따라 M대리는 토마토 파스타를 주문해야 하고, 사원들은 둘 다 크림소스가 들어간 메뉴를 주문할 수밖에 없으므로 조건과 모순이 된다. 따라서 L과장은 크림 리소토를 주문했다. 다음으로 사원 2명 중 1명은 크림 파스타, 다른 한 명은 토마토 파스타나 토마토 리소토를 주문해야 하는데, H사원이 파스타면을 싫어하므로 J사원이 크림 파스타, H사원이 토마토 리소토, M대리가 토마토 파스타를 주문했다.

다음으로 일곱 번째 조건에 따라 J사원이 사이다를 주문하였고, H사원은 J사원과 다른 음료를 주문해야 하지만 여덟 번째 조건에 따라 주스를 함께 주문하지 않으므로 콜라를 주문했다. 또한 여덟 번째 조건에 따라 주스를 주문한 사람은 모두 크림소스가 들어간 메뉴를 주문한 사람이어야 하므로, S대리와 L과장이 주스를 주문했다. 마지막으로 여섯 번째 조건에 따라 M대리는 사이다를 주문하고, K팀장은 콜라를 주문했다. 이를 표로 정리하면 다음과 같다.

구분	K팀장	L과장	M대리	S대리	H사원	J사원
토마토 파스타	○		○			
토마토 리소토					○	
크림 파스타						○
크림 리소토		○		○		
콜라	○				○	
사이다			○			○
주스		○		○		

따라서 사원들 중 주스를 주문한 사람은 없다.

54

정답 ③

53번 결과를 바탕으로 할 때, S대리와 L과장은 모두 주스와 크림 리소토를 주문했다.

55

정답 ③

제시문의 '가입요건 – (2)'를 살펴보면, 다주택자인 경우에도 보유주택 합산가격이 9억 원 이하이면 가입요건이 충족됨을 확인할 수 있다.

56

정답 ③

- B : 단독소유일 경우 주택소유자가 만 60세 이상이어야 하는데, 주택소유주가 만 57세이므로 가입요건을 충족하지 못한다.
- D : 임대사업을 목적으로 보유한 주택은 보유주택수에 포함되므로, 총주택가액은 14억 원이 되어 가입요건을 충족하지 못한다.
- E : 만 60세 이상이며, 2개 주택가액이 9억 원이므로 요건에 부합하나, 20m^2 이하의 아파트는 주택으로 보므로 총주택가액이 9억 원을 초과하여 가입요건을 충족하지 못한다.

오답분석

- A : 만 60세 이상이며, 주택가액 9억 원 이하의 1주택을 보유하고 있으므로 가입대상이 된다.
- C : 부부 중 연장자가 만 60세 이상(부부공동소유)이며, 총주택가액이 9억 원 미만이므로 가입대상이 된다.

57

정답 ③

- (가) : 외부의 기회를 활용하면서 내부의 강점을 더욱 강화시키는 SO전략
- (나) : 외부의 기회를 활용하여 내부의 약점을 보완하는 WO전략
- (다) : 외부의 위협을 회피하며 내부의 강점을 적극 활용하는 ST전략
- (라) : 외부의 위협을 회피하고 내부의 약점을 보완하는 WT전략

따라서 바르게 나열되어 있는 것은 ③이다.

58

정답 ②

11:00 ~ 11:30에는 20명의 고객이 식사를 하고 있다. 그리고 11:30부터 1시간 동안은 2분당 +3명, 5분당 −1명이 출입한다. 이때, 2와 5의 최소공배수는 10이고, 10분당 출입하는 고객 수는 $(3×5)-(1×2)=+13$명이다. 따라서 12:00에는 $20+(13×3)=59$명이 매장에서 식사를 하고 있다.

59

정답 ④

매출액은 매장에 방문한 고객 수에 타임별 가격을 곱한 값을 모두 더하면 알 수 있다.

- 런치에 방문한 고객 수 : $20+(3×60÷2)+(2×60÷1)+(6×60÷5)=302$명
- 디너에 방문한 고객 수 : $20+(7×60÷2)+(3×60÷1)+(4×60÷5)=458$명

∴ 하루 매출액 : $(302×10,000)+(458×15,000)=9,890,000$원

60

조사 당일에 만석이었던 적이 한 번 있었다고 하였으므로, 가장 많은 고객이 있었던 시간대의 고객 수가 한식뷔페의 좌석 수가 된다. 시간대별 고객의 증감은 최소공배수를 활용하여 다음과 같이 계산한다.

• 런치

시간	내용
11:30 ~ 12:30	• 2분과 5분의 최소공배수 : 10분 • $(3 \times 10 \div 2) - (1 \times 10 \div 5) = +13$명 ∴ 10분당 13명 증가
12:30 ~ 13:30	• 1분과 6분의 최소공배수 : 6분 • $(2 \times 6) - (5 \times 1) = +7$명 ∴ 6분당 7명 증가
13:30 ~ 14:30	• 5분과 3분의 최소공배수 : 15분 • $(6 \times 15 \div 5) - (2 \times 15 \div 3) = +8$명 ∴ 15분당 8명 증가

즉, 런치에는 시간이 흐를수록 고객의 수가 계속 증가함을 알 수 있다.

• 디너

시간	내용
16:30 ~ 17:30	• 2분과 3분의 최소공배수 : 6분 • $(7 \times 6 \div 2) - (7 \times 6 \div 3) = +7$명 ∴ 6분당 7명 증가
17:30 ~ 18:30	• 1분과 5분의 최소공배수 : 5분 • $(3 \times 5 \div 1) - (6 \times 5 \div 5) = +9$명 ∴ 5분당 9명 증가
18:30 ~ 19:30	• 5분과 3분의 최소공배수 : 15분 • $(4 \times 15 \div 5) - (3 \times 15 \div 3) = -3$명 ∴ 15분당 3명 감소

즉, 디너에는 18:30 이전까지는 고객 수가 계속 증가함을 알 수 있다.

• 런치 최대 고객 수(14:30) : $20 + (13 \times 60 \div 10) + (7 \times 60 \div 6) + (8 \times 60 \div 15) = 200$명

• 디너 최대 고객 수(18:35) : $20 + (7 \times 60 \div 6) + (9 \times 60 \div 5) - 3 + 4 = 199$명

따라서 한식 뷔페 좌석 수는 모두 200석이다.

제2영역 직무시험

| 01 | 국민건강보험법

61	62	63	64	65	66	67	68	69	70
④	④	②	②	④	③	②	②	①	①
71	72	73	74	75	76	77	78	79	80
④	②	②	④	④	④	②	③	②	④

61

의료급여법에 따라 의료급여를 받는 사람은 가입자 또는 피부양자가 될 수 없다(법 제5조 제1항 제1호).

오답분석

① 법 제5조 제2항 제1호에서 확인할 수 있다.
② 법 제5조 제2항 제4호에서 확인할 수 있다.
③ 법 제5조 제1항에서 확인할 수 있다.

62

자료의 제공(법 제96조 제1항)

공단은 국가, 지방자치단체, 요양기관, 보험업법에 따른 보험회사 및 보험료율 산출 기관, 공공기관의 운영에 관한 법률에 따른 공공기관, 그 밖의 공공단체 등에 대하여 다음 각 호의 업무를 수행하기 위하여 주민등록·가족관계등록·국세·지방세·토지·건물·출입국관리 등의 자료로서 대통령령으로 정하는 자료를 제공하도록 요청할 수 있다.

1. 가입자 및 피부양자의 자격 관리, 보험료의 부과·징수, 보험급여의 관리 등 건강보험사업의 수행
2. 제14조 제1항 제11호에 따른 업무의 수행

63

요양급여(법 제41조 제1항)

가입자와 피부양자의 질병, 부상, 출산 등에 대하여 다음 각 호의 요양급여를 실시한다.

1. 진찰·검사
2. 약제(藥劑)·치료재료의 지급
3. 처치·수술 및 그 밖의 치료
4. 예방·재활
5. 입원
6. 간호
7. 이송(移送)

64

자격의 변동 시기 등(법 제9조 제1항)

가입자는 다음 각 호의 어느 하나에 해당하게 된 날에 그 자격이 변동된다.

1. 지역가입자가 적용대상사업장의 사용자로 되거나, 근로자·공무원 또는 교직원("근로자 등")으로 사용된 날
2. 직장가입자가 다른 적용대상사업장의 사용자로 되거나 근로자 등으로 사용된 날
3. 직장가입자인 근로자 등이 그 사용관계가 끝난 날의 다음 날
4. 적용대상사업장에 제7조 제2호에 따른 사유가 발생한 날의 다음 날
5. 지역가입자가 다른 세대로 전입한 날

65

과오납금에 대통령령으로 정하는 <u>이자를 가산하여야 한다</u>(법 제86조 제3항).

오답분석

①·② 법 제86조 제1항에서 확인할 수 있다.
③ 법 제86조 제2항에서 확인할 수 있다.

66

보험료의 부담(법 제76조 제1항)

직장가입자의 보수월액보험료는 직장가입자와 다음 각 호의 구분에 따른 자가 각각 보험료액의 100분의 50씩 부담한다. 다만, 직장가입자가 교직원으로서 사립학교에 근무하는 교원이면 보험료액은 그 직장가입자가 100분의 50을, 제3조 제2호 다목에 해당하는 사용자가 100분의 30을, 국가가 <u>100분의 20</u>을 각각 부담한다.

1. 직장가입자가 근로자인 경우에는 제3조 제2호 가목에 해당하는 사업주
2. 직장가입자가 공무원인 경우에는 그 공무원이 소속되어 있는 국가 또는 지방자치단체
3. 직장가입자가 교직원(사립학교에 근무하는 교원은 제외)인 경우에는 제3조 제2호 다목에 해당하는 사용자

오답분석

① 법 제76조 제2항에서 확인할 수 있다.
② 법 제76조 제3항에서 확인할 수 있다.
④ 법 제76조 제4항에서 확인할 수 있다.

정의(법 제3조 제2호)

"사용자"란 다음 각 목의 어느 하나에 해당하는 자를 말한다.

가. 근로자가 소속되어 있는 사업장의 사업주
나. 공무원이 소속되어 있는 기관의 장으로서 대통령령으로 정하는 사람
다. 교직원이 소속되어 있는 사립학교(사립학교교직원 연금법 제3조에 규정된 사립학교)를 설립·운영하는 자

67

위반사실의 공표(법 제100조 제1항)

보건복지부장관은 관련 서류의 위조·변조로 요양급여비용을 거짓으로 청구하여 제98조 또는 제99조에 따른 행정처분을 받은 요양기관이 다음 각 호의 어느 하나에 해당하면 그 위반 행위, 처분 내용, 해당 요양기관의 명칭·주소 및 대표자 성명, 그 밖에 다른 요양기관과의 구별에 필요한 사항으로서 대통령령으로 정하는 사항을 공표할 수 있다. 이 경우 공표 여부를 결정할 때에는 그 위반 행위의 동기, 정도, 횟수 및 결과 등을 고려하여야 한다.

1. 거짓으로 청구한 금액이 <u>1천 500만 원(㉠)</u> 이상인 경우
2. 요양급여비용 총액 중 거짓으로 청구한 금액의 비율이 <u>100분의 20(㉡)</u> 이상인 경우

68

60세 이상인 사람 → 65세 이상인 사람

보험료의 경감 등(법 제75조 제1항)

다음 각 호의 어느 하나에 해당하는 가입자 중 보건복지부령으로 정하는 가입자에 대하여는 그 가입자 또는 그 가입자가 속한 세대의 보험료의 일부를 경감할 수 있다.

1. 섬·벽지(僻地)·농어촌 등 대통령령으로 정하는 지역에 거주하는 사람
2. 65세 이상인 사람
3. 장애인복지법에 따라 등록한 장애인
4. 국가유공자 등 예우 및 지원에 관한 법률 제4조 제1항 제4호, 제6호, 제12호, 제15호 및 제17호에 따른 국가유공자
5. 휴직자
6. 그 밖에 생활이 어렵거나 천재지변 등의 사유로 보험료를 경감할 필요가 있다고 보건복지부장관이 정하여 고시하는 사람

69

급여의 정지(법 제54조)

보험급여를 받을 수 있는 사람이 다음 각 호의 어느 하나에 해당하면 그 기간에는 보험급여를 하지 아니한다. 다만, 제3호 및 제4호의 경우에는 제60조에 따른 요양급여를 실시한다.

1. 삭제(2020. 4. 7)
2. 국외에 체류하는 경우
3. 병역법에 따른 현역병(지원에 의하지 아니하고 임용된 하사를 포함), 전환복무된 사람 및 군간부후보생에 해당하게 된 경우
4. 교도소, 그 밖에 이에 준하는 시설에 수용되어 있는 경우

70
정답 ①

보험료 경감대상자와 급여정지자를 구별하여야 한다. 급여정지자 중에는 보험료 면제자도 포함되어 있다.

오답분석

②·③ 급여정지자이면서 보험료 면제자에 해당한다.
④ 급여정지자에 해당한다.

71
정답 ④

국민건강보험법은 국민의 질병(㉠)·부상에 대한 예방·진단·치료·재활과 출산·사망(㉡) 및 건강증진에 대하여 보험급여(㉢)를 실시함으로써 국민보건 향상과 사회보장 증진에 이바지함을 목적으로 한다(법 제1조).

72
정답 ②

적용 대상 등(법 제5조 제1항 제2호)

독립유공자예우에 관한 법률 및 국가유공자 등 예우 및 지원에 관한 법률에 따라 의료보호를 받는 사람("유공자 등 의료보호대상자"). 다만, 다음 각 목의 어느 하나에 해당하는 사람은 가입자 또는 피부양자가 된다.
가. 유공자 등 의료보호대상자 중 건강보험의 적용을 보험자에게 신청한 사람
나. 건강보험을 적용받고 있던 사람이 유공자 등 의료보호대상자로 되었으나 건강보험의 적용배제신청을 보험자에게 하지 아니한 사람

73
정답 ②

지역가입자가 다른 세대로 전입한 날이 가입자 자격의 변동 시기이다.

자격의 변동시기 등(법 제9조 제1항)
가입자는 다음 각 호의 어느 하나에 해당하게 된 날에 그 자격이 변동된다.
1. 지역가입자가 적용대상사업장의 사용자가 되거나, 근로자·공무원 또는 교직원("근로자 등")으로 사용된 날
2. 직장가입자가 다른 적용대상사업장의 사용자가 되거나 근로자 등으로 사용된 날
3. 직장가입자인 근로자 등이 그 사용관계가 끝난 날의 다음 날
4. 적용대상사업장에 제7조 제2호에 따른 사유가 발생한 날의 다음 날
5. 지역가입자가 다른 세대로 전입한 날

74
정답 ④

상환제(현금배상제, 환불제)

장점	단점
• 환자가 진료 시에 진료비 전액을 직접 지불하기 때문에 의료의 남용을 억제할 수 있다. • 의료기관의 과잉진료를 어느 정도 방지할 수 있으며 또한 부당청구를 방지할 수 있다.	• 보험료를 지불한 적용자가 진료 시에 진료비 전액을 별도로 지불하고 다시 상환받는다는 측면에서 적용자에게는 여러 가지 번거로움을 줄 수 있다. • 진료 시에 돈이 없을 경우 필요한 의료이용이 억제된다.

75
정답 ④

벌칙(법 제115조 제4항)

거짓이나 그 밖의 부정한 방법으로 보험급여를 받거나 타인으로 하여금 보험급여를 받게 한 사람은 2년 이하의 징역 또는 2,000만 원 이하의 벌금에 처한다.

오답분석

①·② 3년 이하의 징역 또는 3,000만 원 이하의 벌금(법 제115조 제2항)
③ 500만 원 이하의 벌금(법 제117조)

76
정답 ④

법 제4조 제2항에서 확인할 수 있다.

오답분석

① 심의위원회 위원의 임기는 3년으로 한다. 다만, 위원의 사임 등으로 새로 위촉된 위원의 임기는 전임위원 임기의 남은 기간으로 한다(법 제4조 제5항).
② 심의위원회의 운영 등에 필요한 사항은 대통령령으로 정한다(법 제4조 제7항).
③ 심의위원회의 위원장은 보건복지부차관이 된다(법 제4조 제3항).

건강보험정책심의위원회(법 제4조)
① 건강보험정책에 관한 다음 각 호의 사항을 심의·의결하기 위하여 보건복지부장관 소속으로 건강보험정책심의위원회("심의위원회")를 둔다.
1. 제3조의2 제1항 및 제3항에 따른 종합계획 및 시행계획에 관한 사항(의결은 제외한다)
2. 제41조 제3항에 따른 요양급여의 기준
3. 제45조 제3항 및 제46조에 따른 요양급여비용에 관한 사항
4. 제73조 제1항에 따른 직장가입자의 보험료율

5. 제73조 제3항에 따른 지역가입자의 보험료율과 보험료부과점수당 금액

5의2. 보험료 부과 관련 제도 개선에 관한 다음 각 목의 사항(의결은 제외한다)

　가. 건강보험 가입자("가입자")의 소득 파악 실태에 관한 조사 및 연구에 관한 사항

　나. 가입자의 소득 파악 및 소득에 대한 보험료 부과 강화를 위한 개선 방안에 관한 사항

　다. 그 밖에 보험료 부과와 관련된 제도 개선 사항으로서 심의위원회 위원장이 회의에 부치는 사항

6. 그 밖에 건강보험에 관한 주요 사항으로서 대통령령으로 정하는 사항

② 심의위원회는 위원장 1명과 부위원장 1명을 포함하여 25명의 위원으로 구성한다.

③ 심의위원회의 위원장은 보건복지부차관이 되고, 부위원장은 제4항 제4호의 위원 중에서 위원장이 지명하는 사람이 된다.

④ 심의위원회의 위원은 다음 각 호에 해당하는 사람을 보건복지부장관이 임명 또는 위촉한다.

1. 근로자단체 및 사용자단체가 추천하는 각 2명

2. 시민단체(비영리민간단체지원법 제2조에 따른 비영리민간단체), 소비자단체, 농어업인단체 및 자영업자단체가 추천하는 각 1명

3. 의료계를 대표하는 단체 및 약업계를 대표하는 단체가 추천하는 8명

4. 다음 각 목에 해당하는 8명

　가. 대통령령으로 정하는 중앙행정기관 소속 공무원 2명

　나. 국민건강보험공단의 이사장 및 건강보험심사평가원의 원장이 추천하는 각 1명

　다. 건강보험에 관한 학식과 경험이 풍부한 4명

⑤ 심의위원회 위원(제4항 제4호 가목에 따른 위원은 제외)의 임기는 3년으로 한다. 다만, 위원의 사임 등으로 새로 위촉된 위원의 임기는 전임위원 임기의 남은 기간으로 한다.

⑥ 보건복지부장관은 심의위원회가 제1항 제5호의2에 따라 심의한 사항을 국회에 보고하여야 한다.

⑦ 심의위원회의 운영 등에 필요한 사항은 대통령령으로 정한다.

77　　　　　　　　　　　　　정답 ②

이사장의 권한 중 급여의 제한, 보험료의 납입고지 등 대통령령으로 정하는 사항은 정관으로 정하는 바에 따라 분사무소의 장에게 위임할 수 있다(법 제32조).

오답분석

① 법 제40조에서 확인할 수 있다.

③ 법 제39조 제1항에서 확인할 수 있다.

④ 법 제29조에서 확인할 수 있다.

78　　　　　　　　　　　　　정답 ③

자격의 변동 시기 등(법 제9조)

① 가입자는 다음 각 호의 어느 하나에 해당하게 된 날에 그 자격이 변동된다.

1. 지역가입자가 적용대상사업장의 사용자로 되거나, 근로자·공무원 또는 교직원("근로자 등")으로 사용된 날

2. 직장가입자가 다른 적용대상사업장의 사용자로 되거나 근로자 등으로 사용된 날

3. 직장가입자인 근로자 등이 그 사용관계가 끝난 날의 다음 날

4. 적용대상사업장에 제7조 제2호에 따른 사유가 발생한 날의 다음 날

5. 지역가입자가 다른 세대로 전입한 날

② 제1항에 따라 자격이 변동된 경우 직장가입자의 사용자와 지역가입자의 세대주는 다음 각 호의 구분에 따라 그 명세를 보건복지부령으로 정하는 바에 따라 자격이 변동된 날부터 14일 이내에 보험자에게 신고하여야 한다.

1. 제1항 제1호 및 제2호에 따라 자격이 변동된 경우 : 직장가입자의 사용자

2. 제1항 제3호부터 제5호까지의 규정에 따라 자격이 변동된 경우 : 지역가입자의 세대주

③ 법무부장관 및 국방부장관은 직장가입자나 지역가입자가 제54조 제3호 또는 제4호에 해당하면 보건복지부령으로 정하는 바에 따라 그 사유에 해당된 날부터 1개월 이내에 보험자에게 알려야 한다.

79　　　　　　　　　　　　　정답 ②

보험료 납부의무(법 제77조 제1항)

직장가입자의 보험료는 다음 각 호의 구분에 따라 그 각 호에서 정한 자가 납부한다.

1. 보수월액보험료 : 사용자. 이 경우 사업장의 사용자가 2명 이상인 때에는 그 사업장의 사용자는 해당 직장가입자의 보험료를 연대하여 납부한다.

2. 보수 외 소득월액보험료 : 직장가입자

오답분석

③·④ 법 제77조 제2항에서 확인할 수 있다.

80　　　　　　　　　　　　　정답 ④

급여의 제한(법 제53조 제1항)

공단은 보험급여를 받을 수 있는 사람이 다음 각 호의 어느 하나에 해당하면 보험급여를 하지 아니한다.

1. 고의 또는 중대한 과실로 인한 범죄행위에 그 원인이 있거나 고의로 사고를 일으킨 경우

2. 고의 또는 중대한 과실로 공단이나 요양기관의 요양에 관한 지시에 따르지 아니한 경우

3. 고의 또는 중대한 과실로 제55조에 따른 문서와 그 밖의 물건의 제출을 거부하거나 질문 또는 진단을 기피한 경우

61	62	63	64	65	66	67	68	69	70
②	③	④	④	④	④	④	②	④	④
71	72	73	74	75	76	77	78	79	80
③	③	③	①	①	④	④	①	③	④

61
정답 ②

장기요양기관의 지정(법 제31조 제3항)

특별자치시장·특별자치도지사·시장·군수·구청장이 제1항에 따른 지정을 하려는 경우에는 다음 각 호의 사항을 검토하여 장기요양기관을 지정하여야 한다. 이 경우 특별자치시장·특별자치도지사·시장·군수·구청장은 공단에 관련 자료의 제출을 요청하거나 그 의견을 들을 수 있다.

1. 장기요양기관을 운영하려는 자의 장기요양급여 제공 이력
2. 장기요양기관을 운영하려는 자 및 그 기관에 종사하려는 자가 이 법, 사회복지사업법 또는 노인복지법 등 장기요양기관의 운영과 관련된 법에 따라 받은 행정처분의 내용
3. 장기요양기관의 운영 계획
4. 해당 지역의 노인인구 수, 치매 등 노인성질환 환자 수 및 장기요양급여 수요 등 지역 특성
5. 그 밖에 특별자치시장·특별자치도지사·시장·군수·구청장이 장기요양기관으로 지정하는 데 필요하다고 인정하여 정하는 사항

62
정답 ③

위원장은 보건복지부차관이 되고, 부위원장은 위원 중에서 위원장이 지명한다(법 제46조 제3항).

63
정답 ④

장기요양기관은 제40조 제2항에 따라 면제받거나 같은 조 제4항에 따라 감경받는 금액 외에 영리를 목적으로 수급자가 부담하는 재가 및 시설 급여비용("본인부담금")을 면제하거나 감경하는 행위를 하여서는 아니 된다(법 제35조 제5항).

64
정답 ④

공단은 수급자가 장기요양기관이 아닌 노인요양시설 등의 기관 또는 시설에서 재가급여 또는 시설급여에 상당한 장기요양급여를 받은 경우 대통령령으로 정하는 기준에 따라 해당 장기요양급여비용의 일부를 해당 수급자에게 특례요양비로 지급할 수 있다(법 제25조 제1항).

65
정답 ④

국가는 매년 예산의 범위 안에서 해당 연도 장기요양보험료 예상 수입액의 100분의 20에 상당하는 금액을 공단에 지원한다(법 제58조 제1항).

66
정답 ④

장기요양기관 지정의 취소 등(법 제37조 제1항)

특별자치시장·특별자치도지사·시장·군수·구청장은 장기요양기관이 다음 각 호의 어느 하나에 해당하는 경우 그 지정을 취소하거나 6개월의 범위에서 업무정지를 명할 수 있다. 다만, 제1호, 제2호의2, 제3호의5, 제7호, 또는 제8호에 해당하는 경우에는 지정을 취소하여야 한다.

1. 거짓이나 그 밖의 부정한 방법으로 지정을 받은 경우
1의2. 제28조의2를 위반하여 급여외행위를 제공한 경우. 다만, 장기요양기관의 장이 그 위반행위를 방지하기 위하여 해당 업무에 관하여 상당한 주의와 감독을 게을리하지 아니한 경우는 제외한다.
2. 제31조 제1항에 따른 지정기준에 적합하지 아니한 경우
2의2. 제32조의2 각 호의 어느 하나에 해당하게 된 경우. 다만, 제32조의2 제7호에 해당하게 된 법인의 경우 3개월 이내에 그 대표자를 변경하는 때에는 그러하지 아니하다.
3. 제35조 제1항을 위반하여 장기요양급여를 거부한 경우
3의2. 제35조 제5항을 위반하여 본인부담금을 면제하거나 감경하는 행위를 한 경우
3의3. 제35조 제6항을 위반하여 수급자를 소개, 알선 또는 유인하는 행위 및 이를 조장하는 행위를 한 경우
3의4. 제35조의4 제2항 각 호의 어느 하나를 위반한 경우
3의5. 제36조 제1항에 따른 폐업 또는 휴업 신고를 하지 아니하고 1년 이상 장기요양급여를 제공하지 아니한 경우
3의6. 제36조의2에 따른 시정명령을 이행하지 아니하거나 회계 부정 행위가 있는 경우
3의7. 정당한 사유 없이 제54조에 따른 평가를 거부·방해 또는 기피하는 경우
4. 거짓이나 그 밖의 부정한 방법으로 재가 및 시설 급여비용을 청구한 경우
5. 제61조 제2항에 따른 자료제출 명령에 따르지 아니하거나 거짓으로 자료제출을 한 경우나 질문 또는 검사를 거부·방해 또는 기피하거나 거짓으로 답변한 경우
6. 장기요양기관의 종사자 등이 다음 각 목의 어느 하나에 해당하는 행위를 한 경우. 다만, 장기요양기관의 장이 그 행위를 방지하기 위하여 해당 업무에 관하여 상당한 주의와 감독을 게을리하지 아니한 경우는 제외한다.
   가. 수급자의 신체에 폭행을 가하거나 상해를 입히는 행위
   나. 수급자에게 성적 수치심을 주는 성폭행, 성희롱 등의 행위
   다. 자신의 보호·감독을 받는 수급자를 유기하거나 의식주를 포함한 기본적 보호 및 치료를 소홀히 하는 방임행위
   라. 수급자를 위하여 증여 또는 급여된 금품을 그 목적 외의 용도에 사용하는 행위
   마. 폭언, 협박, 위협 등으로 수급자의 정신건강에 해를 끼치는 정서적 학대행위

7. 업무정지기간 중에 장기요양급여를 제공한 경우
8. 부가가치세법 제8조에 따른 사업자등록 또는 소득세법 제168조에 따른 사업자등록이나 고유번호가 말소된 경우

67 정답 ④

공단은 장기요양사업에 사용되는 비용에 충당하기 위하여 장기요양보험료를 징수한다(법 제8조 제1항).

오답분석

① 장기요양보험사업의 보험자는 공단으로 한다(법 제7조 제2항).
② 장기요양보험사업은 보건복지부장관이 관장한다(법 제7조 제1항).
③ 장기요양보험의 가입자("장기요양보험가입자")는 국민건강보험법 제5조 및 제109조에 따른 가입자로 한다(법 제7조 제3항).

68 정답 ②

결격사유(법 제32조의2)

다음 각 호의 어느 하나에 해당하는 자는 제31조에 따른 장기요양기관으로 지정받을 수 없다.

1. 미성년자, 피성년후견인 또는 피한정후견인
2. 정신건강증진 및 정신질환자 복지서비스 지원에 관한 법률 제3조 제1호의 정신질환자. 다만, 전문의가 장기요양기관 설립·운영 업무에 종사하는 것이 적합하다고 인정하는 사람은 그러하지 아니하다.
3. 마약류 관리에 관한 법률 제2조 제1호의 마약류에 중독된 사람
4. 파산선고를 받고 복권되지 아니한 사람
5. 금고 이상의 실형을 선고받고 그 집행이 종료(집행이 종료된 것으로 보는 경우를 포함)되거나 집행이 면제된 날부터 5년이 경과되지 아니한 사람
6. 금고 이상의 형의 집행유예를 선고받고 그 유예기간 중에 있는 사람
7. 대표자가 제1호부터 제6호까지의 규정 중 어느 하나에 해당하는 법인

69 정답 ④

제23조 제1항 제1호에 따른 재가급여 또는 같은 항 제2호에 따른 시설급여를 제공하는 장기요양기관을 운영하려는 자는 보건복지부령으로 정하는 장기요양에 필요한 시설 및 인력을 갖추어 소재지를 관할 구역으로 하는 특별자치시장·특별자치도지사·시장·군수·구청장으로부터 지정을 받아야 한다(법 제31조 제1항).

70 정답 ④

등급판정 등(법 제15조 제4항)

공단은 장기요양급여를 받고 있거나 받을 수 있는 자가 다음 각호의 어느 하나에 해당하는 것으로 의심되는 경우에는 제14조 제1항 각 호의 사항을 조사하여 그 결과를 등급판정위원회에 제출하여야 한다.

1. 거짓이나 그 밖의 부정한 방법으로 장기요양인정을 받은 경우
2. 고의로 사고를 발생하도록 하거나 본인의 위법행위에 기인하여 장기요양인정을 받은 경우

71 정답 ③

공단은 장애인복지법에 따른 장애인 또는 이와 유사한 자로서 대통령령으로 정하는 자가 장기요양보험가입자 또는 그 피부양자인 경우 제15조 제2항에 따른 수급자로 결정되지 못한 때 대통령령으로 정하는 바에 따라 장기요양보험료의 전부 또는 일부를 감면할수 있다(법 제10조).

72 정답 ③

장기요양기관의 폐업 등의 신고 등(법 제36조 제3항)

장기요양기관의 장은 장기요양기관을 폐업하거나 휴업하려는 경우 또는 장기요양기관의 지정 갱신을 하지 아니하려는 경우 보건복지부령으로 정하는 바에 따라 수급자의 권익을 보호하기 위하여 다음 각 호의 조치를 취하여야 한다.

1. 해당 장기요양기관을 이용하는 수급자가 다른 장기요양기관을 선택하여 이용할 수 있도록 계획을 수립하고 이행하는 조치
2. 해당 장기요양기관에서 수급자가 제40조 제1항 및 제3항에 따라 부담한 비용 중 정산하여야 할 비용이 있는 경우 이를 정산하는 조치
3. 그 밖에 수급자의 권익 보호를 위하여 필요하다고 인정되는 조치로서 보건복지부령으로 정하는 조치

73 정답 ③

실태조사(법 제6조의2 제1항)

보건복지부장관은 장기요양사업의 실태를 파악하기 위하여 3년마다 다음 각 호의 사항에 관한 조사를 정기적으로 실시하고 그 결과를 공표하여야 한다.

1. 장기요양인정에 관한 사항
2. 제52조에 따른 장기요양등급판정위원회("등급판정위원회")의 판정에 따라 장기요양급여를 받을 사람("수급자")의 규모, 그 급여의 수준 및 만족도에 관한 사항
3. 장기요양기관에 관한 사항
4. 장기요양요원의 근로조건, 처우 및 규모에 관한 사항
5. 그 밖에 장기요양사업에 관한 사항으로서 보건복지부령으로 정하는 사항

74 정답 ①

노인장기요양보험법은 고령이나 노인성 질병 등의 사유로 일상생활을 혼자서 수행하기 어려운 노인 등에게 제공하는 신체활동 또는 가사활동 지원 등의 장기요양급여에 관한 사항을 규정하여 노후의 건강증진 및 생활안정을 도모하고 그 가족의 부담을 덜어줌으로써 국민의 삶의 질을 향상하도록 함을 목적으로 한다(법 제1조).

75 정답 ①

보건복지부장관 또는 특별자치시장·특별자치도지사·시장·군수·구청장은 제1항 및 제2항에 따른 공표 여부 등을 심의하기 위하여 <u>공표심의위원회</u>를 설치·운영할 수 있다(법 제37조의3 제3항).

76 정답 ④

장기요양기관 지정의 갱신(법 제32조의4 제1항·제4항)
① 장기요양기관의 장은 제32조의3에 따른 지정의 유효기간이 끝난 후에도 계속하여 그 지정을 유지하려는 경우에는 소재지를 관할구역으로 하는 특별자치시장·특별자치도지사·시장·군수·구청장에게 지정 유효기간이 끝나기 <u>90일</u> 전까지 지정 갱신을 신청하여야 한다.
④ 특별자치시장·특별자치도지사·시장·군수·구청장은 갱신 심사를 완료한 경우 그 결과를 지체 없이 해당 장기요양기관의 장에게 <u>통보</u>하여야 한다.

77 정답 ④

장의비는 산업재해보상보험법상 보험급여에 해당한다.
노인장기요양보험법 제23조 제1항에 따른 장기요양급여의 종류에는 다음과 같은 것들이 있다.
- 재가급여 : 방문요양, 방문목욕, 방문간호, 주·야간보호, 단기보호, 기타재가급여
- 시설급여 : 장기요양기관에 장기간 입소한 수급자에게 신체활동 지원 및 심신기능의 유지·향상을 위한 교육·훈련 등을 제공하는 장기요양급여
- 특별현금급여 : 가족요양비(가족장기요양급여), 특례요양비(특례장기요양급여), 요양병원간병비(요양병원장기요양급여)

78 정답 ①

벌칙(법 제67조 제2항)
다음 각 호의 어느 하나에 해당하는 자는 <u>2년 이하의 징역 또는 2,000만 원 이하의 벌금</u>에 처한다.
1. 제31조를 위반하여 지정받지 아니하고 장기요양기관을 운영하거나 거짓이나 그 밖의 부정한 방법으로 지정받은 자
2. 제33조의3 제3항에 따른 안전성 확보에 필요한 조치를 하지 아니하여 영상정보를 분실·도난·유출·변조 또는 훼손당한 자
3. 제35조 제5항을 위반하여 본인부담금을 면제 또는 감경하는 행위를 한 자
4. 제35조 제6항을 위반하여 수급자를 소개, 알선 또는 유인하는 행위를 하거나 이를 조장한 자
5. 제62조를 위반하여 업무수행 중 알게 된 비밀을 누설한 자

79 정답 ③

등급판정위원회, 장기요양위원회, 제37조의3 제3항에 따른 공표심의위원회, 심사위원회 및 재심사위원회 위원 중 공무원이 아닌 사람은 형법 제129조부터 제132조까지의 규정을 적용할 때에는 공무원으로 본다(법 제66조의2).

80 정답 ④

본인부담금(법 제40조 제3항)
다음 각 호의 장기요양급여에 대한 비용은 수급자 본인이 전부 부담한다.
1. 노인장기요양보험법의 규정에 따른 급여의 범위 및 대상에 포함되지 아니하는 장기요양급여
2. 수급자가 제17조 제1항 제2호에 따른 장기요양인정서에 기재된 장기요양급여의 종류 및 내용과 다르게 선택하여 장기요양급여를 받은 경우 그 차액
3. 제28조에 따른 장기요양급여의 월 한도액을 초과하는 장기요양급여

제2회 모의고사 정답 및 해설

제1영역 직업기초능력

01	02	03	04	05	06	07	08	09	10
③	④	④	①	③	②	②	④	②	③
11	12	13	14	15	16	17	18	19	20
④	③	①	③	③	②	②	④	③	③
21	22	23	24	25	26	27	28	29	30
④	③	④	④	④	①	④	④	④	②
31	32	33	34	35	36	37	38	39	40
②	②	④	②	③	②	④	②	②	②
41	42	43	44	45	46	47	48	49	50
④	①	②	④	③	②	③	④	③	①
51	52	53	54	55	56	57	58	59	60
③	①	②	②	④	③	③	③	④	③

01
정답 ③

노화로 인한 신체장애는 어쩔 수 없는 현상으로, 이를 해결하기 위해서는 헛된 자존심으로 부추기는 것이 아닌 노인들에 대한 사회적 배려와 같은 인식이 필요하다는 문맥으로 이어져야 한다. 따라서 빈칸 ㉠에는 ③이 가장 적절하다.

02
정답 ④

시대착오란 '시대의 추세(趨勢)를 따르지 아니하는 착오'를 의미한다. ④는 상황에 따른 적절한 대응으로 볼 수 있으며, 시대착오와는 거리가 멀다.

오답분석

① 출신 고교를 확인하는 학연에 얽매이는 모습과 관련하여 시대착오의 모습을 보여주고 있다.
② 승진을 통해 지위가 높아지면 고급 차를 타야 한다는 시대착오의 모습을 보여주고 있다.
③ 두발 규제를 학생들의 효율적인 생활지도의 방법으로 보는 시대착오의 모습을 보여주고 있다.

03
정답 ④

제시문은 여름에도 감기에 걸리는 이유와 예방 및 치료방법에 대해 설명하고 있다. 따라서 (마) 의외로 여름에도 감기에 걸림 → (가) 찬 음식과 과도한 냉방기 사용으로 체온이 떨어져 면역력이 약해짐 → (라) 감기 예방을 위해 찬 음식을 적당히 먹고 장시간 냉방기에 노출되는 것을 피하며, 충분한 휴식을 취하고, 귀가 후 손발을 씻어야 함 → (나) 감기에 걸렸다면 수분을 충분히 섭취해야 함 → (다) 열이나 기침이 날 때에는 따뜻한 물을 여러 번에 나누어 먹는 것이 좋음의 순서대로 나열되어야 한다.

04
정답 ①

오답분석

② 바른 자세는 머리의 무게중심을 몸통 위로 두게 하는 것이다.
③ 국민건강보험공단 통계에 따르면 최근 5년간 목 디스크 환자 중 20대 남성이 제일 많이 증가하였다.
④ 좋은 자세는 근육, 관절, 인대의 긴장을 완화시키고 통증과 관절의 퇴행을 감소시킨다.

05
정답 ③

제시문은 우리나라가 지식 기반 산업 위주의 사회로 바뀌면서 내부 노동 시장에 의존하던 인력 관리 방식이 외부 노동 시장에서의 채용으로 변화함에 따라 지식 격차에 의한 소득 불평등과 국가 간 경제적 불평등 현상이 심화되고 있다고 언급하고 있다.

오답분석

① 정보통신기술을 통해, 전 지구적 노동 시장이 탄생하여 기업을 비롯한 사회 조직들이 국경을 넘어 인력을 충원하고 재화와 용역을 구매하고 있다고 언급했다. 하지만 이러한 국가 간 노동 인력의 이동이 가져오는 폐해에 대해서는 언급하고 있지 않다.
② 지식 기반 경제로의 이행은 지식 격차에 의한 소득 불평등 심화 현상을 일으킨다. 하지만 이것에 대한 해결책은 언급하고 있지 않다.
④ 생산 기능은 저개발국으로 이전되고 연구 개발 기능은 선진국으로 모여들어 정보 격차가 확대되고 있다. 하지만 국가 간의 격차 축소 정책의 필요성은 언급하고 있지 않다.

06
정답 ②

- (가)를 기준으로 앞의 문장과 뒤의 문장이 서로 일치하지 않는 상반되는 내용을 담고 있으므로 가장 적절한 접속사는 '하지만'이다.
- (나)를 기준으로 앞의 문장은 기차의 냉난방시설을 다루고 있지만 뒤의 문장은 지하철의 냉난방시설에 대해 다루고 있으므로 가장 적절합 접속사는 '반면'이다.
- (다)의 앞 뒤 내용을 살펴보면, 앞선 내용의 과정들이 끝나고 이후의 내용이 이어지므로 이를 이어주는 접속사인 '마침내'가 들어가는 것이 가장 적절하다.

07
정답 ②

제시문에서는 OECD 회원국 가운데 꼴찌를 차지한 한국인의 부족한 수면 시간에 대해 언급하며, 이로 인해 수면장애 환자가 늘어나고 있음을 설명하고 있다. 또한, 불면증, 수면무호흡증, 렘수면 행동장애 등 다양한 수면장애를 설명하며, 이러한 수면장애들이 심혈관계 질환, 치매, 우울증 등의 원인이 될 수 있다는 점을 통해 심각성을 이야기한다. 마지막으로 이러한 수면장애를 방치해서는 안 되며, 전문적인 치료가 필요하다고 제시하고 있다. 따라서 제시문을 바탕으로 한국인의 수면 시간과 관련된 글을 쓴다고 할 때, 글의 주제로 적절하지 않은 것은 수면 마취제와 관련된 내용인 ②이다.

08
정답 ④

배꼽 탈장의 경우 치료하지 않아도 기다리면 저절로 들어가기 때문에 병원에 가지 않아도 된다.

09
정답 ②

연간 소득 500만 원 이하 세대에 부과되던 평가소득보험료가 폐지되고, 연간 소득 100만 원 이하 세대는 최저 보험료인 13,100원이 부과된다.

10
정답 ③

피부양자제도는 그대로 유지되는 것이 맞지만 인정 요건이 강화되어 소득에 따라 약 36만 명이 지역가입자로 바뀌게 될 전망이다.

11
정답 ④

보기의 문단은 20대 여성 환자가 많은 이유에 대한 설명으로, 20대 여성 환자가 많다는 사실이 거론된 후에 나오는 것이 자연스럽다. (라)의 앞부분에 그러한 사실이 열거되어 있으므로 (라)에 들어가는 것이 가장 적절하다.

12
정답 ③

주어가 '패스트푸드점'이기 때문에 임금을 받는 것이 아니라 임금을 주는 주체이므로 '대체로 최저임금을 주거나'로 수정하는 것이 적절하다.

13
정답 ①

㉠의 앞뒤 문장을 보면 건강하던 수험생의 건강이 나빠진 상황에서 다시 예전의 상태로 되돌아가려는 것이므로 '찾다'보다 '되찾다'가 더 적절하다.

14
정답 ③

(라) 우리 사회의 급격한 고령화로 인한 갈등과 문제 발생 → (가) 따라서 고령화 문제 해소를 위한 사회보장이 필요함 → (다) 사람이라면 누구든지 노화가 오며 이로 인한 사회보험제도, 즉 노인장기요양보험이 필요함 → (나) 노인장기요양보험은 젊은 층의 안정적 생활을 위해 반드시 마련되어야 함 순으로 나열하는 것이 흐름상 가장 적절하다.

15
정답 ③

제시문에서는 고령화에 따른 사회보장, 즉 사회보험제도 중 노인장기요양보험에 대해 설명하고 있다. 따라서 글의 주제로 '고령화와 사회보장'이 가장 적절하다.

16
정답 ②

제시문은 우리나라의 급격한 고령화에 따른 갈등과 문제해결의 방법으로 사회보험제도인 노인장기요양보험의 필요성에 대해 이야기하고 있으므로 ②가 가장 적절하다.

17
정답 ②

글쓴이는 아담 스미스의 '보이지 않는 손'에 대해 반박하기 위해 정부가 개인의 이익 활동을 제한하지 않으면 발생할 수 있는 문제점을 예를 들어 설명하고 있다. 수용 한계가 넘은 상황에서 개인의 이익을 위해 상대방의 이익을 침범한다면, 상대방도 자신의 이익을 늘리기 위해 사육 두수를 늘릴 것이다. 이러한 상황이 장기화된다면 두 번째 단락에서 말했던 것과 같이 '목초가 줄어들어 그 목초지에서 양을 키워 얻을 수 있는 전체 생산량이 줄어든다'. 따라서 ㉠ '농부들의 총이익은 기존보다 감소할 것'이고 이는 ㉡ '한 사회의 전체 이윤이 감소하는' 결과를 초래한다.

18
정답 ④

- (가) : 빈칸 앞 문장은 어려워질 경제 상황이 특정인들에게는 새로운 기회가 될 수도 있다는 내용, 뒤 문장은 특정인에게만 유리한 상황이 비효율적이라는 부정적인 내용이 위치하고 있다. 따라서 ⓒ이 가장 적절하다.
- (나) : 빈칸을 제외한 문단의 내용이 집단 차원에서의 다양성 확보의 중요성을 주장하고, 그 근거로 반대 경우의 피해 사례를 제시하고 있으므로 ㉠이 가장 적절하다.
- (다) : 빈칸을 제외한 문단의 내용이 유전자 다양성 확보 시의 단점에 대한 내용이므로 '그럼에도 불구하고 다양성 확보가 중요한 이유'로 글을 마무리 하는 ⓒ이 가장 적절하다.

19
정답 ③

제시문은 '디드로 효과'라는 개념에 대해 설명하는 글로, 디드로가 친구로부터 받은 실내복을 입게 되면서 벌어진 일련의 일들에 대하여 '친구로부터 실내복을 받음 → 옛 실내복을 버림 → 실내복에 어울리게끔 책상을 바꿈 → 서재의 벽장식을 바꿈 → 결국 모든 걸 바꾸게 됨'의 과정으로 인과관계에 따라 서술하고 있다. 친구로부터 실내복을 받은 것이 첫 번째 원인이 되고 그 이후의 일들은 그것의 결과이자 새로운 원인이 되어 일어나게 된다.

20
정답 ③

제시문은 또 다른 물의 재해인 지진해일의 피해에 대해 설명하는 글로, 두 번째 문단과 세 번째 문단은 지진해일의 피해에 대한 구체적인 사례를 제시하고 있다. 따라서 제목으로 가장 적절한 것은 ③이다.

21
정답 ④

흡연자 A씨가 금연프로그램에 참여하면서 진료 및 상담 비용과 금연보조제(니코틴패치) 구매에 지불해야 하는 부담금은 지원금을 제외한 나머지이다. 따라서 A씨가 부담하는 금액은 총 $30,000 \times 0.1 \times 6 + 12,000 \times 0.25 \times 3 = 18,000 + 9,000 = 27,000$원이다.

22
정답 ③

전체 47개 기업 중 존속성 기술을 개발하는 기업은 24개이고, 와해성 기술을 개발하는 기업은 23개이므로 옳은 설명이다.

오답분석

① 와해성 기술을 개발하는 기업은 총 23개인데, 이 중 벤처기업은 12개이고, 대기업은 11개이므로 벤처기업의 비율이 더 높다. 따라서 옳지 않은 설명이다.

② 기술추동전략을 취하는 기업은 총 20개인데, 이 중 존속성 기술을 개발하는 기업은 12개이고, 와해성 기술을 개발하는 기업은 8개이므로 존속성 기술을 개발하는 기업의 비율이 더 높다. 따라서 옳지 않은 설명이다.

④ 벤처기업은 총 20개인데 이 중 기술추동전략을 취하는 기업이 10개이고, 시장견인전략을 취하는 기업이 10개로 동일하므로 옳지 않은 설명이다.

23
정답 ④

분석대상자 수와 진단율을 곱하여 천식 진단을 받은 학생 수를 구하면 다음과 같다.

구분	남학생	여학생
중1	$5,178 \times 0.091 = 471$명	$5,011 \times 0.067 = 335$명
중2	$5,272 \times 0.108 = 569$명	$5,105 \times 0.076 = 387$명
중3	$5,202 \times 0.102 = 530$명	$5,117 \times 0.085 = 434$명
고1	$5,069 \times 0.104 = 527$명	$5,096 \times 0.076 = 387$명
고2	$5,610 \times 0.098 = 549$명	$5,190 \times 0.082 = 425$명
고3	$5,293 \times 0.087 = 460$명	$5,133 \times 0.076 = 390$명

따라서 천식 진단을 받은 여학생의 수는 중·고등학교 모두 남학생보다 적다.

오답분석

① 중3 남학생과 고1 남학생, 고3 남학생, 고1 여학생, 고3 여학생은 전년 대비 감소했으므로 옳지 않다.

② 자료는 분석대상자 수만을 나타낸 것이므로 학년별 남학생, 여학생 수는 비교할 수 없다.

③ 고등학교 때도 남학생의 천식 진단율이 높다.

24
정답 ④

컴퓨터 정보지수(500점) 중 컴퓨터 활용지수(20%)의 정보수집률(20%)의 점수를 구해야 한다.

$$(정보수집률) = 500 \times \frac{20}{100} \times \frac{20}{100} = 500 \times 0.04 = 20$$

따라서 정보수집률은 20점이다.

25
정답 ④

2024년 1분기만의 지표를 가지고 남은 3분기 동안 일어날 일을 예측할 수 없다.

오답분석

① 3사 간 시장 점유율 추이를 보면 쉽게 확인할 수 있다.

② 자료를 보면 쉽게 확인할 수 있다.

③ 손해율이 낮다는 것은 보험 상품이 그만큼 안정적이라는 반증이므로, 손해율이 가장 낮은 K그룹이 안정성이 제일 높다고 볼 수 있다.

26 정답 ①

주어진 자료를 분석하면 다음과 같다.

생산량(개)	0	1	2	3	4	5
총판매수입 (만 원)	0	7	14	21	28	35
총생산비용 (만 원)	5	9	12	17	24	33
이윤(만 원)	-5	-2	+2	+4	+4	+2

ㄱ. 2개와 5개를 생산할 때의 이윤은 +2로 동일하다.

ㄴ. 이윤은 생산량 3개와 4개에서 +4로 가장 크지만, 최대 생산량을 묻고 있으므로, 극대화할 수 있는 최대 생산량은 4개이다.

오답분석

ㄷ. 생산량을 4개에서 5개로 늘리면 이윤은 4만 원에서 2만 원으로 감소한다.

ㄹ. 1개를 생산하면 -2만 원이지만, 생산하지 않을 때는 -5만 원이다.

27 정답 ④

갑의 설문 응답률은 100-(23+45)=32%이다. 인터넷 설문 응답자 중 '잘 모르겠다.'를 제외한 응답자는 5,500×0.67=3,685명이다. 따라서 갑을 택한 응답자는 3,685×0.32≒1,179명임을 알 수 있다.

28 정답 ④

연도별 입사자 수를 표로 구분하면 다음과 같다.

(단위 : 명)

구분	2023년 하반기 입사자 수	2024년 상반기 입사자 수
마케팅	50	100
영업	a	$a+30$
홍보	100	$100 \times \frac{80}{100} = 80$
인사	b	$50 \times 2 = 100$
합계	320	$320 \times \frac{125}{100} = 400$

• 2024년 상반기 입사자 수의 합
 : $400 = 100 + (a+30) + 80 + 100 \rightarrow a = 90$

• 2023년 하반기 입사자 수의 합
 : $320 = 50 + 90 + 100 + b \rightarrow b = 80$

∴ 2023년 하반기 대비 2024년 상반기 인사팀 입사자 수의 증감률
 : $\frac{100-80}{80} \times 100 = 25\%$

29 정답 ④

경기남부의 가구 수가 경기북부의 가구 수의 2배라면, 가구 수 비율은 남부가 $\frac{2}{3}$, 북부가 $\frac{1}{3}$이 된다. 따라서 경기지역에서 개별난방을 사용하는 가구 수의 비율은 $26.2 \times \frac{2}{3} + 60.8 \times \frac{1}{3} = 37.7\%$이다.

오답분석

① 경기북부지역에서 도시가스를 사용하는 가구 수는 66.1%, 등유를 사용하는 가구 수는 3.0%이다. 따라서 약 66.1÷3≒22배로 30배 미만이다.

② 등유는 서울과 인천지역에서 사용비율이 가장 낮은 난방연료가 아니다. LPG와 비교하면 등유보다 사용비율이 더 낮다는 것을 알 수 있다.

③ 주어진 표에서 지역별 가구 수의 차이는 알 수가 없다. 또한, 지역난방 사용비율의 차이가 가구 수의 차이와 같다고 볼 수 없다.

30 정답 ②

소양강댐은 현재 저수율이 44.0%로 가장 높고, 보령댐은 21.5%로 가장 낮다. 이 둘의 차이는 22.5%p이다.

오답분석

① 대청댐은 경계단계에 해당하고, 주의단계에 해당하는 것은 주암댐이다.

③ 보령댐은 심각단계이다.

④ 보령댐과 횡성댐의 현재 저수량은 비슷한 수준이지만, 현재 저수율 차이로 보아 보령댐이 횡성댐보다 더 크다.

31 정답 ②

전 직원의 주 평균 야근 빈도는 직급별 사원 수를 알아야 구할 수 있는 값이다. 단순히 직급별 주 평균 야근 빈도를 모두 더하여 평균을 구하는 것은 옳지 않다.

오답분석

③ 0.2시간은 60분×0.2=12분이다. 따라서 4.2시간은 4시간 12분이다.

④ 대리급 사원은 주 평균 1.8일 야근을 하고 주 평균 6.3시간을 야간 근무하므로, 야근 1회 시 6.3÷1.8=3.5시간 근무로 가장 긴 시간 동안 일한다.

32 정답 ②

사망원인이 높은 순서대로 나열하면 '암, 심장질환, 뇌질환, 자살, 당뇨, 치매, 고혈압'이며, 암은 10만 명당 185명이고, 심장질환과 뇌질환은 각각 암으로 인한 사망자와 20명 미만의 차이이다. 또한 자살은 10만 명당 50명이다.

33

정답 ④

ㄷ. 2019년 대비 2023년 청소년 비만율의 증가율은 $\dfrac{26.1-18}{18}$ $\times100=45\%$이다.

ㄹ. 2023년과 2021년의 비만율 차이를 구하면 다음과 같다.
- 유아 : $10.2-5.8=4.4\%p$
- 어린이 : $19.7-14.5=5.2\%p$
- 청소년 : $26.1-21.5=4.6\%p$

따라서 2023년과 2021년의 비만율 차이가 가장 큰 아동은 어린이임을 알 수 있다.

오답분석

ㄱ. 유아의 비만율은 전년 대비 계속 감소하고 있고, 어린이와 청소년의 비만율은 전년 대비 계속 증가하고 있다.

ㄴ. 2020년 이후의 어린이 비만율은 유아보다 크고 청소년보다 작지만, 2019년 어린이 비만율은 9.8%로, 유아 비만율인 11%와 청소년 비만율인 18%보다 작다.

34

정답 ②

미술과 수학을 신청한 학생의 비율 차이는 $16-14=2\%p$이고, 신청한 전체 학생은 200명이므로 수학을 선택한 학생 수는 미술을 선택한 학생 수보다 $200\times0.02=4$명 더 적다.

35

정답 ③

대치동의 증권자산은 $23.0-17.7-3.1=2.2$조 원, 서초동의 증권자산은 $22.6-16.8-4.3=1.5$조 원이므로 옳은 설명이다.

오답분석

① 압구정동의 가구 수는 $\dfrac{14.4조}{12.8억}=11,250$가구, 여의도동의 가구 수는 $\dfrac{24.9조}{26.7억}≒9,300$가구이므로 압구정동의 가구 수가 더 많다.

② 이촌동의 가구 수가 2만 가구 이상이려면 총자산이 $7.4\times20,000=14.8$조 원 이상이어야 한다. 그러나 이촌동은 총자산이 14.4조 원인 압구정동보다도 순위가 낮으므로 이촌동의 가구 수는 2만 가구 미만이다.

④ 여의도동의 부동산자산은 12.3조 원 미만이다. 따라서 여의도동의 증권자산은 최소 3조 원 이상이다.

36

정답 ②

가장 많이 득표한 상품은 전복(32표)이다. K회사의 직원 수는 $5+6+22+82+12+8=135$명이다. 따라서 K회사의 추석선물 총비용은 $70,000\times135=9,450,000$원이다.

37

정답 ④

30개의 회원국 중에서 매년 20위 이하이므로 상위권이라 볼 수 없다.

오답분석

③ 청렴도는 2017년에 4.5로 가장 낮고, 2023년과의 차이는 $5.4-4.5=0.9$이다.

38

정답 ②

경증 환자 중 남성 환자의 비율은 $\dfrac{31}{50}\times100=62\%$이고, 중증 환자 중 남성 환자의 비율은 $\dfrac{34}{50}\times100=68\%$이므로 옳지 않은 설명이다.

오답분석

① 여성 환자 중 중증 환자의 비율은 $\dfrac{8+8}{9+10+8+8}\times100$ $=\dfrac{16}{35}\times100≒45.7\%$이므로 옳은 설명이다.

③ 50세 이상 환자 수는 $10+18+8+24=60$명이고, 50세 미만 환자 수는 $9+13+8+10=40$명이다. 따라서 $\dfrac{60}{40}=1.5$배이므로 옳은 설명이다.

④ 중증 여성 환자 수는 $8+8=16$명이고, 전체 당뇨병 환자 수는 $9+13+8+10+10+18+8+24=100$명이므로 $\dfrac{16}{100}\times100$ $=16\%$이다.

39

정답 ②

'SOC, 산업·중소기업, 통일·외교, 공공질서·안전, 기타'의 5개 분야가 전년 대비 재정지출액이 증가하지 않은 해가 있으므로 옳은 설명이다.

오답분석

① 교육 분야의 전년 대비 재정지출 증가율은 다음과 같다.
- 2020년 : $\dfrac{27.6-24.5}{24.5}\times100≒12.7\%p$
- 2021년 : $\dfrac{28.8-27.6}{27.6}\times100≒4.3\%p$
- 2022년 : $\dfrac{31.4-28.8}{28.8}\times100≒9.0\%p$
- 2023년 : $\dfrac{35.7-31.4}{31.4}\times100≒13.7\%p$

따라서 교육 분야의 전년 대비 재정지출 증가율이 가장 높은 해는 2023년이다.

③ 2019년에는 기타 분야가 예산에서 차지하고 있는 비율이 더 높았다.

④ 'SOC(−8.6%), 산업・중소기업(2.5%), 환경(5.9%), 기타(−2.9%)'의 4개 분야가 해당한다.

40 정답 ②

- 사회복지・보건 분야의 2021년 대비 2022년 재정지출 증감률

$: \frac{61.4-56.0}{56.0} \times 100 ≒ 9.6\%p$

- 공공질서・안전 분야의 2021년 대비 2022년 재정지출 증감률

$: \frac{10.9-11.0}{11.0} \times 100 ≒ -0.9\%p$

따라서 두 분야의 2021년 대비 2022년 재정지출 증감률 차이는 $9.6-(-0.9)=10.5\%p$이다.

41 정답 ④

환자의 환자번호 마지막 네 자리가 N000으로 표기된 것으로 보아 경증이며 증상은 기침만 있다는 것을 알 수 있으므로 옳은 설명이다.

오답분석

① 맨 앞자리가 국내에서 감염되었는지(I) 해외에서 감염되었는지(O)를 알려주는 정보이다. 따라서 환자는 국내에서 감염되었음을 알 수 있다.

② 두 번째・세 번째 자리가 02인 것을 보아 인천에서 확진판정을 받았음을 알 수 있다.

③ 네 번째 자리가 바이러스의 염기서열을 나타내는 자리이다. 환자는 3으로 표기되어 있으므로 염기서열이 G그룹임을 알 수 있다.

42 정답 ①

확진자 A에 대한 정보를 환자번호 구성 순서로 정리하면 다음과 같다.

- 유학 중 귀국해오던 비행 도중 감염 증상 보임 : 해외유입(O)
- 대구에서 코로나 확정판정 : 대구(09)
- 검사결과 S그룹 감염으로 판정 : S그룹(1)
- 27세 : 20대 ~ 30대(A)
- 중등도 분류 : 중등도(D)
- 기침과 발열 증상을 보임 : 기침・발열(010)

따라서 환자번호는 'O091AD010'이다.

43 정답 ②

㉠ I002AN000 : 2 ~ 3번째 자리는 확진 지역 자리로 01부터 14까지만 존재하므로 00은 옳지 않다.

㉢ O124FN111 : 6번째 자리는 증상 정도를 나타내고 7 ~ 9번째 자리는 증상 내용을 나타낸다. 폐렴은 최종증에서만 나타난다고 하였는데 이 환자번호는 증상 정도는 경증(N)인데 반해 증상 내용은 발열・폐렴(111)으로 옳지 않다.

오답분석

㉡ O031AD010 : 해외유입 − 경기 − S그룹 − 20대 ~ 30대 − 중등도 − 기침・발열

㉣ I143KL011 : 국내발생 − 제주 − G그룹 − 10대 − 중증 − 기침・발열・호흡곤란

44 정답 ④

K씨의 생활을 살펴보면 출퇴근길에 자가용을 사용하고 있다. 그리고 주유비에 대해서 부담을 가지고 있다. 그리고 곧 겨울이 올 것을 대비해 차량 점검을 할 예정이다. 이러한 사항을 고려해 볼 때 K씨는 자동차와 관련된 혜택을 받을 수 있는 D카드를 선택하는 것이 가장 적합하다.

45 정답 ③

주어진 단서를 분석하면 다음과 같다.

- 비밀번호를 구성하는 숫자는 소수가 아니므로 0, 1, 4, 6, 8, 9 중에서 4자리 조합이다.

　※ 소수 : 1과 자기 자신만으로 나누어지는 1보다 큰 양의 정수

　　(예) 2, 3, 5, 7, …)

- 비밀번호는 짝수로 시작하며 가장 큰 수부터 차례로 4가지 숫자가 나열되므로 9는 제외되고 8 또는 6으로 시작한다.

- 단, 8과 6은 단 하나만 비밀번호에 들어가므로 서로 중복하여 사용할 수 없다. 그러므로 8410 또는 6410이라는 두 가지 숫자의 조합밖에 나오지 않는다.

오답분석

① 두 비밀번호 모두 0으로 끝나므로 짝수이다.

② 두 비밀번호의 두 번째 숫자는 4이다.

④ 두 비밀번호 모두 1을 포함하지만 9는 포함하지 않는다.

46 정답 ②

면접평가 결과를 점수로 변환하면 다음과 같다.

평가요소	A	B	C	D	E
의사소통능력	100	100	100	80	50
문제해결능력	80	75	100	75	95
조직이해능력	95	90	60	100	90
대인관계능력	50	100	80	60	85

변환된 점수에 최종 합격자 선발 기준에 따른 평가비중을 곱하여 최종 점수를 도출하면 다음과 같다.

- A : $(100\times0.4)+(80\times0.3)+(95\times0.2)+(50\times0.1)=88$
- B : $(100\times0.4)+(75\times0.3)+(90\times0.2)+(100\times0.1)=90.5$
- C : $(100\times0.4)+(100\times0.3)+(60\times0.2)+(80\times0.1)=90$
- D : $(80\times0.4)+(75\times0.3)+(100\times0.2)+(60\times0.1)=80.5$
- E : $(50\times0.4)+(95\times0.3)+(90\times0.2)+(85\times0.1)=75$

따라서 최종 합격자는 상위자 2명이므로 B, C가 선발된다.

47

먼저 주어진 명제들을 조건식으로 변환하면 다음과 같다.

ⅰ) 도덕성 결함 (○) → 채용 (×)

ⅱ) [업무능력 (○) and 인사추천위원회 추천 (○) and 공직관
  (○)] → 채용 (○)

ⅲ) 채용 (○) → 봉사정신 (○)

ⅳ) 철수 : 공직관 (○) and 업무능력 (○)

철수가 도덕성에 결함이 있다면 ⅰ) 명제에 의해 채용이 되지 않을
것이다. 그리고 이를 ⅱ) 명제의 대우명제에 대입하면 철수는 업무
능력이 없거나 인사추천위원회의 추천을 받지 못하거나 혹은 공직
관이 없는 것이 된다. 하지만 ⅳ)에서 철수는 공직관이 투철하고
업무능력도 검증받았다고 하였으므로 철수는 인사위원회의 추천
을 받지 않았다는 것을 알 수 있다.

오답분석
① ⅰ)명제의 '이'명제이므로 반드시 참이 되는 것은 아니다.
② ⅲ)명제의 '역'명제이므로 반드시 참이 되는 것은 아니다.
④ ⅱ)명제의 '역'명제가 참인 상황에서 성립하는 것이나 '역'명제
 가 참이 된다는 보장이 없으므로 선택지의 내용이 항상 참인
 것은 아니다.

48
정답 ④

행사장 방문객은 시계 반대 방향으로 돌면서 전시관을 관람한다.
400명의 방문객이 출입하여 제1전시관에 100명이 관람한다면 나
머지 300명은 관람하지 않고 지나치게 된다. 따라서 A지역에서
홍보판촉물을 나눠 줄 수 있는 대상자가 300명이 된다. 그리고 B
지역은 A지역을 거쳐서 오는 300명과 제1전시관을 관람하고 나
온 100명의 인원이 합쳐지는 장소이므로 총 400명을 대상으로 홍
보판촉물을 나눠 줄 수 있다. 이러한 규칙으로 모든 지역을 고려해
보면 각 전시관과의 출입구 사이에 위치한 B, D, F지역에서 가장
많은 사람들에게 홍보판촉물을 나눠 줄 수 있다.

49
정답 ③

해결해야 할 전략 과제란 취약한 부분에 대해 보완해야 할 과제를
말한다. 따라서 이미 우수한 고객서비스 부문을 강화한다는 것은
전략 과제로 삼기에 적절하지 않다.

오답분석
① 해외 판매망이 취약하다고 분석되었으므로 중국시장의 판매유
 통망을 구축하는 전략 과제를 세우는 것은 적절하다.
② 중국시장에서 A제품의 구매 방식이 대부분 온라인으로 이루어
 지는 데 반해, 자사의 온라인 구매시스템은 미흡하기 때문에
 온라인 구매시스템을 강화한다는 전략 과제는 적절하다.
④ A제품에 대해 중국기업들 간의 가격 경쟁이 치열하다는 것은
 제품의 가격이 내려가고 있다는 의미인데, 자사는 생산원가가
 높다는 약점이 있다. 그러므로 원가 절감을 통한 가격경쟁력
 강화 전략은 적절하다.

50
정답 ①

두 빵집은 서로의 결정에 대해 알 수 없으므로 각자 최고의 이익을
얻을 수 있는 최선의 선택을 할 것이다. 따라서 A빵집과 B빵집은
모두 가격을 인하할 가능성이 높다.

51
정답 ③

아동수당 제도 첫 도입에 따라 초기에 아동수당 신청이 한꺼번에
몰릴 것으로 예상되어 연령별 신청기간을 운영한다. 따라서 만 5
세 아동은 7월 1 ~ 5일 사이에 접수를 하거나 연령에 관계없는
7월 6일 이후에 신청하는 것으로 안내하는 것이 적절하다. 또한,
아동수당 관련 신청서 작성요령이나 수급 가능성 등 자세한 내용
은 아동수당 홈페이지에서 확인 가능한데, 어떤 홈페이지로 접속
해야 하는지 안내를 하지 않았다. 따라서 (라), (마)는 적절하지
않은 답변이다.

52
정답 ①

주어진 조건에 따라 비품실의 선반 구조를 추론해 보면 다음과 같다.

6층	화장지
5층	보드마카, 스테이플러
4층	종이
3층	믹스커피, 종이컵
2층	간식
1층	볼펜, 메모지

종이는 4층에 위치하며, 종이 아래에는 믹스커피, 종이컵, 간식,
볼펜, 메모지가 있다. 따라서 ①이 정답이다.

53
정답 ②

주어진 조건에 따라 회사의 옥상 정원 구조를 추론해 보면 다음과
같다.

1줄	은행나무, 벚나무
2줄	플라타너스, 단풍나무
3줄	소나무, 감나무
4줄	밤나무, 느티나무

따라서 벚나무는 은행나무와 함께 맨 앞줄에 심어져 있다.

54
정답 ②

구매담당자는 용도에 맞는 축구공이 배송되기를 원한다. 초등학교
의 경우에는 4호가 적절하며, 중·고등학교는 5호가 적절하다. 따
라서 축구사랑재단에서 구매할 축구공의 총액은 $(30,000 \times 300 \times 2) + (35,000 \times 300 \times 4) = 6$천만 원이다. 5천만 원 이상의 대량구
매건에 대해서는 10% 할인과 무료 배송을 제공한다고 하였으므로
최종 매출액은 $6,000 \times (1 - 0.1) = 5,400$만 원이다.

55

K조선소에서 생산에 투입될 수 있는 인력은 100명이며, 건조기간은 30일이다. 최대 수익을 위해서는 30일 동안 많은 선박을 건조하는 것도 중요하지만, 투입되는 시간 대비 벌어들이는 수익이 큰 선박부터 진행하는 것이 가장 중요하다. 또한, 투입인력에 대한 조건도 함께 고려하여야 한다.

1) 선박별 1일 기준 수익비교(단, 투입인력은 고려하지 않음)

선박	소요기간	수익(원)	1일 수익
A	5일	15억	3억 원
B	10일	20억	2억 원
C	10일	40억	4억 원
D	15일	35억	약 2.33억 원
E	15일	45억	3억 원
F	20일	85억	4.25억 원

따라서 F선박이 가장 수익이 높다는 것을 알 수 있다.

2) 1)에서 판단한 것을 기준으로 투입인력을 함께 고려하여 30일 내에 제작 가능한지를 판단하면 다음과 같다.

• F선박을 포함할 경우

```
0      5      10     15     20     25     30
┌─────────────────────────┬─────────────────┐
│       F선박              │     C선박        │
│       (70명)             │     (50명)       │
├─────────────┬───────────┼────────┬────────┤
│   B선박      │   A선박    │   −     │   −     │
│   (30명)     │   (20명)   │        │        │
└─────────────┴───────────┴────────┴────────┘
```

– 15일 이후부터 인력이 남지만 D, E선박은 40 ~ 60명이 필요하므로 건조할 수 없다.
– 수익 : 85(F)+20(B)+15(A)+40(C)=160억

• F선박을 포함하지 않을 경우

```
0      5      10     15     20     25     30
┌───────────┬────────────────────┬──────────┐
│   C선박    │       E선박         │   A선박   │
│   (50명)   │       (60명)        │   (20명)  │
├───────────┼─────────────┬──────┴──────────┤
│   D선박    │    B선박     │       −          │
│   (40명)   │    (30명)    │                  │
└───────────┴─────────────┴──────────────────┘
```

– 수익 : 40(C)+35(D)+45(E)+20(B)+15(A)=155억 원

3) 최종적으로 가장 많은 수익을 얻을 수 있는 금액은 160억 원이다.

56

ㄱ. 5원까지는 펼친 손가락의 개수와 실제 가격이 동일하지만 6원부터는 펼친 손가락의 개수와 실제 가격이 일치하지 않는다.

ㄴ. 펼친 손가락의 개수가 3개라면 숫자는 3 혹은 7이므로 물건의 가격은 최대 7원임을 알 수 있다.

ㄷ. 물건의 가격이 최대 10원이라고 하였으므로, 물건의 가격과 갑이 지불하려는 금액이 8원만큼 차이가 나는 경우는 상인이 손가락 2개를 펼쳤을 때 지불해야 하는 금액이 10원인 경우와 손가락 1개를 펼쳤을 때 지불해야 하는 금액이 9원인 경우뿐이다.

오답분석

ㄹ. 5원까지는 실제 가격과 지불하려는 금액이 일치하므로 문제가 되지 않으며, 그 이후인 6원부터는 펼친 손가락의 개수가 6개 이상일 경우는 없으므로 물건의 가격을 초과하는 금액을 지불하는 경우는 발생하지 않는다.

57

고객평가표의 평가항목별 등급을 점수로 환산하면 다음과 같다.

평가항목 고객	방문 횟수	구매 횟수	구매 금액	지인 소개	총점
A고객	8	8	4	10	30점
B고객	10	10	6	4	30점
C고객	8	6	10	6	30점

여기서 가중치를 고려하여 최종 평가점수가 가장 높은 자를 당첨자로 선정한다. 네 가지 항목 중 하나의 항목에는 40%가 적용되고 나머지는 모두 20%가 적용된다. 즉, 40%의 가중치가 적용되는 항목이 무엇이냐에 따라 당첨자가 달라질 것이다.

C가 당첨자라면 평점이 제일 높은 평가항목에 40% 가중치를 부여했을 가능성이 높다. 그래야만 최종 평가점수가 가장 높게 나오기 때문이다.

그러므로 10점을 받은 '구매금액' 평가항목에 40% 가중치를 두고 나머지는 20%를 둔다면 다음과 같은 결과를 얻을 수 있다.

평가항목 구분	방문 횟수	구매 횟수	구매 금액	지인 소개	최종 평점
비중	20%	20%	40%	20%	100%
A고객	1.6	1.6	1.6	2	6.8
B고객	2	2	2.4	0.8	7.2
C고객	1.6	1.2	4	1.2	8

따라서 C는 '구매금액' 평가항목에 가장 높은 가중치를 부여했을 때 당첨자가 될 수 있다.

58

지난 1년간 수집한 데이터에 근거한 통계자료(평균치)로 산정한 주차권 발행 방식의 1개월 주차비용은 다음과 같다.

• 월요일 : $150×0.62×3,000=279,000$원
• 화요일 : $180×0.55×3,000=297,000$원
• 수요일 : $170×0.5×3,000=255,000$원
• 목요일 : $175×0.68×3,000=357,000$원
• 금요일 : $250×0.8×3,000=600,000$원
• 토요일 : $400×0.92×3,000=1,104,000$원
• 일요일 : $450×0.88×3,000=1,188,000$원

∴ (1주간 주차비용)$=4,080,000$원
→ (1개월 주차비용)$=4,080,000×4=16,320,000$원

따라서 월 임대료(1,500만 원)를 지불하는 것이 더 경제적이며, 1,320,000원 차이가 난다.

59 정답 ④

조건을 고려해 표로 나타내면 다음과 같다.

구분	모자	티셔츠	반바지
총무팀	파란색 또는 검은색	빨간색	파란색 ×, 노란색
영업팀	빨간색	노란색 ×, 파란색	검은색
연구팀	파란색 또는 검은색	검은색 ×, 노란색	빨간색
전산팀	빨간색 ×, 노란색	빨간색 ×, 검은색	빨간색 ×, 파란색

※ 음영(■) 표시된 칸은 확정된 부분임

따라서 전산팀은 검은색 티셔츠를 배정받는다.

오답분석

① 총무팀은 파란색 또는 검은색 모자를 배정받는다. 따라서 검은색 모자를 배정받는 것이 항상 참은 아니다.

② 영업팀은 빨간색 모자를 배정받는다.

③ 연구팀은 빨간색 반바지를 배정받는다.

60 정답 ③

참여 조건을 명제 관계로 정리하여 나타내면 다음과 같다.

• 전략기획연수 반드시 참여
• 노후관리연수 → 직장문화연수
• 자기관리연수 → ~ 평생직장연수
• 직장문화연수 → ~ 전략기획연수
• 자기관리연수 → ~ 노후관리연수 or ~ 자기관리연수 → 노후관리연수

위 명제를 정리하면 '전략기획연수 → ~ 직장문화연수 → ~ 노후관리연수 → 자기관리연수 → ~ 평생직장연수'이다.

따라서 ㄴ, ㄷ이 옳은 설명이다.

| 01 | 국민건강보험법

61	62	63	64	65	66	67	68	69	70
②	①	①	②	③	④	②	②	②	②
71	72	73	74	75	76	77	78	79	80
①	②	①	③	①	②	④	②	④	④

61 정답 ②

보건복지부령이 아닌 <u>대통령령</u>으로 정하는 중앙행정기관 소속 공무원이다.

> **건강보험정책심의위원회(법 제4조 제4항)**
> 심의위원회의 위원은 다음 각 호에 해당하는 사람을 보건복지부장관이 임명 또는 위촉한다.
> 1. 근로자단체 및 사용자단체가 추천하는 각 2명
> 2. 시민단체(비영리민간단체지원법 제2조에 따른 비영리민간단체), 소비자단체, 농어업인단체 및 자영업자단체가 추천하는 각 1명
> 3. 의료계를 대표하는 단체 및 약업계를 대표하는 단체가 추천하는 8명
> 4. 다음 각 목에 해당하는 8명
>   가. 대통령령으로 정하는 중앙행정기관 소속 공무원 2명
>   나. 국민건강보험공단의 이사장 및 건강보험심사평가원의 원장이 추천하는 각 1명
>   다. 건강보험에 관한 학식과 경험이 풍부한 4명

62 정답 ①

공단은 속임수나 그 밖의 부당한 방법으로 보험급여를 받은 사람·준요양기관 및 보조기기 판매업자나 보험급여 비용을 받은 요양기관에 대하여 그 보험급여나 보험급여 비용에 상당하는 금액을 징수한다(법 제57조 제1항).

63 정답 ①

제1항에 따른 보험료는 가입자의 자격을 취득한 날이 속하는 달의 다음 달부터 가입자의 자격을 잃은 날의 전날이 속하는 달까지 징수한다. 다만, 가입자의 자격을 매월 1일에 취득한 경우 또는 제5조 제1항 제2호 가목에 따른 건강보험 적용 신청으로 가입자의 자격을 취득하는 경우에는 그 달부터 징수한다(법 제69조 제2항).

오답분석
② 법 제69조 제3항에서 확인할 수 있다.
③ 법 제69조 제5항에서 확인할 수 있다.
④ 법 제69조 제6항에서 확인할 수 있다.

64 정답 ②

공단은 가입자나 피부양자가 보건복지부령으로 정하는 긴급하거나 그 밖의 부득이한 사유로 요양기관과 비슷한 기능을 하는 기관으로서 보건복지부령으로 정하는 기관에서 질병·부상·출산 등에 대하여 요양을 받거나 요양기관이 아닌 장소에서 출산한 경우에는 그 요양급여에 상당하는 금액을 보건복지부령으로 정하는 바에 따라 가입자나 피부양자에게 요양비로 지급한다(법 제49조 제1항).

오답분석
① 법 제48조 제1항에서 확인할 수 있다.
③ 법 제50조에서 확인할 수 있다.
④ 법 제51조 제1항에서 확인할 수 있다.

65 정답 ③

제1항에 따라 자격을 잃은 경우 직장가입자의 사용자와 지역가입자의 세대주는 그 명세를 보건복지부령으로 정하는 바에 따라 자격을 잃은 날부터 14일 이내에 보험자에게 신고하여야 한다(법 제10조 제2항).

66 정답 ④

국민건강보험종합계획의 수립 등(법 제3조의2)
① 보건복지부장관은 국민건강보험법에 따른 건강보험("건강보험")의 건전한 운영을 위하여 제4조에 따른 건강보험정책심의위원회("건강보험정책심의위원회")의 심의를 거쳐 5년마다 국민건강보험종합계획("종합계획")을 수립하여야 한다. 수립된 종합계획을 변경할 때도 또한 같다.
② 종합계획에는 다음 각 호의 사항이 포함되어야 한다.
   1. 건강보험정책의 기본목표 및 추진방향
   2. 건강보험 보장성 강화의 추진계획 및 추진방법
   3. 건강보험의 중장기 재정 전망 및 운영
   4. 보험료 부과체계에 관한 사항
   5. 요양급여비용에 관한 사항
   6. 건강증진 사업에 관한 사항
   7. 취약계층 지원에 관한 사항
   8. 건강보험에 관한 통계 및 정보의 관리에 관한 사항
   9. 그 밖에 건강보험의 개선을 위하여 필요한 사항으로 대통령령으로 정하는 사항
③ 보건복지부장관은 종합계획에 따라 매년 연도별 시행계획("시행계획")을 건강보험정책심의위원회의 심의를 거쳐 수립·시행하여야 한다.
④ 보건복지부장관은 매년 시행계획에 따른 추진실적을 평가하여야 한다.
⑤ 보건복지부장관은 다음 각 호의 사유가 발생한 경우 관련 사항에 대한 보고서를 작성하여 지체 없이 국회 소관 상임위원회에 보고하여야 한다.
   1. 제1항에 따른 종합계획의 수립 및 변경
   2. 제3항에 따른 시행계획의 수립
   3. 제4항에 따른 시행계획에 따른 추진실적의 평가

⑥ 보건복지부장관은 종합계획의 수립, 시행계획의 수립·시행 및 시행계획에 따른 추진실적의 평가를 위하여 필요하다고 인정하는 경우 관계 기관의 장에게 자료의 제출을 요구할 수 있다. 이 경우 자료의 제출을 요구받은 자는 특별한 사유가 없으면 이에 따라야 한다.

67 정답 ②

과징금(법 제99조 제2항)

보건복지부장관은 제41조의2 제3항에 따라 약제를 요양급여에서 적용 정지하는 경우 다음 각 호의 어느 하나에 해당하는 때에는 요양급여의 적용 정지에 갈음하여 대통령령으로 정하는 바에 따라 다음 각 호의 구분에 따른 범위에서 과징금을 부과·징수할 수 있다. 이 경우 보건복지부장관은 12개월의 범위에서 분할납부를 하게 할 수 있다.

1. 환자 진료에 불편을 초래하는 등 공공복리에 지장을 줄 것으로 예상되는 때 : 해당 약제에 대한 요양급여비용 총액의 100분의 200을 넘지 아니하는 범위
2. 국민 건강에 심각한 위험을 초래할 것이 예상되는 등 특별한 사유가 있다고 인정되는 때 : 해당 약제에 대한 요양급여비용 총액의 <u>100분의 60</u>을 넘지 아니하는 범위

오답분석

① 법 제99조 제1항에서 확인할 수 있다.
③ 법 제99조 제4항에서 확인할 수 있다.
④ 법 제99조 제5항에서 확인할 수 있다.

68 정답 ②

임의계속가입자의 보수월액은 보수월액보험료가 산정된 최근 <u>12개월간의 보수월액을 평균한 금액으로 한다</u>(법 제110조 제3항).

오답분석

① 법 제110조 제2항에서 확인할 수 있다.
③ 법 제110조 제4항에서 확인할 수 있다.
④ 법 제110조 제5항에서 확인할 수 있다.

69 정답 ②

우리나라에서는 1963년에 의료보험법이 제정되었지만 재정마련 등 여러 가지 이유로 시행은 보류되었다. 실제로 의료보험이 실시된 것은 1977년 종업원 수 500인 이상 대기업을 대상으로 의료보험제도가 시행된 것이 최초이며, 이후 단계적으로 의료보험 적용 대상이 확대되어 의료보험제도 도입 12년 만인 1989년에 전 국민을 대상으로 건강보험이 실시되었다.

70 정답 ②

유공자 등 의료보호 대상자는 건강보험의 피부양자가 될 수 없지만, 보험자인 국민건강보험공단에 건강보험의 적용을 신청한 사람은 피부양자가 될 수 있다(법 제5조 제1항 제2호 가호).

오답분석

㉠ 의료급여 수급권자는 건강보험의 가입자 또는 피부양자가 될 수 없다(법 제5조 제1항 제1호).
㉡ 건강보험을 적용받던 중 의료보호 대상자가 되었다면 적용배제 신청을 하지 않았어야 가입자 또는 피부양자가 될 수 있다(법 제5조 제1항 제2호 나호).

71 정답 ①

건강검진(법 제52조)

① 공단은 가입자와 피부양자에 대하여 질병의 조기 발견과 그에 따른 요양급여를 하기 위하여 건강검진을 실시한다.
② 제1항에 따른 건강검진의 종류 및 대상은 다음 각 호와 같다.
   1. 일반건강검진 : <u>직장가입자</u>, 세대주인 지역가입자, 20세 이상인 지역가입자 및 <u>20세 이상인 피부양자</u>
   2. 암검진 : 암관리법 제11조 제2항에 따른 암의 종류별 검진 주기와 연령 기준 등에 해당하는 사람
   3. 영유아건강검진 : 6세 미만의 가입자 및 피부양자
③ 제1항에 따른 건강검진의 검진항목은 성별, 연령 등의 특성 및 생애 주기에 맞게 설계되어야 한다.
④ 제1항에 따른 건강검진의 횟수·절차와 그 밖에 필요한 사항은 대통령령으로 정한다.

72 정답 ②

요양급여비용의 청구와 지급 등(법 제47조 제7항)

요양기관은 제2항에 따른 심사청구를 다음 각 호의 단체가 대행하게 할 수 있다.

1. 의료법 제28조 제1항에 따른 의사회·치과의사회·한의사회·조산사회 또는 같은 조 제6항에 따라 신고한 각각의 지부 및 분회
2. 의료법 제52조에 따른 의료기관 단체
3. 약사법 제11조에 따른 약사회 또는 같은 법 제14조에 따라 신고한 지부 및 분회

오답분석

① 법 제47조 제1항에서 확인할 수 있다.
③ 법 제47조 제3항에서 확인할 수 있다.
④ 법 제47조 제5항에서 확인할 수 있다.

73 정답 ①

요양기관(법 제42조 제1항)
요양급여(간호와 이송은 제외)는 다음 각 호의 요양기관에서 실시한다. 이 경우 보건복지부장관은 공익이나 국가정책에 비추어 요양기관으로 적합하지 아니한 대통령령으로 정하는 의료기관 등은 요양기관에서 제외할 수 있다.
1. 의료법에 따라 개설된 의료기관
2. 약사법에 따라 등록된 약국
3. 약사법 제91조에 따라 설립된 한국희귀·필수의약품센터
4. 지역보건법에 따른 보건소·보건의료원 및 보건지소
5. 농어촌 등 보건의료를 위한 특별조치법에 따라 설치된 보건진료소

74 정답 ③

분쟁조정위원회는 제3항에 따른 구성원 과반수의 출석과 출석위원 과반수의 찬성으로 의결한다(법 제89조 제4항).

오답분석
① 법 제89조 제2항에서 확인할 수 있다.
② 법 제89조 제3항에서 확인할 수 있다.
④ 법 제89조 제5항에서 확인할 수 있다.

75 정답 ①

재외동포의 출입국과 법적 지위에 관한 법률 제6조에 따라 국내거소신고를 한 사람은 직장가입자가 된다(법 제109조 제2항 제2호).

오답분석
② 법 제109조 제2항 제3호에서 확인할 수 있다.
③ 법 제109조 제5항 제1호에서 확인할 수 있다.
④ 법 제109조 제1항에서 확인할 수 있다.

외국인 등에 대한 특례(법 제109조 제2항)
국내에 체류하는 재외국민 또는 외국인("국내체류 외국인 등")이 적용대상사업장의 근로자, 공무원 또는 교직원이고 제6조 제2항 각 호의 어느 하나에 해당하지 아니하면서 다음 각 호의 어느 하나에 해당하는 경우에는 제5조에도 불구하고 직장가입자가 된다.
1. 주민등록법 제6조 제1항 제3호에 따라 등록한 사람
2. 재외동포의 출입국과 법적 지위에 관한 법률 제6조에 따라 국내거소신고를 한 사람
3. 출입국관리법 제31조에 따라 외국인등록을 한 사람

76 정답 ②

시효(법 제91조 제1항)
다음 각 호의 권리는 3년 동안 행사하지 아니하면 소멸시효가 완성된다.
1. 보험료, 연체금 및 가산금을 징수할 권리
2. 보험료, 연체금 및 가산금으로 과오납부한 금액을 환급받을 권리
3. 보험급여를 받을 권리
4. 보험급여 비용을 받을 권리
5. 제47조 제3항 후단에 따라 과다납부된 본인일부부담금을 돌려받을 권리
6. 제61조에 따른 근로복지공단의 권리

77 정답 ④

심사평가원에 임원으로서 원장, 이사 15명 및 감사 1명을 둔다. 이 경우 원장, 이사 중 4명 및 감사는 상임으로 한다(법 제65조 제1항).

오답분석
① 감사는 임원추천위원회가 복수로 추천한 사람 중에서 기획재정부장관의 제청으로 대통령이 임명한다(법 제65조 제5항).
② 제4항에 따른 비상임이사는 정관으로 정하는 바에 따라 실비변상을 받을 수 있다(법 제65조 제6항).
③ 원장은 임원추천위원회가 복수로 추천한 사람 중에서 보건복지부장관의 제청으로 대통령이 임명한다(법 제65조 제2항).

78 정답 ②

국민건강보험종합계획의 수립 등(법 제3조의2 제2항)
종합계획에는 다음 각 호의 사항이 포함되어야 한다.
1. 건강보험정책의 기본목표 및 추진방향
2. 건강보험 보장성 강화의 추진계획 및 추진방법
3. 건강보험의 중장기 재정 전망 및 운영
4. 보험료 부과체계에 관한 사항
5. 요양급여비용에 관한 사항
6. 건강증진 사업에 관한 사항
7. 취약계층 지원에 관한 사항
8. 건강보험에 관한 통계 및 정보의 관리에 관한 사항
9. 그 밖에 건강보험의 개선을 위하여 필요한 사항으로 대통령령으로 정하는 사항

79

오답분석

① 급여가 정지되는 경우에 해당한다.
②·③ 급여가 제한되는 경우에 해당한다.

급여의 정지(법 제54조)

보험급여를 받을 수 있는 사람이 다음 각 호의 어느 하나에 해당하면 그 기간에는 보험급여를 하지 아니한다. 다만, 제3호 및 제4호의 경우에는 제60조에 따른 요양급여를 실시한다.

1. 삭제(2020. 4. 7)
2. 국외에 체류하는 경우
3. 병역법에 따른 현역병(지원에 의하지 아니하고 임용된 하사를 포함), 전환복무된 사람 및 군간부후보생에 해당하게 된 경우
4. 교도소, 그 밖에 이에 준하는 시설에 수용되어 있는 경우

급여의 제한(법 제53조 제1항)

공단은 보험급여를 받을 수 있는 사람이 다음 각 호의 어느 하나에 해당하면 보험급여를 하지 아니한다.

1. 고의 또는 중대한 과실로 인한 범죄행위에 그 원인이 있거나 고의로 사고를 일으킨 경우
2. 고의 또는 중대한 과실로 공단이나 요양기관의 요양에 관한 지시에 따르지 아니한 경우
3. 고의 또는 중대한 과실로 제55조에 따른 문서와 그 밖의 물건의 제출을 거부하거나 질문 또는 진단을 기피한 경우
4. 업무 또는 공무로 생긴 질병·부상·재해로 다른 법령에 따른 보험급여나 보상(報償) 또는 보상(補償)을 받게 되는 경우

80

④는 요양급여를 실시하는 요양기관에 해당하지 않는다.

요양기관(법 제42조 제1항)

요양급여(간호와 이송은 제외)는 다음 각 호의 요양기관에서 실시한다. 이 경우 보건복지부장관은 공익이나 국가정책에 비추어 요양기관으로 적합하지 아니한 대통령령으로 정하는 의료기관 등은 요양기관에서 제외할 수 있다.

1. 의료법에 따라 개설된 의료기관
2. 약사법에 따라 등록된 약국
3. 약사법 제91조에 따라 설립된 한국희귀·필수의약품센터
4. 지역보건법에 따른 보건소·보건의료원 및 보건지소
5. 농어촌 등 보건의료를 위한 특별조치법에 따라 설치된 보건진료소

| 02 | 노인장기요양보험법

61	62	63	64	65	66	67	68	69	70
④	④	④	②	②	④	③	③	③	①
71	**72**	**73**	**74**	**75**	**76**	**77**	**78**	**79**	**80**
①	③	①	③	④	③	④	④	④	②

61

공단은 제3자의 행위로 인한 장기요양급여의 제공사유가 발생하여 수급자에게 장기요양급여를 행한 때 그 급여에 사용된 비용의 한도 안에서 그 제3자에 대한 손해배상의 권리를 얻는다(법 제44조 제1항).

62

관리운영기관 등(제48조 제2항)

공단은 다음 각 호의 업무를 관장한다.

1. 장기요양보험가입자 및 그 피부양자와 의료급여수급권자의 자격관리
2. 장기요양보험료의 부과·징수
3. 신청인에 대한 조사
4. 등급판정위원회의 운영 및 장기요양등급 판정
5. 장기요양인정서의 작성 및 개인별 장기요양이용계획서의 제공
6. 장기요양급여의 관리 및 평가
7. 수급자 및 그 가족에 대한 정보제공·안내·상담 등 장기요양급여 관련 이용지원에 관한 사항
8. 재가 및 시설 급여비용의 심사 및 지급과 특별현금급여의 지급
9. 장기요양급여 제공내용 확인
10. 장기요양사업에 관한 조사·연구, 국제협력 및 홍보
11. 노인성질환예방사업
12. 이 법에 따른 부당이득금의 부과·징수 등
13. 장기요양급여의 제공기준을 개발하고 장기요양급여비용의 적정성을 검토하기 위한 장기요양기관의 설치 및 운영
14. 그 밖에 장기요양사업과 관련하여 보건복지부장관이 위탁한 업무

63

자료의 제출 등(법 제60조)

① 공단은 장기요양급여 제공내용 확인, 장기요양급여의 관리·평가 및 장기요양보험료 산정 등 장기요양사업 수행에 필요하다고 인정할 때 다음 각 호의 어느 하나에 해당하는 자에게 자료의 제출을 요구할 수 있다.
  1. 장기요양보험가입자 또는 그 피부양자 및 의료급여수급권자
  2. 수급자, 장기요양기관 및 의료기관
② 제1항에 따라 자료의 제출을 요구받은 자는 성실히 이에 응하여야 한다.

64 정답 ②

국가와 지방자치단체는 대통령령으로 정하는 바에 따라 의료급여 수급권자의 장기요양급여비용, 의사소견서 발급비용, 방문간호지시서 발급비용 중 공단이 부담하여야 할 비용 및 관리운영비의 전액을 부담한다(법 제58조 제2항).

65 정답 ②

재심사청구(법 제56조)
① 제55조에 따른 심사청구에 대한 결정에 불복하는 사람은 그 결정통지를 받은 날부터 <u>90일</u> 이내에 장기요양재심사위원회("재심사위원회")에 재심사를 청구할 수 있다.
② 재심사위원회는 보건복지부장관 소속으로 두고, 위원장 1인을 포함한 <u>20인</u> 이내의 위원으로 구성한다.
③ 재심사위원회의 위원은 관계 공무원, 법학, 그 밖에 장기요양 사업 분야의 학식과 경험이 풍부한 자 중에서 <u>보건복지부장관</u>이 임명 또는 위촉한다. 이 경우 공무원이 아닌 위원이 전체 위원의 <u>과반수</u>가 되도록 하여야 한다.
④ 이 법에서 정한 것 외에 재심사위원회의 구성·운영, 그 밖에 필요한 사항은 대통령령으로 정한다.

66 정답 ④

제31조에 따른 장기요양기관 지정의 유효기간은 지정을 받은 날부터 6년으로 한다(법 제32조의3).

67 정답 ③

장기요양급여의 제한(법 제29조)
① 공단은 장기요양급여를 받고 있는 자가 정당한 사유 없이 제15조 제4항에 따른 조사나 제60조 또는 제61조에 따른 요구에 응하지 아니하거나 답변을 거절한 경우 장기요양급여의 전부 또는 일부를 제공하지 아니하게 할 수 있다.
② 공단은 장기요양급여를 받고 있거나 받을 수 있는 자가 장기요양기관이 거짓이나 그 밖의 부정한 방법으로 장기요양급여비용을 받는 데에 가담한 경우 장기요양급여를 중단하거나 1년의 범위에서 장기요양급여의 횟수 또는 제공 기간을 제한할 수 있다.
③ 제2항에 따른 장기요양급여의 중단 및 제한 기준과 그 밖에 필요한 사항은 보건복지부령으로 정한다.

68 정답 ③

장기요양기관의 장은 제1항에 따라 폐업·휴업 신고를 할 때 또는 장기요양기관의 지정 갱신을 하지 아니하여 유효기간이 만료될 때 보건복지부령으로 정하는 바에 따라 장기요양급여 제공 자료를 공단으로 이관하여야 한다. 다만, 휴업 신고를 하는 장기요양기관의 장이 휴업 예정일 전까지 공단의 허가를 받은 경우에는 장기요양급여 제공 자료를 직접 보관할 수 있다(법 제36조 제6항).

69 정답 ③

장기요양기본계획(법 제6조 제1항)
보건복지부장관은 노인 등에 대한 장기요양급여를 원활하게 제공하기 위하여 5년 단위로 다음 각 호의 사항이 포함된 장기요양기본계획을 수립·시행하여야 한다.
1. 연도별 장기요양급여 대상인원 및 재원조달 계획
2. 연도별 장기요양기관 및 장기요양전문인력 관리 방안
3. 장기요양요원의 처우에 관한 사항
4. 그 밖에 노인 등의 장기요양에 관한 사항으로서 대통령령으로 정하는 사항

70 정답 ①

실태조사(법 제6조의2 제1항)
보건복지부장관은 장기요양사업의 실태를 파악하기 위하여 3년마다 다음 각 호의 사항에 관한 조사를 정기적으로 실시하고 그 결과를 공표하여야 한다.
1. 장기요양인정에 관한 사항
2. 제52조에 따른 장기요양등급판정위원회("등급판정위원회")의 판정에 따라 장기요양급여를 받을 사람("수급자")의 규모, 그 급여의 수준 및 만족도에 관한 사항
3. 장기요양기관에 관한 사항
4. 장기요양요원의 근로조건, 처우 및 규모에 관한 사항
5. 그 밖에 장기요양사업에 관한 사항으로서 보건복지부령으로 정하는 사항

71 정답 ①

수급자는 제17조 제1항에 따른 장기요양인정서와 같은 조 제3항에 따른 개인별장기요양이용계획서가 <u>도달한 날부터</u> 장기요양급여를 받을 수 있다(법 제27조 제1항).

72 정답 ③

심사청구는 그 처분이 있음을 안 날부터 90일 이내에 문서(전자정부법 제2조 제7호에 따른 전자문서를 포함)로 하여야 하며, 처분이 있은 날부터 180일을 경과하면 이를 제기하지 못한다. 다만, 정당한 사유로 그 기간에 심사청구를 할 수 없었음을 증명하면 그 기간이 지난 후에도 심사청구를 할 수 있다(법 제55조 제2항).

오답분석
① 장기요양인정·장기요양등급·장기요양급여·부당이득·장기요양급여비용 또는 장기요양보험료 등에 관한 공단의 처분에 이의가 있는 자는 <u>공단</u>에 심사청구를 할 수 있다(법 제55조 제1항).
④ 제1항에 따른 심사청구 사항을 심사하기 위하여 공단에 <u>장기요양심사위원회</u>를 둔다(법 제55조 제3항). 국가와 지방자치단체는 장기요양요원의 권리를 보호하기 위하여 장기요양요원지원센터를 설치·운영할 수 있다(법 제47조의2 제1항).

73 정답 ①

장기요양기관 지정의 취소 등(법 제37조 제1항)

특별자치시장·특별자치도지사·시장·군수·구청장은 장기요양기관이 다음 각 호의 어느 하나에 해당하는 경우 그 지정을 취소하거나 6개월의 범위에서 업무정지를 명할 수 있다. 다만, 제1호, 제2호의2, 제3호의5, 제7호, 또는 제8호에 해당하는 경우에는 지정을 취소하여야 한다.

1. 거짓이나 그 밖의 부정한 방법으로 지정을 받은 경우
1의2. 제28조의 2를 위반하여 급여외행위를 제공한 경우. 다만, 장기요양기관의 장이 그 위반행위를 방지하기 위하여 해당 업무에 관하여 상당한 주의와 감독을 게을리하지 아니한 경우는 제외한다.
2. 제31조 제1항에 따른 지정기준에 적합하지 아니한 경우
2의2. 제32조의2 각 호의 어느 하나에 해당하게 된 경우. 다만, 제32조의2 제7호에 해당하게 된 법인의 경우 3개월 이내에 그 대표자를 변경하는 때에는 그러하지 아니하다.
3. 제35조 제1항을 위반하여 장기요양급여를 거부한 경우
3의2. 제35조 제5항을 위반하여 본인부담금을 면제하거나 감경하는 행위를 한 경우
3의3. 제35조 제6항을 위반하여 수급자를 소개, 알선 또는 유인하는 행위 및 이를 조장하는 행위를 한 경우
3의4. 제35조의4 제2항 각 호의 어느 하나를 위반한 경우
3의5. 제36조 제1항에 따른 폐업 또는 휴업 신고를 하지 아니하고 1년 이상 장기요양급여를 제공하지 아니한 경우
3의6. 제36조의2에 따른 시정명령을 이행하지 아니하거나 회계부정 행위가 있는 경우
3의7. 정당한 사유 없이 제54조에 따른 평가를 거부·방해 또는 기피하는 경우
4. 거짓이나 그 밖의 부정한 방법으로 재가 및 시설 급여비용을 청구한 경우
5. 제61조 제2항에 따른 자료제출 명령에 따르지 아니하거나 거짓으로 자료제출을 한 경우나 질문 또는 검사를 거부·방해 또는 기피하거나 거짓으로 답변한 경우
6. 장기요양기관의 종사자 등이 다음 각 목의 어느 하나에 해당하는 행위를 한 경우. 다만, 장기요양기관의 장이 그 행위를 방지하기 위하여 해당 업무에 관하여 상당한 주의와 감독을 게을리하지 아니한 경우는 제외한다.
  가. 수급자의 신체에 폭행을 가하거나 상해를 입히는 행위
  나. 수급자에게 성적 수치심을 주는 성폭행, 성희롱 등의 행위
  다. 자신의 보호·감독을 받는 수급자를 유기하거나 의식주를 포함한 기본적 보호 및 치료를 소홀히 하는 방임행위
  라. 수급자를 위하여 증여 또는 급여된 금품을 그 목적 외의 용도에 사용하는 행위
  마. 폭언, 협박, 위협 등으로 수급자의 정신건강에 해를 끼치는 정서적 학대행위
7. 업무정지기간 중에 장기요양급여를 제공한 경우
8. 부가가치세법 제8조에 따른 사업자등록 또는 소득세법 제168조에 따른 사업자등록이나 고유번호가 말소된 경우

74 정답 ③

장기요양급여는 노인 등이 가족과 함께 생활하면서 가정에서 장기요양을 받는 <u>재가급여</u>를 우선적으로 제공하여야 한다(법 제3조 제3항).

75 정답 ④

특별자치시장·특별자치도지사·시장·군수·구청장은 제37조 제1항 각 호의 어느 하나에 해당하는 행위를 이유로 업무정지명령을 하여야 하는 경우로서 그 업무정지가 해당 장기요양기관을 이용하는 수급자에게 심한 불편을 줄 우려가 있는 등 보건복지부장관이 정하는 특별한 사유가 있다고 인정되는 경우에는 업무정지명령을 갈음하여 2억 원 이하의 과징금을 부과할 수 있다. 다만, 같은 항 제4호에 해당하는 경우(<u>거짓이나 그 밖의 부정한 방법으로 재가 및 시설 급여비용을 청구한 경우</u>)에는 제외한다(법 제37조의2 제1항, 법 제37조 제1항 제4호).

76 정답 ③

등급판정위원회는 신청인이 제12조의 신청자격요건을 충족하고 6개월 이상 동안 혼자서 일상생활을 수행하기 어렵다고 인정하는 경우 심신상태 및 장기요양이 필요한 정도 등 <u>대통령령</u>으로 정하는 등급판정기준에 따라 수급자로 판정한다(법 제15조 제2항).

77 정답 ④

장기요양급여를 받을 권리는 양도 또는 압류하거나 담보로 제공할 수 없다(법 제66조 제1항).

78 정답 ④

제1항 및 제2항에도 불구하고 제1항 각 호의 어느 하나 또는 제2항 각 호의 어느 하나에 해당하는 자가 양수, 합병 또는 운영 시에 행정제재처분 또는 위반사실을 알지 못하였음을 증명하는 경우에는 그러하지 아니하다(법 제37조의4 제3항).

79 정답 ④

장기요양기관의 장은 제32조의3에 따른 지정의 유효기간이 끝난 후에도 계속하여 그 지정을 유지하려는 경우에는 소재지를 관할구역으로 하는 특별자치시장·특별자치도지사·시장·군수·구청장에게 지정 유효기간이 끝나기 <u>90일</u> 전까지 지정 갱신을 신청하여야 한다(법 제32조의4 제1항).

80 정답 ②

공단은 제14조에 따른 조사가 완료된 때 <u>조사결과서, 신청서, 의사소견서, 그 밖에 심의에 필요한 자료</u>를 등급판정위원회에 제출하여야 한다(법 제15조 제1항).

제3회 모의고사 정답 및 해설

제 1 영역 직업기초능력

01	02	03	04	05	06	07	08	09	10
①	③	③	③	④	③	④	④	②	④
11	12	13	14	15	16	17	18	19	20
④	②	③	④	③	①	②	①	①	①
21	22	23	24	25	26	27	28	29	30
③	③	②	④	③	③	②	③	②	④
31	32	33	34	35	36	37	38	39	40
④	③	③	④	③	②	③	④	④	①
41	42	43	44	45	46	47	48	49	50
①	②	④	④	④	①	③	④	③	④
51	52	53	54	55	56	57	58	59	60
③	②	②	④	④	②	③	②	④	②

01
정답 ①

17세기 철학자인 데카르트는 '동물은 정신을 갖고 있지 않으며, 고통을 느끼지 못하므로 심한 취급을 해도 좋다.'라고 주장하였다.

오답분석

② 피타고라스는 윤회설에 입각하여 동물에게 경의를 표해야 함을 주장하였다.

③ 루소는 '인간불평등 기원론'을 통해 인간과 동물은 동등한 자연의 일부임을 주장하였다.

④ 동물 복지 축산농장 인증제는 공장식 축산 방식의 문제를 개선하기 위한 동물 복지 운동의 일환으로 등장하였다.

02
정답 ③

㉠의 '떨어지다'는 '값, 기온, 수준, 형세 따위가 낮아지거나 내려가다.'의 의미로 사용되었으므로 이와 같은 의미로 사용된 것은 ③이다.

오답분석

① 이익이 남다.

② 입맛이 없어지다.

④ 병이나 습관 따위가 없어지다.

03
정답 ③

제시문은 폐휴대전화로 인한 자원낭비와 환경오염 문제를 극복하기 위해 기업에서 폐휴대전화 수거 운동을 벌이기로 했다는 내용의 글이다. 따라서 (다) 폐휴대전화의 발생량 증가 → (가) 폐휴대전화를 이용한 재활용 효과 → (나) 폐휴대전화로 인한 환경오염 → (라) 기업의 폐휴대전화 수거 운동 실시 순으로 나열해야 한다.

04
정답 ③

보험료율이 사고 발생 확률보다 높으면 구성원 전체의 보험료 총액이 보험금 총액보다 더 많고 그 반대의 경우, 즉 사고 발생 확률이 보험료율보다 높은 경우에는 구성원 전체의 보험료 총액이 보험금 총액보다 더 적다.

05
정답 ④

- 보전(補塡) : 부족한 부분을 보태어 채움
- 보존(保存) : 잘 보호하고 간수하여 남김

오답분석

① 대처(對處) : 어떤 정세나 사건에 대하여 알맞은 조치를 취함

② 인접(隣接) : 이웃하여 있음. 또는 옆에 닿아 있음

③ 상당(相當) : 일정한 액수나 수치 따위에 해당함

06
정답 ③

제시문은 몰랐으면 아무 문제되지 않았을 텐데 알아서 문제가 발생하는 경우도 있음을 말하며 노이로제에 대해 설명하고 있다. 따라서 제목으로는 ③이 가장 적절하다.

07
정답 ④

(라) 피부암의 가장 큰 원인인 자외선 → (나) 자외선에 대한 관리의 중요성 → (가) 피부암의 증상과 대응방안 → (마) 자외선 예방의 중요성 → (다) 자외선을 피하는 방법의 순서로 나열하는 것이 가장 적절하다.

08
정답 ④

- 지래 → 지레
- 유관 → 유발
- 소홀 → 소홀
- 소유 → 소요

09
정답 ②

용해는 '물질이 액체 속에서 균일하게 녹아 용액이 만들어지는 현상'이고, 융해는 '고체에 열을 가했을 때 액체로 되는 현상'을 의미한다. 따라서 글의 맥락상 '용해되지'가 적절하다.

10
정답 ④

글쓴이는 인간의 표정을 통해 감정을 읽는 것은 비과학적이므로 감정인식 기술을 채용이나 법 집행 등의 민감한 상황에서 사용하는 것을 금지해야 한다고 주장한다. 따라서 AI가 제공하는 데이터를 통해 지원자의 감정을 자세하게 파악할 수 있다는 내용의 ④는 글쓴이의 주장과 반대되는 입장이므로 근거로 적절하지 않다.

11
정답 ④

㉠의 앞에서는 많은 AI 기업들이 얼굴 인식 프로그램을 개발하고 있는 현황에 관해 이야기하고 있으나, ㉠의 뒤에서는 인간의 얼굴 표정으로 감정을 읽는 것은 비과학적이라고 주장한다. 따라서 ㉠에는 역접의 의미인 '그러나'가 적절하다.
㉡의 앞에서는 인간의 얼굴 표정으로 감정을 읽는 것이 비과학적인 이유를 이야기하며, ㉡의 뒤에서는 민감한 상황에서 감정인식 기술의 사용을 금지해야 한다고 주장한다. 즉, ㉡의 앞부분은 뒷부분의 근거가 되는 내용이므로 ㉡에는 앞에서 말한 일이 뒤에서 말할 일의 원인, 이유가 됨을 나타내는 '따라서'가 적절하다.

12
정답 ②

두 번째 문단에 따르면 탈락자는 50만 명이 넘지만, 그중 가족은 4만 3,660명으로 10% 미만에 해당한다. 따라서 가능성이 높다고 보기는 어렵다.

오답분석

① 첫 번째 문단 '최근 수년간 주택 가격이 급등한 상황 등을 감안해 현행 기준을 유지하기로 하였다.'라는 내용을 통해 주택 가격이 상승하지 않았다면 재산 기준 역시 소득 기준과 같이 상승하였음을 유추할 수 있다.
③ 세 번째 문단 '기존에 납부하지 않았던 건보료를 가구당 월평균 10만 5,000원가량 내야 하는 상황이 되었다.'라는 내용에서 이전보다 가계의 경제적 부담이 증가했음을 알 수 있다.
④ 첫 번째 문단과 네 번째 문단에 따르면, 공무원연금 역시 소득 기준에 포함되는 금액으로 월 170만 원씩 수령한다면 이는 연 2,040만 원에 해당하는 금액으로 소득 기준을 초과하게 된다. 따라서 해당 자격에서 탈락된다.

13
정답 ③

조력발전소가 설치되면서 발전소의 해수유통을 통해 시화호의 수질이 개선되었다.

오답분석

① 조력발전소는 밀물의 힘으로 발전기를 돌려 전기를 생산하며, 도입부에서 조력발전이 주목을 받고 있다고 언급하였다.
② 시화호 발전소의 연간 생산량이 40만~50만 명인 도시의 소비량과 맞먹는다고 하였으므로, 1년 동안 전기 공급이 가능하다.
④ 제시문에서 우리나라에 위치한 시화호 발전소가 세계 최대 규모임을 밝혔다.

14
정답 ④

우리나라의 낮은 장기 기증률은 전통적 유교 사상 때문이라고 주장하고 있는 A와 달리, B는 이에 대하여 다양한 원인을 제시하고 있다. 따라서 A의 주장에 대한 반박으로 ④가 가장 적절하다.

15
정답 ③

(나) 교정 중 칫솔질에 대한 중요성 → (가) 교정 중 칫솔질하는 방법 → (라) 교정장치 때문에 잘 닦이지 않는 부위를 닦는 방법 → (다) 칫솔질을 할 때 빠뜨려서는 안 될 부분의 순서로 나열하는 것이 가장 적절하다.

16
정답 ①

㉠ 앞의 문장에서 '향토 음식'에 대한 일반적인 통념을 제시하고 ㉠에서 전통 음식과 구별되는 향토 음식의 '좁은 개념'을 제시하기 때문에 자연스러운 흐름이다. 또한, ㉡의 '해당 지역에서 생산된 재료'는 ㉠의 '각 지역의 특산물'과 연결되며, ㉡은 '향토 음식은 그 지역 고유의 음식 문화를 이룬다고 할 수 있다.'며 ㉠을 보충 설명한다. 따라서 ㉠과 ㉡의 순서를 바꾸지 않는 것이 적절하다.

오답분석

② ㉢ 앞의 문단은 향토 음식의 개념과 가치를, ㉢을 포함한 문단은 향토 음식에 대한 청소년들의 무관심을 다룬다. 따라서 앞 뒤 문단을 연결하려면 화제를 앞의 내용과 관련시키면서 다른 방향으로 전환할 때 쓰는 접속 부사 '그런데'가 필요하다.
③ ㉣에서 '주말에 (친구들과) 함께 시간을 내는 것은 쉽지 않다.'는 것은 ㉣을 포함한 문단에서 말하는 '향토 음식 요리 교실' 참여해 '그 지역에서 이어져 온 문화와 정신'을 배우는 경험과 직접적인 관련이 없으므로 삭제한다.
④ ㉤ 앞의 '양념을 많이 쓰지 않은 자연 그대로의 담백한 맛'은 꾸밈이나 거짓이 없고 수수하다는 뜻의 형용사 '소박하다'와 잘 어울린다.

17
정답 ②

두 번째 문단의 '시장경제가 제대로 운영되기 위해서는 국가의 소임이 중요하다.'라고 한 부분과 세 번째 문단의 '시장경제에서 국가가 할 일을 크게 세 가지로 나누어 볼 수 있다.'에서 '시장경제에서 국가 역할의 중요성'이라는 제목을 유추할 수 있다.

18
정답 ①

제시문은 우리나라 여성의 고용 비율이 남성보다 낮기 때문에 여성의 고용에 대한 배려가 필요하다는 글이다. 따라서 (다) 우리나라는 남성에 비해 여성의 고용 비율이 현저히 낮음 → (가) 남녀 고용 평등의 확대를 위한 채용 목표제의 강화 필요 → (마) 역차별이라는 주장과 현실적인 한계 → (나) 대졸 이상 여성의 고용 비율이 OECD 국가 중 최하위인 대한민국의 현실 → (라) 강화된 법규가 준수될 수 있도록 정부의 계도와 감독 기능이 강화 순서로 나열되어야 한다.

19
정답 ①

한 개인의 특수한 감각을 지시하는 용어는 올바른 사용 여부를 판단할 수 없기 때문에 아무런 의미를 갖지 않는다고 하였다. 따라서 본인만이 느끼는 감각을 지시하는 용어는 아무 의미도 없을 것이므로 적절한 내용이다.

오답분석

② 구체적 사례 자체가 이미 객관화될 수 있는 감각이기 때문에 구체적 사례를 통해서 어떤 의미도 얻게 될 수 없다는 것은 적절하지 않은 내용이다.

③ 감각을 지시하는 용어 모두가 개인만의 특수한 것이 아니므로 사용하는 사람에 따라 상대적인 의미를 갖는다는 것은 적절하지 않은 내용이다.

④ 감각을 지시하는 용어의 의미는 존재하고 있으므로 그것이 무엇을 지시하는가와 아무 상관이 없다는 것은 적절하지 않은 내용이다.

20
정답 ①

제시문은 기술이 내적인 발전 경로를 가지고 있다는 통념을 비판하기 위해 다양한 사례 연구를 논거로 인용하고 있다. 따라서 인용하고 있는 연구 결과를 반박할 수 있는 자료가 있다면 글쓴이의 주장은 설득력을 잃게 된다.

21
정답 ③

ㄷ. 2023년 3분기 전체 대출금 합계에서 도매 및 소매업 대출금이 차지하는 비중은 $\frac{110,526.2}{865,254.0} \times 100 ≒ 12.8\%$이므로 옳지 않다.

ㄹ. 2023년 4분기에 대출금이 전 분기 대비 감소한 산업은 광업, 공공행정 등 기타서비스 2개 산업이다. 증가한 산업은 이를 제외한 15개 산업으로 $\frac{2}{15} \times 100 ≒ 13\%$이므로 옳지 않다.

오답분석

ㄱ. 전 분기 대비 2023년 4분기에 전체 대출금 합계는 증가하였으나, 광업 대출금은 감소하였다. 따라서 2023년 4분기에 전 분기 대비 광업이 차지하는 비중이 감소하였음을 알 수 있다.

ㄴ. 2023년 3분기 대비 4분기의 전문, 과학 및 기술 서비스업의 대출금 증가율은 $\frac{12,385.7 - 11,725.2}{11,725.2} \times 100 ≒ 5.6\%$이므로 옳은 설명이다.

22
정답 ③

ㄴ •15세 이상 외국인 중 실업자의 비율 : $\frac{15.6 + 18.8}{695.7 + 529.6} \times 100$ ≒ 2.80%

•15세 이상 귀화허가자 중 실업자의 비율 : $\frac{1.8}{52.7} \times 100$ ≒ 3.41%

따라서 15세 이상 외국인 중 실업자의 비율이 더 낮다.

ㄷ 외국인 취업자 수는 560.5 + 273.7 = 834.2천 명이므로 귀화허가자 취업자 수의 834.2 ÷ 33.8 ≒ 24.68배이다.

오답분석

ㄱ 15세 이상 국내 인구 중 이민자의 비율은 $\frac{695.7 + 529.6 + 52.7}{43,735} \times 100$ ≒ 2.92%이므로, 4% 이하이다.

ㄹ 국내인 여성의 경제활동 참가율이 제시되어 있지 않으므로 알 수 없다.

23
정답 ②

건강보험료는 255,370 − (4,160 + 16,250 + 112,500 + 4,960 + 41,630) = 75,870원이다.

오답분석

① 공제 총액은 기본급여의 $\frac{255,370}{1,000,000} \times 100$ ≒ 26%이다.

③ 시간외수당은 45,000원이므로 건강보험료 75,870원보다 적다.

④ 주민세와 소득세 총액은 국민연금의 $\frac{4,160 + 41,630}{112,500} \times 100$ ≒ 41%이다.

24
정답 ④

2021년의 경우 SOC 투자규모는 전년 대비 감소한 반면, 총지출 대비 SOC 투자규모 비중은 증가하였으므로 둘의 증감방향은 동일하지 않다.

오답분석

① 2023년 총지출 대비 SOC 투자규모 비중이 6.9%이므로 조 단위를 생략한 총지출은 $\frac{23.1}{6.9} \times 100$ ≒ 334.8로 300조 원 이상이다.

② 2020년 SOC 투자규모의 전년 대비 증가율은 $\frac{25.4-20.5}{20.5} \times$ 100≒23.9%로 30% 이하이다.

③ 2020 ~ 2023년 동안 SOC 투자규모가 전년에 비해 가장 많이 감소한 해는 1.3조 원 감소한 2023년이다.

25 정답 ③

ㄱ. 전체 학생들의 독서량의 합은 30권이고, 학생의 수가 6명이므로, 학생들의 평균 독서량은 5권이다. 따라서 옳은 내용이다.

ㄹ. 여학생이거나 독서량이 7권 이상인 학생 수는 3명이므로 전체 학생 수의 50%이다. 따라서 옳은 내용이다.

오답분석

ㄴ. 남학생이면서 독서량이 5권 이상인 학생은 관호뿐이고, 전체 남학생 수는 4명이므로, 선택지의 비율은 25%이다. 따라서 옳지 않은 내용이다.

ㄷ. 독서량이 2권 이상인 학생(5명) 중 남학생(3명) 비율은 60%이며, 전체 학생(6명) 중 여학생(2명) 비율은 약 33%이므로 옳지 않은 내용이다.

26 정답 ②

원 중심에서 멀어질수록 점수가 높아지는데, B국의 경우 수비보다 미드필드가 원 중심에서 먼 곳에 표시가 되어 있으므로 B국은 수비보다 미드필드에서의 능력이 뛰어남을 알 수 있다.

27 정답 ②

㉠ 공무원의 생애 총소득(21억 607만 원)이 민간기업 근로자의 생애 총소득(19억 3,407만 원)보다 더 높다.

㉢ 공무원 생애연금 6억 1,851만 원에 대하여 민간기업 근로자 생애연금은 2억 6,252만 원이기 때문에 약 42%에 불과하다.

오답분석

㉡ 민간기업 대비 공무원 총소득 비율은 약 108.9%이다.

㉣ 퇴직 후 받는 모든 금액은 생애연금과 퇴직금이므로 공무원은 6억 7,926만 원, 민간기업 근로자는 4억 2,683만 원이다. 따라서 퇴직 후 공무원이 민간기업 근로자보다 더 많이 받는다.

28 정답 ③

연평균 무용 관람횟수가 가장 많은 시·도는 4.9회인 강원도이며, 연평균 스포츠 관람횟수가 가장 많은 시·도는 3.9회인 서울특별시이다.

오답분석

① 모든 시·도는 연평균 무용 관람횟수보다 연평균 영화 관람횟수가 더 많다.

② 경상남도에서 영화 다음으로 연평균 관람횟수가 많은 항목은 스포츠이다.

④ 대구광역시의 연평균 박물관 관람횟수는 2.5회로, 제주특별자치도의 연평균 박물관 관람횟수 2.9회의 $\frac{2.5}{2.9} \times 100 ≒ 86.2\%$ 이므로 80% 이상이다.

29 정답 ②

유연탄의 CO_2 배출량은 원자력의 $\frac{968}{9} ≒ 107.6$배이다.

오답분석

① LPG 판매단가는 원자력 판매단가의 $\frac{132.45}{38.42} ≒ 3.4$배이므로 옳은 설명이다.

③ LPG는 CO_2 배출량이 두 번째로 낮은 것을 확인할 수 있다.

④ 판매단가가 두 번째로 높은 에너지원은 증유이고, 증유의 CO_2 배출량은 두 번째로 높다.

30 정답 ④

2020년 강수량의 총합은 1,529.7mm이고, 2021년 강수량의 총합은 1,122.7mm이다. 따라서 2021년의 전년 대비 강수량의 변화를 구하면 1,529.7-1,122.7=407mm로 가장 변화량이 크다.

오답분석

① 조사기간 내 가을철 평균 강수량은 $\frac{1,919.9}{8} ≒ 240$mm이다.

② 여름철 강수량이 두 번째로 높았던 해는 2020년이다. 2020년의 가을·겨울철 강수량의 합은 502.6mm이고, 봄철 강수량은 256.5mm이다. 따라서 256.5×2=513mm이므로 봄철 강수량의 2배 미만이다.

③ 강수량이 제일 낮은 해는 2023년이지만, 가뭄의 기준이 제시되지 않았으므로 알 수 없다.

31 정답 ④

A ~ E씨의 진료 날짜를 2024년 1월 이후를 기준으로 구분한 후, 현행 본인부담금 제도와 개선된 본인부담금 제도를 적용하여 본인부담금을 계산하면 다음과 같다.

- A씨 : 17,000×0.3(∵ 현행)=5,100원
- B씨 : 1,500원(∵ 진료비 1만 5천 원 이하)
- C씨 : 23,000×0.2(∵ 개선)=4,600원
- D씨 : 24,000×0.3(∵ 현행)=7,200원
- E씨 : 27,000×0.3(∵ 개선)=8,100원

따라서 A ~ E씨의 본인부담금의 합은 5,100+1,500+4,600+7,200+8,100=26,500원이다.

32

정답 ③

2014 ~ 2023년 평균 부채 비율은 $(61.6+100.4+86.5+80.6+79.9+89.3+113.1+150.6+149.7+135.3)\div10=104.7\%$이므로 10년간 평균 부채 비율은 90% 이상이다.

오답분석
① 2017년 대비 2018년 자본금 증가폭은 $33,560-26,278=7,282$억 원으로, 2015 ~ 2023년 중 자본금의 변화가 가장 컸다.
② 전년 대비 부채 비율이 증가한 해는 2015년, 2019년, 2020년, 2021년이므로 연도별 부채비율 증가폭을 계산하면 다음과 같다.
- 2015년 : $100.4-61.6=38.8$%p
- 2019년 : $89.3-79.9=9.4$%p
- 2020년 : $113.1-89.3=23.8$%p
- 2021년 : $150.6-113.1=37.5$%p

따라서 부채 비율이 전년 대비 가장 많이 증가한 해는 2015년이다.
④ 2023년의 자산과 자본은 10년 중 가장 많았지만, 그만큼 부채도 가장 많은 것을 확인할 수 있다.

33

정답 ③

연도별 영업이익과 이익률을 포함한 표는 다음과 같다.

(단위 : 억 원)

구분	2019년	2020년	2021년	2022년	2023년
매출액	1,485	1,630	1,410	1,860	2,055
매출원가	1,360	1,515	1,280	1,675	1,810
판관비	30	34	41	62	38
영업이익	95	81	89	123	207
영업이익률	6.4%	5.0%	6.3%	6.6%	10.1%

따라서 이를 바르게 나타낸 그래프는 ③이다.

34

정답 ④

아시아·태평양의 연도별 인터넷 이용자 수의 증가량을 구하면 다음과 같다.
- 2017년 : $872-726=146$백만 명
- 2018년 : $988-872=116$백만 명
- 2019년 : $1,124-988=136$백만 명
- 2020년 : $1,229-1,124=105$백만 명
- 2021년 : $1,366-1,229=137$백만 명
- 2022년 : $1,506-1,366=140$백만 명
- 2023년 : $1,724-1,506=218$백만 명

따라서 전년 대비 아시아·태평양의 인터넷 이용자 수의 증가량이 가장 큰 해는 2023년이다.

오답분석
① 2016년 중동의 인터넷 이용자 수는 66백만 명이고, 2023년 중동의 인터넷 이용자 수는 161백만 명이다. 따라서 2023년 중동의 인터넷 이용자 수는 2016년에 비해 $161-66=9$천 5백만 명이 늘었다.
② 2022년에 비해 2023년의 인터넷 이용자 수가 감소한 대륙은 아메리카 한 곳이다.
③ 2019년 아프리카의 인터넷 이용자 수는 124백만 명이고, 2023년 아프리카의 인터넷 이용자 수는 240백만 명이다. 따라서 2023년의 아프리카의 인터넷 이용자 수는 2019년에 비해 $240\div124\fallingdotseq1.9$배 증가했다.

35

정답 ③

2018년과 2023년을 비교했을 때, 국유지 면적의 차이는 $24,087-23,033=1,054\text{km}^2$이고, 법인 면적의 차이는 $6,287-5,207=1,080\text{km}^2$이므로 법인 면적의 차이가 더 크다.

오답분석
① 국유지 면적은 매년 증가하고, 민유지 면적은 매년 감소하는 것을 확인할 수 있다.
② 전년 대비 2019 ~ 2023년 군유지 면적의 증가량은 다음과 같다.
- 2019년 : $4,788-4,741=47\text{km}^2$
- 2020년 : $4,799-4,788=11\text{km}^2$
- 2021년 : $4,838-4,799=39\text{km}^2$
- 2022년 : $4,917-4,838=79\text{km}^2$
- 2023년 : $4,971-4,917=54\text{km}^2$

따라서 군유지 면적의 증가량은 2022년에 가장 크다.
④ 전체 국토면적은 매년 증가하고 있는 것을 확인할 수 있다.

36

정답 ②

ㄱ. 기존의 평균 주화 공급량이 2,500만 개를 조금 넘는 수준 $\left(=\dfrac{10,023}{4}\right)$이므로 주화 종류별로 주화 공급량이 각각 200만 개씩 증가한다면 A지역의 평균 주화 공급량은 2,700만 개를 조금 넘을 것임을 알 수 있다. 따라서 옳은 내용이다.
ㄷ. 10원과 500원 주화의 공급량은 5,294만 개, 50원과 100원은 4,729만 개이므로 두 그룹의 공급량의 가중평균치는 산술평균(15%)보다 10원과 500원의 증가율인 10% 쪽으로 치우치게 된다. 따라서 옳은 내용이다.

오답분석
ㄴ. 주화 종류별 공급기관당 공급량을 직접 계산하지 않더라도 10원 주화는 2를 넘고, 500원은 2에 미치지 못한다는 것을 눈어림할 수 있으므로 옳지 않은 내용이다.
ㄹ. (주화 공급액)=(주화 공급량)×(액면가)이므로 총 주화 공급액 규모가 12% 증가했고 액면가의 변동이 없다면 주화 종류별 주화 공급량의 비율은 얼마든지 변화할 수 있다. 변수가 4개인 방정식을 생각해보면 이해가 쉬울 것이다.

37 정답 ③

2021 ~ 2023년 전년 대비 가정 어린이집을 이용하는 0 ~ 2세 영유아 수는 다음과 같다.
- 2021년 : 222,332−193,412=28,920명 증가
- 2022년 : 269,243−222,332=46,911명 증가
- 2023년 : 298,470−269,243=29,227명 증가

따라서 전년 대비 가정 어린이집을 이용하는 0 ~ 2세 영유아 수는 2022년에 가장 크게 증가했다.

오답분석

① 2020 ~ 2023년 0 ~ 2세와 3 ~ 4세 국·공립 어린이집 이용 영유아 수는 꾸준히 증가하고 있다.
② 2020 ~ 2023년 부모협동 어린이집과 직장 어린이집을 이용하는 영유아 수는 모든 연령대에서 꾸준히 증가하고 있다.
④ 법인 어린이집을 이용하는 5세 이상 영유아 수는 매년 감소하고 있다.

38 정답 ④

- 2020년 전체 어린이집 이용 영유아 수의 합 : 501,838+422,092 +211,521=1,135,451명
- 2023년 전체 어린이집 이용 영유아 수의 합 : 739,332+455,033 +154,364=1,348,729명

따라서 2020년과 2023년 전체 어린이집 이용 영유아 수의 차는 1,348,729−1,135,451=213,278명이다.

39 정답 ④

2022년 증가율은 2021년 대비 낮다.

(단위 : 만 대, %)

연도	2013년	2014년	2015년	2016년	2017년	2018년
대수	1,794	1,844	1,887	1,940	2,012	2,099
증가	−	50	43	53	72	87
증가율	−	2.8	2.3	2.8	3.7	4.3

연도	2019년	2020년	2021년	2022년	2023년
대수	2,180	2,253	2,320	2,368	2,437
증가	81	73	67	48	69
증가율	3.9	3.3	3.0	2.0	2.9

40 정답 ①

2000년 아시아의 소비실적이 1,588Moe이었으므로, 3배 이상이 되려면 4,764Moe 이상이 되어야 한다.

41 정답 ①

A업체와 B업체의 가격과 보온성 평가점수가 별 8개로 동일하므로 모든 부문 별 개수 총합을 비교해야 한다. A업체의 별 합계는 17개, B업체의 별 합계는 14개이므로 K공사는 A업체에서 근무복을 구매할 것이다.

42 정답 ②

예산 100만 원 내에서 동절기 근무복을 15벌 구매하려면, 한 벌당 구매가격이 100÷15≒6.67만 원보다 저렴해야 한다. 이 조건을 만족하는 A업체와 B업체를 비교할 때, 가격과 보온성 평가점수의 합이 A업체와 B업체 모두 별 8개이므로 가격이 더 저렴한 B업체의 근무복을 구매한다.

43 정답 ④

애서는 C회사에 다니지 않고, 정서보다 먼저 나오므로 A와 B회사 중 더 먼 거리인 B회사에 다닌다. 정서는 집에서 800m보다 가까운 거리에 다니므로 900m인 C회사를 제외한 A회사에 다닌다. 따라서 남은 C회사에는 희서가 다닌다.

오답분석

① 희서는 C회사에 다닌다.
② 희서는 가장 먼 C회사에 다니므로 애서보다 일찍 나와야 한다.
③ 중간에 위치한 B회사에 다니는 사람은 애서이다.

44 정답 ④

C는 3층에 내렸으므로 다섯 번째 조건에 의해 B는 6층, F는 7층에 내린 것을 알 수 있다. 네 번째 조건에서 G는 C보다 늦게, B보다 빨리 내렸다고 하였으므로 G는 4층 또는 5층에 내렸다. 그리고 I는 D보다 늦게, G보다는 일찍 내렸으며, D는 A보다 늦게 내렸으므로 A는 1층, D는 2층, I는 4층이 된다. 따라서 G는 5층에서 내렸다. 두 번째 조건에 의해 H는 홀수 층에서 내렸으므로 H는 9층, E는 8층에서 내렸다. 따라서 짝수 층에서 내리지 않은 사람은 G이다.

45 정답 ③

디스크 스케줄링 기법 SSTF는 현 위치에서 가장 짧은 거리를 우선 탐색하는 기법으로, 방문한 도시는 김천 − 부산 − 진주 순서이다.

46 정답 ①

대학장학회에서 10명에게 주는 총장학금은 (450×8)+(500×2) =4,600만 원이며, 문화상품권은 (30×8)+(40×2)=320만 원이다. 구매처별 할인율과 비고사항을 고려하여 실제 지불 금액을 구하면 다음과 같다.
- A업체 : (3,200,000×0.92)+4,000=2,948,000원
- B업체 : (3,000,000×0.94)+200,000+4,000+(700×10) =3,031,000원

- C업체 : 3,200,000×0.95=3,040,000원
- D업체 : (3,000,000×0.96)+200,000+5,000=3,085,000원

따라서 A업체에서 구매하는 것이 가장 저렴하며, 대학장학회에서 장학금과 부상에 사용한 총액을 구하면 46,000,000+2,948,000 =48,948,000원임을 알 수 있다.

47
정답 ④

제시된 조건에서 5만 원권 또는 10만 원권으로 구매한다고 하였는데 모든 구매처는 5만 원권을 판매하므로 첫 번째 조건은 4곳 모두 만족한다. 그러나 두 번째 조건에서 직접 방문은 어려우므로 C업체에서 구매하지 못한다. 따라서 A, B, D 세 곳을 비교할 때, 구매처별 지불해야 하는 금액에 택배비와 포장비를 제외한 금액은 다음과 같다.

구분	택배비 및 포장비 제외 금액	할인받은 금액
A업체	2,948,000-4,000 =2,944,000원	3,200,000-2,944,000 =256,000원
B업체	3,031,000-4,000 -7,000=3,020,000원	3,200,000-3,020,000 =180,000원
D업체	3,085,000-5,000 =3,080,000원	3,200,000-3,080,000 =120,000원

따라서 최소한의 비용으로 구매할 수 있는 업체는 A업체이고, A업체에서 할인받을 수 있는 금액은 256,000원이다.

48
정답 ②

제시된 조건을 조건식으로 정리하면 다음과 같다(명제와 그 대우는 동치이다).
- ~B → A ≡ ~A → B
- B → ~D
- A → ~C ≡ C → ~A
- ~C → E ≡ ~E → C
- ~E

위 조건식을 연결하면 다음과 같다.
~E → C → ~A → B → ~D
따라서 공휴일에 진료하는 병원은 B, C 2곳이다.

49
정답 ④

먼저, 총 5명의 위원을 선정한다고 하였고, 두 번째 조건에서 신진학자는 4명 이상 선정될 수 없다는 조건과 중견 학자 3명이 함께 선정될 수 없다는 조건을 고려하면 가능한 조합은 신진 학자 3명, 중견 학자 2명뿐임을 알 수 있다. 그리고 네 번째 조건을 반영하여 경우의 수를 나누어보면 다음의 두 가지만 가능하게 된다.
 ⅰ) 신진 윤리학자가 선정되는 경우 : 신진 윤리학자 1명, 신진 경영학자 2명, 중견 경영학자 2명으로 구성하는 경우가 가능하다.

 ⅱ) 신진 윤리학자가 선정되지 않는 경우 : 중견 윤리학자 1명, 신진 경영학자 3명, 중견 경영학자 1명으로 구성하는 경우가 가능하다.

따라서 중견 윤리학자가 선정되지 않는 경우는 위의 ⅰ)에 해당하는데 이 경우는 신진 경영학자가 2명 선정되므로 옳은 내용이다.

오답분석

① 어느 경우이든 윤리학자는 1명만 선정되므로 옳지 않은 내용이다.
② ⅰ)의 경우는 신진 경영학자가 2명만 선정되므로 옳지 않은 내용이다.
③ 중견 경영학자 2명이 선정되는 경우는 ⅰ)인데 이 경우는 윤리학자가 1명만 선정되므로 옳지 않은 내용이다.

50
정답 ③

164,000-(164,000×0.3)=114,800원

오답분석

① 143,000-(143,000×0.15)=121,550원
② 165,000-(165,000×0.2)=132,000원
④ 154,000-(154,000×0.2)=123,200원

51
정답 ③

6층을 모두 순찰하는 시간은 총 60분(=6×10)이 걸린다. 회사 건물은 6층인데 변수는 오른 다음 반드시 내려와야 하고 최대 올라갈 수 있는 층이 4층이라면(∵ 현재는 1층이기 때문), 가지 못한 층이 두 개이므로 나머지 두 층을 가기 위해서는 4번을 타고 내려야 되며, 올라간 다음 다시 내려오는 조건이므로 2배가 된다. 즉, 아무리 가장 빠르게 이동한다 해도 8번(=2×4)이 걸린다. 한 층을 올라가기 위해서는 한 층을 내려갔다가 다시 올라가야 하므로 왕복시간으로 2분이 걸린다. 그러므로 최소 16분(=8×2)이 소요된다. 순찰 경로를 직접 나열해 보면 다음과 같다.
- 1층에서 3층으로 올라간다. → 2분
- 3층에서 2층으로 내려간다. → 1분
- 2층에서 5층으로 올라간다. → 3분
- 5층에서 4층으로 내려간다. → 1분
- 4층에서 6층으로 올라간다. → 2분
- 6층에서 3층으로 내려간다. → 3분
- 3층에서 4층으로 올라간다. → 1분
- 4층에서 1층으로 내려간다. → 3분

따라서 순찰을 마친 후 1층으로 돌아오기까지 걸린 시간은 76분 =1시간 16분이다.

52
정답 ②

성과급 지급 기준에 따라 영업팀의 성과를 평가하면 다음과 같다.
- 1분기 : (8×0.4)+(8×0.4)+(6×0.2)=7.6 → C등급
- 2분기 : (8×0.4)+(6×0.4)+(8×0.2)=7.2 → C등급
- 3분기 : (10×0.4)+(8×0.4)+(10×0.2)=9.2 → A등급
- 4분기 : (8×0.4)+(8×0.4)+(8×0.2)=8.0 → B등급

따라서 영업팀에게 1년간 지급된 성과급의 총액은 80+80+[100
+(20×0.5)]+90=360만 원이다.

53
정답 ②

7월 28일은 비가 오는 날이므로 첫 번째 조건에 따라 A사원은 커
피류를 마신다. 또한, 평균기온은 27℃로, 26℃ 이상이므로 두 번
째 조건에 따라 큰 컵으로 마시고, 세 번째 조건에 따라 카페라테
를 마신다.

54
정답 ④

7월 26일은 비가 오지 않는 화요일이며 평균기온은 28℃이므로
A사원은 밀크티 큰 컵을 마신다. 7월 25일은 맑은 날이고 26℃
이므로 A사원은 자몽에이드 큰 컵을 마셨으므로 B사원에게는 자
몽에이드 큰 컵을 사준다. 따라서 A사원이 지불할 금액은 4,800
(∵ 밀크티 큰 컵)+4,700(∵ 자몽에이드 큰 컵)=9,500원이다.

55
정답 ④

제시문에 따르면 J부서에 근무하는 신입사원은 단 한 명이며, 신입
사원은 단 한 지역의 출장에만 참가한다. 따라서 갑과 단둘이 가는
한 번의 출장에만 참가하는 을이 신입사원임을 알 수 있다. 이때,
네 지역으로 모두 출장을 가는 총괄 직원도 단 한 명뿐이므로 을과
단둘이 출장을 간 갑이 총괄 직원임을 알 수 있다. 또한, 신입사원
을 제외한 모든 직원은 둘 이상의 지역으로 출장을 가야 하므로
병과 정이 함께 같은 지역으로 출장을 가면 무는 남은 두 지역 모
두 출장을 가야 한다. 이때, 병과 정 역시 남은 두 지역 중 한 지역
으로 각각 출장을 가야 한다. 따라서 다섯 명의 직원이 출장을 가
는 경우를 정리하면 다음과 같다.

지역	직원	
	경우 1	경우 2
A	갑, 을	갑, 을
B	갑, 병, 정	갑, 병, 정
C	갑, 병, 무	갑, 정, 무
D	갑, 정, 무	갑, 병, 무

따라서 정은 두 곳으로만 출장을 가므로 정이 총 세 곳에 출장을
간다는 ④는 항상 거짓이 된다.

오답분석
① 갑은 총괄 직원이다.
② 두 명의 직원만이 두 광역시에 모두 출장을 간다고 하였으므로
  을의 출장 지역은 광역시에 해당하지 않는다.
③ 위의 표를 통해 확인할 수 있다.

56
정답 ②

네 번째 명제에 따르면 K사원은 특근을 하고 Q사원은 야근을 한
다. 이때, 첫 번째 명제에 의해 K사원은 연말이 되면 회계 결산으
로 특근을 하지만 연말이 아닌 경우에는 다른 업무로 인해 특근을
할 수도 있다. 따라서 지금은 연말이라는 것은 참일 수도 있고 거
짓일 수도 있다.

오답분석
① 첫 번째 명제와 두 번째 명제의 대우에 따르면 P사원이 출장을
  가면 연말이다. 이때 K사원은 연말이 되면 특근을 하므로 P사
  원이 출장을 가면 K사원은 특근을 한다.
③ 두 번째 명제의 대우를 통해 알 수 있다.
④ 지금이 연말인지 아닌지 알 수 없으므로 P사원이 출장을 가는
  지는 알 수 없다.

57
정답 ③

조건을 모두 고려하면, 다음과 같은 좌석 배치도를 확인할 수 있다.

따라서 서울 대표 맞은편에는 제주 대표가 앉아 있다.

58
정답 ②

• ㉠, ㉢, ㉥, ㉧에 의해, 언어영역 순위는 '형준 - 연재 - 소정(또
  는 소정 - 연재) - 영호' 순서로 높다.
• ㉠, ㉡, ㉢, ㉥, ㉨에 의해, 수리영역 순위는 '소정 - 형준 - 연
  재 - 영호' 순서로 높다.
• ㉢, ㉣, ㉥, ◎에 의해, 외국어영역 순위는 '영호 - 연재(또는 연
  재 - 영호) - 형준 - 소정' 순서로 높다.

오답분석
① 언어영역 2위는 연재 또는 소정이다.
③ 영호는 외국어영역에서는 1위 또는 2위이다.
④ 연재의 언어영역 순위는 2위 또는 3위이므로 여기에 1을 더한
  순위가 형준이의 외국어영역 순위인 3위와 항상 같다고 할 수
  없다.

59

판단의 준거가 되는 명제와 그에 대한 대우를 정리해보면 다음과 같다.

- [명제] A가 채택되면 B도 채택된다.
  [대우] B가 채택되지 않으면 A도 채택되지 않는다.
- [명제] A가 채택되지 않으면 D와 E 역시 채택되지 않는다.
  [대우] D나 E가 채택되면 A가 채택된다.
- [명제] B가 채택된다면, C가 채택되거나 A는 채택되지 않는다.
  [대우] C가 채택되지 않고 A가 채택되면 B는 채택되지 않는다.
- [명제] D가 채택되지 않는다면, A는 채택되지만 C는 채택되지 않는다.
  [대우] A가 채택되지 않거나 C가 채택되면 D가 채택된다.

위와 같은 명제를 종합하면 A업체가 모든 사안과 연결되는 것을 알 수 있다. 그러므로 A가 채택되는 경우와 되지 않는 경우를 나누어 판단해 보면 다음과 같다.

- A가 채택되는 경우 : A, B, C, D는 확실히 채택되고 E는 불분명하다.
- A가 채택되지 않는 경우 : 확실히 채택되는 기업은 없으며, K기업에서는 조달업체를 채택할 것이라 했으므로 제외한다.

따라서 A가 채택되어야 하고 이 경우 A, B, C, D는 확실히 채택된다.

60

정답 ②

고급 포장과 스토리텔링은 모두 수제 초콜릿의 강점에 해당되므로 SWOT 분석에 의한 마케팅 전략으로 볼 수 없다. SO전략과 ST전략으로 보일 수 있으나, 기회를 포착하거나 위협을 회피하는 모습을 보이지 않기에 적절하지 않다.

오답분석

① 수제 초콜릿의 풍부한 맛(강점)을 알리고, 맛을 보기 전에는 알 수 없는 일반 초콜릿과의 차이(위협)도 알리는 ST전략에 해당된다.
③ 수제 초콜릿의 스토리텔링(강점)을 포장에 명시하여 소비자들의 요구를 충족(기회)시키는 SO전략에 해당된다.
④ 수제 초콜릿의 존재를 모르는 점(약점)을 마케팅을 강화하여 보완하고 대기업과의 경쟁(위협)을 이겨내는 WT전략에 해당된다.

제2영역 직무시험

| 01 | 국민건강보험법

61	62	63	64	65	66	67	68	69	70
②	④	①	②	①	①	④	④	③	④
71	72	73	74	75	76	77	78	79	80
④	②	④	①	④	③	①	③	③	④

61

정답 ②

국민건강보험은 본인의 의사에 따라 가입하는 임의 보험이 아니라 법률에 의해 의무적으로 가입하는 보험으로, 강제성이 있다.

62

정답 ④

건강보험은 위험이나 질병 등에 대해 고액의 진료비로 가계가 파탄되는 것을 방지하기 위해 국민들이 평소에 보험료를 내어 이를 기금화 하고 보험사고가 발생하면 보험급여를 해줌으로써 국민 상호간 위험분담을 통하여 국민의 의료서비스를 보장해 주는 제도로, 사회보험에 해당한다.

> **사회보장의 유형(사회보장기본법 제3조)**
> - 사회보험 : 국민에게 발생하는 사회적 위험을 보험방식에 의하여 대처함으로써 국민건강과 소득을 보장하는 제도
> - 공공부조 : 국가 및 지방자치단체의 책임하에 생활유지능력이 없거나 생활이 어려운 국민의 최저생활을 보장하고 자립을 지원하는 제도
> - 사회복지서비스 : 국가 · 지방자치단체 및 민간부문의 도움을 필요로 하는 모든 국민에게 상담 · 재활 · 직업소개 및 지도 · 사회복지시설 이용 등을 제공하여 정상적인 사회생활이 가능하도록 지원하는 제도

63

정답 ①

국민건강보험공단, 건강보험심사평가원 및 대행청구기관에 종사하였던 사람 또는 종사하는 사람은 가입자 및 피부양자의 개인정보를 누설하거나 직무상 목적 외의 용도로 이용 또는 정당한 사유 없이 제3자에게 제공하는 경우 5년 이하의 징역 혹은 5천만 원 이하의 벌금에 처한다(법 제115조 제1항). 이때 개인정보란 개인정보보호법 제2조 제1호에서 규정하는 정보를 말하는데, 주민등록번호는 이에 해당하므로 A씨가 가장 많은 벌금을 내게 된다.

오답분석

② 요양기관은 요양급여비용의 심사청구를 의료법에 따른 의사회 · 치과의사회 · 한의사회 · 조산사회 또는 각각의 지부 및 분회, 의료법에 따른 의료기관 단체, 약사법에 따른 약사회 또는 지부 및 분회가 대행하게 할 수 있다(법 제47조 제7항). 이러한 요양급여비용의 심사청구를 대행하는 단체(대행청구단체)의 종사자로서 거짓이나 그 밖의 부정한 방법으로 요양급여비용

을 청구한 자는 3년 이하의 징역 또는 <u>3천만 원</u> 이하의 벌금에 처한다(법 제115조 제2항 제1호).

③ 보건의료원은 국민건강보험법 제42조 제1항에서 규정하는 요양기관에 속하며, 요양기관은 정당한 이유 없이 요양급여를 거부하지 못한다(법 제42조 제5항). 이를 위반한 자는 <u>500만 원</u> 이하의 벌금에 처한다(법 제117조).

④ 보건복지부장관은 요양기관에 대하여 요양·약제의 지급 등 보험급여에 관한 보고 또는 서류 제출을 명하거나, 소속 공무원이 관계인에게 질문하게 하거나 관계 서류를 검사하게 할 수 있다(법 제97조 제2항). 이에 불구하고 서류 제출을 하지 않은 자, 거짓으로 보고하거나 거짓 서류를 제출한 자, 검사나 질문을 거부·방해 또는 기피한 자는 <u>1천만 원</u> 이하의 벌금에 처한다(법 제116조).

64 정답 ②

가입자의 종류(법 제6조)
① 가입자는 직장가입자와 지역가입자로 구분한다.
② 모든 사업장의 근로자 및 사용자와 공무원 및 교직원은 직장가입자가 된다. 다만, 다음 각 호의 어느 하나에 해당하는 사람은 제외한다.
  1. 고용 기간이 1개월 미만인 일용근로자
  2. 병역법에 따른 현역병(지원에 의하지 아니하고 임용된 하사를 포함), 전환복무된 사람 및 군간부후보생
  3. 선거에 당선되어 취임하는 공무원으로서 매월 보수 또는 보수에 준하는 급료를 받지 아니하는 사람
  4. 그 밖에 사업장의 특성, 고용 형태 및 사업의 종류 등을 고려하여 대통령령으로 정하는 사업장의 근로자 및 사용자와 공무원 및 교직원
③ 지역가입자는 직장가입자와 그 피부양자를 제외한 가입자를 말한다.

65 정답 ①

재산보험료부과점수는 지역가입자의 재산을 기준으로 산정한다(법 제72조 제1항). 소득월액은 직장가입자의 월별 보험료액의 결정기준의 하나이다.

> **재산보험료부과점수(법 제72조)**
> ① 제69조 제5항 제2호에 따른 재산보험료부과점수는 지역가입자의 재산을 기준으로 산정한다. 다만, 대통령령으로 정하는 지역가입자가 실제 거주를 목적으로 대통령령으로 정하는 기준 이하의 주택을 구입 또는 임차하기 위하여 다음 각 호의 어느 하나에 해당하는 대출을 받고 그 사실을 공단에 통보하는 경우에는 해당 대출금액을 대통령령으로 정하는 바에 따라 평가하여 재산보험료부과점수 산정 시 제외한다.
>   1. 금융실명거래 및 비밀보장에 관한 법률 제2조 제1호에 따른 금융회사 등("금융회사 등")으로부터 받은 대출
>   2. 주택도시기금법에 따른 주택도시기금을 재원으로 하는 대출 등 보건복지부장관이 정하여 고시하는 대출

> ② 제1항에 따라 재산보험료부과점수의 산정방법과 산정기준을 정할 때 법령에 따라 재산권의 행사가 제한되는 재산에 대하여는 다른 재산과 달리 정할 수 있다.
> ③ 지역가입자는 제1항 단서에 따라 공단에 통보할 때 신용정보의 이용 및 보호에 관한 법률 제2조 제1호에 따른 신용정보, 금융실명거래 및 비밀보장에 관한 법률 제2조 제2호에 따른 금융자산, 같은 조 제3호에 따른 금융거래의 내용에 대한 자료·정보 중 대출금액 등 대통령령으로 정하는 자료·정보("금융정보 등")를 공단에 제출하여야 하며, 제1항 단서에 따른 재산보험료부과점수 산정을 위하여 필요한 금융정보 등을 공단에 제공하는 것에 대하여 동의한다는 서면을 함께 제출하여야 한다.
> ④ 제1항 및 제2항에 따른 재산보험료부과점수의 산정방법·산정기준 등에 필요한 사항은 대통령령으로 정한다.

66 정답 ①

가산금(법 제78조의2 제1항)
사업장의 사용자가 대통령령으로 정하는 사유에 해당되어 직장가입자가 될 수 없는 자를 제8조 제2항 또는 제9조 제2항을 위반하여 거짓으로 보험자에게 직장가입자로 신고한 경우 공단은 제1호의 금액에서 제2호의 금액을 뺀 금액의 <u>100분의 10</u>에 상당하는 가산금을 그 사용자에게 부과하여 징수한다.
  1. 사용자가 직장가입자로 신고한 사람이 직장가입자로 처리된 기간 동안 그 가입자가 제69조 제5항에 따라 부담하여야 하는 보험료의 총액
  2. 제1호의 기간 동안 공단이 해당 가입자에 대하여 제69조 제4항에 따라 산정하여 부과한 보험료의 총액

67 정답 ④

급여의 제한(법 제53조 제3항)
공단은 가입자가 대통령령으로 정하는 기간 이상 다음 각 호의 보험료를 체납한 경우 그 체납한 보험료를 완납할 때까지 그 가입자 및 피부양자에 대하여 보험급여를 실시하지 아니할 수 있다. 다만, 월별 보험료의 총체납횟수(이미 납부된 체납보험료는 총체납횟수에서 제외하며, 보험료의 체납기간은 고려하지 아니한다)가 대통령령으로 정하는 횟수 미만이거나 가입자 및 피부양자의 소득·재산 등이 대통령령으로 정하는 기준 미만인 경우에는 그러하지 아니하다.
  1. 제69조 제4항 제2호에 따른 보수 외 소득월액보험료
  2. 제69조 제5항에 따른 세대단위의 보험료

오답분석
① 법 제53조 제1항 제1호에서 확인할 수 있다.
② 법 제53조 제2항에서 확인할 수 있다.
③ 법 제54조 제2호에서 확인할 수 있다.

68 정답 ④

체납보험료의 분할납부(법 제82조)
① 공단은 보험료를 <u>3회</u>(㉠) 이상 체납한 자가 신청하는 경우 보건복지부령으로 정하는 바에 따라 분할납부를 승인할 수 있다.
② 공단은 보험료를 3회 이상 체납한 자에 대하여 제81조 제3항에 따른 체납처분을 하기 전에 제1항에 따른 분할납부를 신청할 수 있음을 알리고, 보건복지부령으로 정하는 바에 따라 분할납부 신청의 절차·방법 등에 관한 사항을 안내하여야 한다.
③ 공단은 제1항에 따라 분할납부 승인을 받은 자가 정당한 사유 없이 <u>5회</u>(㉡)(제1항에 따라 승인받은 분할납부 횟수가 5회 미만인 경우에는 해당 분할납부 횟수를 말한다) 이상 그 승인된 보험료를 납부하지 아니하면 그 분할납부의 승인을 취소한다.

69 정답 ③

보건복지부장관은 국민건강보험법에 따른 건강보험의 건전한 운영을 위하여 제4조에 따른 건강보험정책심의위원회의 심의를 거쳐 <u>5년</u>마다 국민건강보험종합계획을 수립하여야 한다. 수립된 종합계획을 변경할 때도 또한 같다(법 제3조의2 제1항).

70 정답 ④

직장가입자의 보수 외 소득월액보험료는 직장가입자가 부담한다(법 제76조 제2항). 소득월액보험료는 직장가입자의 보수 외 소득에 대하여 부과하는 것이므로 직장가입자가 전액을 부담한다.

보험료의 부담(법 제76조)
① 직장가입자의 보수월액보험료는 직장가입자와 다음 각 호의 구분에 따른 자가 각각 보험료액의 100분의 50씩 부담한다. 다만, 직장가입자가 교직원으로서 사립학교에 근무하는 교원이면 보험료액은 그 직장가입자가 100분의 50을, 제3조 제2호 다목에 해당하는 사용자가 100분의 30을, 국가가 100분의 20을 각각 부담한다.
1. 직장가입자가 근로자인 경우에는 제3조 제2호 가목에 해당하는 사업주
2. 직장가입자가 공무원인 경우에는 그 공무원이 소속되어 있는 국가 또는 지방자치단체
3. 직장가입자가 교직원(사립학교에 근무하는 교원은 제외한다)인 경우에는 제3조 제2호 다목에 해당하는 사용자
② 직장가입자의 보수 외 소득월액보험료는 직장가입자가 부담한다.
③ 지역가입자의 보험료는 그 가입자가 속한 세대의 지역가입자 전원이 연대하여 부담한다.
④ 직장가입자가 교직원인 경우 제3조 제2호 다목에 해당하는 사용자가 부담액 전부를 부담할 수 없으면 그 부족액을 학교에 속하는 회계에서 부담하게 할 수 있다.

71 정답 ④

A의 삼촌은 직장가입자의 방계존속으로 피부양자 요건이 아니다.

적용 대상 등(법 제5조 제2항)
제1항의 피부양자는 다음 각 호의 어느 하나에 해당하는 사람 중 직장가입자에게 주로 생계를 의존하는 사람으로서 소득 및 재산이 보건복지부령으로 정하는 기준 이하에 해당하는 사람을 말한다.
1. 직장가입자의 배우자
2. 직장가입자의 직계존속(배우자의 직계존속을 포함)
3. 직장가입자의 직계비속(배우자의 직계비속을 포함)과 그 배우자
4. 직장가입자의 형제·자매

72 정답 ②

오답분석
ㄴ·ㄹ. 적용제외자에 해당한다.

적용 대상 등(법 제5조 제1항)
국내에 거주하는 국민은 건강보험의 가입자("가입자") 또는 피부양자가 된다. 다만, 다음 각 호의 어느 하나에 해당하는 사람은 제외한다.
1. 의료급여법에 따라 의료급여를 받는 사람("수급권자")
2. 독립유공자예우에 관한 법률 및 국가유공자 등 예우 및 지원에 관한 법률에 따라 의료보호를 받는 사람("유공자 등 의료보호대상자"). 다만, 다음 각 목의 어느 하나에 해당하는 사람은 가입자 또는 피부양자가 된다.
   가. 유공자 등 의료보호대상자 중 건강보험의 적용을 보험자에게 신청한 사람
   나. 건강보험을 적용받고 있던 사람이 유공자 등 의료보호대상자로 되었으나 건강보험의 적용배제신청을 보험자에게 하지 아니한 사람

73 정답 ④

구상권(법 제58조)
① 공단은 제3자의 행위로 보험급여사유가 생겨 가입자 또는 피부양자에게 보험급여를 한 경우에는 그 급여에 들어간 비용 한도에서 그 제3자에게 손해배상을 청구할 권리를 얻는다.
② 제1항에 따라 보험급여를 받은 사람이 제3자로부터 이미 손해배상을 받은 경우에는 공단은 그 배상액 한도에서 보험급여를 하지 아니한다.

74 정답 ①

제77조 제1항 및 제2항에 따라 보험료 납부의무가 있는 자는 가입자에 대한 그 달의 보험료를 그 다음 달 <u>10일</u>까지 납부하여야 한다. 다만, 직장가입자의 보수 외 소득월액보험료 및 지역가입자의 보험료는 보건복지부령으로 정하는 바에 따라 분기별로 납부할 수 있다(법 제78조 제1항).

75 정답 ④

휴직자 등의 보험료는 휴직 등의 사유가 끝날 때까지 보건복지부령으로 정하는 바에 따라 납입 고지를 유예할 수 있다(법 제79조 제5항).

오답분석

① 법 제79조 제1항에서 확인할 수 있다.
② 법 제79조 제4항에서 확인할 수 있다.
③ 법 제79조 제6항에서 확인할 수 있다.

76 정답 ③

체납 또는 결손처분 자료의 제공(법 제81조의3 제1항)
공단은 보험료 징수 및 제57조에 따른 징수금(같은 조 제2항 각 호의 어느 하나에 해당하여 같은 조 제1항 및 제2항에 따라 징수하는 금액에 한정한다. 이하 "부당이득금")의 징수 또는 공익목적을 위하여 필요한 경우에 신용정보의 이용 및 보호에 관한 법률 제25조 제2항 제1호의 종합신용정보집중기관이 다음 각 호의 어느 하나에 해당하는 체납자 또는 결손처분자의 인적사항·체납액 또는 결손처분액에 관한 자료를 요구할 때에는 그 자료를 제공할 수 있다. 다만, 체납된 보험료나 국민건강보험법에 따른 그 밖의 징수금과 관련하여 행정심판 또는 행정소송이 계류 중인 경우, 그 밖에 대통령령으로 정하는 사유가 있을 때에는 그러하지 아니하다.

1. 국민건강보험법에 따른 납부기한의 다음 날부터 1년이 지난 보험료 및 그에 따른 연체금과 체납처분비의 총액이 <u>500만 원</u> 이상인 자
2. 국민건강보험법에 따른 납부기한의 다음 날부터 1년이 지난 부당이득금 및 그에 따른 연체금과 체납처분비의 총액이 1억 원 이상인 자
3. 제84조에 따라 결손처분한 금액의 총액이 <u>500만 원</u> 이상인 자

77 정답 ①

정의(법 제3조)
국민건강보험법에서 사용하는 용어의 뜻은 다음과 같다.

1. "근로자"란 직업의 종류와 관계없이 근로의 대가로 보수를 받아 생활하는 사람(법인의 이사와 그 밖의 임원을 포함)으로서 공무원 및 교직원을 제외한 사람을 말한다.

2. "사용자"란 다음 각 목의 어느 하나에 해당하는 자를 말한다.
   가. 근로자가 소속되어 있는 사업장의 사업주
   나. 공무원이 소속되어 있는 기관의 장으로서 대통령령으로 정하는 사람
   다. 교직원이 소속되어 있는 사립학교(사립학교교직원 연금법 제3조에 규정된 사립학교)를 설립·운영하는 자
3. "사업장"이란 사업소나 사무소를 말한다.
4. "공무원"이란 국가나 지방자치단체에서 상시 공무에 종사하는 사람을 말한다.
5. "교직원"이란 사립학교나 사립학교의 경영기관에서 근무하는 교원과 직원을 말한다.

78 정답 ③

상임이사 중 제14조 제1항 제2호 및 제11호의 업무를 담당하는 이사("징수이사")는 경영, 경제 및 사회보험에 관한 학식과 경험이 풍부한 사람으로서 보건복지부령으로 정하는 자격을 갖춘 사람 중에서 선임한다(법 제21조 제1항).

> **업무 등(법 제14조 제1항 제2호·제11호)**
> 2. 보험료와 그 밖에 국민건강보험법에 따른 징수금의 부과·징수
> 11. 국민연금법, 고용보험 및 산업재해보상보험의 보험료 징수 등에 관한 법률, 임금채권보장법 및 석면피해구제법(징수위탁근거법)에 따라 위탁받은 업무

79 정답 ③

제47조 제3항에도 불구하고 공단은 요양급여비용의 지급을 청구한 요양기관이 의료법 제4조 제2항, 제33조 제2항·제8항 또는 약사법 제20조 제1항, 제21조 제1항을 위반하였거나, 의료법 제33조 제10항 또는 약사법 제6조 제3항·제4항을 위반하여 개설·운영되었다는 사실을 수사기관의 수사 결과로 확인한 경우에는 해당 요양기관이 청구한 요양급여비용의 지급을 보류할 수 있다. 이 경우 요양급여비용 지급 보류 처분의 효력은 해당 요양기관이 그 처분 이후 청구하는 요양급여비용에 대해서도 미친다.(법 제47조의2 제1항)

80 정답 ④

진료심사평가위원회(법 제66조 제5항)
심사평가원의 원장은 심사위원이 다음 각 호의 어느 하나에 해당하면 그 심사위원을 해임 또는 해촉할 수 있다.
1. 신체장애나 정신장애로 직무를 수행할 수 없다고 인정되는 경우
2. 직무상 의무를 위반하거나 직무를 게을리한 경우
3. 고의나 중대한 과실로 심사평가원에 손실이 생기게 한 경우
4. 직무 여부와 관계없이 품위를 손상하는 행위를 한 경우

61	62	63	64	65	66	67	68	69	70
②	④	④	④	②	②	②	①	④	②
71	72	73	74	75	76	77	78	79	80
④	④	④	③	④	②	④	③	④	③

61 정답 ②

국가 및 지방자치단체의 책무 등(법 제4조 제1항)

국가 및 지방자치단체는 노인이 일상생활을 혼자서 수행할 수 있는 온전한 심신상태를 유지하는데 필요한 사업("노인성질환예방사업")을 실시하여야 한다.

62 정답 ④

장기요양급여를 받고 있는 수급자는 장기요양등급, 장기요양급여의 종류 또는 내용을 변경하여 장기요양급여를 받고자 하는 경우 공단에 변경신청을 하여야 한다(법 제21조 제1항).

63 정답 ④

공단은 장기요양사업에 사용되는 비용에 충당하기 위하여 장기요양보험료를 징수한다(법 제8조 제1항).

64 정답 ④

제1항부터 제3항까지의 규정에 따른 장기요양인정신청 등의 방법 및 절차 등에 관하여 필요한 사항은 보건복지부령으로 정한다(법 제22조 제4항).

65 정답 ②

특별현금급여(법 제23조 제1항 제3호)

가. 가족요양비 : 제24조에 따라 지급하는 가족장기요양급여
나. 특례요양비 : 제25조에 따라 지급하는 특례장기요양급여
다. 요양병원간병비 : 제26조에 따라 지급하는 요양병원장기요양급여

오답분석

① 시설급여에 대한 설명이다.
③ 장기요양급여의 제공 기준·절차·방법·범위, 그 밖의 필요한 사항은 보건복지부령으로 정한다(법 제23조 제5항).
④ 장기요양요원의 범위·업무·보수교육 등에 관하여 필요한 사항은 대통령령으로 정한다(법 제23조 제2항).

66 정답 ②

우리나라 노인장기요양보험제도에는 특별현금급여로서 가족요양비가 있다. 가족요양비는 수급자가 장기요양기관이 현저히 부족한 지역(도서·벽지)에 거주하는 경우, 천재지변 등으로 장기요양기관이 제공하는 장기요양급여를 이용하기 어렵다고 인정되는 경우, 신체·정신·성격 등의 사유로 인하여 가족 등으로부터 방문요양에 상당한 장기요양을 받은 경우에 수급자에게 지급하는 현금급여이다(법 제24조 제1항).

오답분석

① 단기보호는 재가급여에 해당한다(법 제23조 제1항 제1호 마호).
③ 장기요양보험료는 국민건강보험법에 따른 보험료(건강보험료)와 통합하여 징수한다. 이 경우 국민건강보험공단은 장기요양보험료와 건강보험료를 구분하여 고지하여야 한다(법 제8조 제2항).
④ 장기요양인정의 유효기간은 최소 1년 이상으로서 대통령령으로 정한다(법 제19조 제1항).

67 정답 ②

공단은 국민건강보험법 제29조에 따라 공단의 조직 등에 관한 규정을 정할 때 장기요양사업을 수행하기 위하여 두는 조직 등을 건강보험사업을 수행하는 조직 등과 구분하여 따로 두어야 한다. 다만, 제48조 제2항 제1호 및 제2호의 자격 관리(㉠)와 보험료 부과·징수업무(㉡)는 그러하지 아니하다(법 제49조).

68 정답 ①

장기요양인정 신청의 조사(법 제14조 제1항)

공단은 제13조 제1항에 따라 신청서를 접수한 때 보건복지부령으로 정하는 바에 따라 소속 직원으로 하여금 다음 각 호의 사항을 조사하게 하여야 한다. 다만, 지리적 사정 등으로 직접 조사하기 어려운 경우 또는 조사에 필요하다고 인정하는 경우 특별자치시·특별자치도·시·군·구에 대하여 조사를 의뢰하거나 공동으로 조사할 것을 요청할 수 있다.

1. 신청인의 심신상태
2. 신청인에게 필요한 장기요양급여의 종류 및 내용
3. 그 밖에 장기요양에 관하여 필요한 사항으로서 보건복지부령으로 정하는 사항

69 정답 ④

장기요양급여는 월 한도액 범위 안에서 제공한다. 이 경우 월 한도액은 장기요양등급 및 장기요양급여의 종류 등을 고려하여 산정한다(법 제28조 제1항).

① 장기요양인정의 갱신 신청은 유효기간이 <u>만료되기 전 30일까</u>지 이를 완료하여야 한다(법 제20조 제2항).
② 등급판정위원회는 신청인이 신청서를 제출한 날부터 <u>30일</u> 이내에 제15조에 따른 장기요양등급판정을 완료하여야 한다(법 제16조 제1항).
③ 수급자는 장기요양인정서와 개인별 장기요양이용계획서가 <u>도달한 날</u>부터 장기요양급여를 받을 수 있다(법 제27조 제1항).

70　　정답 ②

장기요양요원지원센터의 설치 등(법 제47조의2 제2항)
장기요양요원지원센터는 다음 각 호의 업무를 수행한다.
1. 장기요양요원의 권리 침해에 관한 상담 및 지원
2. 장기요양요원의 역량강화를 위한 교육지원
3. 장기요양요원에 대한 건강검진 등 건강관리를 위한 사업
4. 그 밖에 장기요양요원의 업무 등에 필요하여 대통령령으로 정하는 사항

①·③·④ 장기요양사업의 관리운영기관인 국민건강보험공단의 업무이다.

71　　정답 ④

장기요양위원회의 설치 및 기능(법 제45조)
다음 각 호의 사항을 심의하기 위하여 보건복지부장관 소속으로 장기요양위원회를 둔다.
1. 제9조 제2항에 따른 장기요양보험료율
2. 제24조부터 제26조까지의 규정에 따른 가족요양비, 특례요양비 및 요양병원간병비의 지급기준
3. 제39조에 따른 재가 및 시설 급여비용
4. 그 밖에 대통령령으로 정하는 주요 사항

72　　정답 ④

④는 장기요양위원회의 위원의 자격이다(법 제46조 제2항 제2호).

등급판정위원회의 설치(법 제52조 제4항)
등급판정위원회 위원은 다음 각 호의 자 중에서 공단 이사장이 위촉한다. 이 경우 특별자치시장·특별자치도지사·시장·군수·구청장이 추천한 위원은 7인, 의사 또는 한의사가 1인 이상 각각 포함되어야 한다.
1. 의료법에 따른 의료인
2. 사회복지사업법에 따른 사회복지사
3. 특별자치시·특별자치도·시·군·구 소속 공무원
4. 그 밖에 법학 또는 장기요양에 관한 학식과 경험이 풍부한 자

73　　정답 ④

등급판정위원회의 설치(법 제52조)
① 장기요양인정 및 장기요양등급 판정 등을 <u>심의</u>하기 위하여 공단에 장기요양등급판정위원회를 둔다.
② 등급판정위원회는 특별자치시·특별자치도·시·군·구 단위로 설치한다. 다만, 인구 수 등을 고려하여 하나의 특별자치시·특별자치도·시·군·구에 <u>2 이상</u>의 등급판정위원회를 설치하거나 2 이상의 특별자치시·특별자치도·시·군·구를 통합하여 하나의 등급판정위원회를 설치할 수 있다.
③ 등급판정위원회는 <u>위원장 1인을 포함하여 15인</u>의 위원으로 구성한다.
④ 등급판정위원회 위원은 다음 각 호의 자 중에서 공단 이사장이 위촉한다. 이 경우 특별자치시장·특별자치도지사·시장·군수·구청장이 추천한 위원은 7인, 의사 또는 한의사가 1인 이상 각각 포함되어야 한다.
　1. 의료법에 따른 의료인
　2. 사회복지사업법에 따른 사회복지사
　3. 특별자치시·특별자치도·시·군·구 소속 공무원
　4. 그 밖에 법학 또는 장기요양에 관한 학식과 경험이 풍부한 자
⑤ 등급판정위원회 위원의 임기는 3년으로 하되, 한 차례만 연임할 수 있다. 다만, <u>공무원인 위원의 임기는 재임기간</u>으로 한다.

74　　정답 ③

제2항에 따른 장기요양급여 제공내용의 <u>평가 방법(㉠)</u> 및 평가 결과의 공표 방법, 그 밖에 필요한 사항은 <u>보건복지부령(㉡)</u>으로 정한다(법 제54조 제5항).

75　　정답 ④

심사위원회의 구성·운영 및 위원의 임기, 그 밖에 필요한 사항은 대통령령으로 정한다(법 제55조 제5항).

76　　정답 ②

제1항에 따른 심사청구는 그 처분이 있음을 안 날부터 <u>90일</u> 이내에 문서(전자정부법 제2조 제7호에 따른 전자문서를 포함한다)로 하여야 하며, 처분이 있은 날부터 180일을 경과하면 이를 제기하지 못한다. 다만, 정당한 사유로 그 기간에 심사청구를 할 수 없었음을 증명하면 그 기간이 지난 후에도 심사청구를 할 수 있다(법 제55조 제2항).

77 정답 ④

벌칙(법 제67조 제3항)

다음 각 호의 어느 하나에 해당하는 자는 1년 이하의 징역 또는 1천만 원 이하의 벌금에 처한다.

1. 제35조 제1항을 위반하여 정당한 사유 없이 장기요양급여의 제공을 거부한 자
2. 거짓이나 그 밖의 부정한 방법으로 장기요양급여를 받거나 다른 사람으로 하여금 장기요양급여를 받게 한 자
3. 정당한 사유 없이 제36조 제3항 각 호에 따른 권익보호조치를 하지 아니한 사람
4. 제37조 제7항을 위반하여 수급자가 부담한 비용을 정산하지 아니한 자

오답분석

ㄱ · ㄹ. 2년 이하의 징역 또는 2,000만 원 이하의 벌금(법 제67조 제2항)
ㄴ. 500만 원 이하의 과태료(법 제69조 제1항)

78 정답 ③

지정받지 아니하고 장기요양기관을 운영하거나 거짓이나 그 밖의 부정한 방법으로 지정받은 자는 <u>2년 이하의 징역 또는 2,000만 원 이하의 벌금</u>에 처한다(법 제67조 제2항 제1호).

79 정답 ④

500만 원 이하의 과태료 부과사항이다(법 제69조 제1항).

오답분석

① · ② · ③ 1년 이하의 징역 또는 1,000만 원 이하의 벌금에 해당한다(법 제67조 제3항).

80 정답 ③

제34조(장기요양기관 정보의 안내 등)를 위반하여 장기요양기관에 관한 정보를 게시하지 아니하거나 거짓으로 게시한 자는 500만 원 이하의 과태료를 부과한다(법 제69조 제1항 제2의2호).

제4회 모의고사 정답 및 해설

제 1 영역 직업기초능력

01	02	03	04	05	06	07	08	09	10
④	④	①	③	④	①	④	①	②	④
11	12	13	14	15	16	17	18	19	20
①	④	③	①	③	④	②	③	④	④
21	22	23	24	25	26	27	28	29	30
③	④	④	②	②	③	②	④	④	④
31	32	33	34	35	36	37	38	39	40
④	③	①	②	②	④	③	①	④	①
41	42	43	44	45	46	47	48	49	50
③	②	④	②	②	④	④	③	③	④
51	52	53	54	55	56	57	58	59	60
③	④	②	④	④	③	③	④	④	①

01
정답 ④

뇌 영상 기술은 뇌 질환을 치료하기 위한 목적이 아닌 뇌 안에서 일어나고 있는 활동을 들여다보기 위해 X선이나 전자파 등을 사용한다.

오답분석

① 뇌 영상 기술은 환자의 상태에 따라 CT, PET, MRI, fMRI를 선택적으로 활용한다.
② 1970년대에 개발된 CT를 시초로 하여 PET, MRI, fMRI 등 다양한 뇌 영상 기술이 등장하였다.
③ 지난 20여 년 동안 급격히 발전해 온 뇌 영상 기술은 인간에게 뇌에 대한 풍부한 정보를 제공해 주었다.

02
정답 ④

PET(양전자 단층 촬영술)는 CT 이후 방사성 의약품을 이용해 인체의 생화학적 상태를 3차원 영상으로 나타내는 기술로, 방사성 포도당이라는 의약품을 투여하여야 영상을 얻을 수 있다. 반면에 CT(컴퓨터 단층 촬영)는 X선을 이용한 기술로 별도의 의약품 없이도 영상을 얻을 수 있다.

03
정답 ①

A사원은 계획적이고 순차적으로 업무를 수행하므로 효율적인 업무 수행을 하고 있는 것이다.

오답분석

② 다른 사람의 업무에 지나칠 정도로 책임감을 느끼며 괴로워하는 B대리는 '배려적 일중독자'에 해당한다.
③ 음식을 과다 섭취하는 폭식처럼 일을 한 번에 몰아서 하는 C주임은 '폭식적 일중독자'에 해당한다.
④ 휴일이나 주말에도 일을 놓지 못하는 D사원은 '지속적인 일중독자'에 해당한다.

04
정답 ③

두 번째 문단에서 전통의 유지와 변화에 대한 견해 차이는 보수주의와 진보주의의 차이로 이해될 성질의 것이 아니며, 한국 사회의 근대화는 앞으로도 계속되어야 할 광범하고 심대한 사회 구조적 변동이라고 하였다. 또한, 마지막 문단에서 '근대화라고 하는 사회 구조적 변동이 문화 변화를 결정지을 것이기 때문'이라고 하였으므로 전통문화의 변화 문제를 '사회 변동의 시각'에서 다루는 것이 적절하다.

05
정답 ④

사회보험징수포털을 이용하거나 공단 지사 방문은 기존의 방법이다. 제시문에서는 사업장에서도 신용카드 이체를 통해 납부가 편리해졌음을 말하고 있다.

06
정답 ①

㉠의 '제고'는 수준이나 정도 따위를 끌어올린다는 뜻으로, 어떤 일이나 문제 따위를 다시 생각한다는 '재고'는 대체어로 적절하지 않다.

07 정답 ④

보기의 '묘사(描寫)'는 '어떤 대상이나 현상 따위를 있는 그대로 언어로 서술하거나 그림으로 그려서 나타내는 것'이다. 보기의 앞에는 어떤 모습이나 장면이 나와야 하므로 (다) 다음의 '분주하고 정신없는 장면'이 와야 한다. 또한, 보기에서 묘사는 '본 사람이 무엇을 중요하게 판단하고, 무엇에 흥미를 가졌느냐에 따라 크게 다르다.'고 했으므로 보기 뒤에는 (다) 다음의 장면 중 '어느 부분에 주목하고, 또 어떻게 그것을 해석했는지에 따라 즐겁기도 하고 무섭기도 하다.'의 구체적 내용인 (라) 다음 부분이 이어져야 한다. 따라서 보기가 들어갈 위치로 가장 적절한 곳은 (라)이다.

08 정답 ①

(다)는 문제에 대한 주장으로, 그 뒤에 '그래서'로 이어지는 주장에 따른 결과 (가)가 나온다. 그 결과에 대한 이유가 (나)에서 나오고 이는 문맥의 흐름과 '때문입니다.'라는 표현을 통해 알 수 있다. 마지막으로 주장에 대한 결론이 제시되는데 (라)에서 '따라서'라는 결론을 나타내는 부사어를 사용하여 주장을 정리하고 있다.

09 정답 ②

장기요양인정의 신청자격에서 장애인 활동지원 급여를 이용 중이거나 이용을 희망하는 경우 장기요양등급이 인정되면 장애인 활동지원 신청 및 급여가 제한되므로 중복이용은 불가능하다.

오답분석

① 신청서 접수 후에 방문조사를 통해 장기요양등급판정 절차를 거쳐 등급판정에 따라 장기요양 급여혜택이 다르게 부여됨을 유추할 수 있다.
③ 장기요양인정의 대리 신청인으로 이해관계인을 인정함으로, 이웃 역시도 대리인 본인을 증명할 수 있는 신분증을 제출하면서 신청가능하다.
④ 자료의 4단계 장기요양인정 절차를 5단계 절차로 쉽게 풀어 설명했다.

10 정답 ④

한글 맞춤법에 따르면 ㉣의 '지'는 어미 '-ㄹ지'의 일부이므로 붙여 써야 한다. 따라서 '할지라도'가 적절한 표기이다.

11 정답 ①

제시문에서는 조상형 동물의 몸집이 커지면서 호흡의 필요성에 따라 아가미가 생겨났고, 호흡계 일부가 변형된 허파는 식도 아래쪽으로 생성되었으며, 이후 폐어 단계에서 척추동물로 진화하면서 호흡계와 소화계가 겹친 부위가 분리되기 시작하여 결국 하나의 교차점을 남기면서 인간의 음식물로 인한 질식 현상과 같은 단점을 남겼다고 설명하고 있다. 또한 마지막 문장에서 이러한 과정이 '당시에는 최선의 선택'이었다고 하였으므로, 진화가 순간순간에 필요한 대응일 뿐 최상의 결과를 내는 과정이 아님을 알 수 있다.

12 정답 ④

첫 번째 문단은 임신 중 고지방식 섭취로 인해 자식의 생식기에 종양이 발생할 가능성에 대한 연구결과를 이야기하고 있고, 두 번째 문단은 사지 절단 수술로 인해 심장병으로 사망할 가능성에 대한 조사 결과를 이야기하고 있다. 따라서 제시문의 주제로는 ④가 가장 적절하다.

13 정답 ③

소득평가액은 실제소득에서 가구특성별 지출비용을 뺀 것이다.

14 정답 ①

자외선차단제의 차단 지수가 높을수록 좋은 것이 아니고, 알레르기 등 부작용이 나타날 수 있으므로 활동목적과 활동량에 따라 알맞은 제품을 선택해야 한다.

15 정답 ③

(가), (나), (라)는 모두 문두에 '하지만', '이러한 문제', '이런 환경'과 같이 앞에 문장을 받는 표현이 등장하므로 첫 문장이 될 수 없어 (다)가 가장 처음에 와야 한다. (라)의 '이런 환경'은 (다)에 제시된 내용을 말하고, (가)의 '하지만'은 서로 반대되는 내용을 서술한 (라)와 (가)를 이어준다. 그리고 (나)의 '이러한 문제'는 (가)에서 제시된 상황을 받고 있다. 따라서 (다) - (라) - (가) - (나)의 순으로 나열해야 한다.

16 정답 ④

인간의 심리적 문제는 비합리적인 신념의 '원인'이 아닌 '산물'이다.

17 정답 ②

제시문에서 필자는 3R 원칙을 강조하며 가장 필수적이고 최저한의 동물실험이 필요악임을 주장하고 있다. 특히 '보다 안전한 결과를 도출해내기 위한 동물실험은 필요악이며, 이러한 필수적인 의약실험조차 금지하려 한다는 것은 기술 발전 속도를 늦춰 약이 필요한 누군가의 고통을 감수하자는 이기적인 주장'이라는 대목을 통해 약이 필요한 이들을 위한 의약실험에 초점을 맞추고 있음을 확인할 수 있다. 따라서 ②의 주장처럼 생명과 큰 관련이 없는 동물실험을 비판의 근거로 삼는 것은 적절하지 않다.

18 정답 ③

우유의 장점을 설명하고 나서, 우유의 효과에 대해 부정적인 견해가 존재하지만 이는 일부의 의견이라고 하는 것을 볼 때 그래도 우유를 먹어야 한다는 내용이 이어지는 것이 자연스럽다.

19 정답 ④

제시문은 통계 수치의 의미를 정확하게 이해하고 도구와 방법을 올바르게 사용해야 하며, 특히 아웃라이어의 경우를 생각해야 한다고 주장하고 있다.

오답분석

①·② 집단을 대표하는 수치로서의 '평균' 자체가 숫자 놀음과 같이 부적당하다고는 언급하지 않았다.

③ 아웃라이어가 있는 경우에는 평균보다는 최빈값이나 중앙값이 대푯값으로 더 적당하다.

20 정답 ④

임대인이 외국인 또는 해외거주자(재외국민)일 경우에 대출이 불가하며, 질문자의 경우 한국에 귀화한 자이기 때문에 다른 조건이 충족되면 대출이 가능하다.

21 정답 ③

ㄱ. 55는 홀수이므로 이의 중앙값을 구하면 $\frac{(55+1)}{2}=28$이다.

따라서 표에서 낮은 학생부터 나열했을 때 28번째에 위치한 학생이 5점을 얻었음을 알 수 있다.

ㄹ. 표에서 학급에서 가장 많은 학생이 받은 체육점수는 5점(23명)임을 확인할 수 있으므로 옳은 내용이다.

오답분석

ㄴ. 전체 학생 수가 55명이고 4~6점을 받은 학생 수가 43명이므로 이를 계산하면 약 78%이다. 따라서 옳지 않은 내용이다.

ㄷ. 표에서 제시된 분포는 1~9점의 구간을 놓고 볼 때 5점을 기준으로 정확하게 좌우가 대칭인 구조를 이루고 있다. 따라서 이 분포의 산술평균은 이 구간의 정확히 가운데 지점에서 형성되는데, 이 같은 대칭구조는 양극단의 수치인 1점과 9점의 데이터가 제외된다고 하여도 역시 같은 결과가 나오게 된다. 따라서 옳지 않은 내용이다.

22 정답 ④

유치원당 교지면적은 국립(255.0m^2)이 사립(1478.4m^2)보다 작지만 원아 1인당 교사면적은 국립(7.5m^2)이 사립(7.2m^2)보다 크므로 옳지 않은 내용이다.

오답분석

① 사립의 원아 1인당 교지면적은 13.2m^2이며 공립은 6.1m^2이므로 사립이 공립의 2배 이상임을 알 수 있다.

② 유치원당 교사면적이 가장 큰 유형부터 순서대로 나열하면 사립(806.4m^2), 국립(562.5m^2), 공립(81.2m^2) 순서이므로 옳은 내용이다.

③ 유치원당 교지면적이 유치원당 교사면적보다 작은 유치원 유형은 국립($255.0\text{m}^2 < 562.5\text{m}^2$)뿐이므로 옳은 내용이다.

23 정답 ④

농업에 종사하는 고령근로자 수는 $600\times0.2=120$명이고, 교육서비스업은 $48,000\times0.11=5,280$명, 공공기관은 $92,000\times0.2=18,400$명이다. 따라서 총 $120+5,280+18,400=23,800$명으로, 과학 및 기술업에 종사하는 고령근로자 수인 $160,000\times0.125=20,000$명보다 많다.

오답분석

① 건설업에 종사하는 고령근로자 수는 $97,000\times0.1=9,700$명으로 외국기업에 종사하는 고령근로자 수의 3배인 $12,000\times0.35\times3=12,600$명보다 적다.

② 국가별 65세 이상 경제활동 조사 인구가 같을 경우 그래프에 나와 있는 비율로 비교하면 된다. 따라서 미국의 고령근로자 참가율 17.4%는 영국의 참가율의 2배인 $8.6\times2=17.2\%$보다 높다.

③ 모든 업종의 전체 근로자 수에서 제조업에 종사하는 전체 근로자 비율은

$$\frac{1,080}{(0.6+1,080+97+180+125+160+48+92+12)}\times100 \fallingdotseq 60.2\%$$로 80% 미만이다.

24 정답 ②

자료의 두 번째 그래프에 나온 비율을 전체 조사인구와 곱하여 고령근로자 수를 구한다.

(A) 한국 경제활동 고령근로자 수 : $750\times0.294=220.5$만 명

(B) 스웨덴 경제활동 고령근로자 수 : $5,600\times0.32=1,792$만 명

25 정답 ②

조사 기간 동안 한 번도 0%를 기록하지 못한 곳은 강원, 경남, 대전, 부산, 울산, 충남 6곳이다.

오답분석

① 광주가 7.37%로 가장 적다.

③ 자료를 통해 쉽게 확인할 수 있다.

④ 한 해 동안 가장 높은 예산 비중을 기록한 지역은 2021년 수도권으로, 비중은 23.71%이다.

26 정답 ③

2019년부터 2023년까지 유출된 예산 비중의 총합이 가장 큰 지역은 강원으로, 총합은 43.33%이고 평균은 $\frac{43.33}{5}\fallingdotseq8.7\%$이다.

27 정답 ②

ㄱ. 자료를 통해 쉽게 확인할 수 있다.

ㄹ. 2019년 강원의 유출된 예산 비중은 21.9%로, 다른 모든 지역의 비중의 합인 18.11%보다 높다.

ㄴ. 지역별로 유출된 예산 비중의 총합이 가장 높은 연도는 2021년이다.
ㄷ. 2021년에 전년 대비 유출된 예산 비중이 1%p 이상 오르지 못한 곳은 경남, 광주, 대전 총 3곳이다.

28
정답 ④

1주 이용권을 1주마다 구매할 때
- 기본요금 : $3,000 \times 2 = 6,000$원
- 추가요금 : $100 \div 10 \times (80 + 180 + 30 + 80) = 3,700$원
∴ (총요금)$= 6,000 + 3,700 = 9,700$원

① 3일, 9일을 제외하고 매일 1일 이용권 A를 구매할 때
- 기본요금 : $1,000 \times 12 = 12,000$원
- 추가요금 : $100 \div 10 \times (10 + 40 + 140 + 240 + 90 + 140 + 40) = 7,000$원
∴ (총요금)$= 12,000 + 7,000 = 19,000$원
② 3일, 9일을 제외하고 매일 1일 이용권 B를 구매할 때
- 기본요금 : $1,500 \times 12 = 18,000$원
- 추가요금 : $100 \div 10 \times (80 + 180 + 30 + 80) = 3,700$원
∴ (총요금)$= 18,000 + 3,700 = 21,700$원
③ 첫째 주는 1일 이용권 B를, 둘째 주는 1주 이용권을 구매할 때
- 기본요금 : $1,500 \times 6 + 3,000 = 12,000$원
- 추가요금 : $100 \div 10 \times (80 + 180 + 30 + 80) = 3,700$원
∴ (총요금)$= 12,000 + 3,700 = 15,700$원

29
정답 ④

생산이 증가한 2019년, 2022년, 2023년에는 수출과 내수도 모두 증가했으므로 옳지 않은 설명이다.

① 2019년에는 전년 대비 생산, 내수, 수출이 모두 증가한 것을 확인할 수 있다.
② 내수가 가장 큰 폭으로 증가한 2021년에는 생산과 수출은 모두 감소했다.
③ 수출이 증가한 2019년, 2022년, 2023년에는 내수와 생산도 증가했다.

30
정답 ④

- 2022년 총투약일수가 120일인 경우
  종합병원의 총약품비 : $2,025 \times 120 = 243,000$원
- 2023년 총투약일수가 150일인 경우
  상급종합병원의 총약품비 : $2,686 \times 150 = 402,900$원
따라서 구하는 값은 $243,000 + 402,900 = 645,900$원이다.

31
정답 ④

2019 ~ 2023년의 국가공무원 중 여성의 비율과 지방자치단체공무원 중 여성의 비율의 차를 구하면 다음과 같다.
- 2019년 : $47 - 30 = 17$%p
- 2020년 : $48.1 - 30.7 = 17.4$%p
- 2021년 : $48.1 - 31.3 = 16.8$%p
- 2022년 : $49 - 32.6 = 16.4$%p
- 2023년 : $49.4 - 33.7 = 15.7$%p
따라서 비율의 차는 2020년에 증가했다가 2021년부터 계속 감소한다.

32
정답 ③

통근수단으로 버스와 지하철을 모두 이용하는 직원 수는 $1,200 \times 0.45 \times 0.51 \fallingdotseq 275$명이고, 도보를 이용하는 직원 수는 $1,200 \times 0.39 = 468$명이다. 따라서 버스와 지하철을 모두 이용하는 직원 수는 도보를 이용하는 직원 수보다 $468 - 275 = 193$명 적다.

① 통근시간이 30분 이하인 직원은 전체 직원 수의 $\frac{210}{1,200} \times 100 = 17.5$%를 차지한다.
② 대중교통을 이용하는 직원 수는 $1,200 \times 0.45 = 540$명이고, 그중 25%는 135명이며, 60분 초과 전체 인원의 80%인 $160 \times 0.8 = 128$명보다 많다.
④ 통근시간이 45분 이하인 직원은 $210 + 260 = 470$명이고, 1시간 초과인 직원의 $\frac{470}{160} \fallingdotseq 2.9$배이다.

33
정답 ①

도보를 이용하는 직원은 $1,200 \times 0.39 = 468$명, 버스만 이용하는 직원은 $1,200 \times 0.45 \times 0.27 \fallingdotseq 146$명이므로, 이들의 25%는 $614 \times 0.25 \fallingdotseq 154$명이다. 30분 초과 45분 이하인 인원에서 도보 또는 버스만 이용하는 직원을 제외하면 $260 - 154 = 106$명이 된다. 따라서 이 인원이 자가용으로 출근하는 전체 인원에서 차지하는 비중은 $\frac{106}{1,200 \times 0.16} \times 100 \fallingdotseq 55$%이다.

34
정답 ②

① 1993년 이후 안정성지수는 증가했다.
③ 안정성지수와 양적성장지수는 구조개혁 전반기의 증감폭이 더 크다.
④ 구조개혁 전반기 양적성장지수의 직전기간 대비 증감폭이 더 크다.

35　정답 ②

ㄱ. 2023년까지의 산업재산권은 총 100건으로, SW권의 140%인 71×1.4=99.4건보다 많으므로 옳은 설명이다.

ㄷ. 2023년까지 등록된 저작권 수는 214건으로, SW권의 3배인 71×3=213건보다 많으므로 옳은 설명이다.

오답분석

ㄴ. 2023년까지 출원된 특허권 수는 16건으로, 출원된 산업재산권의 80%인 21×0.8=16.8건보다 적으므로 옳지 않은 설명이다.

ㄹ. 2023년까지 출원된 특허권 수는 등록 및 출원된 특허권의 $\frac{16}{66} \times 100 = 24.2\%$로 50% 미만이다.

36　정답 ④

등록된 지식재산권 중 2021년부터 2023년까지 건수에 변동이 없는 것은 상표권, 저작권, 실용신안권 3가지이다.

오답분석

① 등록된 누적 특허권 수는 2021년에 33건, 2022년에 43건, 2023년에 50건으로 매년 증가하였다.

② 디자인권 수는 2023년에 24건으로, 2021년 디자인권 수 대비 $\frac{24-28}{28} \times 100 = -14.3\%$로, 5% 이상 감소하였으므로 옳은 설명이다.

③ 자료를 보면 2021년부터 2023년까지 모든 산업재산권에서 등록된 건수가 출원된 건수 이상인 것을 알 수 있다.

37　정답 ③

남성 합격자 수는 1,003명, 여성 합격자 수는 237명이다. 여성 합격자 수의 5배는 237×5=1,185명이므로 남성 합격자 수는 여성 합격자 수의 5배 미만이다.

오답분석

①・② 제시된 자료를 통해 알 수 있다.

④ (경쟁률)=$\frac{(지원자 수)}{(모집정원)} \times 100$이므로, B집단의 경쟁률은 $\frac{585}{370} \times 100 = 158\%$이다.

38　정답 ①

영화 매출액은 매년 전체 매출액의 30% 이상을 차지한다.

오답분석

② 2017~2018년 전년 대비 매출액의 증감 추이는 게임의 경우 '감소-증가'이고, 음원의 경우 '증가-증가'이다.

③ 2021년과 2023년 음원 매출액은 SNS 매출액의 2배 미만이다.

④ 2018년 SNS 매출액은 전년에 비해 감소하였다.

39　정답 ④

주어진 조건에 따라 각 상품의 할인가 판매 시의 괴리율을 계산하면 다음과 같다.

- 세탁기 : $\frac{640,000-580,000}{640,000} \times 100 = 9.3\%$

- 무선전화기 : $\frac{181,000-170,000}{181,000} \times 100 = 6.0\%$

- 오디오세트 : $\frac{493,000-448,000}{493,000} \times 100 = 9.1\%$

- 운동복 : $\frac{212,500-180,000}{212,500} \times 100 = 15.2\%$

따라서 운동복의 괴리율이 15.2%로 가장 높다.

40　정답 ①

9월 말을 기점으로 이후의 그래프가 모두 하향곡선을 그리고 있다.

오답분석

② 환율이 하락하면 반대로 원화가치가 높아진다.

③ 표를 통해 쉽게 확인할 수 있다.

④ 유가 범위는 85~125 사이의 변동 폭을 보이고 있다.

41　정답 ③

제시된 규정은 설사 운수회사를 전문직업교육장으로 본다고 하더라도 자신이 원하는 운수회사에 취업하는 것을 막고 있는 것이 아니므로 옳지 않은 내용이다.

오답분석

① K광역시의 규정을 살펴보면 근속기간 조건과 무사고기간 조건으로 구성되어 있음을 알 수 있는데 이 조건들은 단순히 특정 기간 이상 무사고 상태를 유지하고 있기만 하면 되는 것이며 그로 인해 법규 준수성, 숙련성 등이 뛰어나다는 것을 알려주는 것은 아니므로 옳은 내용이다.

② '동일회사에서 n년 이상 근속하여 운전 중인 자'로 명시되어 있기 때문에 만약 근무하던 택시회사가 폐업할 경우 피해를 입을 가능성이 존재한다. 따라서 옳은 내용이다.

④ '17년 이상 무사고자로서 K광역시 소재 운수회사에서 10년 이상 운전 중인 자'라는 규정을 두어 이를 보완하고 있기는 하지만 '동일회사에서 n년 이상 근속하여 운전 중인 자'라는 조건으로 인해 타회사로의 이직이 어려워질 가능성이 있다고 판단할 수 있으므로 옳은 내용이다.

42　정답 ②

두 번째 조건에서 D는 A의 바로 왼쪽에 앉으며, 마지막 조건에서 B는 E의 바로 오른쪽에 앉으므로 'D-A', 'E-B'를 각각 한 묶음으로 생각할 수 있다. 두 번째와 세 번째 조건에 의해 C는 세 번째 자리에 앉아야 하며, 네 번째 조건에 의해 'D-A'는 각각 첫 번째, 두 번째 자리에 앉아야 한다. 이를 표로 정리하면 다음과 같다.

첫 번째	두 번째	세 번째	네 번째	다섯 번째
D	A	C	E	B

따라서 E는 네 번째 자리에 앉는다.

오답분석

① D는 첫 번째 자리에 앉는다.
③ C는 세 번째 자리에 앉는다.
④ C는 E의 왼쪽에 앉는다.

43 정답 ④

ㄴ. 민간의 자율주행기술 R&D를 지원하여 기술적 안정성을 높이는 전략은 위협을 최소화하는 내용은 포함하지 않고 약점만 보완하는 전략이므로 ST전략이라 볼 수 없다.
ㄹ. 국내기업의 자율주행기술 투자가 부족한 약점을 국가기관의 주도로 극복하려는 내용은 약점을 최소화하고 위협을 회피하려는 WT전략의 내용으로 적합하지 않다.

오답분석

ㄱ. 높은 수준의 자율주행기술을 가진 외국 기업과의 기술이전협약 기회를 통해 국내외에서 우수한 평가를 받는 국내 자동차기업이 국내 자율주행자동차 산업의 강점을 강화하는 전략은 SO전략에 해당한다.
ㄷ. 국가가 지속적으로 자율주행차 R&D를 지원하는 법안이 본회의를 통과한 기회를 토대로 기술개발을 지원하여 국내 자율주행자동차 산업의 약점인 기술적 안전성을 확보하려는 전략은 WO전략에 해당한다.

44 정답 ②

시간대별 필요 간호인력 수 자료에 따라 필요한 최소 간호인력 수를 표로 정리하면 다음과 같다.

(단위 : 명)

근무조 \ 시간대	2~6시	6~10시	10~14시	14~18시	18~22시	22~2시	합계
2~6시 조	5	5					5
6~10시 조		15	15				15
10~14시 조			15	15			15
14~18시 조				0	0		0
18~22시 조					50	50	50
22~2시 조	0					0	0
필요 간호인력 수	5	20	30	15	50	10	85

따라서 필요한 최소 간호인력 수는 85명이다.

45 정답 ②

2~6시 시간대의 필요 간호인력 수를 20명으로 확충한다면, 필요한 최소 간호인력 수인 85명에 15명을 추가해야 한다. 따라서 최소 간호인력 수는 100명이 된다.

46 정답 ④

먼저 한 달간 약국의 공휴일 영업일수는 서로 같으므로 5일 동안 5개의 약국 중 2곳씩 영업할 경우 각 약국은 모두 두 번씩 영업해야 한다. 세 번째 조건과 마지막 조건에 따르면 D약국은 첫 번째, 두 번째 공휴일에 이미 A약국, E약국과 함께 두 번의 영업을 하였다. E약국 역시 네 번째 조건에 따라 마지막 공휴일에 영업할 예정이므로 모두 두 번의 영업을 하게 되며, A약국도 세 번째 공휴일인 오늘 영업 중이므로 두 번의 영업일을 채우게 된다.
B약국이 두 번의 영업일을 채우기 위해서는 네 번째와 다섯 번째 공휴일에 반드시 영업을 해야 하므로 C약국은 자연스럽게 남은 네 번째 공휴일에 영업을 하게 된다.
각 공휴일에 영업하는 약국을 정리하면 다음과 같다.

공휴일	첫 번째	두 번째	세 번째	네 번째	다섯 번째
약국 (횟수)	A(1), D(1) D(1), E(1)	D(2), E(1) A(1), D(2)	A(2), C(1)	B(1), C(2)	B(2), E(2)

따라서 네 번째 공휴일에 영업하는 약국은 B와 C이다.

오답분석

① 조건에 따르면 A약국은 첫 번째 또는 두 번째 공휴일에 영업을 하였는데, A약국이 세 번째 공휴일에 영업을 하므로 첫 번째 공휴일에 영업을 할 경우 연속으로 영업한다는 것은 반드시 참이 되지 않는다.
② 다섯 번째 공휴일에는 B와 E약국이 함께 영업한다.
③ B약국은 네 번째, 다섯 번째 공휴일에 영업한다.

47 정답 ②

세 번째 조건에 따라 파란색을 각각 왼쪽에서 두 번째, 세 번째, 네 번째에 칠하는 경우 벽에 칠하는 바탕색은 다음과 같다.
• 파란색을 왼쪽에서 두 번째에 칠할 때 : 노란색 – 파란색 – 초록색 – 주황색 – 빨간색
• 파란색을 왼쪽에서 세 번째에 칠할 때 : 주황색 – 초록색 – 파란색 – 노란색 – 빨간색 또는 초록색 – 주황색 – 파란색 – 노란색 – 빨간색
• 파란색을 왼쪽에서 네 번째에 칠할 때 : 빨간색 – 주황색 – 초록색 – 파란색 – 노란색
따라서 파란색을 왼쪽에서 세 번째에 칠할 때, 주황색 – 초록색 – 파란색 – 노란색 – 빨간색을 칠할 수 있다.

48 정답 ③

주어진 조건에 따르면 가장 오랜 시간 동안 마케팅 교육을 진행하는 A와 부장보다 길게 교육을 진행하는 B는 부장이 될 수 없으므로 C가 부장임을 알 수 있다. 이때, 다섯 번째 조건에 따라 C부장은 교육 시간이 가장 짧은 인사 교육을 담당하는 것을 알 수 있다. 이를 정리하면 다음과 같다.

구분	인사 교육	영업 교육	마케팅 교육
시간	1시간	1시간 30분	2시간
담당	C	B	A
직급	부장	과장	과장

따라서 바르게 연결된 것은 ③이다.

49
정답 ③

하정이는 가습기와 에어컨을 가을을 제외한 같은 계절에 사야 하는데, 봄의 경우 마지막 규정에 의해 30만 원 이상을 구매하므로 가습기를 구매할 수 없다. 그러므로 에어컨 또한 봄에 구매할 수 없다. 따라서 에어컨은 반드시 여름과 겨울에 구매하고, 여름에 50만 원 구매목록에 에어컨을 구매하므로 다섯 번째 규정에 따라 봄에는 50만 원 이상 구매 목록을 구매할 수 없다.

50
정답 ④

버스와 택시가 지나는 지역은 마케팅을 제외하고 중복되지 않는다고 했으므로, E는 마케팅을 지원했고, 지하철은 마케팅 회사를 지나간다. B가 탈 수 있는 교통수단은 지하철뿐인데, E, A가 지원한 회사는 각각 마케팅, 출판이므로, B가 지원한 회사는 회계 회사이다. 지하철은 B와 D가 이용한다. 따라서 A는 버스를 이용하고, C는 생산이나 시설관리를 지원했으므로 버스를, B와 D는 지하철을, E는 택시를 이용한다.

51
정답 ③

명제가 참이면 대우 명제도 참이다. 즉, '유민이가 좋아하는 과일은 신혜가 싫어하는 과일이다.'가 참이면 '신혜가 좋아하는 과일은 유민이가 싫어하는 과일이다.'도 참이 된다. 따라서 신혜는 딸기를 좋아하고, 유민이는 사과와 포도를 좋아한다.

52
정답 ④

A/S 규정 중 '교환·환불 배송 정책' 부분을 보면, A/S와 관련된 운송비는 제품 초기불량일 경우에만 당사에서 부담한다고 규정하고 있다. 그러므로 초기불량이 아닐 경우에는 운송비는 고객이 부담하여야 한다. 따라서 운송비를 제외한 복구 시 발생되는 모든 비용에 대해 고객이 부담하여야 한다는 설명은 적절하지 않다.

53
정답 ②

고객의 요청을 참고하여 수리가 필요한 항목을 정리하면 다음과 같다.
• 네트워크 관련 작업 : 20,000원
• 펌웨어 업그레이드 : 20,000원
• 하드 디스크 점검 : 10,000원
따라서 고객에게 안내하여야 할 수리비용은 20,000+20,000+10,000=50,000원이다.

54
정답 ④

A/S 점검표에 따른 비용을 계산하면 다음과 같다.
• 전면 유리 파손 교체 : 3,000원
• 전원 배선 교체 : 8,000원
• 41만 화소 IR 교체 : 30,000원
• 추가 CCTV 제품비 : 80,000원
• 추가 CCTV 건물 내부(로비) 설치 : 10,000원
따라서 고객에게 청구하여야 할 비용은 3,000+8,000+30,000+80,000+10,000=131,000원이다.

55
정답 ③

조건에 따르면 최소한 수학자 1명, 논리학자 1명, 과학자 2명이 선정되어야 하고, 그 외 나머지 2명을 선정해야 한다. 예를 들어 물리학, 생명과학, 화학, 천문학을 전공한 과학자 총 4명을 선정하면 천문학 전공자는 기하학 전공자와 함께 선정되고, 논리학자는 비형식논리 전공자를 선정하면 가능하다.

오답분석

① 형식논리 전공자가 1명 선정되면 비형식논리 전공자도 1명 선정되어야 하므로 논리학자는 2명 선정된다. 그러나 형식논리 전공자가 먼저 선정된 것이 아니라면 옳지 않다.
② 같은 전공을 가진 수학자가 2명 선정될 수 있다. 예를 들어 다음과 같이 선정될 수 있다.
  논리학자 1명 – 비형식논리 전공자
  수학자 2명 – 기하학 전공자, 기하학 전공자
  과학자 3명 – 물리학 전공자, 생명과학 전공자, 천문학 전공자
④ 통계학 전공자를 포함하면 수학자는 3명이 선정될 수 있다. 예를 들어 다음과 같이 선정될 수 있다.
  논리학자 1명 – 비형식논리 전공자
  수학자 3명 – 통계학 전공자, 대수학 전공자, 기하학 전공자
  과학자 2명 – 천문학 전공자, 기계공학 전공자

56
정답 ③

제시된 조건을 항목별로 정리하면 다음과 같다.
• 부서배치
  – 성과급 평균은 48만 원이므로, A는 영업부 또는 인사부에서 일한다.
  – B와 D는 비서실, 총무부, 홍보부 중에서 일한다.
  – C는 인사부에서 일한다.
  – D는 비서실에서 일한다.
  따라서 A – 영업부, B – 총무부, C – 인사부, D – 비서실, E – 홍보부에서 일한다.
• 휴가
  – A는 D보다 휴가를 늦게 간다.
  따라서 C – D – B – A 또는 D – A – B – C 순으로 휴가를 간다.
• 성과급
  – D사원 : 60만 원
  – C사원 : 40만 원

① A는 20만×3=60만 원이고, C는 40만×2=80만 원이다. 따라서 A의 3개월 치 성과급은 C의 2개월 치 성과급보다 적다.
② C가 제일 먼저 휴가를 갈 경우, A가 제일 마지막으로 휴가를 가게 된다.
④ 휴가를 가지 않은 E는 두 배의 성과급을 받기 때문에 총 120만 원의 성과급을 받게 되고, D의 성과급은 60만 원이기 때문에 두 사람의 성과급 차이는 두 배이다.

57 정답 ③

다섯 가지 진술을 각각 정리해 보면, 첫 번째·두 번째·세 번째의 경우 C와 D가 선발되는 것이 가능하며, 네 번째와 다섯 번째의 경우에는 이와 일치하지 않는다. 문제에서 3명의 진술만 참이라 했으므로 첫 번째·두 번째·세 번째의 진술이 참이다. 따라서 C와 D가 선발된다.

58 정답 ④

가 공정으로 시작하는 공정 과정은 '준비단계 − 가 − 다 − 마 − 바'로, 총소요시간은 20+30+60+20+45=175분이다. 나 공정으로 시작하는 공정 과정은 '나 − 라 − 바'로, 총소요시간은 15+35+45=95분이다. 각 공정에서 10시간(600분) 동안 한 공정 과정이 끝나는 횟수는 첫 번째 공정은 $\frac{600}{175}$≒3번, 두 번째 공정은 $\frac{600}{95}$≒6번이다.

따라서 두 공정 과정에서 생산되는 완제품 개수의 차이는 3×7−6×3=21−18=3개이다.

59 정답 ④

가 공정을 가동시키는 횟수를 x회, 나 공정을 가동시키는 횟수를 y회라고 하자.

$7x+3y=1500$이고, 한 공정이 끝날 때까지의 소요시간이 긴 공정을 중심으로 계산하면 175분인 가 공정(x)을 12번 가동시키면 이 공정 과정에서는 12×7=84개의 완제품이 나온다. 이 공정을 12번 가동하는 데 소요되는 총시간은 175×12=2,100분이며, 소요시간이 95분인 나 공정 과정은 2,100분 동안 $\frac{2,100}{95}$≒22번의 과정을 완료할 수 있고, 완제품은 22×3=66개이다. 따라서 2,100분 동안 만들어지는 완제품은 84+66=150개로 최소 소요시간은 35시간이다.

60 정답 ①

3만 원 초과 10만 원 이하 소액통원의료비를 청구할 경우 진단서 없이 보험금 청구서와 병원영수증, 질병분류기호(질병명)가 기재된 처방전만으로 접수가 가능하다.

제2영역 직무시험

| 01 | 국민건강보험법

61	62	63	64	65	66	67	68	69	70
④	④	③	②	①	③	④	②	②	②

71	72	73	74	75	76	77	78	79	80
③	③	④	①	②	③	②	①	③	④

61 정답 ④

건강생활 실천율의 모니터링은 국민건강증진법과 관련되고, 건강보험심사평가원의 업무와는 거리가 멀다.

건강보험심사평가원의 업무 등(법 제63조 제1항)
건강보험심사평가원은 다음 각 호의 업무를 관장한다.
1. 요양급여비용의 심사
2. 요양급여의 적정성 평가
3. 심사기준 및 평가기준의 개발
4. 제1호부터 제3호까지의 규정에 따른 업무와 관련된 조사 연구 및 국제협력
5. 다른 법률에 따라 지급되는 급여비용의 심사 또는 의료의 적정성 평가에 관하여 위탁받은 업무
6. 그 밖에 이 법 또는 다른 법령에 따라 위탁받은 업무
7. 건강보험과 관련하여 보건복지부장관이 필요하다고 인정한 업무
8. 그 밖에 보험급여 비용의 심사와 보험급여의 적정성 평가와 관련하여 대통령령으로 정하는 업무

---

62 정답 ④

시효(법 제91조 제1항 및 제3항)
① 다음 각 호의 권리는 3년 동안 행사하지 아니하면 소멸시효가 완성된다.
　1. 보험료, 연체금 및 가산금을 징수할 권리
　2. 보험료, 연체금 및 가산금으로 과오납부한 금액을 환급받을 권리
　3. 보험급여를 받을 권리
　4. 보험급여 비용을 받을 권리
　5. 제47조 제3항 후단에 따라 과다납부된 본인일부부담금을 돌려받을 권리
　6. 제61조에 따른 근로복지공단의 권리
③ 휴직자 등의 보수월액보험료를 징수할 권리의 소멸시효는 제79조 제5항에 따라 고지가 유예된 경우 휴직 등의 사유가 끝날 때까지 진행하지 아니한다.

63

정답 ③

보험료(법 제69조 제4항)

직장가입자의 월별 보험료액은 다음 각 호에 따라 산정한 금액으로 한다.

1. 보수월액보험료 : 제70조에 따라 산정한 보수월액에 제73조 제1항 또는 제2항에 따른 보험료율을 곱하여 얻은 금액
2. 보수 외 소득월액보험 : 제71조에 따라 산정한 보수 외 소득월액에 제73조 제1항 또는 제2항에 따른 보험료율을 곱하여 얻은 금액

64

정답 ②

보험료율 등(법 제73조)

① 직장가입자의 보험료율은 <u>1천분의 80(㉠)</u>의 범위에서 심의위원회의 의결을 거쳐 대통령령으로 정한다.
② 국외에서 업무에 종사하고 있는 직장가입자에 대한 보험료율은 제1항에 따라 정해진 보험료율의 <u>100분의 50(㉡)</u>으로 한다.
③ 지역가입자의 보험료율과 보험료부과점수당 금액은 심의위원회의 의결을 거쳐 대통령령으로 정한다.

65

정답 ①

업무정지(법 제98조 제1항)

보건복지부장관은 요양기관이 다음 각 호의 어느 하나에 해당하면 그 요양기관에 대하여 <u>1년</u>의 범위에서 기간을 정하여 업무정지를 명할 수 있다.

1. 속임수나 그 밖의 부당한 방법으로 보험자·가입자 및 피부양자에게 요양급여비용을 부담하게 한 경우
2. 제97조 제2항에 따른 명령에 위반하거나 거짓 보고를 하거나 거짓 서류를 제출하거나, 소속 공무원의 검사 또는 질문을 거부·방해 또는 기피한 경우
3. 정당한 사유 없이 요양기관이 제41조의3 제1항에 따른 결정을 신청하지 아니하고 속임수나 그 밖의 부당한 방법으로 행위·치료재료를 가입자 또는 피부양자에게 실시 또는 사용하고 비용을 부담시킨 경우

66

정답 ③

공단의 상임임원이 임명권자 또는 제청권자의 허가를 받거나 공단의 직원이 이사장의 허가를 받은 경우에는 비영리 목적의 업무를 겸할 수 있다(법 제25조 제2항).

오답분석

① 법 제23조 제1호에서 확인할 수 있다.
② 법 제24조 제2항 제1호에서 확인할 수 있다.
④ 법 제22조 제4항에서 확인할 수 있다.

67

정답 ④

요양급여(법 제41조 제1항)

가입자와 피부양자의 질병, 부상, 출산 등에 대하여 다음 각 호의 요양급여를 실시한다.

1. 진찰·검사
2. 약제(藥劑)·치료재료의 지급
3. 처치·수술 및 그 밖의 치료
4. 예방·재활
5. 입원
6. 간호
7. 이송(移送)

68

정답 ②

신고 등(법 제94조 제1항)

공단은 사용자, 직장가입자 및 세대주에게 다음 각 호의 사항을 신고하게 하거나 관계 서류(전자적 방법으로 기록된 것을 포함)를 제출하게 할 수 있다.

1. 가입자의 거주지 변경
2. 가입자의 보수·소득
3. 그 밖에 건강보험사업을 위하여 필요한 사항

69

정답 ②

국민건강보험공단의 업무 등(법 제14조 제2항)

제1항 제6호에 따른 자산의 관리·운영 및 증식사업은 안정성과 수익성을 고려하여 다음 각 호의 방법에 따라야 한다.

1. 체신관서 또는 은행법에 따른 은행에의 예입 또는 신탁
2. 국가·지방자치단체 또는 은행법에 따른 은행이 직접 발행하거나 채무이행을 보증하는 유가증권의 매입
3. 특별법에 따라 설립된 법인이 발행하는 유가증권의 매입
4. 자본시장과 금융투자업에 관한 법률에 따른 신탁업자가 발행하거나 같은 법에 따른 집합투자업자가 발행하는 수익증권의 매입
5. 공단의 업무에 사용되는 부동산의 취득 및 일부 임대
6. 그 밖에 공단 자산의 증식을 위하여 대통령령으로 정하는 사업

70

정답 ②

공단의 조직·인사·보수 및 회계에 관한 규정은 <u>이사회의 의결</u>을 거쳐 보건복지부장관의 승인을 받아 정한다(법 제29조).

오답분석

① 법 제26조 제1항에서 확인할 수 있다.
③ 법 제33조 제1항에서 확인할 수 있다.
④ 법 제28조에서 확인할 수 있다.

71 정답 ③

과태료(법 제119조 제3항)

다음 각 호의 어느 하나에 해당하는 자에게는 <u>500만 원 이하</u>의 과태료를 부과한다.

1. 제7조를 위반하여 신고를 하지 아니하거나 거짓으로 신고한 사용자
2. 정당한 사유 없이 제94조 제1항을 위반하여 신고 · 서류제출을 하지 아니하거나 거짓으로 신고 · 서류제출을 한 자
3. 정당한 사유 없이 제97조 제1항, 제3항, 제4항, 제5항을 위반하여 보고 · 서류제출을 하지 아니하거나 거짓으로 보고 · 서류제출을 한 자
4. 제98조 제4항을 위반하여 행정처분을 받은 사실 또는 <u>행정처분절차가 진행 중인 사실을 지체 없이 알리지 아니한 자</u>
5. 정당한 사유 없이 제101조 제2항을 위반하여 서류를 제출하지 아니하거나 거짓으로 제출한 자

오답분석

① · ② · ④ 법 제115조 제5항에서 확인할 수 있다.

72 정답 ③

공단은 그 업무의 일부를 국가기관, 지방자치단체 또는 다른 법령에 따른 사회보험 업무를 수행하는 법인이나 그 밖의 자에게 위탁할 수 있다. 다만, 보험료와 징수위탁보험료 등의 징수 업무는 그러하지 아니하다(법 제112조 제2항).

오답분석

① · ② 법 제112조 제1항에서 확인할 수 있다.
④ 법 제112조 제3항에서 확인할 수 있다.

73 정답 ④

제1항에 따른 보수는 근로자 등이 근로를 제공하고 사용자 · 국가 또는 지방자치단체로부터 지급받는 금품(실비변상적인 성격을 갖는 금품은 제외)으로서 대통령령으로 정하는 것을 말한다. 이 경우 보수 관련 자료가 없거나 불명확한 경우 등 대통령령으로 정하는 사유에 해당하면 <u>보건복지부장관</u>이 정하여 고시하는 금액을 보수로 본다(법 제70조 제3항).

오답분석

① 법 제70조 제1항에서 확인할 수 있다.
② 법 제70조 제2항에서 확인할 수 있다.
③ 법 제70조 제3항에서 확인할 수 있다.

74 정답 ①

비용의 일부부담(법 제44조)

① 요양급여를 받는 자는 대통령령으로 정하는 바에 따라 비용의 일부("본인일부부담금")를 본인이 부담한다. 이 경우 선별급여에 대해서는 다른 요양급여에 비하여 본인일부부담금을 상향 조정할 수 있다.
② 본인이 연간 부담하는 다음 각 호의 금액의 합계액이 대통령령으로 정하는 금액("본인부담상한액")을 초과한 경우에는 공단이 그 초과 금액을 부담하여야 한다. 이 경우 공단은 당사자에게 그 초과 금액을 통보하고, 이를 지급하여야 한다.
③ 제2항에 따른 본인부담상한액은 가입자의 소득수준 등에 따라 정한다.
④ 제2항 각 호에 따른 금액 및 합계액의 산정 방법, 본인부담상한액을 넘는 금액의 지급 방법 및 제3항에 따른 가입자의 소득수준 등에 따른 본인부담상한액 설정 등에 필요한 사항은 대통령령으로 정한다.

75 정답 ②

제1항에 따라 독촉할 때에는 <u>10일 이상 15일 이내</u>의 납부기한을 정하여 독촉장을 발부하여야 한다(법 제81조 제2항).

오답분석

① 법 제81조 제1항에서 확인할 수 있다.
③ 법 제81조 제3항에서 확인할 수 있다.
④ 법 제81조 제4항에서 확인할 수 있다.

76 정답 ③

직장가입자인 근로자 등이 그 사용관계가 <u>끝난 날의 다음 날</u> 자격이 변동된다.

> **자격의 변동 시기 등(법 제9조 제1항)**
>
> 가입자는 다음 각 호의 어느 하나에 해당하게 된 날에 그 자격이 변동된다.
>
> 1. 지역가입자가 적용대상사업장의 사용자가 되거나, 근로자 · 공무원 또는 교직원("근로자 등")으로 사용된 날
> 2. 직장가입자가 다른 적용대상사업장의 사용자가 되거나 근로자 등으로 사용된 날
> 3. 직장가입자인 근로자 등이 그 사용관계가 끝난 날의 다음 날
> 4. 적용대상사업장에 제7조 제2호에 따른 사유가 발생한 날의 다음 날
> 5. 지역가입자가 다른 세대로 전입한 날

77

국민건강보험법에서 규정하는 보험급여의 정지 사유에 해당하는 경우는 보험급여를 받을 수 있는 사람이 국외에서 업무에 종사하고 있는 때이다.

급여의 정지(법 제54조)

보험급여를 받을 수 있는 사람이 다음 각 호의 어느 하나에 해당하면 그 기간에는 보험급여를 하지 아니한다. 다만, 제3호 및 제4호의 경우에는 제60조에 따른 요양급여를 실시한다.
1. 삭제(2020. 4. 7)
2. 국외에 체류하는 경우
3. 병역법에 따른 현역병(지원에 의하지 아니하고 임용된 하사 포함), 전환복무된 사람 및 군간부후보생에 해당하게 된 경우
4. 교도소, 그 밖에 이에 준하는 시설에 수용되어 있는 경우

78
정답 ①

국민건강보험공단은 해당 권리에 대한 소멸시효가 완성된 경우 재정운영위원회의 의결을 받아 보험료 등을 결손처분할 수 있다.

결손처분(법 제84조)

① 공단은 다음 각 호의 어느 하나에 해당하는 사유가 있으면 재정운영위원회의 의결을 받아 보험료 등을 결손처분할 수 있다.
  1. 체납처분이 끝나고 체납액에 충당될 배분금액이 그 체납액에 미치지 못하는 경우
  2. 해당 권리에 대한 소멸시효가 완성된 경우
  3. 그 밖에 징수할 가능성이 없다고 인정되는 경우로서 대통령령으로 정하는 경우
② 공단은 제1항 제3호에 따라 결손처분을 한 후 압류할 수 있는 다른 재산이 있는 것을 발견한 때에는 지체 없이 그 처분을 취소하고 체납처분을 하여야 한다.

79
정답 ③

요양급여의 적정성 평가는 건강보험심사평가원의 업무이다.

국민건강보험공단의 업무 등(법 제14조 제1항)

공단은 다음 각 호의 업무를 관장한다.
1. 가입자 및 피부양자의 자격 관리
2. 보험료와 그 밖에 국민건강보험법에 따른 징수금의 부과·징수
3. 보험급여의 관리
4. 가입자 및 피부양자의 질병의 조기발견·예방 및 건강관리를 위하여 요양급여 실시 현황과 건강검진 결과 등을 활용하여 실시하는 예방사업으로서 대통령령으로 정하는 사업
5. 보험급여 비용의 지급
6. 자산의 관리·운영 및 증식사업
7. 의료시설의 운영
8. 건강보험에 관한 교육훈련 및 홍보
9. 건강보험에 관한 조사연구 및 국제협력
10. 국민건강보험법에서 공단의 업무로 정하고 있는 사항
11. 국민연금법, 고용보험 및 산업재해보상보험의 보험료 징수 등에 관한 법률, 임금채권보장법 및 석면피해구제법("징수위탁근거법")에 따라 위탁받은 업무
12. 그 밖에 국민건강보험법 또는 다른 법령에 따라 위탁받은 업무
13. 그 밖에 건강보험과 관련하여 보건복지부장관이 필요하다고 인정한 업무

80
정답 ④

제1항에 따른 체납자 인적사항 등의 공개는 관보에 게재하거나 공단 인터넷 홈페이지에 게시하는 방법에 따른다(법 제83조 제4항).

오답분석
① 법 제83조 제1항에서 확인할 수 있다.
② 법 제83조 제2항에서 확인할 수 있다.
③ 법 제83조 제3항에서 확인할 수 있다.

| 02 | 노인장기요양보험법

61	62	63	64	65	66	67	68	69	70
②	④	①	②	③	④	③	④	④	④
71	72	73	74	75	76	77	78	79	80
②	③	②	③	①	④	①	④	②	②

61
정답 ②

장기요양기관의 장은 폐업하거나 휴업하고자 하는 경우 폐업이나 휴업 예정일 전 30일까지 특별자치시장·특별자치도지사·시장·군수·구청장에게 신고하여야 한다. 신고를 받은 특별자치시장·특별자치도지사·시장·군수·구청장은 지체 없이 신고 명세를 공단에 통보하여야 한다(법 제36조 제1항).

62
정답 ④

장기요양기관 지정의 취소 등(법 제37조 제6항 및 제7항)
⑥ 특별자치시장·특별자치도지사·시장·군수·구청장은 제5항에 따라 수급자의 권익을 보호하기 위하여 보건복지부령으로 정하는 바에 따라 다음 각 호의 조치를 하여야 한다.
  1. 제1항에 따른 행정처분의 내용을 우편 또는 정보통신망 이용 등의 방법으로 수급자 또는 그 보호자에게 통보하는 조치
  2. 해당 장기요양기관을 이용하는 수급자가 다른 장기요양기관을 선택하여 이용할 수 있도록 하는 조치
⑦ 제1항에 따라 지정취소 또는 업무정지되는 장기요양기관의 장은 해당 기관에서 수급자가 제40조 제1항 및 제2항에 따라 부담한 비용 중 정산하여야 할 비용이 있는 경우 이를 정산하여야 한다.

63
정답 ①

단기보호 : 수급자를 보건복지부령으로 정하는 범위 안에서 일정 기간 동안 장기요양기관에 보호하여 신체활동 지원 및 심신기능의 유지·향상을 위한 교육·훈련 등을 제공하는 장기요양급여(법 제23조 제1항 제1호 마목)

64
정답 ②

제1항에 따른 장기요양보험료는 국민건강보험법 제69조에 따른 보험료("건강보험료")와 통합하여 징수한다. 이 경우 공단은 장기요양보험료와 건강보험료를 구분하여 고지하여야 한다(법 제8조 제2항).

65
정답 ③

장기요양기본계획(법 제6조 제1항)
보건복지부장관은 노인 등에 대한 장기요양급여를 원활하게 제공하기 위하여 5년 단위로 다음 각 호의 사항이 포함된 장기요양기본계획을 수립·시행하여야 한다.
1. 연도별 장기요양급여 대상인원 및 재원조달 계획
2. 연도별 장기요양기관 및 장기요양전문인력 관리 방안
3. 장기요양요원의 처우에 관한 사항
4. 그 밖에 노인 등의 장기요양에 관한 사항으로서 대통령령으로 정하는 사항

66
정답 ④

공단은 국민건강보험법 제29조에 따라 공단의 조직 등에 관한 규정을 정할 때 장기요양사업을 수행하기 위하여 두는 조직 등을 건강보험사업을 수행하는 조직 등과 구분하여 따로 두어야 한다. 다만, 제48조 제2항 제1호 및 제2호의 자격 관리와 보험료 부과·징수업무는 그러하지 아니하다(법 제49조).

67
정답 ③

"노인 등"이란 65세 이상의 노인 또는 65세 미만의 자로서 치매·뇌혈관성질환 등 대통령령으로 정하는 노인성 질병을 가진 자를 말한다(법 제2조 제1호).

68
정답 ④

제1항에 따라 조사를 하는 자는 조사일시, 장소 및 조사를 담당하는 자의 인적사항 등을 미리 신청인에게 통보하여야 한다(법 제14조 제3항).

오답분석
① 거동이 현저하게 불편하거나 도서·벽지 지역에 거주하여 의료기관을 방문하기 어려운 자 등 대통령령으로 정하는 자는 의사소견서를 제출하지 아니할 수 있다(법 제13조 제2항).
② 의사소견서의 발급비용·비용부담방법·발급자의 범위, 그 밖에 필요한 사항은 보건복지부령으로 정한다(법 제13조 제3항).
③ 공단은 제1항 각 호의 사항을 조사하는 경우 2명 이상의 소속 직원이 조사할 수 있도록 노력하여야 한다(법 제14조 제2항).

69
정답 ④

오답분석
① 공단에 청구하여야 한다(법 제38조 제1항).
② 장기요양위원회의 심의를 거쳐야 한다(법 제39조 제1항).
③ 비용의 일부를 본인이 부담한다(법 제40조 제1항).

70

장기요양위원회의 구성(법 제46조)

① 장기요양위원회는 <u>위원장 1인</u>, 부위원장 1인을 포함한 16인 이상 <u>22인 이하의 위원</u>으로 구성한다.

② 위원장이 아닌 위원은 다음 각 호의 자 중에서 <u>보건복지부장관이 임명 또는 위촉한 자</u>로 하고, 각 호에 해당하는 자를 각각 동수로 구성하여야 한다.

  1. 근로자단체, 사용자단체, 시민단체(비영리민간단체 지원법 제2조에 따른 비영리민간단체), 노인단체, 농어업인단체 또는 자영자단체를 대표하는 자
  2. 장기요양기관 또는 의료계를 대표하는 자
  3. 대통령령으로 정하는 관계 중앙행정기관의 고위공무원단 소속 공무원, 장기요양에 관한 학계 또는 연구계를 대표하는 자, 공단 이사장이 추천하는 자

③ <u>위원장은 보건복지부차관</u>이 되고, 부위원장은 위원 중에서 위원장이 지명한다.

④ 장기요양위원회 위원의 임기는 3년으로 한다. 다만, 공무원인 위원의 임기는 재임기간으로 한다.

71
정답 ②

장기요양위원회 회의는 출석위원 과반수의 찬성으로 의결한다(법 제47조 제1항).

오답분석

① 구성원 <u>과반수의</u> 출석으로 개의한다(법 제47조 제1항).
③ 분야별로 실무위원회를 둘 수 있다(법 제47조 제2항).
④ <u>보건복지부장관</u> 소속으로 장기요양위원회를 둔다(법 제45조).

72
정답 ③

장기요양인정 신청 등에 대한 대리(법 제22조)

① 장기요양급여를 받고자 하는 자 또는 수급자가 신체적 · 정신적인 사유로 노인장기요양보험법에 따른 장기요양인정의 신청, 장기요양인정의 갱신신청 또는 장기요양등급의 변경신청 등을 직접 수행할 수 없을 때 본인의 가족이나 친족, 그 밖의 이해관계인은 이를 대리할 수 있다.

② 다음 각 호의 어느 하나에 해당하는 사람은 관할 지역 안에 거주하는 사람 중 장기요양급여를 받고자 하는 사람 또는 수급자가 제1항에 따른 장기요양인정신청 등을 직접 수행할 수 없을 때 본인 또는 가족의 동의를 받아 그 신청을 대리할 수 있다.

  1. 사회보장급여의 이용 · 제공 및 수급권자 발굴에 관한 법률 제43조에 따른 사회복지전담공무원
  2. 치매관리법 제17조에 따른 치매안심센터의 장(장기요양급여를 받고자 하는 사람 또는 수급자가 같은 법 제2조 제2호에 따른 치매환자인 경우로 한정)

③ 제1항 및 제2항에도 불구하고 장기요양급여를 받고자 하는 자 또는 수급자가 제1항에 따른 장기요양인정신청 등을 할 수 없는 경우 특별자치시장 · 특별자치도지사 · 시장 · 군수 · 구청장이 지정하는 자는 이를 대리할 수 있다.

73
정답 ②

오답분석

① 방문목욕 : 장기요양요원이 목욕설비를 갖춘 장비를 이용하여 수급자의 가정 등을 방문하여 목욕을 제공하는 장기요양급여(법 제23조 제1항 제1호 나목)

③ 주 · 야간보호 : 수급자를 하루 중 일정한 시간 동안 장기요양기관에 보호하여 신체활동 지원 및 심신기능의 유지 · 향상을 위한 교육 · 훈련 등을 제공하는 장기요양급여(법 제23조 제1항 제1호 라목)

④ 단기보호 : 수급자를 보건복지부령으로 정하는 범위 안에서 일정 기간 동안 장기요양기관에 보호하여 신체활동 지원 및 심신기능의 유지 · 향상을 위한 교육 · 훈련 등을 제공하는 장기요양급여(법 제23조 제1항 제1호 마목)

74
정답 ③

가족요양비(법 제24조 제1항 제2호)

공단은 다음 각 호의 어느 하나에 해당하는 수급자가 가족 등으로부터 제23조 제1항 제1호 가목에 따른 방문요양에 상당한 장기요양급여를 받은 때 대통령령으로 정하는 기준에 따라 해당 수급자에게 가족요양비를 지급할 수 있다.

  2. 천재지변이나 그 밖에 이와 유사한 사유로 인하여 장기요양기관이 제공하는 장기요양급여를 <u>이용하기가 어렵다고 보건복지부장관이 인정하는 자</u>

75
정답 ①

장기요양인정을 신청하는 자는 공단에 보건복지부령으로 정하는 바에 따라 장기요양인정신청서에 의사 또는 한의사가 발급하는 소견서를 첨부하여 제출하여야 한다. 다만, <u>의사소견서</u>는 공단이 제15조 제1항에 따라 등급판정위원회에 자료를 제출하기 전까지 제출할 수 있다(법 제13조 제1항).

76
정답 ④

급여외행위의 제공 금지(법 제28조의2 제1항)

수급자 또는 장기요양기관은 장기요양급여를 제공받거나 제공할 경우 다음 각 호의 행위("급여외행위")를 요구하거나 제공하여서는 아니 된다.

  1. 수급자의 가족만을 위한 행위
  2. 수급자 또는 그 가족의 생업을 지원하는 행위
  3. 그 밖에 수급자의 일상생활에 지장이 없는 행위

77   정답 ①

장기요양위원회의 설치 및 기능(법 제45조)
다음 각 호의 사항을 심의하기 위하여 보건복지부장관 소속으로 <u>장기요양위원회(㉠)</u>를 둔다.
1. 제9조 제2항에 따른 장기요양보험료율
2. 제24조부터 제26조까지의 규정에 따른 가족요양비, 특례요양비 및 요양병원간병비의 지급기준
3. 제39조에 따른 재가 및 시설 급여비용
4. 그 밖에 대통령령으로 정하는 주요 사항

등급판정위원회의 설치(법 제52조 제1항)
장기요양인정 및 장기요양등급 판정 등을 심의하기 위하여 공단에 <u>장기요양등급판정위원회(㉡)</u>를 둔다.

78   정답 ④

실태조사(법 제6조의2)
① 보건복지부장관은 장기요양사업의 실태를 파악하기 위하여 3년마다 다음 각 호의 사항에 관한 조사를 정기적으로 실시하고 그 결과를 공표하여야 한다.
1. 장기요양인정에 관한 사항
2. 제52조에 따른 장기요양등급판정위원회의 판정에 따라 장기요양급여를 받을 사람의 규모, 그 급여의 수준 및 만족도에 관한 사항
3. 장기요양기관에 관한 사항
4. 장기요양요원의 근로조건, 처우 및 규모에 관한 사항
5. 그 밖에 장기요양사업에 관한 사항으로서 보건복지부령으로 정하는 사항
② 제1항에 따른 실태조사의 방법과 내용 등에 필요한 사항은 <u>보건복지부령</u>으로 정한다.

79   정답 ②

위반사실 등의 공표(법 제37조의3 제1항)
보건복지부장관 또는 특별자치시장·특별자치도지사·시장·군수·구청장은 장기요양기관이 거짓으로 재가·시설 급여비용을 청구하였다는 이유로 제37조 또는 제37조의2에 따른 처분이 확정된 경우로서 다음 각 호의 어느 하나에 해당하는 경우에는 <u>위반사실, 처분내용, 장기요양기관의 명칭·주소, 장기요양기관의 장의 성명, 그 밖에 다른 장기요양기관과의 구별에 필요한 사항으로서 대통령령으로 정하는 사항</u>을 공표하여야 한다. 다만, 장기요양기관의 폐업 등으로 공표의 실효성이 없는 경우에는 그러하지 아니하다.
1. 거짓으로 청구한 금액이 1천만 원 이상인 경우
2. 거짓으로 청구한 금액이 장기요양급여비용 총액의 100분의 10 이상인 경우

80   정답 ②

공단은 제54조 제2항에 따른 장기요양기관의 장기요양급여평가 결과에 따라 장기요양급여비용을 가산 또는 감액조정하여 지급할 수 있다(법 제38조 제3항).

오답분석
① 법 제38조 제2항에서 확인할 수 있다.
③ 법 제38조 제4항에서 확인할 수 있다.
④ 법 제38조 제1항에서 확인할 수 있다.

국민건강보험공단 답안카드

1	① ② ③ ④	21	① ② ③ ④	41	① ② ③ ④	61	① ② ③ ④
2	① ② ③ ④	22	① ② ③ ④	42	① ② ③ ④	62	① ② ③ ④
3	① ② ③ ④	23	① ② ③ ④	43	① ② ③ ④	63	① ② ③ ④
4	① ② ③ ④	24	① ② ③ ④	44	① ② ③ ④	64	① ② ③ ④
5	① ② ③ ④	25	① ② ③ ④	45	① ② ③ ④	65	① ② ③ ④
6	① ② ③ ④	26	① ② ③ ④	46	① ② ③ ④	66	① ② ③ ④
7	① ② ③ ④	27	① ② ③ ④	47	① ② ③ ④	67	① ② ③ ④
8	① ② ③ ④	28	① ② ③ ④	48	① ② ③ ④	68	① ② ③ ④
9	① ② ③ ④	29	① ② ③ ④	49	① ② ③ ④	69	① ② ③ ④
10	① ② ③ ④	30	① ② ③ ④	50	① ② ③ ④	70	① ② ③ ④
11	① ② ③ ④	31	① ② ③ ④	51	① ② ③ ④	71	① ② ③ ④
12	① ② ③ ④	32	① ② ③ ④	52	① ② ③ ④	72	① ② ③ ④
13	① ② ③ ④	33	① ② ③ ④	53	① ② ③ ④	73	① ② ③ ④
14	① ② ③ ④	34	① ② ③ ④	54	① ② ③ ④	74	① ② ③ ④
15	① ② ③ ④	35	① ② ③ ④	55	① ② ③ ④	75	① ② ③ ④
16	① ② ③ ④	36	① ② ③ ④	56	① ② ③ ④	76	① ② ③ ④
17	① ② ③ ④	37	① ② ③ ④	57	① ② ③ ④	77	① ② ③ ④
18	① ② ③ ④	38	① ② ③ ④	58	① ② ③ ④	78	① ② ③ ④
19	① ② ③ ④	39	① ② ③ ④	59	① ② ③ ④	79	① ② ③ ④
20	① ② ③ ④	40	① ② ③ ④	60	① ② ③ ④	80	① ② ③ ④

성 명

지원 분야

문제지 형별기재란

Ⓐ Ⓑ

( )형

수 험 번 호

⓪ ① ② ③ ④ ⑤ ⑥ ⑦ ⑧ ⑨
⓪ ① ② ③ ④ ⑤ ⑥ ⑦ ⑧ ⑨
⓪ ① ② ③ ④ ⑤ ⑥ ⑦ ⑧ ⑨
⓪ ① ② ③ ④ ⑤ ⑥ ⑦ ⑧ ⑨
⓪ ① ② ③ ④ ⑤ ⑥ ⑦ ⑧ ⑨
⓪ ① ② ③ ④ ⑤ ⑥ ⑦ ⑧ ⑨
⓪ ① ② ③ ④ ⑤ ⑥ ⑦ ⑧ ⑨

감독위원 확인

(인)

국민건강보험공단 답안카드

| 성 명 |
| 지원 분야 |
| 문제지 형별기재란 |
| 형 | Ⓐ Ⓑ |
| 수 험 번 호 |
| 감독위원 확인 |

1	① ② ③ ④	21	① ② ③ ④	41	① ② ③ ④	61	① ② ③ ④
2	① ② ③ ④	22	① ② ③ ④	42	① ② ③ ④	62	① ② ③ ④
3	① ② ③ ④	23	① ② ③ ④	43	① ② ③ ④	63	① ② ③ ④
4	① ② ③ ④	24	① ② ③ ④	44	① ② ③ ④	64	① ② ③ ④
5	① ② ③ ④	25	① ② ③ ④	45	① ② ③ ④	65	① ② ③ ④
6	① ② ③ ④	26	① ② ③ ④	46	① ② ③ ④	66	① ② ③ ④
7	① ② ③ ④	27	① ② ③ ④	47	① ② ③ ④	67	① ② ③ ④
8	① ② ③ ④	28	① ② ③ ④	48	① ② ③ ④	68	① ② ③ ④
9	① ② ③ ④	29	① ② ③ ④	49	① ② ③ ④	69	① ② ③ ④
10	① ② ③ ④	30	① ② ③ ④	50	① ② ③ ④	70	① ② ③ ④
11	① ② ③ ④	31	① ② ③ ④	51	① ② ③ ④	71	① ② ③ ④
12	① ② ③ ④	32	① ② ③ ④	52	① ② ③ ④	72	① ② ③ ④
13	① ② ③ ④	33	① ② ③ ④	53	① ② ③ ④	73	① ② ③ ④
14	① ② ③ ④	34	① ② ③ ④	54	① ② ③ ④	74	① ② ③ ④
15	① ② ③ ④	35	① ② ③ ④	55	① ② ③ ④	75	① ② ③ ④
16	① ② ③ ④	36	① ② ③ ④	56	① ② ③ ④	76	① ② ③ ④
17	① ② ③ ④	37	① ② ③ ④	57	① ② ③ ④	77	① ② ③ ④
18	① ② ③ ④	38	① ② ③ ④	58	① ② ③ ④	78	① ② ③ ④
19	① ② ③ ④	39	① ② ③ ④	59	① ② ③ ④	79	① ② ③ ④
20	① ② ③ ④	40	① ② ③ ④	60	① ② ③ ④	80	① ② ③ ④

국민건강보험공단 답안카드

성 명	

지원분야	

문제지 형별기재란	
형 ( )	Ⓐ Ⓑ

수험번호

0	1	2	3	4	5	6	7	8	9
0	1	2	3	4	5	6	7	8	9
0	1	2	3	4	5	6	7	8	9
0	1	2	3	4	5	6	7	8	9
0	1	2	3	4	5	6	7	8	9
0	1	2	3	4	5	6	7	8	9
0	1	2	3	4	5	6	7	8	9

감독위원 확인
(인)

1	① ② ③ ④	21	① ② ③ ④	41	① ② ③ ④	61	① ② ③ ④
2	① ② ③ ④	22	① ② ③ ④	42	① ② ③ ④	62	① ② ③ ④
3	① ② ③ ④	23	① ② ③ ④	43	① ② ③ ④	63	① ② ③ ④
4	① ② ③ ④	24	① ② ③ ④	44	① ② ③ ④	64	① ② ③ ④
5	① ② ③ ④	25	① ② ③ ④	45	① ② ③ ④	65	① ② ③ ④
6	① ② ③ ④	26	① ② ③ ④	46	① ② ③ ④	66	① ② ③ ④
7	① ② ③ ④	27	① ② ③ ④	47	① ② ③ ④	67	① ② ③ ④
8	① ② ③ ④	28	① ② ③ ④	48	① ② ③ ④	68	① ② ③ ④
9	① ② ③ ④	29	① ② ③ ④	49	① ② ③ ④	69	① ② ③ ④
10	① ② ③ ④	30	① ② ③ ④	50	① ② ③ ④	70	① ② ③ ④
11	① ② ③ ④	31	① ② ③ ④	51	① ② ③ ④	71	① ② ③ ④
12	① ② ③ ④	32	① ② ③ ④	52	① ② ③ ④	72	① ② ③ ④
13	① ② ③ ④	33	① ② ③ ④	53	① ② ③ ④	73	① ② ③ ④
14	① ② ③ ④	34	① ② ③ ④	54	① ② ③ ④	74	① ② ③ ④
15	① ② ③ ④	35	① ② ③ ④	55	① ② ③ ④	75	① ② ③ ④
16	① ② ③ ④	36	① ② ③ ④	56	① ② ③ ④	76	① ② ③ ④
17	① ② ③ ④	37	① ② ③ ④	57	① ② ③ ④	77	① ② ③ ④
18	① ② ③ ④	38	① ② ③ ④	58	① ② ③ ④	78	① ② ③ ④
19	① ② ③ ④	39	① ② ③ ④	59	① ② ③ ④	79	① ② ③ ④
20	① ② ③ ④	40	① ② ③ ④	60	① ② ③ ④	80	① ② ③ ④

국민건강보험공단 답안카드

성 명		

지원분야		

문제지 형별기재란	Ⓐ
(형)	Ⓑ

수험번호	⓪ ① ② ③ ④ ⑤ ⑥ ⑦ ⑧ ⑨

감독위원 확인	(인)

1	① ② ③ ④	21	① ② ③ ④	41	① ② ③ ④	61	① ② ③ ④
2	① ② ③ ④	22	① ② ③ ④	42	① ② ③ ④	62	① ② ③ ④
3	① ② ③ ④	23	① ② ③ ④	43	① ② ③ ④	63	① ② ③ ④
4	① ② ③ ④	24	① ② ③ ④	44	① ② ③ ④	64	① ② ③ ④
5	① ② ③ ④	25	① ② ③ ④	45	① ② ③ ④	65	① ② ③ ④
6	① ② ③ ④	26	① ② ③ ④	46	① ② ③ ④	66	① ② ③ ④
7	① ② ③ ④	27	① ② ③ ④	47	① ② ③ ④	67	① ② ③ ④
8	① ② ③ ④	28	① ② ③ ④	48	① ② ③ ④	68	① ② ③ ④
9	① ② ③ ④	29	① ② ③ ④	49	① ② ③ ④	69	① ② ③ ④
10	① ② ③ ④	30	① ② ③ ④	50	① ② ③ ④	70	① ② ③ ④
11	① ② ③ ④	31	① ② ③ ④	51	① ② ③ ④	71	① ② ③ ④
12	① ② ③ ④	32	① ② ③ ④	52	① ② ③ ④	72	① ② ③ ④
13	① ② ③ ④	33	① ② ③ ④	53	① ② ③ ④	73	① ② ③ ④
14	① ② ③ ④	34	① ② ③ ④	54	① ② ③ ④	74	① ② ③ ④
15	① ② ③ ④	35	① ② ③ ④	55	① ② ③ ④	75	① ② ③ ④
16	① ② ③ ④	36	① ② ③ ④	56	① ② ③ ④	76	① ② ③ ④
17	① ② ③ ④	37	① ② ③ ④	57	① ② ③ ④	77	① ② ③ ④
18	① ② ③ ④	38	① ② ③ ④	58	① ② ③ ④	78	① ② ③ ④
19	① ② ③ ④	39	① ② ③ ④	59	① ② ③ ④	79	① ② ③ ④
20	① ② ③ ④	40	① ② ③ ④	60	① ② ③ ④	80	① ② ③ ④

국민건강보험공단 답안카드

※ 본 답안지는 마킹연습용 모의 답안지입니다.

성 명		

지원 분야	

문제지 형별기재란	Ⓐ
(형)	Ⓑ

수험번호	⓪ ① ② ③ ④ ⑤ ⑥ ⑦ ⑧ ⑨
	⓪ ① ② ③ ④ ⑤ ⑥ ⑦ ⑧ ⑨
	⓪ ① ② ③ ④ ⑤ ⑥ ⑦ ⑧ ⑨
	⓪ ① ② ③ ④ ⑤ ⑥ ⑦ ⑧ ⑨
	⓪ ① ② ③ ④ ⑤ ⑥ ⑦ ⑧ ⑨
	⓪ ① ② ③ ④ ⑤ ⑥ ⑦ ⑧ ⑨
	⓪ ① ② ③ ④ ⑤ ⑥ ⑦ ⑧ ⑨

감독위원 확인	(인)

번호	답란		번호	답란		번호	답란		번호	답란
1	① ② ③ ④		21	① ② ③ ④		41	① ② ③ ④		61	① ② ③ ④
2	① ② ③ ④		22	① ② ③ ④		42	① ② ③ ④		62	① ② ③ ④
3	① ② ③ ④		23	① ② ③ ④		43	① ② ③ ④		63	① ② ③ ④
4	① ② ③ ④		24	① ② ③ ④		44	① ② ③ ④		64	① ② ③ ④
5	① ② ③ ④		25	① ② ③ ④		45	① ② ③ ④		65	① ② ③ ④
6	① ② ③ ④		26	① ② ③ ④		46	① ② ③ ④		66	① ② ③ ④
7	① ② ③ ④		27	① ② ③ ④		47	① ② ③ ④		67	① ② ③ ④
8	① ② ③ ④		28	① ② ③ ④		48	① ② ③ ④		68	① ② ③ ④
9	① ② ③ ④		29	① ② ③ ④		49	① ② ③ ④		69	① ② ③ ④
10	① ② ③ ④		30	① ② ③ ④		50	① ② ③ ④		70	① ② ③ ④
11	① ② ③ ④		31	① ② ③ ④		51	① ② ③ ④		71	① ② ③ ④
12	① ② ③ ④		32	① ② ③ ④		52	① ② ③ ④		72	① ② ③ ④
13	① ② ③ ④		33	① ② ③ ④		53	① ② ③ ④		73	① ② ③ ④
14	① ② ③ ④		34	① ② ③ ④		54	① ② ③ ④		74	① ② ③ ④
15	① ② ③ ④		35	① ② ③ ④		55	① ② ③ ④		75	① ② ③ ④
16	① ② ③ ④		36	① ② ③ ④		56	① ② ③ ④		76	① ② ③ ④
17	① ② ③ ④		37	① ② ③ ④		57	① ② ③ ④		77	① ② ③ ④
18	① ② ③ ④		38	① ② ③ ④		58	① ② ③ ④		78	① ② ③ ④
19	① ② ③ ④		39	① ② ③ ④		59	① ② ③ ④		79	① ② ③ ④
20	① ② ③ ④		40	① ② ③ ④		60	① ② ③ ④		80	① ② ③ ④

국민건강보험공단 답안카드

성 명

지원 분야

문제지 형별기재란
Ⓐ Ⓑ
형( )

수험번호

감독위원 확인
(인)

번호	1	2	3	4	번호	1	2	3	4	번호	1	2	3	4	번호	1	2	3	4
1	①	②	③	④	21	①	②	③	④	41	①	②	③	④	61	①	②	③	④
2	①	②	③	④	22	①	②	③	④	42	①	②	③	④	62	①	②	③	④
3	①	②	③	④	23	①	②	③	④	43	①	②	③	④	63	①	②	③	④
4	①	②	③	④	24	①	②	③	④	44	①	②	③	④	64	①	②	③	④
5	①	②	③	④	25	①	②	③	④	45	①	②	③	④	65	①	②	③	④
6	①	②	③	④	26	①	②	③	④	46	①	②	③	④	66	①	②	③	④
7	①	②	③	④	27	①	②	③	④	47	①	②	③	④	67	①	②	③	④
8	①	②	③	④	28	①	②	③	④	48	①	②	③	④	68	①	②	③	④
9	①	②	③	④	29	①	②	③	④	49	①	②	③	④	69	①	②	③	④
10	①	②	③	④	30	①	②	③	④	50	①	②	③	④	70	①	②	③	④
11	①	②	③	④	31	①	②	③	④	51	①	②	③	④	71	①	②	③	④
12	①	②	③	④	32	①	②	③	④	52	①	②	③	④	72	①	②	③	④
13	①	②	③	④	33	①	②	③	④	53	①	②	③	④	73	①	②	③	④
14	①	②	③	④	34	①	②	③	④	54	①	②	③	④	74	①	②	③	④
15	①	②	③	④	35	①	②	③	④	55	①	②	③	④	75	①	②	③	④
16	①	②	③	④	36	①	②	③	④	56	①	②	③	④	76	①	②	③	④
17	①	②	③	④	37	①	②	③	④	57	①	②	③	④	77	①	②	③	④
18	①	②	③	④	38	①	②	③	④	58	①	②	③	④	78	①	②	③	④
19	①	②	③	④	39	①	②	③	④	59	①	②	③	④	79	①	②	③	④
20	①	②	③	④	40	①	②	③	④	60	①	②	③	④	80	①	②	③	④